# Ihre Arbeitshilfen zum Download:

Die folgenden Arbeitshilfen stehen für Sie zum Download bereit:

- E-Training und Online-Selbsttest
- Checkliste: Wesentliche Abweichungen der IFRS vom HGB

Den Link sowie Ihren Zugangscode finden Sie am Buchende.

IFRS

Dr. Norbert Lüdenbach

# IFRS

Training für Ausbildung und Praxis

9. Auflage 2019

Haufe Group
Freiburg · München · Stuttgart

**Bibliografische Information der Deutschen Nationalbibliothek**

Die Deutsche Nationalbibliothek verzeichnet diese Publikation in der Deutschen Nationalbibliografie; detaillierte bibliografische Daten sind im Internet über http://dnb.dnb.de abrufbar.

| | | |
|---|---|---|
| **Print:** | ISBN 978-3-648-08031-3 | Bestell-Nr. 01145-0009 |
| **ePub:** | ISBN 978-3-648-13470-2 | Bestell-Nr. 01145-0102 |
| **ePDF:** | ISBN 978-3-648-13471-9 | Bestell-Nr. 01145-0152 |

Dr. Norbert Lüdenbach
**IFRS**
9. Auflage, Juli 2019

© 2019 Haufe-Lexware GmbH & Co. KG, Freiburg
www.haufe.de
info@haufe.de

Bildnachweis (Cover): shutterstock.com

Produktmanagement: Dipl.-Kfm. Kathrin Menzel-Salpietro
Lektorat: Dr. Ulrike Hoffmann-Dürr

# Inhaltsverzeichnis

X

# Vorwort zur 9. Auflage

Seit der 8. Auflage erscheint dieses Buch mit dem Titelzusatz »Training für Ausbildung und Praxis«. Dabei geht es zunächst um die insgesamt 111, auf 14 Hauptkapitel des Buchs verteilten Fragen und Antworten, die Sie jeweils am Schluss eines Kapitels finden. Zu jedem Kapitel gibt es Fragen in drei Schwierigkeitsstufen (Level A, B, C).

- Wer etwa in Vorbereitung auf eine neue, im IFRS-Umfeld angesiedelte berufliche Herausforderung testen möchte, ob er die Grundzüge der IFRS schon ordentlich verstanden hat, kann dafür die Fragen des Levels A nutzen.
- Wenn er oder sie dann für die konkrete Umsetzung der Herausforderung mehr als solide Grundkenntnisse braucht, sind Level B und Level C zum weiteren Selbsttest empfohlen. Studierende oder Kandidaten für ein Berufsexamen können je nach Schwierigkeit der anstehenden Klausuren oder Examina entsprechend verfahren.

Die Fragen und Antworten stellen keinen Fremdkörper in diesem Buch dar, das schon seit der 1. Auflage einem didaktischen Konzept folgt. Durch eine klare Sprache und Typografie sowie durch gut ausgewählte und angemessen in den Text integrierte Fallbeispiele soll die abstrakte Materie der IFRS verständlich werden. Dieses Konzept bringt es mit sich, dass aus den inzwischen mehr als 4.000 Seiten IFRS-Regelungen die richtigen und wichtigen Themen ausgewählt werden.

Ergänzend können Sie Ihr Wissen anhand von 90 Online-Aufgaben im Multiple-Choice-Format zu den wichtigsten Themen der IFRS-Bilanzierung testen. Dieses E-Training besteht aus sechs Lerneinheiten und einem Abschlusstest. Link und Zugangscode hierzu finden Sie am Buchende.

Bei Themenauswahl und didaktischer Aufbereitung haben zwei Jahrzehnte Beschäftigung mit den IFRS geholfen, sowohl in der Unterstützung von Unternehmen als Wirtschaftsprüfer als auch in der Schulung von Studierenden und Anwendern (so u. a. als Lehrbeauftragter der Universität Freiburg oder als Dozent der Haufe Akademie).

Ich hoffe, das Ergebnis wird die Leserschaft auch in dieser 9. Auflage wieder zufriedenstellen.

Bad Krozingen/Markgräfler Land, im Juni 2019

*Norbert Lüdenbach*

# Zuordnung der Standards zu den Kapiteln

| Standard | | Kapitel |
|---|---|---|
| *Conceptual Framework* | | 2.4 |
| IFRS 1 | Erstmalige Anwendung der International Financial Reporting Standards | 13 |
| IFRS 2 | Anteilsbasierte Vergütung | 6.3 |
| IFRS 3 | Unternehmenszusammenschlüsse | 12.4 |
| IFRS 5 | Zur Veräußerung gehaltene langfristige Vermögenswerte und aufgegebene Geschäftsbereiche | 10.1.3 |
| IFRS 7 | Finanzinstrumente: Angaben | 4.6 |
| IFRS 8 | Geschäftssegmente | 11.4.2 |
| IFRS 9 | Finanzinstrumente | 4 |
| IFRS 10 | Konzernabschlüsse | 12.2 |
| IFRS 11 | Gemeinsame Vereinbarungen | 12.7 |
| IFRS 12 | Angaben zu Anteilen an anderen Unternehmen | 12 |
| IFRS 13 | Bemessung des beizulegenden Zeitwerts | 2.4.4 |
| IFRS 14 | Regulatorische Abgrenzungsposten | 13.3 |
| IFRS 15 | Erlöse aus Verträgen mit Kunden | 10.2 |
| IFRS 16 | Leasingverhältnisse | 3.7.2 |
| IFRS 17 | Versicherungsverträge | 7.1 |
| IAS 1 | Darstellung des Abschlusses | 2.5 |
| IAS 2 | Vorräte | 5 |
| IAS 7 | Kapitalflussrechnungen | 11.2 |
| IAS 8 | Rechnungslegungsmethoden, Änderungen von rechnungslegungsbezogenen Schätzungen und Fehler | 10.1.2 |
| IAS 10 | Ereignisse nach dem Abschlussstichtag | 7.5.2 |
| IAS 11 | Fertigungsaufträge (ersetzt durch IFRS 15) | |
| IAS 12 | Ertragsteuern | 9 |
| IAS 16 | Sachanlagen | 3.3, 3.4 |
| IAS 17 | Leasingverhältnisse (ersetzt durch IFRS 16) | |
| IAS 18 | Umsatzerlöse (ersetzt durch IFRS 15) | |

| Standard | | Kapitel |
|---|---|---|
| IAS 19 | Leistungen an Arbeitnehmer | 7.4 |
| IAS 20 | Bilanzierung und Darstellung von Zuwendungen der öffentlichen Hand | 3.3.4.1 |
| IAS 21 | Auswirkungen von Änderungen der Wechselkurse | 12.4.3.3 |
| IAS 23 | Fremdkapitalkosten | 3.3.4.2 |
| IAS 24 | Angaben über Beziehungen zu nahestehenden Unternehmen und Personen | 4.6 |
| IAS 27 | Einzelabschlüsse | 12.2 |
| IAS 28 | Anteile an assoziierten Unternehmen und Gemeinschaftsunternehmen | 12.7 |
| IAS 32 | Finanzinstrumente: Darstellung | 6.1 |
| IAS 33 | Ergebnis je Aktie | 11.4.3 |
| IAS 34 | Zwischenberichterstattung | 11.4.4 |
| IAS 36 | Wertminderung von Vermögenswerten | 3.5 |
| IAS 37 | Rückstellungen, Eventualverbindlichkeiten und Eventualforderungen | 7 |
| IAS 38 | Immaterielle Vermögenswerte | 3.2 |
| IAS 39 | Finanzinstrumente: Ansatz und Bewertung (ersetzt durch IFRS 9) | |
| IAS 40 | Als Finanzinvestition gehaltene Immobilien | 3.7.4 |
| IFRIC 1 | Änderungen bestehender Rückstellungen für Entsorgungs-, Wiederherstellungs- und ähnliche Verpflichtungen | 3.4 |
| IFRIC 2 | Geschäftsanteile an Genossenschaften und ähnliche Instrumente | 6.1 |
| IFRIC 4 | Feststellung, ob eine Vereinbarung ein Leasingverhältnis enthält (ersetzt durch IFRS 16) | |
| IFRIC 5 | Rechte auf Anteile an Fonds für Entsorgung, Rekultivierung und Umweltsanierung | 7.3.2 |
| IFRIC 6 | Verbindlichkeiten, die sich aus der Teilnahme an einem spezifischen Markt ergeben – Elektro- und Elektronik-Altgeräte | 7.2.1 |
| IFRIC 10 | Zwischenberichterstattung und Wertminderung | 11.4.4 |
| IFRIC 12 | Dienstleistungskonzessionsvereinbarungen | 3.7.3 |
| IFRIC 13 | Kundenbindungsprogramme (ersetzt durch IFRS 15) | |
| IFRIC 14 | IAS 19 – Die Begrenzung eines leistungsorientierten Vermögenswertes, Mindestdotierungsverpflichtungen und ihre Wechselwirkung | 7.4 |
| IFRIC 15 | Verträge über die Errichtung von Immobilien (ersetzt durch IFRS 15) | |
| IFRIC 16 | Absicherung einer Nettoinvestition in einen ausländischen Geschäftsbetrieb | 12.4.3.3 |

| Standard | | Kapitel |
|---|---|---|
| IFRIC 17 | Sachdividenden an Eigentümer | 10.1.3 |
| IFRIC 18 | Übertragung von Vermögenswerten durch einen Kunden (ersetzt durch IFRS 15) | |
| IFRIC 19 | Tilgung finanzieller Verbindlichkeiten durch Eigenkapitalinstrumente | 6.2 |
| IFRIC 21 | Abgaben | 7.2.1 |
| IFRIC 22 | Fremdwährungstransaktionen und im Voraus erbrachte oder erhaltene Gegenleistungen | 8.2.2.2 |
| IFRIC 23 | Unsicherheit bezüglich der ertragsteuerlichen Behandlung | 9.6 |

# 1 Perspektiven einer Internationalisierung der Rechnungslegung

## 1.1 Gesetzlicher Rahmen

Wenn man sich die Geschwindigkeit anschaut, mit der neue Marketing- oder Managementphilosophien im Allgemeinen in die Unternehmenspraxis eindringen, so kann man sich des Eindrucks nicht erwehren, dass die diesbezüglichen Unternehmensstrategien zuweilen eher von einem olympischen als von einem ökonomischen Geist beseelt sind: dabei sein ist alles und die Teilnahme wichtiger als der Sieg.

Das Finanz- und Rechnungswesen scheint weniger modeanfällig, ist es doch nach Personen und Zielsetzungen von einem durchaus gesunden Konservativismus geprägt. So vergingen seit der Gründung des International Accounting Standards Committee (IASC) in 1973 über 30 Jahre, bis die internationale Rechnungslegung Eingang in die europäische und deutsche Bilanzierungspraxis fand.

Das europäische und deutsche Bilanzrecht hatten der Globalisierung auf den Güter- und Kapitalmärkten zuvor kaum Rechnung getragen.

**Beispiel** !

Ein Lampenhersteller, der in irgendeinem deutschen Landstrich Lampen herstellt, die er in ganz Europa vertreibt, kann sich daran freuen, dass es einen Eurostecker gibt und er nicht für jedes Land andere Stecker an seinen Lampen anbringen muss. Der gleiche Lampenhersteller musste aber, wenn er Produktions- und Vertriebsgesellschaften in verschiedenen europäischen Ländern unterhielt, in jedem Land nach einem anderen System Rechnung legen.

Dies galt/gilt selbst innerhalb der europäischen Gemeinschaft. Die EU-Richtlinien der 1980er Jahre, umgesetzt durch das BiRiLiG 1987, ebenso die EU-Richtlinie aus 2013 und ihre Umsetzung durch das BilRUG, haben keine wirkliche Vereinheitlichung der europäischen Rechnungslegung gebracht. Standardisiert wurden nur die Veröffentlichungs- und Prüfungspflicht für Kapitalgesellschaften. Der zu publizierende und zu prüfende Inhalt, also die Regeln, nach denen diese Gesellschaften Rechnung legen, wurden hingegen kaum vereinheitlicht.

**Beispiel** !

Ein niederländisches Grundstück aus der Nachkriegszeit, Verkehrswert 1 Mio. EUR, steht bisher mit 10.000 EUR in den niederländischen Büchern. Der Buchungssatz »Grundstück an Eigenkapital 990.000« wegen Neubewertung befremdet jeden deutschen Buchhalter.

Die EU-Bilanzrichtlinien haben solche Unterschiede eher zementiert. Unterschiedliche Bilanztraditionen wurden nicht durch Einigung, sondern durch Ausklammerung erledigt. Das Instrument hierzu war und ist das Mitgliedstaatenwahlrecht, das im Beispiel u. a. den Niederländern die Neubewertung zugesteht.

Ein Informationskostenproblem ergab sich hieraus nicht nur für den international agierenden Mittelständler, sondern auch für seine Bank. Deren Branchenexperten für bestimmte Industrien sitzen z. T. längst nicht mehr im Inland. Wenn also im Beispiel der Lampenhersteller eine grundlegende Neustrukturierung seiner Finanzierung braucht, werden vielleicht Bankexperten von einem anderen europäischen Finanzplatz einfliegen und das Unternehmen, seine Bilanzen und seine darauf fußenden Businesspläne untersuchen. Unwahrscheinlich, dass sie etwas vom HGB verstehen.

Im Interesse der Effizienz der konzerninternen Kommunikation, ebenso aber mit Blick auf international agierende externe Abschlussadressaten haben daher in den 1990er-Jahren die großen börsennotierten Unternehmen ihre Konzernabschlüsse an internationale Bilanzierungsregeln angepasst.

Die rechtliche Möglichkeit hierzu eröffnete das KapAEG aus 1998 mit der Einführung eines § 292a in das HGB. Dies erlaubte Konzernen, deren Wertpapiere (Aktien und/oder Schuldverschreibungen) an einer Börse notieren, den Konzernabschluss nach internationalen Rechnungslegungsgrundsätzen aufzustellen.

Die EU-Verordnung vom 27.5.2002 betreffend die Anwendung internationaler Rechnungslegungsstandards für kapitalmarktnotierte Konzerne tat ein Weiteres. Kapitalmarktorientierte Unternehmen sind seit 2005 verpflichtet, ihren Konzernabschluss nach IFRS zu erstellen. Die Verpflichtung gilt »nur« für Unternehmen, deren Wertpapiere an einem organisierten Markt notiert sind, daher z. B. nicht für im sog. Open Market (Freiverkehr) notierte Unternehmen.

Die EU-Verordnung ist unmittelbares, in allen Mitgliedstaaten geltendes Recht. Den Mitgliedstaaten wird im Rahmen eines Mitgliedstaatenwahlrechts noch die Möglichkeit gegeben, die Anwendung der IFRS auch auf Konzernabschlüsse nicht börsennotierter Unternehmen und auf Einzelabschlüsse auszudehnen.

Die Bundesrepublik hat diese Mitgliedstaatenwahlrechte wie folgt ausgeübt: Nur das erste Wahlrecht hat der deutsche Gesetzgeber konsequent umgesetzt. Nach § 315e Abs. 3 HGB können nicht kapitalmarktorientierte Konzerne wahlweise anstelle des handelsrechtlichen (d. h. in Befreiung von diesem) einen IFRS-Konzernabschluss aufstellen und veröffentlichen.

Für diese nicht börsennotierten Unternehmen stellt sich daher weiterhin die Frage,

- **ob und wann** eine Anpassung an internationale Rechnungslegungsgrundsätze erfolgen soll,
- **in welcher Form** die Anpassung vorgenommen werden soll, ob als Ersetzung des HGB-Abschlusses durch einen internationalen Abschluss oder in einer parallelen Form, d. h. als Überleitungsrechnung oder als doppelter Abschluss.

## 1.2  Erfolgspotenziale im Unternehmen

Im Wesentlichen kommen fünf Argumente für eine Internationalisierung infrage:

- besserer Zugang zum **Kapitalmarkt,**
- Orientierung an (Informations-)Bedürfnissen der *shareholder,*
- **Imagevorteile,**
- Abstimmung von externem und **internem Rechnungswesen,**
- Vereinheitlichung des internen **Konzernreportings.**

Am wichtigsten sind der erste und der letzte Punkt.

Die Erweiterung der Finanzierungsmöglichkeiten muss nicht nur das Unternehmen betreffen, das ein Listing an einer Börse anstrebt und ab Zulassungsantrag ohnehin zur Rechnungslegung nach IFRS verpflichtet ist (§ 315e Abs. 2 HGB). Auch folgender Fall ist einschlägig:

> **Beispiel**  !
>
> Ein mittelständischer Industriekonzern strebt die Übernahme eines englischen Wettbe-werbers an. Der hohe Finanzierungsbedarf soll durch einen Konsortialkredit der beiden Hausbanken gedeckt werden. Diese möchten Teile des Kredits im Innenverhältnis an andere, von London aus agierende Banken weiterreichen. Gegenüber einem deutschen Konzernab-schluss haben die potenziellen internationalen Partner der Banken teils aus sprachlichen, teils aus möglicherweise unberechtigten, aber jedenfalls vorhandenen inhaltlichen Gründen eine starke Aversion. Eine Refinanzierung der Hausbanken und damit die Finanzierung des Unternehmens hat nur dann Aussicht auf Erfolg, wenn Plan- und Istzahlen nach internatio-nalen Rechnungslegungsgrundsätzen erstellt werden. Diese Anforderung wird daher zum Bestandteil des Kreditvertrags.

Wichtiger als derartige externe Vorteile können interne Effekte aus der **Vereinheitlichung des Konzernreportings** sein. Auch mittelständische Unternehmen sind auf vor- und nachgelagerten Wertschöpfungsstufen immer häufiger an ausländischen Tochterunternehmen beteiligt. Nicht selten ist dabei zu beobachten: Fehlentwicklungen ausländischer Töchter werden erheblich später erkannt als vergleichbar bei deutschen Tochterunternehmen. Entsprechend verspätet fallen auch die notwendigen Anpassungsentscheidungen aus, vom Austausch des Country-Managers über eine Restrukturierung der Tochtergesellschaft bis zu ihrer Liquidation. Entsprechend höher sind die Kosten solcher Anpassungsentscheidungen. Eine wichtige Ursache derartiger Fehlsteuerung ist der Verzicht auf ein aussagefähiges, zeitnahes unterjähriges Konzernreporting. Jede ausländische Tochter berichtet nach ihrem nationalen Rechnungslegungssystem oder nach ihrem höchst lückenhaften HGB-Verständnis. Die inländische Zentrale eines mittelständischen Konzerns ist jedoch personell nicht so ausgestattet, dass sie jeweils die »Übersetzung« in das Berichtsformat der Muttergesellschaft vornehmen könnte. Fehlentwicklungen werden nicht richtig und nicht rechtzeitig interpretiert. Ihre zu späte Beseitigung kostet ein Vielfaches mehr, als die frühzeitige Einführung eines einheitlichen, an internationalen Grundsätzen orientierten Konzernreportings je hätte kosten können.

## 1.3   Nebeneinander von handelsrechtlichem Einzelabschluss und IFRS-Konzernabschluss

Der deutsche Gesetzgeber hat das Mitgliedstaatenwahlrecht zur Freigabe der IFRS für den Einzelabschluss nicht an die Unternehmen weitergegeben. Auf mittlere Frist werden daher sowohl die börsennotierten Konzerne, die zwangsweise nach IFRS Rechnung legen, als auch die sonstigen Konzerne, die ihren Konzernabschluss freiwillig nach IFRS aufstellen, doppelgleisig fahren müssen:

- Einzelabschluss nach HGB,
- Konzernabschluss nach IFRS.

Ein erstes Problem dieser **Zweigleisigkeit** sind mögliche Irritationen bei den Bilanzadressaten:

> **!**
>
> **Beispiel**
>
> Der XYZ-Konzern besteht aus der großen Muttergesellschaft X und den kleinen Tochtergesellschaften Y und Z. Die Tochtergesellschaften tragen gemeinsam nur zu weniger als 10 % zum Konzernergebnis bei. Der handelsrechtliche Einzelabschluss der X weist dennoch ein gravierend anderes Ergebnis aus als der IFRS-Konzernabschluss. Ursächlich sind u. a. unrealisierte Gewinne aus Wertpapieren, die nur im Konzernabschluss als Erfolg berücksichtigt werden, außerdem geringere Abschreibungen im Konzern, schließlich Umrechnungsgewinne bei Fremdwährungsforderungen, deren Ausweis das handelsrechtliche Imparitätsprinzip verbietet. Bei den Bilanzadressaten sorgen die großen Abweichungen zwischen Einzel- und Konzernabschluss für Irritation, Rückfragen, Unsicherheit.

Einen Ausweg aus diesem Dilemma bietet § 325 Abs. 2a HGB. Im Beispiel ist die X zwar verpflichtet, einen handelsrechtlichen Einzelabschluss zu erstellen und beim Bundesanzeiger einzureichen (§ 325 Abs. 2b HGB). Sie kann jedoch von einer Bekanntmachung im Bundesanzeiger absehen, wenn sie dort stattdessen den IFRS-Einzelabschluss bekannt macht (§ 325 Abs. 2a HGB).

Es bleibt, wegen der Pflicht der Hinterlegung eines handelsrechtlichen Einzelabschlusses, der Aufwand einer »doppelten« Bilanzierung. Dieser Aufwand wäre dann besonders gering, wenn es gelänge, duale Einzelabschlüsse aufzustellen, d.h. Abschlüsse, die möglichst weitgehend sowohl deutschen als auch internationalen Grundsätzen genügen. Der HGB-Abschluss müsste danach durch Ausnutzung von Wahlrechten und durch eine mutige Interpretation der deutschen Vorschriften weitgehend an die IFRS-Vorschriften angepasst werden. Im Sinne dieser mutigen Interpretation sind in den 1990er Jahren zum Beispiel verschiedene Unternehmen der chemischen Industrie dazu übergegangen, Pensionsrückstellungen neu zu bewerten und insbesondere in Übereinstimmung mit IAS 19 zu erwartende zukünftige Karrieretrends und Pensionstrends durch jährliche Steigerungsannahmen rückstellungserhöhend zu berücksichtigen. Diese zunächst grenzwertige Vorgehensweise ist durch das BilMoG mit Wirkung ab 2010 gesetzlich nicht nur legitimiert worden; die Neufassung von § 253 Abs. 1 HGB sieht sogar eine Pflicht zur Bewertung auf Basis des voraussichtlichen Erfüllungsbetrags vor, also des Betrags, der sich nicht nach den Stichtagsverhältnissen, sondern unter Berücksichtigung erwarteter Steigerungsraten ergibt. Pensionsrückstellungen sind insofern ein dankbares Beispiel für einen dualen Ansatz.

Ein undankbares Beispiel sind hingegen Wertpapiere, die am Bilanzstichtag über den Anschaffungskosten notieren. Nach § 253 Abs. 1 HGB sind Vermögensgegenstände höchstens mit den Anschaffungskosten anzusetzen. Nach IFRS 9 ist für bestimmte Wertpapiere und andere Finanzinstrumente hingegen der Ausweis zum Stichtagswert in der Regel auch dann geboten, wenn er die Anschaffungskosten überschreitet. Einen Interpretationsspielraum bieten in diesem Fall weder die HGB-Regelungen noch die IFRS-Regelungen. Eine duale Bilanzierung dieses Sachverhalts ist (mit Ausnahmen bei Kreditinstituten – § 340e Abs. 3 HGB) nicht möglich.

Für die pflicht- oder wahlweise von IFRS betroffenen Unternehmen bleibt daher das Problem der zweigleisigen Rechnungslegung bestehen. Einzelfragen des Umgangs mit diesem Problem werden unter »Einführung von IFRS« (Kapitel 13.2) behandelt. An dieser Stelle ist nur eine grundsätzliche Entscheidungsfrage zu behandeln:
- Die betroffenen Unternehmen können entweder weiter nach Handelsrecht, d.h. in einem handelsrechtlichen Kontenplan, buchen und für Zwecke der Konzernbilanz eine Überleitung nach IFRS vornehmen,
- oder sie können IFRS zur führenden Buchhaltung machen und für Zwecke des zu hinterlegenden Einzelabschlusses eine Überleitung nach HGB bzw. sonstigem nationalen Recht vornehmen.

In einem durch vor- und nachgelagerte Wertschöpfungsstufen international integrierten mittelständischen Konzern ist die zweite Variante im Allgemeinen vorzuziehen. Aufgrund eines einheitlichen Bilanzierungshandbuchs wird das jährliche und unterjährige Berichtswesen einheitlich bei allen Tochterunternehmen und beim Mutterunternehmen nach IFRS-Regeln ausgerichtet. Reibungs- und Zeitverluste, insbesondere beim unterjährigen Reporting, werden vermieden. Zur Erfüllung nationaler Rechnungslegungsvorschriften wird aus den konzerneinheitlichen Abschlüssen jeweils der nationale Einzelabschluss abgeleitet.

## 1.4 Zukunftsperspektiven – Freigabe der IFRS für den Einzelabschluss?

### 1.4.1 Zahlungsbemessungsfunktion des Einzelabschlusses – Steuern und Dividenden

Bedenken gegen die Zulassung der IFRS für den Einzelabschluss ergeben sich, weil er eine stärkere Beziehung zu anderen Rechtsgebieten hat als der Konzernabschluss (vgl. Abb. 1).

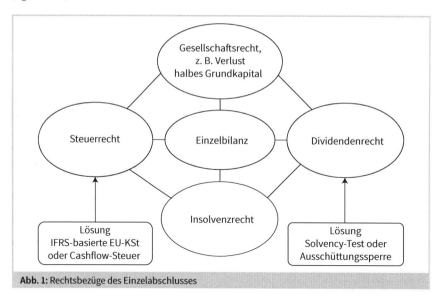

**Abb. 1:** Rechtsbezüge des Einzelabschlusses

Hauptsächlich bereitet die **Zahlungsbemessungsfunktion** des Einzelabschlusses Schwierigkeiten:
- Aus der Sicht des Maßgeblichkeitsprinzips des § 5 Abs. 1 EStG geht es um die Bindung der Steuerbilanz an die Handelsbilanz. Diese wäre entweder aufzugeben (modifizierte Einnahmen-Ausgaben-Rechnung statt Steuerbilanz) oder so zu modifizieren, dass – plakativ gesprochen – über den zu versteuernden Gewinn weiter in Berlin, Brüssel und Straßburg und nicht in London entschieden wird.

• Aus der Sicht des Gläubigerschutzes geht es etwa darum, dass der nach IFRS zulässige Ausweis unrealisierter Gewinne (z. B. Kurssteigerung von Wertpapieren über die Anschaffungskosten) den ausschüttungsfähigen Gewinn erhöhen würde. Damit ginge die Gefahr einher, dem Unternehmen und seinen Gläubigern durch Ausschüttung von solchen Gewinnen Substanz zu entziehen, deren endgültige Realisierung noch ungewiss ist.

### 1.4.2   Von der HGB-basierten deutschen zur IFRS-basierten europäischen Steuerbilanz

Die steuerliche Argumentation vernachlässigt die schleichend schon lange, seit BilMoG auch offiziell gegebene Entkopplung von Handelsbilanz und Steuerbilanz. Beim Ansatz und bei der Bewertung von Rückstellungen, bei der außerplanmäßigen Abschreibung, beim Umfang des Betriebsvermögens etc. hat sich das Steuerrecht bereits in hohem Maße vom Handelsbilanzrecht gelöst. In einigen Bereichen liegen die steuerlichen Regelungen sogar näher an den IFRS als am HGB. Dies gilt etwa für das Verbot, Disagien aus erhaltenen Darlehen sofort aufwandswirksam zu behandeln, oder für die Berücksichtigung zukünftiger Preissteigerungen bei der Bemessung von Rückstellungen.

Relevanter ist das Argument der Gesetzgebungskompetenz. Ein privates Gremium in London soll nicht durch Änderung seiner Bilanzierungsvorschriften die Steuereinnahmen in Berlin beeinflussen können. Dieser Zielsetzung ist aus rechtlichen, fiskalischen und wirtschaftlichen Gründen zuzustimmen. Sie sagt jedoch nichts über das dafür einzusetzende Instrumentarium aus.

Der (Steuer-)Gesetzgeber hat hinreichend Erfahrung, sich auf andere Weise gegen Änderungen der zivilrechtlichen Bilanzierungsgrundlagen zu immunisieren. Beispiele sind etwa das steuerliche Ansatzverbot für Drohverlustrückstellungen oder die steuerrechtlichen Sondervorschriften für Pensionsrückstellungen.

In weiten Bereichen, etwa beim Ansatz von Rückstellungen für ungewisse Verbindlichkeiten, blieb es aber bislang bei der Maßgeblichkeit. Nicht immer allerdings mit guten Wirkungen auf die Handelsbilanz. NIEHUES spricht von einer »Pervertierung der Maßgeblichkeit«, indem mit Blick auf die steuerliche Abzugsfähigkeit so viel wie möglich abgeschrieben und zurückgestellt wird, ohne Rücksicht darauf, ob dies noch eine angemessene Interpretation des handelsrechtlichen Vorsichtsprinzips sei.[1]

---

1   Niehues, WPg 2001, S. 737 ff.

Ähnliche Effekte ergeben sich unter der Herrschaft der Einheitsbilanz auch auf anderen Feldern.

!

**Beispiel**

Die A-GmbH hat vor fünf Jahren einen auf dem schnelllebigen Gebiet des Web-Designs tätigen Betrieb erworben. Der aufgedeckte Firmenwert wurde nach § 7 Abs. 1 EStG über 15 Jahre abgeschrieben. Eine Teilwertabschreibung wegen gesunkenen Ertrags konnte steuerlich nicht durchgesetzt werden, da die zusätzlich zum Ertragsrückgang nötigen Nachweise nicht zu erbringen waren. Der Firmenwert steht aktuell noch mit 2/3 seines Ursprungswerts in den Büchern.

Die A-GmbH stellt eine Einheitsbilanz auf. Der handelsrechtliche Firmenwert entspricht daher dem steuerrechtlichen. Das Handelsrecht verlangt eine planmäßige Abschreibung über die voraussichtliche Nutzungsdauer. In einer schnelllebigen Branche wird diese Nutzungsdauer eher deutlich unter 15 Jahren liegen. Ansonsten wäre jedenfalls eine außerplanmäßige Abschreibung nötig gewesen.

Die A-GmbH hat, geblendet vom Maßgeblichkeitsprinzip, die Unterschiede in den Regeln übersehen und daher eine Einheitsbilanz aufgestellt, die bei näherer Betrachtung tatsächlich eine falsche Handelsbilanz ist.

Neben der »Immunisierungslösung« – Aufgabe der Maßgeblichkeit – sind noch zwei andere, radikalere Ansätze erwägenswert. Der erste diskutiert, ob überhaupt auf lange Sicht an der Gewinnermittlung durch Vermögensvergleich (§ 4 Abs. 1 EStG und § 5 EStG) festgehalten werden soll. Aufbauend auf dem von Teilen der Volkswirtschaftslehre vertretenen Konzept der Cashflow-Steuer käme eine modifizierte Einnahmen-Ausgaben-Rechnung infrage, die mit Ausnahmen bei Anlagevermögen, Vorräten und langfristigen Rückstellungen nicht auf die Ertrags-/Aufwandsentstehung abstellen würde, sondern auf die Zahlungszeitpunkte.

Der politisch ebenso brisante zweite Vorschlag hält an der Maßgeblichkeit fest, verlagert sie aber vom deutschen EStG und dem Verhältnis zur deutschen Steuerbilanz auf ein noch zu schaffendes europäisches Unternehmensteuergesetzbuch. Gedacht ist an eine europaweite einheitliche Bemessungsgrundlage der Körperschaftsteuer, deren Ausgangspunkt die IFRS wären. Wie jetzt das EStG in § 5 Abs. 1 die (teilweise) Maßgeblichkeit der Handelsbilanz für die Steuerbilanz festhält, um sie in den Folgeabsätzen und Paragraphen einzuschränken, könnte ein europäisches Unternehmensteuergesetzbuch die Maßgeblichkeit der IFRS-Bilanz europaweit vorschreiben, um diese ebenso europaweit in den Folgeabsätzen und Folgeparagraphen zu limitieren.

Die einheitliche europäische Bemessungsgrundlage könnte mit dem Verbleib der Steuersatzhoheit bei den Mitgliedsländern verbunden werden. Das Resultat entspräche in europäischer Dimension der jetzigen inländischen Situation der Gewerbesteuer: deren

Bemessungsgrundlage wird deutschlandweit einheitlich bestimmt, die Entscheidung über den darauf anzuwendenden Hebesatz bzw. Steuersatz treffen jedoch die Kommunen. Eine analoge Regelung auf europäischer Ebene, die die Entscheidungskompetenz über den Steuersatz bei den Mitgliedsländern beließe, würde die Transparenz des Steuerwettbewerbs erhöhen. Diese ist jedoch nicht überall politisch erwünscht. Die EU-Kommission hat daher auf dem Weg zu einer möglichen europaweiten IFRS-basierten Bemessungsgrundlage zunächst ein etwas realistischeres Ziel formuliert:

- Grenzüberschreitend tätige Unternehmen begegnen derzeit zahlreichen steuerlichen Hemmnissen. Verrechnungspreise sind mit Blick auf die Steuervorschriften festzulegen und zu dokumentieren, ein Verlustausgleich über die Grenze ist nicht oder nur eingeschränkt möglich, steuerneutrale Umwandlungs- und Restrukturierungsmaßnahmen erschöpfen sich auf inländische Konzernteile. Derartige Probleme sollen nicht mehr einzeln, sozusagen symptomatisch behandelt, sondern an der Wurzel bekämpft werden.
- Große grenzüberschreitend tätige Konzerne sollen pflichtweise anknüpfend an Konzerngrößen besteuert werden (*Common Consolidated Corporate Tax Base –* CCCTB). Die konsolidierte Bemessungsgrundlage wäre dann europaweit einheitlich zu ermitteln, die Bemessungsgrundlage nach einem Allokationsmaßstab auf die für den Konzern relevanten Länder zu verteilen, dies notwendig verbunden mit der Möglichkeit, Verluste in einem Land gegen Gewinne in einem anderen zu verrechnen. Kleinere grenzüberschreitend tätige Konzerne sollen ein Wahlrecht zur konsolidierten Ermittlung der Bemessungsgrundlage erhalten.

Zu diesem Ansatz hat die Europäische Kommission seit 2001 diverse Papiere vorgelegt, die aber zunächst nichts bewegt haben.[2] Beflügelt durch die seit 2014 verstärkt laufende politische Diskussion um die Steuervermeidungsstrategien großer Konzerne ist das Projekt in 2015 reaktiviert und in 2016 der Entwurf einer EU-Verordnung vorgelegt worden. Mit einer rechtlichen Umsetzung ist nicht kurzfristig zu rechnen.

### 1.4.3   Von der bilanz- zur solvenzorientierten Dividende

Auch hinsichtlich der gesellschaftsrechtlichen Zahlungsbemessungsfunktion, also der Dividenden des Einzelabschlusses, bieten sich mehrere Lösungen an.

- Einerseits könnten unrealisierte Gewinne nach dem in § 268 Abs. 8 HGB enthaltenen System mit einer speziellen **Ausschüttungssperre** belegt werden.
- Andererseits könnte die Bindung des Ausschüttungsvolumens an das bilanziell erwirtschaftete Ergebnis auch durch einen allgemeinen »*solvency*-Test« ersetzt werden. U. a. in vielen amerikanischen Bundesstaaten und in Neuseeland hat man

---

2   Zum jeweiligen Stand: https://ec.europa.eu/taxation_customs/business/company-tax/common-consolidated-corporate-tax-base-ccctb_en, abgerufen am 3.6.2019.

mit einer solchen Lösung positive Erfahrungen gesammelt. Der neuseeländische Companies Act 1993 sieht in Section 4 vor, dass Dividenden nur insoweit ausgeschüttet werden dürfen, als dadurch die Bedienung der Schulden nicht gefährdet und das Eigenkapital nicht negativ wird bzw. unter gesetzliche Mindestanforderungen fällt. Die §§ 30 ff. GmbHG enthalten in der Tendenz vergleichbare, in der Praxis nicht immer beachtete Regeln.

> **! Beispiel**
>
> Die Down-Under-GmbH (Freiburg) hat in ihrem Gründungsjahr in 01 einen Überschuss von 100 erzielt. Am 10.7.02 wird die Ausschüttung beschlossen und durchgeführt. Im ersten Halbjahr 02 hat sich das Geschäft allerdings schlecht entwickelt. Interne Arbeitsbilanzen zum 30.5.02 und 30.6.02 zeigen nur noch ein Eigenkapital in Höhe des Stammkapitals.
> Die Ausschüttung verstößt gegen § 30 Abs. 1 GmbHG. Danach darf das zur Erhaltung des Stammkapitals erforderliche Vermögen nicht ausgezahlt werden. Die Ausschüttungen sind bei fehlendem guten Glauben der Gesellschafter in jedem Fall, ansonsten unter bestimmten Bedingungen zu erstatten. Da die Geschäftsführer nach der Sachlage schuldhaft gehandelt haben, haften sie einem gesamtschuldnerisch für andere Gesellschafter belangten Gesellschafter gegenüber (§ 31 GmbHG).

Seit dem MoMiG (2008) hat sich das deutsche GmbH-Recht dem Kapitalschutzkonzept der *solvency*-Lösung angenähert.

- Die Mindestanforderung an das Stammkapital wurde von 25.000 EUR auf 1 EUR gesenkt. Dies geschah mit Blick auf den europäischen Wettbewerb der Gesellschaftsformen, etwa die Konkurrenz zur englischen Limited, da diese Rechtsform nach der EuGH-Rechtsprechung auch einem inländischen Unternehmen ohne jeden Auslandsbezug nicht verwehrt werden kann.[3]
- Nach vorheriger Rechtslage waren die Geschäftsführer einer GmbH der Gesellschaft gegenüber zum Ersatz von Zahlungen verpflichtet, die nach Eintritt der Insolvenz geleistet werden (§ 64 Abs. 2 GmbHG). Durch eine Ergänzung des § 64 Abs. 2 GmbHG müssen sie seit dem MoMiG auch für Zahlungen an Gesellschafter haften, wenn durch diese Zahlungen die Zahlungsunfähigkeit der Gesellschaft herbeigeführt wird und dies erkennbar war. Dies ergänzt § 30 Abs. 1 GmbHG, indem nicht nur das zur Erhaltung des Stammkapitals erforderliche Vermögen mit einem Auszahlungsverbot belegt wird, sondern auch Zahlungen erfasst werden, die das Stammkapital nicht antasten, aber die Zahlungsunfähigkeit herbeiführen. Die Gesetzesbegründung selbst weist auf die Parallelen zum *solvency*-Test hin.

Die steigende Bedeutung der Solvenzprognose erklärt sich gerade aus den herabgesetzten Anforderungen an das Stammkapital.

---

3   Zu den maßgeblichen Urteilen Überseering und Inspire Art: Bayer, BB 2004, S. 1 ff.

- Je niedriger das Stammkapital, umso geringer die praktische Relevanz der Vorschriften zur Erhaltung dieses Kapitals.
- Umso geringer damit auch die Bedeutung der Stichtagsbilanz, die Auskunft über die Höhe des Eigenkapitals gibt.
- Gegenüber einer bilanzorientierten Prüfung des zulässigen Ausschüttungsvolumens muss dann eine zukunftsorientierte Prüfung an Relevanz gewinnen.

## 1.5   SME-IFRS

Als neue Zukunftsperspektive für kleine und mittlere Unternehmen (*small and medium-sized entities* = SME) hat der IASB in 2009 eigenständige SME-IFRS verabschiedet. Sie sollten den kleineren und mittleren Unternehmen eine Alternative zu den *full IFRS* bieten. Wie unter »IFRS für kleine und mittlere Unternehmen« (Kapitel 14) näher dargestellt, leiden die SME-IFRS an einem schwerwiegenden Geburtsfehler: wo die SME-IFRS einen Sachverhalt nicht oder nicht konkret genug regeln, ist der SME-Anwender faktisch gezwungen, weiter auf die *full IFRS* zuzugreifen. Plakativ gesprochen gilt:

- Siemens kommt mit einem Regelwerk, den *full IFRS*, aus,
- Elektro Schmitz braucht zwei, die SME- und die *full IFRS*.

Überdies sehen die SME-IFRS bei der die Praxis besonders belastenden Fülle von Anhangangaben keine ausreichende Entlastung gegenüber den *full IFRS* vor. Wegen dieser und anderer Defizite ist das SME-Projekt im deutschen Schrifttum, aber auch in der Politik überwiegend auf Ablehnung gestoßen.

## 1.6   Zusammenfassung

Der Globalisierung der Waren- und Kapitalmärkte folgt die Internationalisierung der Rechnungslegung. Das amerikanische System der **US-GAAP** (*Generally Accepted Accounting Principles*) und das tatsächlich internationale System der **IFRS** (*International Financial Reporting Standards*) konkurrierten in der Vergangenheit um die Vorherrschaft, haben sich aber im Rahmen eines Konvergenzprojekts aufeinander zubewegt.

**Europaweit** ist die Entscheidung zugunsten von IFRS gefallen. Die EU verpflichtet börsennotierte Konzerne seit 2005 auf einen IFRS-Konzernabschluss. Das HGB bietet nicht börsennotierten Konzernen das Wahlrecht, anstelle einer handelsrechtlichen Konzernbilanz eine Konzernbilanz nach IFRS (hingegen nicht nach US-GAAP) aufzustellen.

Eine Nutzung dieses Wahlrechts kann unter verschiedenen Aspekten Sinn machen:

- Öffnung für **Kapitalmärkte**,
- Orientierung an (Informations-)Bedürfnissen der *shareholder*,
- **Imagevorteile** im internationalen Wettbewerb,
- Abstimmung von externem und **internem Rechnungswesen**,
- Vereinheitlichung des internen **Konzernreporting.**

Für eine noch nicht absehbare Übergangzeit bleibt das **Nebeneinander** von verpflichtendem oder freiwilligem **IFRS-Konzernabschluss** und **handelsrechtlichem Einzelabschluss**. Die Idee des dualen, d. h. beiden Regimen gehorchenden Abschlusses ist nur theoretisch dazu angetan, dieses Problem zu lösen. Praktisch bleiben zu viele, auch durch mutige Interpretation des Handelsrechts nicht auflösbare Unterschiede. Das demnach verbleibende Problem der Zweigleisigkeit wird in der Regel am besten durch eine vollständige Umstellung des Rechnungswesens auf IFRS gelöst. Sie bedingt einmal pro Jahr für die einzelbilanziellen Zwecke eine Überleitung in das nationale Recht. Der umgekehrte Weg, weiter nach nationalem Recht zu buchen und für die Konzernbilanzierung auf IFRS überzuleiten, kann nur dann Sinn machen, wenn der Konzern ausschließlich im Inland vertreten ist und der Integration von internem und externem Rechnungswesen keine so hohe Bedeutung beigemessen wird.

Mittelfristig ist im Interesse der Praxis auf eine Zulassung der IFRS auch für den Einzelabschluss zu hoffen. Für die mit der Zahlungsbemessungsfunktion des Einzelabschlusses verbundenen Probleme gibt es aussichtsreiche Lösungen. Der für die Gewinnsteuern geltende Maßgeblichkeitsgrundsatz könnte zugunsten einer modifizierten Einnahmen-Ausgaben-Rechnung ganz aufgegeben oder zugunsten einer IFRS-basierten **europäischen Steuerbemessungsgrundlage** modifiziert werden. Den Schutz der Gläubiger vor Substanzentzug durch Ausschüttung unrealisierter Gewinne könnten spezielle Ausschüttungssperren oder ein »*solvency*-Test« garantieren.

## 1.7   Fragen und Antworten

**Fragen**

**A.1** Überall in der EU gelten seit den 1980er Jahren die durch nationale Transformationsgesetze umgesetzten EU-Richtlinien für den Jahres- und Konzernabschluss. Warum hat dieses System nicht die Vereinheitlichung gebracht (die nun von den IFRS erwartet wird)?

**A.2** Welche beiden wesentlichen Vorteile kann die (freiwillige) Anwendung der IFRS einem Konzern bringen?

**A.3** Was sind die IFRS für SME?

**B.1**   Die IAS-Verordnung der EU lässt als Mitgliedstaatenwahlrecht die Anwendung der IFRS auch für den Einzelabschluss zu. In welcher Art hat Deutschland dieses Wahlrecht umgesetzt?

**B.2**   Welche Idee ist in der Vergangenheit unter dem Stichwort »duale Abschlüsse« verfolgt worden? Warum funktioniert diese Idee nicht?

**B.3**   Warum ist es einfacher, die IFRS für den Konzernabschluss als für den Einzelabschluss zuzulassen?

**C.1**   Was diskutiert die EU unter dem Stichwort *Common Consolidated Corporate Tax Base*?

**C.2**   Gegen die Verwendung der IFRS für den Einzelabschluss wird u. a. die gesellschaftsrechtliche Zahlungsbemessungsfunktion angeführt (Dividenden nach Maßgabe des bilanziellen Ergebnisses). Welche beiden Auswege bieten sich hier an?

**C.3**   Welchen »Geburtsfehler« haben die IFRS für SME?

**Antworten**

**A.1**   Die EU-Richtlinien enthalten zahlreiche Mitgliedstaatenwahlrechte. Je nach Umsetzung dieser Wahlrechte sind Bilanzierungsweisen in einem Land erlaubt und im anderen verboten. Auf diese Weise entsteht keine wirklich harmonisierte Rechnungslegung.

**A.2**   Wesentliche Vorteile einer (freiwilligen) IFRS-Anwendung sind
  • besserer Zugang zum **Kapitalmarkt**,
  • Vereinheitlichung des internen **Konzernreportings**.

**A.3**   Die IFRS für SME sind ein eigenes IFRS-Regelwerk für kleine und mittlere Unternehmen.

**B.1**   Nach § 325 Abs. 2a und 3b HGB sind Unternehmen weiterhin verpflichtet, einen handelsrechtlichen Einzelabschluss zu erstellen und beim Bundesanzeiger einzureichen. Sie können lediglich von einer Bekanntmachung im Bundesanzeiger absehen, wenn sie dort stattdessen den IFRS-Einzelabschluss bekannt machen (§ 325 Abs. 2a HGB).

**B.2**   Duale Abschlüsse sollten solche Abschlüsse sein, die durch entsprechende Ausübung von Bilanzierungswahlrechten und Ermessensspielräumen in Ansatz und Bewertung gleichzeitig HGB und IFRS erfüllen. So sollte der Aufwand einer doppelten Bilanzierung vermieden werden.

In wichtigen Bereichen lässt sich eine solche Übereinstimmung aber gar nicht herstellen. So etwa bei bestimmten Finanzinstrumenten, deren Stichtagswert über ihren Anschaffungskosten liegt (Bewertung mit dem Stichtagswert nach IFRS, Bewertung zu Anschaffungskosten nach HGB).

**B.3** Das Bilanzrecht des Einzelabschlusses ist stärker mit anderen Rechtsgebieten verknüpft:

- Steuerrecht: Ermittlung des (Steuer-)Bilanzgewinns,
- Gesellschaftsrecht: Ermittlung der Dividenden,
- Insolvenzrecht: Ermittlung einer Überschuldung.

**C.1** *Common Consolidated Corporate Tax Base* steht für eine europaweit einheitlich ermittelte Steuerbemessungsgrundlage (Steuerbilanzgewinn), die IFRS-basiert sein könnte. Betroffen wären grenzüberschreitend tätige Konzerne. Die Bemessungsgrundlage wäre auf die einzelnen Länder aufzuteilen. Jedes Land könnte auf seinen Teil autonom einen Steuersatz festlegen.

**C.2** Als Auswege aus der (möglicherweise) fehlenden Eignung des IFRS-Ergebnisses als Dividendengrundlage bieten sich an:

- Ausschüttungssperren, d. h. die Einstellung bestimmter Erfolge (etwa aus über die Anschaffungskosten liegender Zeitbewertung von Finanzinstrumenten) in nicht dividendenfähige Rücklagen;
- Lösung der Ausschüttung von bilanziellen Größen, stattdessen Bindung an eine Solvenzprognose wie in einigen angelsächsischen Ländern.

**C.3** Die IFRS für SME haben folgenden »Geburtsfehler«: wo die SME-IFRS einen Sachverhalt nicht oder nicht konkret genug regeln, ist der SME-Anwender faktisch gezwungen, weiter auf die *full IFRS* zuzugreifen (*fall back*). Plakativ gesprochen gilt:

- Siemens kommt mit einem Regelwerk, den *full IFRS*, aus,
- Elektro Schmitz braucht zwei, die SME-IFRS und die *full IFRS*.

# 2 Struktur und Grundannahmen des IFRS-Regelwerks

## 2.1 Organisation des IASB

Das *International Accounting Standards Committee* (IASC) wurde **1973** mit Sitz in London von Berufsverbänden der Accountancy Profession (mehrheitlich Wirtschaftsprüfer) aus neun Ländern, darunter Deutschland, gegründet. Das **IASC** bezeichnete sich selbst zunächst als Low-Budget-Organisation. Seinen Ausdruck fand dies etwa darin, dass der *Board* als entscheidendes Gremium für die Verabschiedung von neuen Standards nur aus ehrenamtlichen Mitgliedern bestand und nur auf wenige hauptberuflich tätige Mitarbeiter des IASC zurückgreifen konnte. Seit 2002 ist es hier und an vielen anderen Stellen zu wesentlichen Änderungen gekommen. Die Grundstruktur der Organisation ist nunmehr, wie in Abb. 2 dargestellt, durch drei Organe gekennzeichnet:[4]

Die *Trustees*, darunter Wirtschaftsprüfer, Analysten, Professoren, Bilanzersteller, der Trägerorganisation IFRS Foundation nominieren und kontrollieren den *Board* IASB. Die *Trustees* selbst sind dem *Monitoring Board* rechenschaftspflichtig, in dem u. a. wichtige staatliche Organisationen (u. a. EU und SEC) vertreten sind. Der **Board** besteht im Wesentlichen aus hauptamtlich tätigen Experten. Er nimmt Berichte des *IFRS Interpretations Committee* (IFRS IC; früher und als Abkürzung noch geläufig: IFRIC) betreffend die Interpretationen einzelner IFRS/IAS entgegen, entscheidet aber selbst über Veröffentlichung und damit Wirksamwerden dieser IFRIC. Ebenso entscheidet er über Veröffentlichung und Wirksamwerden der Standards (IFRS/IAS). Der *Board* wird fachlich unterstützt durch das *IFRS Advisory Council* sowie diverse *Working Groups*.

Für die Revision eines IAS-/IFRS-Standards und den Entwurf neuer IFRS ist ein formalisiertes Verfahren, der **standard setting process** oder **due process**, vorgesehen, in dem die interessierte Öffentlichkeit Gelegenheit zur Stellungnahme hat. Am Anfang des Prozesses soll bei allen wichtigen Projekten ein Diskussionspapier (*Discussion Paper*) stehen. Die interessierte Öffentlichkeit hat in der Regel einige Monate Zeit, dieses Diskussionspapier zu kommentieren. Als zweite Stufe (bei weniger wichtigen oder nicht so grundlegenden Änderungen als erste Stufe) folgt ein Entwurf des späteren Standards (*Exposure Draft – ED*), der in der Regel ebenfalls einige Monate zur Kommentie-

---

4    Einzelheiten zu den Organen des IASC und zum Standard Setting Process finden sich in der IFRS Foundation Constitution. Sie ist am Anfang der jährlichen Textausgabe der IFRS abgedruckt, im Übrigen auch unter https://www.ifrs.org/-/media/feature/about-us/legal-and-governance/constitution-docs/ifrs-foundation-constitution-2018.pdf zugänglich. Einen kurzen Überblick gibt: https://www.ifrs.org/about-us/who-we-are/, abgerufen am 3.6.2019.

rung offen ist. Ggf. erfolgt bei sehr starken Einwendungen in Teilen eine überarbeitete Entwurfsfassung (*re-exposure*), bevor der endgültige Standard verabschiedet wird.

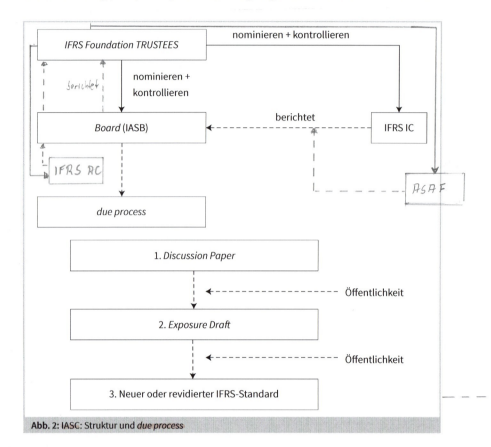

**Abb. 2:** IASC: Struktur und *due process*

Durch eine ausgewogene geografische und fachliche Mischung der Mitglieder der Organe und durch das standardisierte Normsetzungsverfahren unter Beteiligung der Öffentlichkeit will der IASB zu einer hohen Akzeptanz der IFRS beitragen. Kritiker sehen diese Ausgewogenheit nicht verwirklicht: zu viele *Board*-Mitglieder stammen aus angelsächsischen Ländern; nach Fachgebieten dominieren ehemals bei multinationalen Großunternehmen oder »Big-Four«-Prüfungsgesellschaften tätige Experten.

Die Professionalisierung des IASB hat ihren praktischen Ausdruck in der Veröffentlichung einer ungeheuren Menge von grundlegend geänderten oder neuen Standards gefunden. Die Praxis mag dies begrüßen oder bedauern. Sie hat sich jedenfalls darauf einstellen müssen, dass ein hauptberuflicher *Board* eine andere »Produktivität« als ein ehrenamtlicher an den Tag legt. Wo in der Vergangenheit Rechnungslegungsvorschriften im Generationenabstand geändert wurden (AktG 1937, AktG 1965, BiRiLiG

1987, BilMoG 2010), **taktet der IASB in Jahresrhythmen,** so wie sie der Steuerrechtler schon lange kennt.

## 2.2   EU-Endorsement-Verfahren

Durch die **EU-Verordnung** aus 2003 zu IAS ist der *standard setting process* um ein Element erweitert worden. **Der IASB ist eine privatrechtliche Organisation. Das Regelwerk** einer solchen Organisation **unmittelbar zu europäischem Recht zu machen, begegnet verfassungsrechtlichen Bedenken.** Die EU-Verordnung sieht daher ein sog. **Endorsement-Verfahren** (auch Komitologieverfahren genannt) zur europäischen Anerkennung der IAS/IFRS vor (vgl. Abb. 3). Danach werden die einzelnen Standards des IASB bzw. deren Änderungen erst durch folgenden Prozess verbindliches EU-Recht:

- Die von Vertretern der Wirtschaft gegründete, privatrechtliche *European Financial Reporting Advisory Group* (EFRAG) spricht eine Übernahmeempfehlung aus.
- Die mit europarechtlichem Mandat versehene *Standards Advice Review Group* (SARG) befindet diese Empfehlung als ausgewogen und objektiv.
- Die Europäische Kommission spricht eine Übernahmeempfehlung aus.
- Das von Vertretern der Mitgliedstaaten gebildete *Accounting Regulatory Committee* (ARC) sowie das *Regulatory Procedure Committee* des Europa-Parlaments billigen die Übernahme.

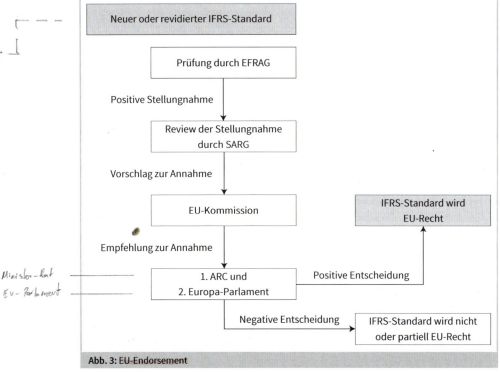

**Abb. 3:** EU-Endorsement

37

**Formell** erhält im Endorsement-Verfahren jeder Standard seine »einzelgesetzliche« Anerkennung durch die EU. **Faktisch** bleibt es im Wesentlichen dabei, dass der IASB als ein privates Gremium Rechnungslegungsnormen setzt. Dies scheint vertretbar, solange es nur um den Konzernabschluss geht. Sobald auch der Einzelabschluss und damit Ausschüttungsrechte und Steuerlasten betroffen wären, ergäben sich stärkere Zweifel, ob ein solches Verfahren den Grundsätzen der Rechtsstaatlichkeit genügen würde.

Zur Ablehnung von IFRS-Regeln ist es bislang vor allem bei Finanzinstrumenten (IAS 39) gekommen. Die Regelungen des IASB wurden nur partiell zu EU-Recht (*partial endorsement* oder auch *carve out*). Die EU hat die sog. *fair value option* für Finanzinstrumente, insbesondere Verbindlichkeiten in ihrer ursprünglichen Form, und die Regeln zum Portfolio-*hedge* nicht anerkannt.

Praktisch bedeutsamer ist die zeitliche Verzögerung, die durch den Endorsement-Mechanismus eintritt. Zwar bleibt zwischen Verabschiedung eines neuen Standards und seinem vom IASB vorgesehenen Anwendungsdatum (*effective date*) in der Regel genügend Zeit für das Endorsement. Die meisten Standards enthalten jedoch ein Wahlrecht zur **vorzeitigen Anwendung** (*early adoption*). Das auf Basis der EU-Verordnung bzw. gemäß § 315e HGB nach IFRS bilanzierende Unternehmen kann von diesem Wahlrecht erst Gebrauch machen, wenn der Standard im Amtsblatt der Europäischen Union veröffentlicht ist. Es reicht aus, wenn diese Veröffentlichung bis zur Freigabe des Abschlusses erfolgt. Erfolgt sie nachher, bleibt dem europäischen Unternehmen die Möglichkeit der *early adoption* verwehrt.

In Einzelfällen, so beim Konsolidierungspaket IFRS 10 bis IFRS 12, hat die EU die Pflichtanwendung wegen der Komplexität der Neuerungen gegenüber dem in den Standards selbst vorgesehenen Zeitpunkt (1.1.2013) zeitlich verschoben (1.1.2014).

Das im nachfolgenden Kapitel in seinem Aufbau erläuterte IFRS-Regelwerk unterliegt nicht in allen Teilen dem EU-Endorsement. Vielen Standards hat der IASB mehr oder weniger umfangreiche Umsetzungsleitlinien (*Implementation Guidances*) oder erläuternde Beispiele (*Illustrative Examples*) beigefügt. Da der IASB diese jedoch nicht als integralen Teil der Standards, sondern lediglich als »Begleitmaterialien« deklariert, ihnen also die formale »Gesetzesqualität« fehlt, bleiben sie auch im Endorsement-Prozess unberücksichtigt. Sie werden nicht amtlich übersetzt und nicht im Amtsblatt der EU veröffentlicht. Für den Anwender ist diese Situation unbefriedigend.

**Beispiel**                                                                           **!**

Im Konzern X hat das in Exotistan tätige Tochterunternehmen T gegen dortige Umweltge-
setze verstoßen. Entsprechende Verstöße werden zwar nach der Papier- bzw. Gesetzeslage
mit hohen Geldstrafen sanktioniert, aber nicht in der durch Korruption und Ineffizienz
geprägten Rechtspraxis.

Der Bilanzbuchhalter der X ist sich nicht sicher, ob er eine Rückstellung für Geldstrafen
berücksichtigen muss.

Er zieht den einschlägigen Standard IAS 37 in amtlicher deutscher Übersetzung, also ohne *Implementation Guidance* zurate und interpretiert die eher abstrakten Vorschriften in dem Sinne, dass
es auf das rechtliche Bestehen einer Verpflichtung ankommt und die tatsächlich zu beobachten-
den Mängel in der Rechtsdurchsetzung unerheblich sind. Er setzt daher eine Rückstellung an.

Diese Lösung ist leider falsch. Die *Implementation Guidance* zu IAS 37 enthält ein *Example* 6,
dem zufolge es bei sanktionsbewehrten Umweltvorschriften auf die Qualität der Rechtsdurchsetzung (*stringency of the enforcement regime*) ankommt.

Die EU-Kommission empfiehlt in einem Arbeitspapier vom November 2003:[5] »Die Anwender von IAS sollten zudem einzelne IAS und Interpretationen einsehen, um sicherzustellen,
dass etwaige Anhänge und Umsetzungsleitlinien bei der Bestimmung der angemessenen
Anwendung der IAS entsprechend berücksichtigt werden.« Die Kommission konzedierte
angesichts der **inhärenten Widersprüche** dieses Vorgehens – sie selbst verzichtet auf
Endorsement und Übersetzung, vom Anwender erwartet sie aber die Beachtung – weiter:
»Die in diesem Arbeitspapier zum Ausdruck gebrachten Auffassungen entsprechen nicht
unbedingt denen der Mitgliedstaaten und sollten für diese keinerlei Verpflichtungen darstellen. Auch greifen sie nicht der Interpretation durch den Europäischen Gerichtshof vor,
die er – in seiner Funktion als letztverantwortliche Instanz für die Auslegung des Vertrages
und des Sekundärrechts – für die betreffenden Fragen vornehmen könnte.«

## 2.3   Aufbau des IFRS-Regelwerks

Das Regelwerk des IASB hat in vereinfachter Betrachtung einen dreistufigen Aufbau:
* Stufe 1: die **Einzelstandards** (IFRS/IAS);
* Stufe 2: Interpretationen des *International Financial Reporting Standards Interpretations Committee* zu den IAS/IFRS (IFRIC, früher: SIC);
* Stufe 3: ein *Conceptual Framework* bzw. Rahmenkonzept (CF), in dem Ziele und Anforderungen der Rechnungslegung beschrieben sowie die Elemente der Rechnungslegung (insbesondere Aktiva, Passiva, Erträge und Aufwendungen) definiert werden.

---

5   Kommentare zu bestimmten Artikeln der Verordnung (EG) Nr. 1606/2002 des Europäischen Parlaments
    und des Rates vom 19. Juli 2002, betreffend die Anwendung internationaler Rechnungslegungsstandards
    und zur Vierten Richtlinie 78/660/EWG des Rates vom 25. Juli 1978 sowie zur Siebenten Richtlinie 83/349/
    EWG des Rates vom 13. Juni 1983 über Rechnungslegung, www.ifrs-portal.com/Dokumente/Framework_
    de.pdf, abgerufen am 3.6.2019.

*SP = Status (and) Purpose   (?) -> pdf-Dateien (von Deloitte)*

Hierbei gehen die IFRS/IAS und die IFRIC/SIC als speziellere Regelungen im Konflikt-fall dem *Conceptual Framework* vor. CF.SP1.2 stellt hierzu fest: »*The Conceptual Framework is not a Standard. Nothing in the Conceptual Framework overrides any Standard or any requirement in a Standard.*« Ob auch zwischen den IFRS/IAS und den IFRIC/SIC eine Hierarchie besteht, ist umstritten, solange aber keine wesentlichen Differenzen zwischen beiden Regelungen erkennbar sind, praktisch nicht relevant. Der Aufbau ist in der folgenden Abbildung als Gebäude – »*House of IFRS*« – symbolisiert. Die IFRS/IAS sind der tragende Unterbau, auf dem die IFRIC/SIC und das *Conceptual Framework* als weitere Etagen mit nach oben hin abnehmender Verbindlichkeit ruhen.

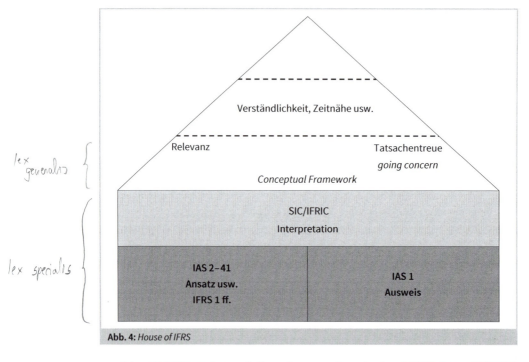

*lex generalis*

*lex specialis*

**Abb. 4:** *House of IFRS*

Zu einiger Verwirrung hat nach der Jahrtausendwende die »Umbenennung« der IAS in IFRS (*International Financial Reporting Standards*) geführt. Der neue hauptamtliche *Board* hat sich entschieden, die von ihm verabschiedeten Standards IFRS zu nennen. In zeitlicher Betrachtung gilt daher:

- IAS sind die vom IASC verabschiedeten, weiterhin gültigen Standards.
- IFRS sind die vom IASB verabschiedeten neuen Standards.

Andererseits verwendet der *Board* die neue Bezeichnung IFRS auch als Oberbegriff. In begriffslogischer Betrachtung gilt daher:

- IFRS ist Oberbegriff für IFRS 1 ff. und IAS 1 ff.

Abb. 5 zeigt das offizielle Verhältnis der Begriffe heute und in x Jahren.

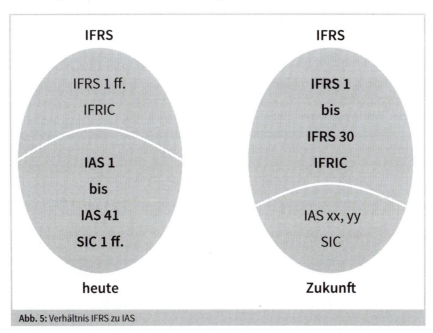

**Abb. 5:** Verhältnis IFRS zu IAS

Die Praxis verfährt z. T. noch umgekehrt, indem sie mit »IAS-Bilanz« die nach IAS- und IFRS-Standards erstellte Bilanz bezeichnet.

> **Tipp**
>
> Im Anhang eines IFRS-Abschlusses ist gemäß IAS 1.16 eine sog. *compliance*-Erklärung abzugeben. Hierbei ist der offizielle Sprachgebrauch zu beachten. Die Übereinstimmungserklärung lautet daher:
>
> »Der Abschluss wurde nach den IFRS unter Berücksichtigung sämtlicher Standards und Interpretationen erstellt.«

Die einzelnen IAS/IFRS folgen in der Regel einer festen **Struktur**. Ihr Aufbau ist wie folgt:

- Zu Beginn jedes Standards wird dessen Zielsetzung (*objective*) und Anwendungsbereich (*scope*) beschrieben und werden die wesentlichen Begriffsdefinitionen gegeben.
- Es folgt die eigentliche Behandlung der Ansatz-, Bewertungs- und Ausweisfragen.
- Ausführungen zu den notwendigen Offenlegungen (*disclosures*) in den *notes* (entsprechen etwa den Anhangangaben des HGB) schließen sich an.
- Der bei neuen bzw. revidierten Standards wichtige Zeitpunkt des Inkrafttretens der Neuregelung bzw. Änderung beschließt den eigentlichen Standard.

- Ein Appendix/Anhang, ggf. auch ein *application* oder *implementation guide*, gibt Beispiele und Illustrationen.

## 2.4   *Conceptual Framework:* konzeptionelle Grundlagen des IFRS-Abschlusses

### 2.4.1   Zielsetzung und Elemente des Jahresabschlusses

Als Zielsetzung eines mit Jahresabschluss etwas unvollständig übersetzten *General Financial Reporting* wird in CF.1.2 die Befriedigung von Informationsbedürfnissen existierender und potenzieller Eigen- und Fremdkapitalgeber durch entscheidungsnützliche Informationen definiert (*decision usefulness*).

Als entscheidungsnützlich gelten Informationen über

- die Finanzlage, dargestellt insbesondere in der Bilanz,
- die Ertragslage (*performance*), dargestellt insbesondere in der Gewinn- und Verlustrechnung (GuV) und der Gesamtergebnisrechnung, und
- die Änderung der Finanzlage, dargestellt insbesondere in der Kapitalflussrechnung.

Ergänzt werden diese drei Kernelemente des Jahresabschlusses durch

- die *notes* (Anhang) sowie
- eine Eigenkapitalveränderungsrechnung.

### 2.4.2   Nachrangigkeit des Vorsichtsprinzips, zutreffende Vermögens- und Gewinnermittlung als Basisaufgabe

Die handelsrechtliche Rechnungslegung dient u. a.

- der Ermittlung des ausschüttungsfähigen Gewinns (Zahlungsbemessungsfunktion),
- der Ermittlung der Steuern,
- der Information von Gläubigern und Selbstinformation des Managements (Informationsfunktion) sowie
- der Rechenschaftslegung des Managements gegenüber den Aktionären und Gesellschaftern (Rechenschaftsfunktion).

Hier von einer Pluralität der **Bilanzierungszwecke** zu sprechen, würde in die Irre führen: Dominierender Zweck der handelsrechtlichen Bilanz ist die Ermittlung und Begrenzung des ausschüttungsfähigen Gewinns. Vor diesem Hintergrund spielen Gläubigerschutz und Vorsichtsprinzip ihre prägenden Rollen. Der Kaufmann soll

sich eher zu arm als zu reich rechnen. Der Gewinn und damit jedenfalls bei Kapitalgesellschaften der ausschüttungsfähige Betrag sollen eher zu niedrig als zu hoch
ausgewiesen werden. Diese Grundentscheidung des Handelsrechts kann erklären,
warum

- Aktivierungswahlrechten (statt Aktivierungspflichten) in Sachen selbst erstellte
immaterielle Anlagen, Disagio und aktive latente Steuern kaum relevante Passi-
vierungswahlrechte (sondern Passivierungspflichten) gegenüberstehen,
- Anschaffungskosten nur unter- und nicht überschritten werden dürfen und
- Verluste bereits dann auszuweisen sind, wenn sie drohen, Gewinne hingegen erst
dann, wenn sie endgültig realisiert sind.

Der Zusammenhang zwischen
1. Begrenzung des ausschüttungsfähigen Gewinns,
2. Gläubigerschutz und
3. Vorsichtsprinzip
ist freilich weniger stringent, als es scheinen mag. Was zunächst die Ausschüttungs-
begrenzung anbelangt, zeigen die Aktivierungswahlrechte der §§ 248 HGB (selbst
erstellte immaterielle Anlagen) und 274 HGB (aktive latente Steuern), dass hierfür
nicht zwingend der Bilanzansatz begrenzt werden muss. Werden die Posten in der
Handelsbilanz aktiviert, so ist gemäß § 268 Abs. 8 HGB ein entsprechender Betrag
im Eigenkapital **gegen Ausschüttungen zu sperren**. Analoge Regelungen wären auch
für den Bereich der Bewertung, etwa die Zeitbewertung von Finanzinstrumenten
denkbar.

Überdies entspringt die Annahme, eine vorsichtige Bewertung würde dem Gläubigerschutz am besten entsprechen, einem **statischen und substanzwertorientierten
Bilanzverständnis**. Wenn es heißt, dass der Kaufmann sich eher zu arm als zu reich
rechnen soll, so steht damit die Vermögenslage im Fokus des Interesses. Die Diskrepanz zur Theorie und Praxis der Unternehmensbewertung ist offensichtlich. Die
Bewertung eines Unternehmens konzentriert sich gerade umgekehrt auf Ertragskraft
und Ertragsaussichten. Wenn aber bei Kauf- und Investitionsentscheidungen über ein
Unternehmen der Ertragswert die entscheidende Größe ist und Cashflow-Betrachtun-
gen auch die heutige Kreditvergabepraxis dominieren, so vermag nicht mehr einzu-
leuchten, dass ein substanzwertorientiertes Vorsichtsprinzip dem Gläubigerschutz am
besten diene.

Bereits EUGEN SCHMALENBACH hatte 1919 (!) in diesem Sinne argumentiert, dass eine
**dynamische Bilanz**, die nicht den Vermögensstatus in den Mittelpunkt stelle, sondern einen vergleichbaren Periodenerfolg, nicht nur der Selbstinformation des Kaufmanns, sondern auch den Gläubigerschutzerfordernissen am besten genüge. Da nur
ein nachhaltiger Periodenerfolg die Liquidität der Unternehmung sichere, diene eine
die Erfolgsentwicklung in den Mittelpunkt stellende Bilanzierung auch den Gläubi-

gern in besserer Weise. Sie setze diese und den Kaufmann in die Lage, rechtzeitig zu erkennen, ob der Betrieb in gleicher Weise fortgeführt werden könne oder ob gegensteuernde Maßnahmen einzuleiten seien.[6]

Zu den beiden **Perspektiven des Gläubigerschutzes – Information und Substanzschutz** – folgendes Beispiel:

**!**

> **Beispiel**
>
> Am 2.1.01 beginnt Bauunternehmer B mit dem Bau eines Bürogebäudes, Kosten 5 Mio. EUR, Vertragspreis 6 Mio. EUR. Am 31.12.01 sind die Arbeiten zu 80 % erledigt.
> - Die HGB-GuV weist aus dem Projekt aus: für 01 keinen Umsatz und Gewinn, für 02 einen Umsatz von 6 Mio. EUR und einen Gewinn von 1 Mio. EUR.
> - Die IFRS-GuV zeigt: einen Umsatz von 4,8 Mio. EUR (80 % von 6 Mio. EUR) und einen Gewinn von 0,8 Mio. EUR in 01, den Rest in 02.
>
> Welche Handhabung mehr dem Gläubigerschutz dient, kann nicht pauschal beantwortet werden:
> - Kritiker der IFRS sehen bei einer Freigabe für den Einzelabschluss folgende Gefahr: Für 01 könnten 0,8 Mio. EUR ausgeschüttet, als Substanz dem Unternehmen entzogen werden. Sie stünden damit den Gläubigern nicht mehr zur Verfügung, falls das Unternehmen in 02 in die Insolvenz ginge.
> - Kritiker des HGB weisen auf den Informationsaspekt des Gläubigerschutzes hin: Die in der HGB-GuV abgebildeten Umsatz- und Gewinnzahlen für 01 und 02 stehen im Widerspruch zur tatsächlichen ökonomischen Entwicklung, deren Schwergewicht gerade in 01 liegt.

Ob die Informations- oder die Ausschüttungs-/Substanzperspektive des Gläubigerschutzes höher zu werten ist (vgl. Abb. 6), wäre eine empirische Frage. Jedenfalls bei großen Insolvenzen (gerade auch im Baubereich) spielt der Entzug von Haftungsmasse durch Ausschüttung unrealisierter Gewinne kaum eine Rolle. Typischer ist: ein bereits abwärts gerichteter Umsatz- und Ergebnistrend wird noch einige Quartale oder Jahre bilanzpolitisch verdeckt. Lieferanten, z. T. auch Banken, geben noch Kredit, den sie bei Kenntnis der tatsächlichen Lage nicht mehr gewährt hätten.

Nach diesem »Ausflug« in die Bilanztheorie und -praxis mögen die andersartigen Grundentscheidungen der IFRS-Rechnungslegung umso verständlicher werden. Nicht die Ermittlung und Begrenzung eines ausschüttungsfähigen Gewinns, sondern die **Vermittlung entscheidungsnützlicher Informationen ist Zweck der Rechnungslegung** (CF.1.2 ff.). Hierbei wird davon ausgegangen, dass ökonomische Entscheidungen, die Bilanzadressaten fällen, neben einer Beurteilung der Ressourcen des Unternehmens vor allem einen Einblick in die Veränderung dieser Ressourcen durch den Perioden-

---

6    Schmalenbach, Grundlagen dynamischer Bilanzlehre, ZfHF 1919, S. 1 ff. und S. 55 ff.

erfolg voraussetzen (CF.1.15 ff.). Da sich in dieser Hinsicht der **Informationsbedarf** von (potenziellen) Gläubigern nicht wirklich von dem von (potenziellen) Eigenkapitalgebern und anderen Bilanzadressaten unterscheidet, kann weder der Gläubigerschutz noch das Vorsichtsprinzip ein übergeordneter Gesichtspunkt sein. Die Rechnungslegung hat vielmehr nur **zwei Basisannahmen** (*fundamental qualitative characteristics*): Rechnungslegungsinformationen sollen

- relevant und
- tatsachen- bzw. wirklichkeitsgetreu (*faithful*) sein (CF.2.5).

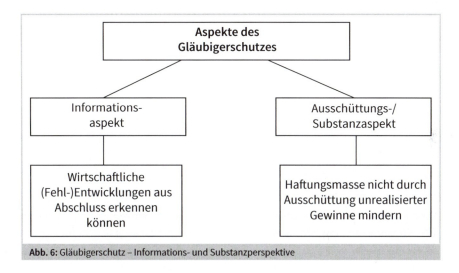

**Abb. 6:** Gläubigerschutz – Informations- und Substanzperspektive

Der **Grundsatz der Relevanz** verlangt nach Informationen, die sich vorwärtsgerichtet für Prognosen verwenden lassen, also *predictive value* haben, und rückwärtsgerichtet frühere Einschätzungen über die Entwicklung des Unternehmens bestätigen oder widerlegen, also *confirmatory value* haben (CF.2.7 ff.).

Der **Grundsatz der Wirklichkeits- bzw. Tatsachentreue** ist gewahrt, wenn die Finanzinformationen (möglichst) vollständig, fehlerfrei und neutral sind (CF.2.13 ff.). Neutral ist etwa im Fall einer Rückstellung die Bewertung nach bester Schätzung (*best estimate*), hingegen nicht eine besonders vorsichtige bzw. pessimistische Bewertung.

Die Basisgrundsätze der Relevanz und Tatsachentreue finden im *Conceptual Framework* ihre **Ergänzung in** **Zusatzanforderungen an die Rechnungslegung** (*enhancing characteristics*; CF.2.23). Vergleichbarkeit (*comparability*), Intersubjektivität (*verifiability*, andere würden zu ähnlichen Ansätzen, Bewertungen oder Beschreibungen eines Sachverhalts kommen), Zeitnähe (*timeliness*) und Verständlichkeit (*understandability*) sind die Prinzipien dieser Stufe. Zielkonflikte zwischen den qualitativen Anforderungen werden vom IASB selbst anerkannt. So kann etwa im Interesse einer tatsachengetreuen Darstellung komplexer Geschäfte eine Einbuße bei der Verständlichkeit geboten sein (CF.2.35).

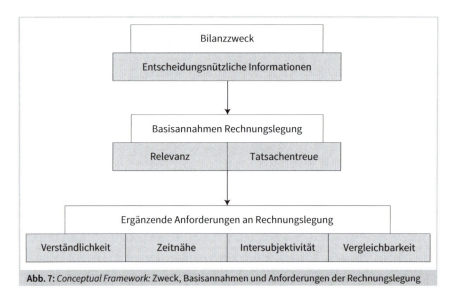

**Abb. 7:** *Conceptual Framework:* Zweck, Basisannahmen und Anforderungen der Rechnungslegung

Das die handelsrechtliche Rechnungslegung dominierende **Vorsichtsprinzip** spielt im IFRS-System keine prägende Rolle. Zur Entscheidungsnützlichkeit von Informationen gehört, dass sie neutral (z. B. möglichst ohne Wahlrechte und Ermessensentscheidungen) und, soweit Ermessen und Beurteilungen unvermeidlich sind, weder besonders pessimistisch noch besonders optimistisch ermittelt werden. Das *Conceptual Framework* verlangt eine »symmetrische Vorsicht« (CF.2.16 ff.) Nicht erlaubt ist die bewusste Unterbewertung von Aktiva oder Erträgen. Derartige Bilanzen würden keine neutralen und damit keine zuverlässigen und somit auch keine entscheidungsnützlichen Informationen vermitteln.

Allerdings lassen die Prinzipien der Rechnungslegung keine zwingenden Schlüsse auf den substanziellen Inhalt des jeweiligen Bilanzsystems zu. Der Kontrast zwischen IFRS und HGB kann auf der Prinzipienebene mit Entscheidungsnützlichkeit vs. Gläubigerschutz und Vorsichtsprinzip andererseits beschrieben werden. Über den Inhalt der Rechnungslegungsregeln ist damit noch wenig gesagt. Nicht selten führen **mehrere Wege nach Rom**. Augenfällig wird dies etwa daran, dass nicht nur das vorsichtsgeprägte HGB ein Niederstwertprinzip für Vorräte, Sachanlagen und immaterielle Anlagen kennt. Auch das IFRS-Regelwerk sieht unter vergleichbaren Bedingungen, d. h. bei Indikation einer Dauerhaftigkeit im Anlagevermögen, ohne eine solche Einschränkung im Vorratsvermögen, den Ansatz des niedrigeren Stichtagswerts vor. Lediglich die Begründungswege unterscheiden sich. Während es aus der Sicht des Vorsichtsprinzips bilanzorientiert auf den nicht überhöhten Vermögensausweis ankommt, ist es aus der Sicht des Periodisierungsprinzips (*accrual principle*) wichtig, Wertminderungen dann in der GuV zu erfassen, wenn sie entstehen. Das Ergebnis ist, wie Abb. 8 zeigt, in beiden Fällen gleich.

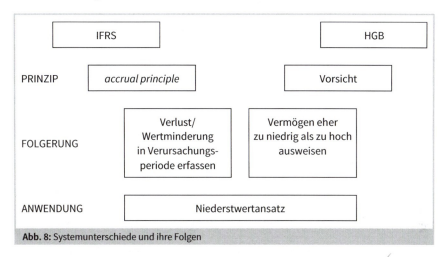

**Abb. 8:** Systemunterschiede und ihre Folgen

Die vorstehend beschriebenen Prinzipien werden in CF.3.9 und IAS 1.25 f. durch das *Going-Concern-Prinzip* ergänzt. IAS 1 enthält drei Vorgaben:

- Zeithorizont: Eine Bilanzierung unter *Going-Concern*-Annahme ist nur zulässig, wenn mindestens für zwölf Monate von der Fortführung des Unternehmens ausgegangen werden kann.
- Anhangangabe bei Unsicherheit: Wenn Prognose und Planung zwar mit (ganz) überwiegender Wahrscheinlichkeit eine Fortsetzung über mehr als zwölf Monate belegen, gleichwohl noch wesentliche Zweifel bleiben, ist dies im Anhang offenzulegen.
- Andere Rechnungslegungsgrundlage: Wenn nicht mehr mit hinreichender Sicherheit von einer Fortführung ausgegangen werden kann, ist die dann gebotene Änderung der Bilanzierungsgrundlage inhaltlich offenzulegen. Welche Grundlage hier infrage kommt, lässt der Standard offen. Anders als für den handels- bzw. gesellschaftsrechtlichen Einzelabschluss (§ 71 GmbHG, § 270 AktG) fehlt es an Sonderregeln. Bei freiwilliger Liquidation gelangen aber ohnehin in hohem Maße die Regeln von IFRS 5 zur Anwendung (Kapitel 10.1.3), sodass ggf. gar nicht auf eine andere Grundlage zurückgegriffen werden muss. Bei Insolvenz kommt es auf die Umstände des Einzelfalls an. Soweit danach von den IFRS abgewichen wird, darf der Abschluss nach IAS 1.25 und IAS 1.16 nicht mehr als IFRS-Abschluss bezeichnet werden.

### 2.4.3   Bilanzierung dem Grunde nach: Vermögenswerte und Schulden

Die deutsche Diskussion zum Verhältnis vom Vermögensgegenstand (Handelsbilanz) und Wirtschaftsgut (Steuerbilanz) hat eine lange Tradition. In unterschiedlichen Facetten wurde dabei die handelsrechtliche Aktivierungsvoraussetzung der selbstständigen Verkehrsfähigkeit der steuerlichen Aktivierungsvoraussetzung der selbstständigen Bewertbarkeit gegenübergestellt. Die Diskussion hatte immer einen hohen theoretischen Reiz. Praktisch ließ sie sich freilich auf den Bereich der immateriellen Vermögensgegenstände/Wirtschaftsgüter des Anlagevermögens zurückführen. Eine zwangsläufige Konkretisierung ergibt sich hier dadurch, dass eine Aktivierungspflicht in beiden Bilanzen nur im Fall eines entgeltlichen Erwerbs gegeben ist (§ 248 HGB, § 5 Abs. 2 EStG). Die theoretisch so reizvollen Unterscheidungen der ersten Stufe (»Liegt überhaupt ein Vermögensgegenstand respektive Wirtschaftsgut vor?«) werden damit auf der zweiten Stufe (»Ist dieser eventuelle Vermögensgegenstand respektive dieses Wirtschaftsgut zu aktivieren?«) weitgehend gegenstandslos.

*1. Stufe*

Ein ähnliches Missverhältnis zwischen theoretischer Anstrengung und praktischer Bedeutsamkeit würde sich ergeben, wenn man das ebenfalls zweistufige Aktivierungskonzept der IFRS und den Begriff des *asset* in ein Verhältnis zum Handelsrecht und zum Begriff des Vermögensgegenstands setzen würde. Stattdessen hier die Begrenzung auf das Verständnisnotwendige:

Die **Bilanzposten** werden im Rahmenkonzept folgendermaßen **definiert** (CF.4.1 ff.):
- Ein **Vermögenswert** ist eine Ressource, die vom Unternehmen als Resultat vergangener Ereignisse beherrscht wird (CF.4.3). Im Begriff der Ressource steckt das Potenzial für künftigen wirtschaftlichen Nutzen (CF.4.4).
- Eine **Schuld** ist eine gegenwärtige Außenverpflichtung des Unternehmens aus vergangenen Ereignissen, von deren Erfüllung erwartet wird, dass vom Unternehmen Ressourcen abfließen werden (CF.4.26).
- Das **Eigenkapital** ist als Residualbetrag der nach Abzug aller Schulden des Unternehmens verbleibende Restbetrag seiner Vermögenswerte (CF.4.63).

Vermögenswerte und Schulden im Sinne der obigen Definitionen erscheinen nicht immer in der Bilanz. Voraussetzung für die Aufnahme in die Bilanz ist, dass die Vermögenswerte und Schulden auch die Ansatzkriterien erfüllen (Stufe zwei). **Vermögenswerte** und Schulden werden u. U. dann nicht in der Bilanz angesetzt, wenn ihre Existenz oder die Wahrscheinlichkeit eines Ressourcenzuflusses oder -abflusses zu niedrig ist oder eine hinreichend verlässliche Bewertung nicht möglich ist (CF.5.6 ff.). Aus dem (Nicht-)Ansatz von Vermögenswerten oder Schulden ergeben sich Folgerungen für den (Nicht-)Ansatz von Erträgen und Aufwendungen, da Letztere über die Veränderung von Vermögenswerten und Schulden definiert sind (sog. *asset-liability-approach*).

*2. Stufe*

*Rn. 83*

Auch die **Posten im Zusammenhang mit der Leistung** (*performance*) werden definiert (CF.4.71):

- **Erträge** stellen Zunahmen des wirtschaftlichen Nutzens innerhalb der Berichtsperiode dar, in der Form von Zuflüssen oder Erhöhungen von Vermögenswerten oder Abnahmen von Schulden, die zu Zunahmen des Eigenkapitals führen, aber nicht als Beiträge von Eigenkapitalgebern veranlasst sind (CF.4.68).
- **Aufwendungen** stellen entsprechend Abnahmen des wirtschaftlichen Nutzens innerhalb der Berichtsperiode dar (CF.4.69).

Aufwendungen und Erträge im Sinne der obigen Definitionen erscheinen nicht immer in der Gesamtergebnisrechnung. Voraussetzung für die Aufnahme in die Gesamtergebnisrechnung ist, dass die Ansatzkriterien erfüllt werden. Erträge (*income*) umfassen sowohl Gewinne (*gains*; etwa aus dem Abgang von langfristigem Vermögen) als auch Erlöse (*revenues*; etwa aus dem Verkauf von Handelswaren). Auf der Gegenseite umfassen Aufwendungen sowohl Verluste (*losses*) als auch andere Aufwendungen (*other expenses*; CF.4.29-4.35).

*Rn 74 ff.*

Ähnlich wie die meisten Unterscheidungsversuche zwischen Vermögensgegenstand und Wirtschaftsgut werden auch die meisten Differenzierungsversuche zwischen einem *asset* nach IFRS und einem Vermögensgegenstand nach HGB (Stufe eins) auf der zweiten Stufe gegenstandslos. So könnten etwa **Werbeaufwendungen** wegen ihres Potenzials, zukünftige Umsätze zu generieren, zwar ein *asset* nach IFRS darstellen, mangels Verkehrsfähigkeit bzw. Einzelveräußerbarkeit hingegen keinen Vermögensgegenstand nach HGB (Stufe eins). Dieser Unterschied ist jedoch praktisch bedeutungslos. Die durch Werbeaufwendungen generierten zusätzlichen Ertragspotenziale können nicht zuverlässig genug eingeschätzt werden. Auch nach IFRS ist deshalb keine konkrete Aktivierungsfähigkeit gegeben (Stufe zwei).

*Stufe 1*

*Stufe 2*

> **Tipp**
>
> Im Vergleich zwischen dem *asset*-Begriff und dem Begriff des Vermögensgegenstands bleibt im Wesentlichen nur ein für den Ausweis bedeutsamer Unterschied: der Begriff *asset* beinhaltet anders als der Vermögensgegenstandsbegriff des HGB auch Rechnungsabgrenzungsposten. Eine gesonderte Behandlung beim Bilanzausweis (und bei der Bewertung: Abschreibung auf den beizulegenden Wert) ist damit im Gegensatz zum HGB grundsätzlich nicht mehr geboten.

**!**

Bei den Schulden entstehen schon auf Stufe eins Unterschiede zum HGB. Der Schuldbegriff der IFRS setzt eine **Außenverpflichtung** voraus. Aufwandsrückstellungen für unterlassene Instandhaltungen nach § 249 Abs. 1 HGB sind Innenverpflichtungen und daher nach IFRS keine Schuld.

### 2.4.4   Bilanzierung der Höhe nach: Bewertungsmaßstäbe nach IFRS, insbesondere *fair value measurement*

Für die Bewertung von Vermögenswerten und Schulden werden im *Conceptual Framework* verschiedene **Bewertungsmaßstäbe** angeführt (CF.6.1 ff.). Es geht um zwei Hauptbewertungsmaßstäbe – *historical cost* vs. *current value* – und insgesamt vier Ausprägungen dieser Maßstäbe, und zwar **einheitlich** für Vermögenswerte (*assets*) und Schulden (*liabilities*).

Rn. 99 ff.

| Bewertungsmaßstab | Vermögenswerte | Schulden |
| --- | --- | --- |
| *I. historical cost* | Anschaffungs-/ Herstellungskosten | Vereinnahmungsbetrag |
| *II. current value* | | |
| a) *fair value* | marktkonformer Veräußerungspreis am Stichtag | marktkonformer Entpflichtungsbetrag am Stichtag |
| b) *entity specific value* | Nutzungswert (*value in use*) | Erfüllungsbetrag (*fulfilment value*) |
| c) *current cost* | Wiederbeschaffungs-/ Wiederherstellungskosten nach Stichtagsverhältnissen | Vereinnahmungsbetrag nach Stichtagsverhältnissen |

**Tab. 1:** *Conceptual Framework:* Bewertungsmaßstäbe (CF.6.1 ff.)

Das *Conceptual Framework* liefert insgesamt eher abstrakte Definitionen möglicher Bewertungsmaßstäbe. Welcher Bewertungsmaßstab im Einzelnen zum Zuge kommt, ergibt sich hingegen aus den einzelnen Standards. Wichtigste Bewertungsmaßstäbe nach den Einzelstandards sind

* die fortgeführten Anschaffungs- und Herstellungskosten und
* der beizulegende Zeitwert (*fair value*).

Die fortgeführten Anschaffungs-/Herstellungskosten spielen etwa eine Rolle bei

* Vorräten (IAS 2) und
* Finanzinstrumenten, die Gläubigerrechte gewähren (Anleihen, Forderungen usw.; IFRS 9).

Der *fair value* gelangt etwa zur Anwendung bei

* Finanzinstrumenten, die Mitgliedschaftsrechte gewähren (Anteile; IFRS 9),
* Optionen, die an Mitarbeiter gewährt werden (IFRS 2),
* der Erstkonsolidierung eines erworbenen Unternehmens (IFRS 3).

In anderen Fällen bestehen Wahlrechte zwischen *cost* und *fair value*, so etwa bei

- Sachanlagen und immateriellen Anlagen (IAS 16 und IAS 38),
- Finanzimmobilien (*investment properties*; IAS 40).

Bis zur Verabschiedung von IFRS 13 waren die Regelungen zur Definition und Ermittlung des **beizulegenden Zeitwerts** (*fair value*) in den jeweils betroffenen Standards enthalten, woraus sich einerseits eine hohe Redundanz (Wiederholung der immer gleichen Definitionen), andererseits auch partielle Widersprüche ergaben. Mit IFRS 13 wurden sie vor die Klammer gezogen. Es gilt nun, mit bestimmten Ausnahmen (etwa für IFRS 2), folgende Arbeitsteilung:

- Die anderen Standards legen fest, **ob bzw. wo** der *fair value* zur Anwendung gelangen kann oder muss.
- IFRS 13 legt fest, **wie** der nach den anderen Standards ggf. anwendungspflichtige oder anwendungsfähige *fair value* bewertungstechnisch zu ermitteln ist.

IFRS 13.72 ff. folgt einem an der Qualität der Bewertungsparameter orientierten **Drei-Stufen-Modell** für die Ermittlung des *fair value*:

- Bevorzugt (Level 1) ist der *fair value* als Preis an aktiven Märkten (Börsen usw.) zu bestimmen, so etwa bei der Bewertung notierter Wertpapiere.
- Erst in zweiter Linie (Level 2), also beim Fehlen aktiver Marktpreise kommt eine Ableitung aus beobachtbaren Marktdaten infrage, etwa bei einer marktorientierten Bewertung als Ableitung aus den notierten Preisen ähnlicher Güter, bei einer barwertorientierten Bewertung (DCF-Methode), indem hinsichtlich unterstellter Wachstumsraten (Zahlungsreihe) und Zinssatz (Diskontierung) nicht auf eigene, sondern auf öffentlich zugängliche (beobachtbare) Wachstumsraten und Zinssätze abgestellt wird.
- Den niedrigsten Rang (Level 3) hat eine Bewertung, die auf nicht beobachtbare Bewertungsparameter abstellt.

Die Übergänge zwischen Level 2 und Level 3 sind fließend, mit der Folge eines hohen Ermessens des Bilanzierers:

**Beispiel**                                                                          !

**Bewertung einer Marke im Rahmen der Kaufpreisallokation (IFRS 3):**

Die A AG erwirbt alle Anteile an der in der Kosmetikbranche tätigen C GmbH. Im Rahmen der Kaufpreisallokation ist die renommierte Marke »BeautyFuel« der GmbH zum *fair value* zu bewerten. Es liegen weder ein beobachtbarer Marktpreis noch Vergleichstransaktionen vor. Das Management zieht folgende Bewertungsmethoden in Betracht:

- Barwert des Mehrgewinns (*incremental cash flow*) gegenüber Produktion und Absatz einer No-Name-Kosmetik;
- Lizenzpreisanalogie (*relief from royalty*): auf eine unternehmensspezifische Bezugsgröße (Umsatzerwartung) wird eine marktbasierte Lizenzierungsrate angewandt und die sich so ergebenden Opportunitätszahlungsströme diskontiert.

Die für die Lizenzrate zur Verfügung stehenden öffentlichen Datenquellen weisen erhebliche Schwankungsbreiten (3,0 % bis 9,0 %) auf und zwingen daher zu individuellen Anpassungen, die wegen IFRS 13.75 den Übergang von Level 2 zu Level 3 bedeuten. Die Mehrgewinnbetrachtung wird andererseits in wesentlichen Elementen auf internen Annahmen aufbauen müssen und ist wegen IFRS 13.73 daher ebenfalls Level 3 zuzurechnen.

Wie das Beispiel zeigt, limitiert die Verfahrenshierarchie die Ermessensspielräume des Unternehmens kaum, wenn die Bewertung nicht (fast) ausschließlich auf am Markt beobachtbare Inputfaktoren zurückgreifen kann und/oder diese Inputfaktoren nur in erheblichen Bandbreiten beobachtbar, also nur auf Basis subjektiver Anpassungen verwendbar sind.

Jenseits der Bewertung börsennotierter Güter gilt daher: nur für den seltenen Fall durchgängiger, eindeutig in einer engen Bandbreite bestimmbarer marktbasierter Inputparameter liefert die inputbasierte Verfahrenshierarchie einen klaren Objektivierungsbeitrag. In allen anderen Fällen bleibt es bei der bisherigen Freiheit (und damit Subjektivität) in der Wahl der angewandten Verfahren und Parameter.

### 2.4.5   Kritik des *Conceptual Framework*

Für **Detailkritik** bietet das *Conceptual Framework* zahlreiche Angriffspunkte. Hier nur ein Beispiel: unklar ist die Rolle der **Vorsicht**, die angeblich der Neutralität und damit Tatsachentreue der Darstellung dienen soll. Da es explizit um eine symmetrische Vorsicht geht – man könnte auch sagen um eine »neutrale Vorsicht« – stellt sich die Frage, ob dies nicht schon der Neutralitätsforderung begrifflich innewohnt. Welchen zusätzlichen Nutzen das **Vorsichtsprinzip** dann haben soll, bleibt rätselhaft. Für die Praxis des Standardsetting konzediert der IASB aber ohnehin eine fortdauernde Bedeutung des Vorsichtsprinzips und hält sich mit folgender Begründung diese Tür offen: »*Nevertheless, particular Standards may contain asymmetric requirements if this is a consequence of decisions intended to select the most relevant information that faithfully represents what it purports to represent*« (CF.2.17). Der Konsistenz erwartende Leser bleibt irritiert zurück.

Eine **Fundamentalkritik** kann von einem einfachen deskriptiven Befund ausgehen: Die amerikanische Verfassung, also die Grundlage für die politische und gesetzliche Ordnung der Vereinigten Staaten kommt unter Einschluss von in zweieinhalb Jahrhunderten ergangenen 27 Verfassungszusätzen immer noch mit weniger als 8.000 Wörtern aus. Das *Conceptual Framework* als Grundlage für die Entwicklung der »gesetzlichen« Ordnung der Rechnungslegung, also für ein im Vergleich zur Gesetzesordnung eines ganzen Staats eher mikroskopisches Sujet, weist schon im Haupttext (also ohne die *Basis for Conclusions*) etwa das fünffache Volumen aus. Im deskriptiven Vergleich wirkt dies weitschweifig. Die Ursachen dieser **Weitschweifigkeit** liegen in der Unwilligkeit des IASB, sich auch selbst – wie vom Anwender verlangt – auf das **Wesentliche** (*materiality*) zu beschränken. Wenn die Zielsetzung des *Conceptual Framework* ist, Leitlinien für die Entwicklung der Standards (Standardsetter), deren Anwendung (Unternehmen) und deren Verständnis (Bilanzadressaten) zu liefern (CF.SP1.1), dann wäre bei jeder Passage zu fragen, welchen Beitrag sie hierzu tatsächlich leistet. Diese Frage hat sich der IASB offenbar nicht gestellt. Stattdessen hat er ein Dokument formuliert, das zum großen Teil der Demonstration dient, in alle Richtungen gedacht, alle Vorschläge von außen bedacht und alle Eventualitäten berücksichtigt zu haben.

Zu allem Überfluss legt der IASB auch noch selbst Hand an die Legitimität seines Rahmenkonzepts, wenn er sich in CF.SP.13 selbst gestattet, »*sometimes [to] specify requirements that depart from aspects of the Conceptual Framework*«. Eine Verfassung, von der das gesetzgebende Organ, der Standardsetter, selbst bei Bedarf auch abweichen kann, ist ein erstaunliches Konstrukt, das mit Sicherheit einem nicht dient: dem Vertrauen darauf, dass es bei der Entwicklung von Einzelstandards konzeptionell mit rechten Dingen zugeht. Wer sich als Regelgeber selbst einen Dispens von seinen Konzepten gewährt, tut der **Legitimation** des *Conceptual Framework* einen Bärendienst.

## 2.5   IAS 1: Ausweis- und Gliederungsvorschriften

### 2.5.1   Bestandteile des Jahresabschlusses und Grundregeln der Gliederung

IAS 1 »*Presentation of Financial Statements*« enthält Ausweisvorschriften für die folgenden **Grundelemente des Jahresabschlusses**:
- Bilanz (*balance sheet* oder *statement of finanical position*),
- Gesamtergebnisrechnung und GuV (*statement of comprehensive income* und *income statement*),
- Eigenkapitalveränderungsrechnung (*statement of changes in equity*),
- Kapitalflussrechnung (*statement* of *cash flows*),
- Anhang (*notes*).

Die GuV darf in die Gesamtergebnisrechnung integriert (*one-statement-approach*) oder wahlweise separat dargestellt werden (*two-statement-approach*).

Für die Gliederung vorgegeben werden in IAS 1 (alternative) Grundstrukturen. Ergänzende Ausweisvorschriften sind z. T. in den einzelnen IFRS enthalten. Als Basisvorschriften für die Gliederung hebt IAS 1 folgende Anforderungen hervor:
- **Darstellungsstetigkeit** (IAS 1.45),
- **Wesentlichkeit** (*materiality*) und Zusammenfassung von Posten (IAS 1.29),

- (eingeschränktes) **Saldierungsverbot** (IAS 1.32),
- **Vorjahresvergleich** (IAS 1.38).

Die **Darstellungsstetigkeit** ist ähnlich wie im Handelsrecht (§ 265 Abs. 1 HGB) der Normalfall. Eine Abweichung von der vorjährigen Gliederung ist zulässig, jedoch nur dann, wenn entweder ein neuer IFRS eine geänderte Darstellung fordert oder die geänderte Darstellung, insbesondere aufgrund veränderter operativer Sachverhalte, eine bessere, tatsachengetreue Präsentation verspricht.

*Änd. (a.v.)*

Unter **Wesentlichkeitsgesichtspunkten** (*materiality*) kann eine Zusammenfassung von Sachverhalten ähnlicher Art und Natur geboten sein (ähnlich § 265 Abs. 7 HGB). Die Wesentlichkeit ist abgestuft zu beurteilen. Ein Betrag, der zu gering ist, um in der Bilanz oder GuV separat ausgewiesen zu werden, kann noch wesentlich genug sein, um im Anhang gesondert erläutert zu werden.

Die **Saldierung** von Aktiva und Passiva ist nur ausnahmsweise erlaubt, wenn eine entsprechende Regelung in einem Einzelstandard getroffen wird. In der GuV können bzw. sollen saldiert werden: Erlöse mit Erlösminderungen, Erlöse aus dem Abgang von Anlagevermögen mit dem Buchwertabgang, Gewinne und Verluste aus einer Gruppe ähnlicher Aktivitäten, Kursgewinne mit -verlusten aus als Portfolio gemanagten Finanzinstrumenten.

Die Angabe von **Vorjahreswerten** ist abweichend vom HGB (§ 265 Abs. 2 HGB) für alle Elemente des Jahresabschlusses, insbesondere **auch für den Anhang**, geboten.

*Änd. (n.o.)*

Bei zulässiger (begründeter freiwilliger oder durch neue Standards geforderter pflichtweiser) Durchbrechung der Ausweis-, Bewertungs- oder Ansatzstetigkeit oder bei Fehlerkorrektur ist nach IAS 1.10(f) i. V. m. IAS 1.39c ergänzend zu der sonst geforderten Darstellung für zwei Bilanzstichtage (aktuelles Jahr und Vorjahr) als drittes Element auch die Eröffnungsbilanz des Vorjahres anzugeben (»**dritte Bilanz**«).

Bei retrospektiven Änderungen oder Fehlerkorrekturen, die nicht die Bilanz, sondern nur die Gesamtergebnisrechnung, Kapitalflussrechnung, Segmentberichterstattung oder den Anhang betreffen, ist keine dritte Bilanz erforderlich (IAS 1.40A).

### 2.5.2   Gliederung der Bilanz

IAS 1 schreibt anders als §§ 266 und 275 HGB kein bestimmtes Format für die Bilanz und die GuV vor. Festgelegt werden lediglich Mindestangaben und Gliederungsmöglichkeiten. Aus der Sicht des Anwenders ist diese Flexibilität nicht nur von Vorteil. Sie hat etwas Unübersichtliches und Undurchsichtiges, weil die allgemeinen Gliederungsregeln sowie die speziellen Vorschriften in den einzelnen IFRS zu beachten bleiben. Für die praktische Anwendung ist aber die Frage, wo etwas auszuweisen und wie es zu bezeichnen ist, nicht weniger wichtig und komplex als die Frage nach Bilanzansatz und Bewertung. Ein Gliederungsschema gibt Sicherheit. Es hilft, einen Umstellungsprozess zu strukturieren und die Probleme zu portionieren. So mag das Gliederungsthema zwar wissenschaftlich unergiebig sein, für die Praxis bleibt es aber von Interesse.

Hauptgliederungsprinzip der Bilanz ist die Unterscheidung nach **kurzfristigen und langfristigen** Vermögenswerten bzw. Schulden. Eine Gliederung nach Liquiditäts-nähe ist auf Ausnahmefälle (insbesondere Banken) beschränkt (IAS 1.60).

Die Unterscheidung in kurzfristige und langfristige Vermögenswerte und Schulden verlangt zunächst nach einer Definition der Kurzfristigkeit. Für Vermögenswerte liefert IAS 1.66 diese Definition wie folgt:

Ein **Vermögenswert** ist **kurzfristig** (*current*), wenn
- er zum Verkauf oder Verbrauch innerhalb des normalen Verlaufs des *operation cycle* (Geschäftszyklus) oder zu Handels-/Spekulationszwecken gehalten wird oder
- es sich um Zahlungsmittel oder Zahlungsmitteläquivalente handelt oder
- seine Realisation innerhalb von zwölf Monaten nach dem Bilanzstichtag erwartet wird.

Im Verhältnis der drei Möglichkeiten sind der erste und der dritte Punkt klärungsbe-dürftig. Entscheidend ist der Begriff des *operation cycle*. Er erfasst am Beispiel eines Produktionsunternehmens den Zeitraum zwischen dem Erwerb von Materialien, die in die Herstellung eingehen, und deren Realisation in Geld durch Veräußerung der Erzeugnisse. Insbesondere in Fällen langfristiger Fertigung, z.B. bei Bauunterneh-men, kann dieser Zyklus mehr als zwölf Monate betragen. Auch bei »normaler« Fer-tigung kann die Verbrauchszeit von Vorräten und die Laufzeit von Forderungen aus Lieferungen und Leistungen über den Zwölf-Monatszeitraum hinausreichen. Da die Vorräte und Debitoren aber gerade den *operation cycle* markieren, da sie als Teil des gewöhnlichen Geschäftszyklus verkauft, verbraucht und realisiert werden, greift die Zwölf-Monatsregel bei diesem Posten nicht. Vorräte gelten folgerichtig auch dann als kurzfristig, wenn die Realisationsperiode mehr als zwölf Monate beträgt. Für Debito-ren gilt Entsprechendes, sofern sich der lange Zeitraum aus den Besonderheiten des Geschäfts und nicht aus einer einzelvertraglichen Stundungsabrede ergibt. In den anderen relevanten Fällen gelangt hingegen die Zwölf-Monatsregel zur Anwendung.

**Schulden** sind analog als **kurzfristig** zu klassifizieren, wenn ihre Tilgung
- innerhalb des gewöhnlichen Verlaufs des *operation cycle* oder
- innerhalb von zwölf Monaten nach dem Bilanzstichtag fällig ist (IAS 1.69).

Auch auf der Passivseite gilt als Grundregel die Zwölf-Monatsfrist. Wichtige Ausnahmen sind Verbindlichkeiten aus Lieferungen und Leistungen sowie Rückstellungen für operative Kosten, z. B. Gewährleistungs- oder Urlaubsrückstellungen. Sie werden nach dem Geschäftszyklus und somit unabhängig von den zwölf Monaten beurteilt. Für Darlehensverbindlichkeiten ist eine Aufspaltung zwischen dem Tilgungsanteil der nächsten zwölf Monate, auszuweisen als kurzfristige Verbindlichkeiten, und dem längerfristigen Teil des Darlehens vorzunehmen.

Zu besonderen Ausweisproblemen führen außerordentliche **Kündigungsrechte des Gläubigers**, die sich aus der Verletzung vertraglich zugesicherter Bedingungen (*breach of covenants*) ergeben. In der Praxis können solche Klauseln etwa bei Unterschreiten einer bestimmten Eigenkapitalquote oder eines bestimmten Ergebnisses vor Steuern, Zins und Abschreibung (EBITDA) zur Kündigung berechtigen. Liegt im abgelaufenen Jahr eine Verletzung der Bedingungen vor, so ist eine Umklassifizierung von langfristigen nach kurzfristigen Verbindlichkeiten auch dann geboten, wenn der Gläubiger noch im Bilanzaufstellungszeitraum seinen Verzicht auf die Kündigung erklärt.

> **!**
>
> **Beispiel**
>
> Die U GmbH nimmt am 31.12.01 ein endfälliges Darlehen mit fünfjähriger Laufzeit auf. Der Darlehensvertrag enthält sog. Financial Covenants, nach denen die Einhaltung bestimmter Finanzkennzahlen, u. a. einer Mindesteigenkapitalquote, während der Vertragslaufzeit zugesichert wird. Bei Verletzung der Bedingungen hat der Gläubiger ein außerordentliches Kündigungsrecht, das wie folgt gestaltet ist:
>
> - Maßgeblich für die Einhaltung/Nichteinhaltung der Kennzahlen ist eine auf den Jahresabschluss und dessen Prüfung aufbauende Bescheinigung des Abschlussprüfers.
> - Nach Zugang dieser Bescheinigung hat der Gläubiger zur Ausübung seines Kündigungsrechts einen Monat Zeit, sein Kündigungsrecht auszuüben.
> - Übt er es nicht oder nicht in dieser Frist aus, läuft das Darlehen nach seinen ursprünglichen Bedingungen weiter.
>
> Das Geschäftsjahr 02 bringt einen unerwartet starken Konjunktureinbruch. Bereits Ende Dezember ist klar, dass die zugesicherte Eigenkapitalquote eindeutig unterschritten wird. Der proaktive Vorstand geht daher unverzüglich auf den Gläubiger zu. Dieser ist von dem Vortrag so überzeugt, dass es schon im Januar 03 und damit noch vor Aufstellung und Prüfung des Jahresabschlusses zu folgender Verzichtserklärung des Gläubigers kommt: Der Gläubiger wird in 03 unter Berufung auf die Verletzung der Covenants im Jahresabschluss 02 nicht kündigen.
>
> **Beurteilung**
>
> Am 31.12.02 ist eine Verletzung der Covenants gewiss und damit die ordentliche Fälligkeit für die Beurteilung der Restlaufzeit nicht mehr maßgeblich.
>
> Der vom Gläubiger nach dem Stichtag ausgesprochene Verzicht auf Ausübung der Kündigungsmöglichkeit ändert hieran nichts. Wie bei Prolongation eines kurzfristigen Kredits

oder der mehr als zwölfmonatigen Verlängerung einer Kontokorrentlinie gilt: nur wenn die entsprechenden Vereinbarungen vor dem Stichtag getroffen wurden, sind sie im Jahresab- schluss bereits zu berücksichtigen. Eine Vereinbarung nach dem Stichtag ist auch dann nicht zu berücksichtigen, wenn sie noch in den Aufstellungszeitraum fällt (IAS 1.74).

Für **langlaufende Wandelschuldverschreibungen**, die der Inhaber wahlweise sofort wandeln könnte, während andererseits bei Nichtwandlung die Rückzahlung erst nach zwölf Monaten erfolgt, stellt sich folgendes Problem:

- Würde die Wandlung der Erfüllung durch Geldzahlung gleichgestellt, müsste der Ausweis unter den kurzfristigen Verbindlichkeiten erfolgen.
- Würde umgekehrt auf den Abfluss von Zahlungsmitteln oder anderen Vermögens- werten abgestellt, wäre die Verbindlichkeit langfristig.

IAS 1.69(d) entscheidet sich hier für die zweite Alternative.

Für das **Eigenkapital** ist neben der Bilanz eine spezielle Veränderungsrechnung vor- gesehen (vgl. Kapitel 11). Eine Teilübernahme der Gliederung dieser speziellen Rech- nung in das Bilanzschema ist in deutschen Abschlüssen nicht selten und führt z. B. zu einer Aufgliederung des Eigenkapitals in:

- eingezahltes Kapital (Grundkapital und Kapitalrücklage),
- sonstige Rücklagen (z. B. Neubewertungsrücklage Sachanlagen, Zeitbewertung *cash flow hedges*),
- angesammelte Ergebnisse (Gewinnrücklagen und Gewinnvortrag),
- Jahresüberschuss.

Möglich und im Angelsächsischen üblich ist auch die Reduzierung des bilanziellen Eigenkapitalausweises auf die Zeile »Eingezahltes und erwirtschaftetes Kapital« (*capital and reserves*), im Konzern ergänzt durch eine zweite Zeile für die nicht beherr- schenden Anteile (Minderheitenanteile bzw. *non-controlling interests*).

Bei Wahl der ausführlicheren Variante ergibt sich unter Berücksichtigung der Rege- lungen in IAS 1 die nachfolgende Gliederung für die Aktiv- und Passivseite der Bilanz. Die Gliederung ist als Vorschlag zu verstehen, der den Abstand zum HGB gering hält. Die Gliederung kann, muss aber nicht tiefer gestaffelt werden. So ist es im Angelsäch- sischen unüblich, Sachanlagen oder Vorräte in der Bilanz selbst zu untergliedern. Die Aufschlüsselung erfolgt im Anhang. IAS 1.77 ff. erlaubt ein solches Vorgehen. Entspre- chende Informationen sind entweder »*on the face of the balance sheet*« oder in den »*notes*« offenzulegen. Sog. »vertragliche Vermögenswerte« aus Leistungen an Kun- den, die umsatzrealisierend z. T. schon erbracht, aber noch nicht abrechnungsfähig sind (IFRS 15.107) können ggf. mit Vorräten zusammengefasst werden.

| Aktiva | | |
|---|---|---|
| **LANGFRISTIGES VERMÖGEN** | | |
| Immaterielle Vermögenswerte (*Intangible Assets*) | XX | |
| Sachanlagen (*Property, Plant, Equipment*) | XX | |
| Nicht betrieblich genutzte Grundstücke (*Investment Properties*) | XX | |
| Finanzanlagen (*Financial Assets*) * | XX | |
| Latente Steuern (*Deferred Taxes*) | XX | |
| | **XX** | |
| **KURZFRISTIGES VERMÖGEN** | | |
| Vorräte (*Inventories*) | XX | |
| Vertragliche Vermögenswerte (*Contract assets*) | XX | |
| Forderungen L+L (*Trade Receivables*) | XX | |
| Übrige Forderungen und Vermögenswerte (*Other Receivables and Assets*) | XX | |
| Tatsächliche Steuern (*Current Taxes*) | XX | |
| Flüssige Mittel (*Cash and Cash Equivalents*) | XX | |
| | **XX** | |
| **SUMME VERMÖGENSWERTE** | **XX** | |
| *) Falls wesentlich, in *equity*-Beteiligungen und übrige Finanzanlagen unterteilen. | | |

**Tab. 2:** Gliederungsvorschlag Aktiva

| Passiva | | |
|---|---|---|
| **EIGENKAPITAL** | | |
| Eingezahltes Kapital (*Issued Capital*) | | |
| Gezeichnetes Kapital | XX | |
| Kapitalrücklage | XX | XX |
| Neubewertungsrücklage (*Revaluation Surplus*) | | XX |
| Sonstige Rücklagen (*Other Reserves*) | | XX |
| Jahresüberschuss (Anteil Eigenkapitalgeber) | | XX |
| | | **XX** |
| Nicht beherrschende Anteile (Konzern) | | XX |
| | | **XX** |

| Passiva | | |
|---|---|---|
| **LANGFRISTIGE SCHULDEN** | | |
| Langfristige Finanzschulden (*Long-term Borrowings*) | | XX |
| Übrige langfristige Verbindlichkeiten (*Other non-current Liabilities*) | | XX |
| Pensionsverpflichtungen (*Pension Obligations*) | | XX |
| Andere langfristige Rückstellungen (*Other non-current Provisions*) | | XX |
| Latente Steuern (*Deferred Taxes*) | | XX |
| | | **XX** |
| **KURZFRISTIGE SCHULDEN** | | |
| Kurzfristige Finanzschulden (*Current Portion of Borrowings*) | | XX |
| Verbindlichkeiten L+L (*Trade Payables*) | | XX |
| Übrige kurzfristige Verbindlichkeiten (*Other current Liabilities*) | | XX |
| Kurzfristige Rückstellungen (*Current Provisions*) | | XX |
| Tatsächliche Steuern (*Current Taxes*) | | XX |
| | | **XX** |
| **SUMME EIGENKAPITAL UND SCHULDEN** | | **XX** |

**Tab. 3:** Gliederungsvorschlag Passiva

### 2.5.3   Gliederung der GuV

Auch bei der GuV (*income statement*) (bzw. dem GuV-Teil der Gesamtergebnisrechnung) bestehen erhebliche Wahlrechte, die in der praktischen Anwendung verwirren können. Als Minimum muss die GuV im operativen Bereich nur Umsatzerlöse und die Summe der Kosten ausweisen (IAS 1.82). Eine Aufgliederung der operativen Kosten, entweder in der Art des **Umsatzkostenverfahrens** oder analog zum **Gesamtkostenverfahren**, kann wahlweise in der GuV oder im Anhang vorgenommen werden. Der Ausweis innerhalb der GuV selbst dominiert in der Praxis und entspricht stärker § 275 HGB. Er soll nachfolgend bevorzugt werden.

Die aus dieser Prämisse resultierenden beiden GuV-Alternativen weisen insgesamt eine große Ähnlichkeit zum Gesamtkostenverfahren nach § 275 Abs. 2 HGB einerseits und zum Umsatzkostenverfahren gemäß § 275 Abs. 3 HGB andererseits aus. Wie im HGB erfolgt eine Aufteilung in den betrieblichen Bereich, den Finanzbereich und den Ertragsteuerbereich.

Wie seit dem BilRUG auch im HGB, sind außerordentliche Posten nach IFRS schon seit Langem unzulässig (IAS 1.87).

**Gliederungsvorschlag GuV**

**Gesamtkostenverfahren** (*Nature of Expense Method*)

| | |
|---|---|
| Umsatzerlöse (*Revenue*) | XX |
| Bestandsveränderung Erzeugnisse (*Changes in Inventories of Finished Goods and Work in Progress*) | XX |
| Aktivierte Eigenleistungen (*Work Performed by the Enterprise and Capitalised*) | XX |
| Sonstige betriebliche Erträge (*Other Operating Income*) | XX |
| Materialaufwand (*Raw Material and Consumables Used*) | XX |
| Personalaufwand (*Staff Costs*) | XX |
| Abschreibungen (*Depreciation and Amortisation Expense*) | XX |
| Sonstige betriebliche Aufwendungen (*Other Operating Expense*) | XX |
| Operatives Ergebnis *(Profit from Operations)* | **XX** |
| Ergebnis aus *at-equity*-Beteiligungen (*Profit or Loss from Equity Method Investments*) | XX |
| Finanzaufwendungen (*Finance Costs*) | XX |
| Finanzerträge (*Finance Revenues*) | XX |
| Jahresüberschuss vor Ertragsteuern *(Profit before Tax)* | **XX** |
| Ertragsteuern (*Income Tax Expense*) | XX |
| Jahresüberschuss nach Steuern *(Profit after Tax)* | **XX** |
| Gewinnanteil nicht beherrschende Gesellschafter (*Non-controlling Interests*) | XX |
| Gewinn Eigenkapitalgeber Mutterunternehmen *(Profit for the Year Owners of the Parent)* | **XX** |

**Tab. 4:** Gesamtkostenverfahren (*Nature of Expense Method*)

**Umsatzkostenverfahren** (*Cost of Sales Method*)

| | |
|---|---|
| Umsatzerlöse (*Revenue*) | XX |
| Herstellungskosten der zur Erzielung der Umsatzerlöse erbrachten Leistungen (*Cost of Sales*) | XX |
| Bruttoergebnis vom Umsatz *(Gross Profit)* | **XX** |
| Vertriebskosten (*Distribution Costs*) | XX |
| Allgemeine Verwaltungskosten (*Administrative Expense*) | XX |
| Sonstige betriebliche Erträge (*Other Operating Income*) | XX |
| Sonstige betriebliche Aufwendungen (*Other Operating Expense*) | XX |
| Operatives Ergebnis *(Profit from Operations)* | **XX** |
| Ergebnis aus *at-equity*-Beteiligungen (*Profit or Loss from Equity Method Investments*) | XX |
| Finanzaufwendungen (*Finance Costs*) | XX |
| Finanzergebnis (*Finance Revenues*) | XX |
| Jahresüberschuss vor Steuern *(Profit before Tax)* | **XX** |
| Ertragsteuern (*Income Tax Expense*) | XX |
| Jahresüberschuss nach Steuern *(Profit after Tax)* | **XX** |
| Gewinnanteil nicht beherrschende Gesellschafter (*Non-controlling Interests*) | XX |
| Gewinn Eigenkapitalgeber Mutterunternehmen *(Profit for the Year Owners of the Parent)* | **XX** |

**Tab. 5:** Umsatzkostenverfahren (*Cost of Sales Method*)

Nach IAS 1.85 sind zusätzliche Posten einzufügen, wenn dies für das Verständnis der Ertragslage relevant ist. Die Vorschrift bezieht sich auf das rudimentäre Grundformat *S 59 (x)* von IAS 1.82, wonach im operativen Teil der GuV zunächst nur die Umsatzerlöse und die Summe der operativen Kosten zu zeigen ist. Eine Aufgliederung nach dem Gesamtkosten- oder Umsatzkostenverfahren stellt daher schon den wichtigsten Anwendungsfall von IAS 1.85 dar. Fraglich ist, was darüber hinaus im Einzelfall an Posten notwendig oder zulässig ist.

> **Beispiel**                                                                                                         **!**
>
> Die Pharma-AG hat hohe Kosten für Forschung und Entwicklung (FuE), überwiegend in der Form von Gehältern. Die Aufwendungen sind nicht aktivierungsfähig. Die Pharma AG möchte die FuE-Kosten in der GuV separat darstellen, um sich als innovativ zu präsentieren.
> Wählt die AG das **Umsatzkostenformat**, bestehen gegen einen gesonderten Ausweis der FuE-Kosten keine Bedenken: In der Grundgliederung sind die FuE-Kosten in den sonstigen

betrieblichen Aufwendungen enthalten. Haben sie einen großen Anteil an dieser Position, dient die Separierung dem in IAS 1.85 geforderten besseren Einblick in die Ertragslage. Probleme würde das **Gesamtkostenformat** bereiten: In der Grundgliederung sind die FuE-Kosten überwiegend in der Position Personalaufwand enthalten. Diese Position umfasst sämtliche Personalkosten, unabhängig davon, welchem Zweck sie dienen. Würden die FuE-Gehälter aus der Position herausgelöst, ergäbe sich eine unzulässige Vermischung von funktionaler Gliederung (Umsatzkostenverfahren) und Gliederung nach Kostenarten (Gesamtkostenverfahren). Ein Teil der Gehälter, nämlich die im FuE-Bereich anfallenden, würde nach ihrer Funktion, der andere nach ihrer Art dargestellt. Die Position Personalaufwand würde entgegen ihrer Bezeichnung nicht mehr alle Personalkosten zeigen, sondern nur noch einen Teil. Dem besseren Einblick in die Ertragslage wäre gerade nicht gedient.

IRS 1.82 ff.

## 2.5.4   Gesamtergebnisrechnung

IAS 1 verlangt neben GuV-Informationen solche zu erfolgsneutralen Einkommensbestandteilen (*other comprehensive income*, OCI) aus Währungsumrechnung im Konzern, bestimmten Finanzinstrumenten, der Neubewertung von Sachanlagen usw. In der Darstellung bestehen zwei Alternativen:

*   *one-statement-approach*: GuV-Informationen sind mit den erfolgsneutralen Einkommensbestandteilen (*other comprehensive income*) in einem einzigen Rechenwerk, der Gesamtergebnisrechnung, darzustellen.
*   *two-statement-approach*: Neben die GuV (erstes *statement*) tritt eine Gesamtergebnisrechnung (zweites *statement*). Dieses zweite *statement* übernimmt aus der GuV nur den Saldo.

**Gesamtergebnisrechnung (*one-statement-approach*)**

| | |
|---|---|
| Umsatzerlöse (*Revenue*) | XX |
| Bestandsveränderung Erzeugnisse (*Changes in Inventories of Finished Goods and Work in Progress*) | XX |
| Aktivierte Eigenleistungen (*Work Performed by the Enterprise and Capitalised*) | XX |
| Sonstige betriebliche Erträge (*Other Operating Income*) | XX |
| Materialaufwand (*Raw Material and Consumables Used*) | XX |
| Personalaufwand (*Staff Costs*) | XX |
| Abschreibungen (*Depreciation and Amortisation Expense*) | XX |
| Sonstige betriebliche Aufwendungen (*Other Operating Expense*) | XX |
| Operatives Ergebnis (*Profit from Operations*) | XX |
| Ergebnis aus *at-equity*-Beteiligungen (*Profit or Loss from Equity Method Investments*) | XX |
| Finanzaufwendungen (*Finance Costs*) | XX |

| | |
|---|---|
| Finanzerträge (*Finance Revenues*) | XX |
| Jahresüberschuss vor Ertragsteuern (*Profit before Tax*) | XX |
| Ertragsteuern (*Income Tax Expense*) | XX |
| Jahresüberschuss *(Profit)* | **XX** |
| Währungsdifferenz ausländische Töchter (*Exchange Differences foreign Operations*) | YY |
| Neubewertung Sachanlagen (*Revaluation Property, Plant and Equipment*) | YY |
| Erfolgsneutral zum *fair value* bilanzierte Finanzinstrumente (*financial instruments with fair value through other comprehensive income*) | YY |
| *Cashflow Hedges* | YY |
| Steuern auf unrealisiertes Einkommen (*Taxes related to other Comprehensive Income*) | YY |
| Sonstiges Gesamtergebnis *(Other Comprehensive Income)* | **YY** |
| | |
| Gesamtergebnis *(Total Comprehensive Income)* | **ZZ** |
| Davon nicht beherrschende Gesellschafter (*Non-controlling Interests*) | ZZ |
| Davon Eigenkapitalgeber Mutterunternehmen (*Owners of the Parent*) | ZZ |

**Tab. 6:** Gesamtergebnisrechnung (*one-statement-approach*)

## Gesamtergebnisrechnung (*two-statement-approach*)

| | |
|---|---|
| Jahresüberschuss *(Profit)* | **XX** |
| Währungsdifferenz ausländische Töchter (*Exchange Differences Foreign Operations*) | YY |
| Neubewertung Sachanlagen (*Revaluation Property, Plant and Equipment*) | YY |
| Erfolgsneutral zum *fair value* bilanzierte Finanzinstrumente (*financial instruments with fair value through other comprehensive income*) | YY |
| *Cashflow Hedges* | YY |
| Steuern auf unrealisiertes Einkommen (*Taxes Relation to Other Comprehensive Income*) | YY |
| Sonstiges Gesamtergebnis (*Other Comprehensive Income*) | **YY** |
| | |
| Gesamtergebnis (*Total Comprehensive Income*) | **ZZ** |
| Davon nicht beherrschende Gesellschafter (*Non-controlling Interests*) | ZZ |
| Davon Eigenkapitalgeber Mutterunternehmen (*Owners of the Parent*) | ZZ |

**Tab. 7:** Gesamtergebnisrechnung (*two-statement-approach*)

## 2.6   *Materiality*-Grundsatz

Der **Grundsatz der Wesentlichkeit** (*materiality*) überlagert vor allem die Ausweis- und Bewertungsvorschriften zum Jahresabschluss. Er kann es gebieten oder zulassen,

- in der Regel separat auszuweisende, aber im konkreten Fall unwesentliche Posten mit anderen Posten zusammenzufassen (Ausweis),
- auf eine an sich gebotene, im konkreten Fall aber unwesentliche Abzinsung einer Rückstellung zu verzichten (Bewertung).

> **Tipp**
>
> Für den Bilanzansatz ist der *materiality*-Grundsatz nur ausnahmsweise wichtig. In der Buchhaltung, und damit für die Bilanz, sind sämtliche Geschäftsvorfälle zu berücksichtigen. Das Vollständigkeitsgebot lässt grundsätzlich keine Ausnahmen (»kleine Beträge buchen wir erst gar nicht«) zu. In der praktischen Arbeit kann es aber vorkommen, dass die Bilanz schon fertiggestellt ist und erst danach eine das alte Jahr betreffende Rechnung hereinkommt. Ob man hier die Bilanz noch einmal aufrollen, den bisher nicht berücksichtigten Kreditor einbuchen und die Folgewirkungen auf Umsatzsteuerverrechnungskonto, Erfolgstantiemen, Steuerrückstellungen usw. berücksichtigen muss (der Praktiker weiß, wovon die Rede ist), ist eine Frage der Wesentlichkeit, die individuell beantwortet werden muss.

Die hohe Bedeutung des *materiality*-Grundsatzes für die IFRS-Rechnungslegung zeigt sich auch daran, dass bis 2002 jeder Standard mit folgendem Hinweis begann: »International Accounting Standards brauchen nicht auf unwesentliche Sachverhalte angewendet zu werden.« Eine analoge Formulierung findet sich jetzt in IAS 8.8: »Die IFRS legen Rechnungslegungsmethoden fest... Diese Methoden müssen nicht angewandt werden, wenn die Auswirkung ihrer Anwendung unwesentlich ist.« Trotz dieser Bedeutung wird man eine scharfe Definition der Wesentlichkeit in den IFRS-Vorschriften vergeblich suchen. Was wesentlich oder unwesentlich ist, ist Sache der Beurteilung im konkreten Einzelfall und damit einer allgemeinen Definition nicht zugänglich.

Diese Beurteilung des Einzelfalls hat sich an den Zwecken der Bilanz und damit an den Bedürfnissen der Bilanzadressaten zu orientieren. Informationen sind wesentlich, wenn ihr Weglassen oder ihre fehlerhafte Darstellung »die auf der Basis des Abschlusses getroffenen Entscheidungen der Adressaten beeinflussen könnten« (IAS 8.5).

Das Wesentlichkeitsurteil kann je nach konkretem Einzelfall eher von qualitativen oder eher von quantitativen Faktoren geprägt werden: Es werden bspw. einzelne Vermögenswerte mit gleicher Art und Funktion zusammengefasst, auch wenn die einzelnen Beträge groß sind.

Eine Regelverletzung kann auch dann *material* sein, wenn sie prozentual unbedeutend erscheint, aber bewusst eingesetzt wird, um z. B. Analysten- oder Bankerwartungen zu erfüllen oder Schwellenwerte für Tantiemeansprüche zu erreichen (IAS 8.8).

**Beispiel**

Die an der NYSE notierte Citizens Utilities Co. hat mehr als 50 Jahre lang hintereinander immer einen Zuwachs an Umsatz ausgewiesen.

Um diesen Trend beizubehalten, hat die Gesellschaft die Erfassung von Umsatz von einem (diesem Trend mehr als entsprechenden) Jahr in das nächste (tatsächlich leicht rückläufige) Jahr verschoben.

Betroffen waren nur 1,7 % der Umsatzerlöse. Gerade dadurch sollten aber die Unterbrechung der über 50-jährigen Erfolgsgeschichte verheimlicht und die entsprechenden Analystenerwartungen bestätigt werden.

Die SEC hat diese Vorgehensweise als »*material*« betrachtet. Die Entscheidung ist konsequent, da es nicht um eine prozentuale bzw. »analoge« Frage (etwas mehr oder weniger), sondern um eine »digitale« Frage (Analystenerwartungen erfüllt/nicht erfüllt, Erfolgsgeschichte ungebrochen/gebrochen) ging.

In der praktischen Arbeit hat der *materiality*-Aspekt vor allem bei den Anhangangaben (*notes*) eine starke Entlastungswirkung. Für die meisten Bilanz- und GuV-Posten kommt eine Vielzahl von Anhangangaben infrage, aber nur wenige sind im Regelfall wesentlich. Die weiteren Kapitel werden in diesem Sinne Gewichtungen vornehmen und diese an Beispielen aus der Praxis erläutern.

## 2.7 *True and fair presentation*

In der Diskussion um die Vorteile der internationalen Rechnungslegung spielt das Prinzip der (*true and*) *fair presentation* (IAS 1) bzw. *faithful representation* (*Conceptual Framework*) eine wichtige Rolle. Das *Conceptual Framework* enthält hierzu eher abstrakte Aussagen.

Konkrete Vorgaben gibt IAS 1 unter der Überschrift »*Fair Presentation*« (»Vermittlung eines den tatsächlichen Verhältnissen entsprechenden Bilds«). Drei Äußerungen stehen im Mittelpunkt:
- »Abschlüsse haben die Vermögens-, Finanz- und Ertragslage sowie die Cashflows eines Unternehmens den tatsächlichen Verhältnissen entsprechend (*fairly*) darzustellen« (IAS 1.15).

- »Unter nahezu allen Umständen wird ein den tatsächlichen Verhältnissen entsprechendes Bild (*fair presentation*) durch Übereinstimmung mit den anzuwendenden IFRS erreicht« (IAS 1.17).
- »In den äußerst seltenen Fällen, in denen das Management zu dem Ergebnis kommt, dass die Einhaltung einer in einem IFRS enthaltenen Anforderung so irreführend wäre, dass sie zu einem Konflikt mit dem im Rahmenkonzept dargestellten Zweck führen würde, hat ein Unternehmen von dieser Anforderung unter Beachtung der Vorgaben des Paragraphen 20 abzuweichen« (sog. *principle override*; IAS 1.19). Es hätte dann in einer Art Schattenbilanzierung die Abweichungen von einer den Einzelregeln entsprechenden Bilanzierung offenzulegen (IAS 1.20(d)).

Der Gedanke der *true and fair presentation* hat zu Missverständnissen geführt. Qualifizierungen der internationalen Rechnungslegung als im Vergleich zum HGB kapitalmarktorientierter, entscheidungsnützlicher, »*truer and fairer*« usw. beruhen allzu häufig auf einer **Verwechslung von Sollen und Sein**. Es ist deutlich, dass die internationale Rechnungslegung all dies sein soll; ob sie es wirklich ist, steht auf einem anderen, größtenteils noch unbeschriebenen Blatt. M.E. gibt es genügend andere Vorteile der internationalen Rechnungslegung. Sie konkretisiert wichtige Fragen, die EU-Bilanzrichtlinie und HGB nicht oder nur ganz abstrakt behandeln (z.B. wirtschaftliches Eigentum beim Leasing). Sie dient der länderübergreifenden Vereinheitlichung und ist geeignet, eine babylonische Sprachverwirrung zu beenden. Einen darüber hinausgehenden Vorzug in Form einer höheren Wirklichkeitstreue muss man hingegen von der Internationalisierung der Rechnungslegung nicht unbedingt erwarten.

In dieser Richtung ist der *true-and-fair*-Grundsatz aber auch nicht angelegt. Die Aussage in IAS 1.17, dass die korrekte Anwendung der Einzelvorschriften in nahezu allen Fällen zu Abschlüssen führe, die ein faires Bild vermitteln, hat m.E. nicht den Charakter einer Tatsachenbehauptung. Sie hat vielmehr einen normativen Gehalt: als wirklichkeitsgetreue Abbildung ist per Definition anzuerkennen, was in Befolgung der IFRS-Regeln zustande gebracht wird. Diese normative Aussage entzieht sich einer Widerlegung durch empirische Beobachtung. Aus dieser grundsätzlichen Sicht hat das Konzept der *true and fair presentation* hauptsächlich die Funktion einer rechtfertigenden Maxime:

- auf Theorieebene in der Konkurrenz verschiedener Rechnungslegungssysteme,
- auf der Anwendungsebene in der Diskussion über im Einzelfall ausnahmsweise zulässige, notwendige oder zu rechtfertigende Regelbrüche.

Auf der Theorieebene wird der Ausgang jeden Vergleichs mit anderen Rechnungslegungssystemen vorentschieden. Wenn das IFRS-Regelwerk normativ festlegt, was *true and fair* ist, steht die Antwort, ob die Handelsbilanz genauso *true and fair* ist, schon fest: sie kann dies nur insoweit sein, als sie dem IFRS-Regelwerk nicht widerspricht. Auf diese Weise werden nicht zwei Regelsysteme gegen ein unabhängiges Drittkriterium verglichen, sondern ein System gegen die Regeln des anderen. In einer Religionsanalogie wäre dies etwa so, als ob die Regeln des katholischen Katechismus Christlichkeit definieren würden und anschließend auf dieser Definitionsbasis die Christlichkeit von Katholiken und Protestanten verglichen würde. Man würde nicht überrascht sein, wenn Protestanten in einem solchen Vergleich schlechter abschnitten.

Auf der Anwendungsebene besteht eine Gefahr darin, dass Einzelne das *true-and-fair*-Konzept missbrauchen, um Regeln für ihre Zwecke zurechtzubiegen, zu umgehen, zu missachten.

Die Gefahr wird dadurch begrenzt, dass das *true-and-fair*-Konzept kein *overriding principle* ist, das nach Belieben Vorrang vor den Einzelbestimmungen hat. In fast allen Fällen (»*virtually all circumstances*«) sind die Einzelregelungen zu beachten, Abweichungen demzufolge nur in äußerst seltenen Fällen (»*extremely rare circumstances*«) zulässig. Derartige Ausnahmefälle sind zudem offenzulegen und zu begründen. Außerdem ist in einer Art »Schattenbilanzierung« die Wirkung auf Periodenergebnis, Vermögenswerte, Schulden, Eigenkapital und *cash flow* zu quantifizieren (IAS 1.20). Der missbräuchlichen Verwendung des *true and fair* durch die bilanzierende Praxis wird damit ein stabiler Riegel vorgeschoben.

## 2.8   Zusammenfassung

Das Regelwerk des IASB wird in einem strukturierten Verfahren (*due process*) entwickelt. Zu europäischem Recht wird es erst mit der Anerkennung durch die EU (*endorsement*).

Das Regelwerk hat einen **dreistufigen Aufbau**. In der Reihenfolge abnehmender Bedeutung:
*   die Einzelstandards IAS 1 bis IAS 41 und IFRS 1 ff.,
*   die Interpretationen des *Interpretations Committee* (SIC, IFRIC),
*   das *Conceptual Framework* (CF), in dem Ziele, Anforderungen und Elemente der Rechnungslegung definiert werden.

Die angegebene Reihenfolge ist zu berücksichtigen. Die Einzelstandards und Interpretationen gehen dem *Conceptual Framework* vor.

Als Zielsetzung des Jahresabschlusses wird im *Conceptual Framework* die Befriedigung von Informationsbedürfnissen durch entscheidungsnützliche Informationen definiert (***decision usefulness***). Hierbei wird davon ausgegangen, dass ökonomische Entscheidungen von Bilanzadressaten u. a. Abschlussinformationen mit bestätigendem und prognostischem Wert voraussetzen. Da sich in dieser Hinsicht der Informationsbedarf von Gläubigern nicht wirklich von dem von Investoren unterscheidet, können weder der **Gläubigerschutz** noch das **Vorsichtsprinzip** übergeordnete Gesichtspunkte der IFRS-Rechnungslegung sein.

In der Definition der *assets* (Vermögenswerte) unterscheidet sich das *Conceptual Framework* kaum vom HGB. Anders bei den *liabilities* (Schulden). Sie umfassen nach IFRS nur Außenverpflichtungen. Rückstellungen für unterlassene Instandhaltung sind bspw. unzulässig.

Der Jahresabschluss umfasst neben
- Bilanz (*statement of financial position*),
- Gesamtergebnisrechnung und GuV (*statement of comprehensive income* und *income statement*) sowie
- Anhang (*notes*) auch eine
- Eigenkapitalveränderungsrechnung (*statement of changes in equity*) und eine
- Kapitalflussrechnung (*statement of cash flows*).

Die IFRS verlangen (z. B. für bestimmte Finanzinstrumente) oder erlauben (z. B. für *investment properties*) im Vergleich zum HGB häufiger eine *fair-value*-Bewertung. Ob der *fair value* angewandt werden muss oder darf, ergibt sich aus den Einzelstandards, wie er technisch zu ermitteln ist, aus IFRS 13.

Das IFRS-Regelwerk weist im Vergleich zum HGB geringere Wahlrechte beim Bilanzansatz und bei der Bewertung und größere Wahlrechte bei **Gliederung und Darstellung** auf.

Die IFRS-Vorschriften werden vom Grundsatz der Wesentlichkeit (*materiality*) überlagert. Er kann z. B. die Zusammenfassung unwesentlicher Posten (Ausweis) oder den Verzicht auf eine im konkreten Fall unwesentliche Abzinsung einer Rückstellung ermöglichen (Bewertung). In der praktischen Arbeit hat der *materiality*-Aspekt vor allem bei den Anhangangaben (*notes*) eine starke Entlastungswirkung.

Das Prinzip der ***true and fair presentation*** soll die IFRS-Rechnungslegung prägen. Der Grundsatz ist jedoch nur eingeschränkt als »*overriding principle*« zu verstehen. Abweichungen von den Einzelregeln sind nur selten und nur unter Inkaufnahme einer bilanzpolitisch gerade unerwünschten Schattenbilanzierung erlaubt.

## 2.9   Fragen und Antworten

**Fragen**

**A.1** Was ist das Endorsement der IFRS durch die EU? Warum braucht es überhaupt einen Endorsement-Mechanismus?

**A.2** Was ist oberste Zielsetzung des IFRS-Jahresabschlusses?

**A.3** Aus welchen fünf (oder sechs) Elementen besteht der IFRS-Jahresabschluss?

**A.4** In der Definition der *assets* (Vermögenswerte) unterscheidet sich das *Conceptual Framework* kaum vom HGB. Welche Unterschiede bestehen bei *liabilities* (Schulden)?

**B.1** Was ist der *due process*? Wie verläuft er im Regelfall?

**B.2** Welche Übereinstimmungen und Unterschiede bestehen (Rechnungsabgrenzungsposten und latente Steuern ausgeklammert) zwischen der Hauptgliederung der Bilanz nach IFRS und HGB, a) auf der Aktivseite, b) auf der Passivseite?

**B.3** Wie ist die Arbeitsteilung zwischen IFRS 13 »Bemessung des beizulegenden Zeitwertes« (*fair value*) und den anderen Standards?

**B.4** Darf unter Berufung auf die *(true and) fair presentation* von Einzelregelungen abgewichen werden? Wenn ja, mit welchen Konsequenzen?

**C.1** In welchem Hierarchieverhältnis stehen die Einzelstandards und das *Conceptual Framework?*

**C.2** An die Einhaltung von Bilanzkennzahlen gebundene Kreditbedingungen (*covenants*) und kurzfristige Kündigungsrechte spielen eine große Rolle bei Fremdfinanzierungen. Welche Regelungen enthält IAS 1 für den Fall des Bruchs dieser Bedingungen (*breach of covenants*)?

**C.3** Welche Hierarchie für die Ermittlung des beizulegenden Zeitwerts (*fair value*) enthält IFRS 13?

**C.4** Erläutern Sie am Beispiel einer nur im Fall eines Mindesterfolgs greifenden Vorstandstantieme das *materiality*-Prinzip?

**Antworten**

**A.1** Das Endorsement ist die formelle Anerkennung der IFRS durch die EU.

Einen solchen formellen Akt braucht es aus folgendem Grund: Der IASB ist ein privater Standardsetter. Seine Regeln können deshalb nur dann rechtsverbindlich werden, wenn ihre Anwendung von dazu befugten Instanzen mit Gesetzgebungs(ähnlicher)-Kompetenz erlaubt oder vorgeschrieben wird.

**A.2** Als Zielsetzung des Jahresabschlusses wird im *Conceptual Framework* die Befriedigung von Informationsbedürfnissen durch entscheidungsnützliche Informationen definiert (***decision usefulness***).

**A.3** Der IFRS-Abschluss besteht aus folgenden Elementen:
* Bilanz,
* Gesamtergebnisrechnung, wahlweise mit integrierter GuV,
* GuV (sofern nicht in Gesamtergebnisrechnung integriert),
* Eigenkapitalveränderungsrechnung,
* Kapitalflussrechnung,
* Anhang (*notes*).

**A.4** *Liabilities* (Schulden) umfassen nach IFRS nur Außenverpflichtungen. Rückstellungen für unterlassene Instandhaltung sind bspw. unzulässig.

**B.1** Der *due process* ist das strukturierte Verfahren zur Formulierung neuer oder revidierter Standards. Der Regelablauf ist wie folgt: Ausgangspunkt ist ein Diskussionspapier mit mehrmonatiger Stellungnahmefrist für die interessierte Öffentlichkeit. Unter Berücksichtigung der Stellungnahmen wird dann ein Standardentwurf (*Exposure Draft*) erstellt. Auch hierzu gibt es eine mehrmonatige Stellungnahmefrist. Unter Berücksichtigung dieser Stellungnahmen wird der finale Standard erstellt.

**B.2** Die IFRS-Bilanz ist auf beiden Seiten nach Fristigkeit zu gliedern:
* Hinsichtlich der Hauptgliederung der Aktivseite ergibt sich eine große Übereinstimmung mit dem HGB: langfristige Vermögenswerte (IFRS) entsprechen in der Regel dem Anlagevermögen (HGB), kurzfristige Vermögenswerte (IFRS) dem Umlaufvermögen (HGB).
* Auf der Passivseite besteht keine solche Übereinstimmung: während IFRS auch die Schulden nach Fristigkeit gliedert, unterscheidet das HGB nach dem Sicherheitsgrad (Rückstellungen vs. Verbindlichkeiten).

**B.3** Das Verhältnis von IFRS 13 zu den anderen Standards ist wie folgt: ob der *fair value* überhaupt angewandt werden muss oder darf, ergibt sich aus den ande-

2.9 Fragen und Antworten

ren Standards. Wie er bei freiwilliger oder pflichtweiser Anwendung technisch zu ermitteln ist, regelt hingegen IFRS 13.

**B.4** Abweichungen von den Einzelregeln sind nach IAS 1.19 erlaubt, aber nur in den sehr seltenen Fällen (*extremely rare cases*), in denen die Anwendung der Einzelregelungen zu einer irreführenden Darstellung führen würde.

Falls das Unternehmen so verfährt, muss es dies nach IAS 1.20 offenlegen und in einer Art Schattenbilanzierung auch darstellen, wie der Jahresabschluss ohne die Abweichung ausgesehen hätte.

**C.1** Die Einzelstandards gehen dem *Conceptual Framework* vor, dürfen also unter Berufung auf die »hehren« Grundsätze des *Framework* nicht einfach unbeachtet bleiben (kein *override*).

**C.2** Nach IAS 1.74 führt der Bruch einer solchen Bedingung in der Regel zur Umklassifizierung einer Verbindlichkeit von langfristig nach kurzfristig. Dies gilt selbst dann, wenn der Gläubiger noch im Bilanzaufstellungszeitraum auf sein Kündigungsrecht verzichtet.

**C.3** Bevorzugt (Level 1) ist der *fair value* als Preis an aktiven Märkten (Börsen usw.) zu bestimmen, so etwa bei der Bewertung notierter Wertpapiere.

Erst in zweiter Linie (Level 2), also beim Fehlen aktiver Marktpreise, kommt eine Ableitung aus beobachtbaren Marktdaten infrage, etwa bei einer marktorientierten Bewertung als Ableitung aus den notierten Preisen ähnlicher Güter, bei einer barwertorientierten Bewertung (DCF-Methode), indem hinsichtlich unterstellter Wachstumsraten (Zahlungsreihe) und Zinssatz (Diskontierung) nicht auf eigene, sondern auf öffentlich zugängliche (beobachtbare) Wachstumsraten und Zinssätze abgestellt wird.

Den niedrigsten Rang (Level 3) hat eine Bewertung, die auf nicht beobachtbare Bewertungsparameter abstellt.

**C.4** In der Praxis wird das *materiality*-Prinzip meist quantitativ verstanden. Ein »Fehler« von z.B. weniger als 1% der Bezugsgröße (z.B. Bilanzsumme, Ergebnis, Eigenkapital) gilt dann etwa als unwesentlich. Ein solches prozentuales Vorgehen ist unangemessen, wenn es nicht um »mehr oder weniger«, sondern um »ja oder nein« geht. Erhält etwa der Vorstand bei einem Jahresergebnis von 100 Mio. EUR eine Tantieme und beträgt das vorläufige Ergebnis 99,8 Mio. EUR, um es dann unter Berufung auf Unwesentlichkeit durch Nichtbeachtung einer Aufwands- bzw. Passivierungsregel auf 100 Mio. EUR zu liften, so ist dies fehlerhaft.

# 3 Immaterielles Vermögen und Sachanlagevermögen sowie *investment properties*

## 3.1 Ausweis und Untergliederung

Die IFRS-Bilanz ist, mit Ausnahmen für Banken, nicht nach der Liquiditätsnähe zu gliedern, sondern nach der Fristigkeit (Kapitel 2.5). Die Aktivseite der IFRS-Bilanz ist in langfristige Vermögenswerte einerseits und kurzfristige Vermögenswerte andererseits zu unterteilen. Die langfristigen Vermögenswerte entsprechen (mit Ausnahme der aktiven latenten Steuern) im Wesentlichen dem **Anlagevermögen** nach HGB. Innerhalb des »Anlagevermögens« selbst sind vier Kategorien zu unterscheiden:

- immaterielle Vermögenswerte,
- Sachanlagen,
- als Finanzanlagen gehaltene Immobilien (*investment properties*),
- Finanzanlagen.

Nur die *investment properties* finden in der HGB-Bilanz keine Entsprechung. Sie beinhalten Grundstücke und Bauten, die einerseits kein Umlaufvermögen darstellen, andererseits nicht vom Betrieb selbst genutzt werden, sondern z. B. vermietet werden. Aufgrund der fehlenden Einbindung in die betrieblichen Prozesse und der funktionalen Nähe zu Finanzinvestments sieht IAS 40 einen gesonderten Ausweis und besondere Bewertungsvorschriften vor. Im Einzelnen wird hierzu auf Kapitel 3.7.4 verwiesen. Für die bilanzielle Darstellung des Anlagevermögens bietet sich folgender Gliederungsvorschlag an:

Auf Bilanzebene (»*on the face of the balance sheet*«) wird nur die in IAS 1 geforderte Mindestgliederung präsentiert, d. h. die oben genannten vier Kategorien, wobei Finanzanlagen ggf. in *at-equity*-Beteiligungen und übrige untergliedert werden.

Im Anhang werden weitere Untergliederungen vorgenommen (vgl. folgende Tabelle).

| LANGFRISTIGES VERMÖGEN | | |
| --- | --- | --- |
| **Immaterielle Vermögenswerte** *(Intangible Assets)* | | |
| Geschäfts- oder Firmenwert | XX | |
| Software | XX | |
| Lizenzen | XX | |
| Gewerbliche Schutzrechte und Konzessionen | XX | |

| LANGFRISTIGES VERMÖGEN | | |
|---|---|---|
| Rezepte, Know-how usw. | XX | |
| Warenzeichen, Markennamen, Verlagsrechte | XX | XX |
| **Sachanlagen** *(Property, Plant, Equipment)* | | |
| Unbebaute Grundstücke | XX | |
| Grundstücke und Gebäude | XX | |
| Maschinen und technische Anlagen | XX | |
| Betriebsausstattung | XX | |
| Geschäftsausstattung | XX | XX |
| **Als Finanzanlagen gehaltene Immobilien** *(Investment Properties)* | | XX |
| **Finanzanlagen** *(Financial Assets)* | | |
| *equity*-Beteiligungen | XX | |
| Sonstige Finanzanlagen | XX | XX |
| | | XX |

Tab. 8: Untergliederung Anlagevermögen

Von den vier genannten Hauptgruppen des Anlagevermögens werden nachfolgend drei behandelt. Die Darstellung der Finanzanlagen erfolgt gesondert unter »Finanzvermögen« (Kapitel 4). Diese Abweichung von dem sonstigen, an der HGB-Gliederung orientierten Vorgehen ist notwendig, um das sowohl kurzfristiges wie langfristiges Finanzvermögen umfassende Bewertungssystem des IFRS 9 in Sachen *financial assets* verständlich zu machen.

## 3.2 Bilanzansatz

### 3.2.1 Allgemeine Aktivierungsvoraussetzungen

Ein Aktivposten ist nach CF.4.3. ff. und CF.5.7 ff. in der Bilanz dann anzusetzen, wenn ein Vermögenswert vorliegt,

- d.h. eine vom Unternehmen **kontrollierte Ressource** mit
- einem wahrscheinlichen künftigen wirtschaftlichen **Nutzen** und
- kein spezielles Aktivierungsverbot, wie etwa für selbst geschaffene Marken (IAS 38.63), besteht.

Zwischen einem Vermögenswert nach IFRS und einem Vermögensgegenstand oder Rechnungsabgrenzungsposten nach HGB können aufgrund der genannten Kriterien grundlegende Unterschiede bestehen. Aus theoretischer Sicht lassen sich etwa Argumente finden, dass Werbeaufwendungen einen Vermögenswert nach IFRS, aber keinen Vermögensgegenstand nach HGB darstellen. Werbeaufwendungen sind jedoch auch nach IFRS nicht aktivierungsfähig. Für derartige Fälle gilt deshalb folgende **Faustregel:**

| | | |
|---|---|---|
| Vermögenswert | ≠ | Vermögensgegenstand |
| | aber | |
| aktivierbarer Vermögenswert | = | aktivierbarer Vermögensgegenstand |

Bei theoretischen Unterschieden überwiegen die praktischen Gemeinsamkeiten zwischen IFRS und HGB.

## 3.2.2 Besonderheiten beim immateriellen Anlagevermögen

### 3.2.2.1 Aktivierungsvoraussetzungen immateriellen Anlagevermögens

Die Bilanzierung immaterieller Vermögenswerte (*intangible assets*) ist geregelt:
*   für das immaterielle Anlagevermögen allgemein in IAS 38,
*   für den *goodwill* in IFRS 3,
*   für immaterielles Umlaufvermögen in IAS 2.

IAS 38 konzentriert sich zunächst darauf, die allgemeinen Kriterien eines Vermögenswerts für den speziellen Fall immateriellen Vermögens zu konkretisieren. Hierbei spielen vier Kriterien eine vorrangige Rolle:
*   Identifizierbarkeit,
*   Verfügungsmacht,
*   Wahrscheinlichkeit künftigen wirtschaftlichen Nutzens und
*   zuverlässige Messbarkeit der Kosten.

Unter dem Aspekt der Identifizierbarkeit wird verlangt, dass ein (sonstiger) immaterieller Vermögenswert vom Gesamtunternehmen bzw. **vom Firmenwert unterschieden** werden kann (IAS 38.11). Grundlage dieser Unterscheidbarkeit kann die wirtschaftliche Separierbarkeit oder die rechtliche Eigenständigkeit sein.
*   Separierbarkeit bedeutet, dass der Vermögenswert verpachtet, lizenziert, verkauft oder getauscht werden kann, ohne gleichzeitig das ganze Unternehmen zu verpachten oder zu veräußern.

- Bei rechtlicher **Eigenständigkeit**, d.h. vertraglich oder gesetzlich begründeten Werten, kommt es auf die Separierbarkeit nicht an (IAS 38.12).

Die **Kontrolle oder Verfügungsmacht** als zweites Kriterium drückt sich am deutlichsten darin aus, dass der Zugriff Dritter beschränkt werden kann (IAS 38.13). Ein typisches Beispiel sind Patent- oder Urheberrechte, die gerichtlich gegen Verletzungen durchgesetzt werden können.

An der Kontrolle bzw. Verfügungsmacht fehlt es z.B. in der Regel., wenn eine Cloud-Dienstleistung im Rahmen eines üblichen **Software-as-a-Service**-Vertrags (SaaS) genutzt wird. Beim SaaS kann ein kontrollierter immaterieller Vermögenswert allerdings dann ausnahmsweise zu bejahen sein, wenn der Kunde das Recht hat, die Software während der Vertragslaufzeit durch Download oder Kopie auf physischem Speichermedium in Besitz zu nehmen. Fehlt es daran und liegt deshalb nur ein nicht bilanzierungsfähiges schwebendes Geschäft vor, können nach auf US-GAAP gestützter Auffassung unter Umständen gleichwohl Kosten der Implementierung, Datenmigration usw. aktiviert werden.

Der dritte Aspekt, die **Wahrscheinlichkeit des Nutzens**, begrenzt den Kreis zu aktivierender Vermögenswerte nur im Fall der Herstellung (originäre immaterielle Vermögenswerte).
- Beim Kauf einzelner Vermögenswerte von einem fremden Dritten ist der Nutzen durch die Transaktion selbst belegt: ohne Wahrscheinlichkeit eines Nutzens wäre kein Kaufpreis gezahlt worden (IAS 38.25).
- Beim Zugang immaterieller Vermögenswerte durch einen Unternehmenskauf hindern Zweifel am Nutzenpotenzial den Bilanzansatz nicht. Sie sind lediglich im Rahmen der Bewertung etwa durch einen Abschlag zu berücksichtigen (IAS 38.33).
- Nur bei selbst erstellten immateriellen Vermögenswerten kann die Bilanzierung an Unsicherheiten der Nutzenerwartung scheitern (IAS 38.57(d)).

Der vierte Aspekt, die **verlässliche Messbarkeit der Kosten**, gestaltet sich beim Erwerb ganzer Unternehmen u.U. schwierig. Der Erwerbspreis ist einzelnen (immateriellen) Vermögenswerten zuzuordnen, indem deren Zeitwert (*fair value*) ermittelt wird. Insbesondere cashflow-orientierte Bewertungsmodelle gelangen hier zum Einsatz. Zur Wirkung der Kriterien das nachfolgende Beispiel:

> **!**   **Beispiel**
>
> Die SolarSun GmbH hat Geschäftsräume und Auslieferungslager von Wanneeickel nach Freiburg verlegt, da sich der alte Standort im Hinblick auf das Produktangebot als imageschädlich erwiesen hat.
> Die GmbH hat über das Maß von Wettbewerbern hinaus in die Ausbildung der Mitarbeiter investiert und kann die zusätzlichen Mitarbeiterfähigkeiten verlässlich identifizieren.

Die GmbH hat ein *post-acquisition*-Team eingerichtet, das die Kunden intensiv nach Erwerb von Solaranlagen betreut. Hierdurch konnten nachweisbar die Kundenloyalität und Markentreue gesteigert werden.

G hat als Gesellschafter der GmbH ein gewerbliches Schutzrecht eingelegt. Das Kapital der GmbH ist im Gegenzug um nominal 100 TEUR erhöht worden. Gemessen am realen Unternehmenswert hat der G gewährte Kapitalanteil von 100 TEUR einen realen Wert von 1.000 TEUR. Dies ist auch der Zeitwert der Einlage.

Die SolarSun GmbH hat im November 01 eine (Voraus-)Zahlung an die Rainbow Werbeagentur geleistet für eine Kampagne, die von Anfang Dezember 01 bis Ende Januar 02 läuft.

**Beurteilung**

Die Aktivierung der Umzugsaufwendungen als immaterieller Vermögenswert Standortvorteil scheitert bereits daran, dass Standortvorteile in aller Regel nicht vom Geschäfts- oder Firmenwert unterscheidbar und damit nicht identifizierbar sind.

Auch wenn das Unternehmen in der Lage ist, die zusätzlichen **Mitarbeiterfähigkeiten** zu identifizieren, hat es doch **keine Verfügungsmacht** über den voraussichtlichen künftigen wirtschaftlichen Nutzen, der durch das besser qualifizierte Team erwächst. Die Arbeitnehmer können zur Konkurrenz abwandern. Der Zugriff Dritter auf den wirtschaftlichen Nutzen ist deshalb nicht auf Dauer beschränkt (IAS 38.15). Dem Unternehmen fehlt die Verfügungsmacht.

Die Schaffung zusätzlicher **Kundenloyalität** stellt einen wirtschaftlichen Wert dar. Eine Aktivierung kommt jedoch nicht infrage. Das Unternehmen kann die Kundenloyalität nicht auf Dauer kontrollieren (**fehlende Verfügungsmacht**). Die Loyalität lässt sich überdies **nicht** zuverlässig vom Geschäfts- oder Firmenwert **separieren** (IAS 38.51).

Das gewerbliche **Schutzrecht** erfüllt alle Voraussetzungen für die Aktivierung. Insbesondere können die Kosten des Vermögenswerts zuverlässig als Anschaffungskosten **bemessen** werden. Der Vermögenswert ist gemäß IFRS 3 mit 1.000 TEUR anzusetzen. Anders als nach (herrschender Auslegung des) HGB besteht kein Wahlrecht zwischen 1.000 TEUR oder 100 TEUR.

Die Zahlung an die Werbeagentur führt nach HGB i. H. v. 50 % zu einem Rechnungsabgrenzungsposten gemäß § 250 HGB, da die Ausgabe insoweit dem Aufwand vorauseilt. IFRS differenziert nicht zwischen Vermögensgegenständen und Rechnungsabgrenzungsposten. Die Vorauszahlung stellt ein *prepayment* dar und kann als solches im kurzfristigen Vermögen ausgewiesen werden.

IAS 38.29 und IAS 38.69 sehen für *start-up costs* ein **Aktivierungsverbot** vor. Es gilt nicht nur für Kosten der rechtlichen Gründung, sondern ebenso für Ingangsetzungsaufwendungen, wie sie etwa bei der Schulung von Mitarbeitern, beim Aufbau der Organisation oder bei der Eröffnungswerbung anfallen.

Durch das BilMoG ist die handelsrechtliche Bilanzierung immaterieller Werte den IFRS angenähert worden. In § 248 Abs. 2 HGB ist das frühere Aktivierungsverbot für originäres immaterielles Anlagevermögen gestrichen und i. V. m. § 268 Abs. 8 HGB durch ein mit Ausschüttungssperren belegtes Aktivierungswahlrecht ersetzt worden. Nach IFRS besteht schon länger eine an bestimmte Bedingungen geknüpfte Aktivierungspflicht. IAS 38 trifft insoweit nur graduelle Differenzierungen zwischen derivativen und originären Werten. Die oben genannten Voraussetzungen der Aktivierung von Immaterialgütern sind gleichermaßen von originären und derivativen Immaterialgütern zu erfüllen. Bei originären Vermögenswerten muss allerdings eine Zusatzbedingung erfüllt sein: der Herstellungsprozess muss die frühe, konzeptionelle Phase (= Forschung) hinter sich gelassen und in ein fortgeschrittenes Stadium (= Entwicklung) eingetreten sein. Abb. 9 fasst Gemeinsamkeiten und Unterschiede zusammen. Detailausführungen zur Forschungs- und Entwicklungsphase finden sich in den nachfolgenden Kapiteln.

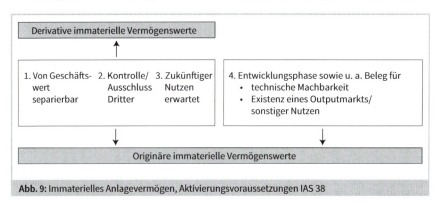

**Abb. 9:** Immaterielles Anlagevermögen, Aktivierungsvoraussetzungen IAS 38

### 3.2.2.2   Wann ist ein Vermögenswert derivativ?

Angesichts der Komplexität der in IAS 38 enthaltenen Regelungen mag sich mancher das alte HGB-System zurückwünschen: Aktivierungspflicht für derivative und Aktivierungsverbot für originäre immaterielle Vermögenswerte. Bei näherer Betrachtung war aber auch dieses System nicht ganz so einfach. Die Grenzen zwischen derivativer und originärer Entstehung sind fließend, wie sich z.B. beim **Customizing von Software** zeigt.

> **!**   **Beispiel**
>
> Die Müller AG erwirbt nach konzeptionellen Vorstudien (Machbarkeitsüberlegungen etc.), die einen Aufwand von 10 TEUR verursachen, in 01 ERP-Software. Die Anschaffungskosten sind 200 TEUR.
> Für das Customizing der Software fallen weitere Kosten von 800 TEUR an, teils intern, teils gegenüber Beratern. Außerdem entstehen Kosten von 100 TEUR für das Training der Anwender.
> Die Müller AG möchte ein Urteil über die Aktivierung nach IFRS (die sie für kompliziert hält) und nach HGB (die sie für einfach hält).
>
> **Beurteilung**
> Nach **IFRS** ist der Sachverhalt einfach: auch originäre Aufwendungen sind zu aktivieren, soweit sie einerseits nicht in einer frühen konzeptionellen Phase (= Forschung) anfallen und andererseits technische Machbarkeit und Nutzen der Investition feststehen. Gemäß IAS

38.57 sind daher Aufwendungen von 1 Mio. EUR zu aktivieren. Vom Erfolg bzw. dem Nutzen der Investition wird man schon vor Customizing zulässigerweise ausgehen dürfen. Neben den konzeptionellen Kosten (IAS 38.54 ff.) sind lediglich die Kosten des Trainings (IAS 38.67) nicht ansetzbar.

**Handelsrechtlich** ist der Sachverhalt hingegen komplex; **drei Auffassungen** sind diskussionswürdig:

- Aktivierungspflicht von **1 Mio. EUR**, da die Kosten von 800 TEUR der Herstellung der Betriebsbereitschaft der angeschafften Software dienen und damit Anschaffungsnebenkosten sind.
- Aktivierungspflicht von **200 TEUR**, da nur dieser Teil auf den Erwerb der Software entfällt, also derivativen Charakter hat, Aktivierungswahlrecht für den verbleibenden Betrag.
- Aktivierungspflicht von **0 EUR**, da der eigentliche Vermögenswert (die angepasste Software) erst bei der AG (also originär) entsteht, die für 200 TEUR gelieferte Grundausführung lediglich einen Baustein in der Herstellung dieses Vermögenswerts bildet. Ein Aktivierungswahlrecht bestünde dann für 1 Mio. EUR.

Für die **Steuerbilanz** ist die erste Auffassung nach Ansicht des BMF maßgeblich.[7]

Schwierig kann die Abgrenzung von derivativer und originärer Entstehung auch bei der **Einräumung von Rechten** sein. Eine Anschaffung setzt begrifflich voraus, dass der Vermögenswert bereits vor dem Kauf bestanden hat. Anschaffung bedeutet: ein bestehender Vermögenswert wechselt vom alten zum neuen wirtschaftlichen Eigentümer. Bei enger Auslegung erfüllt die Einräumung von Lieferrechten durch den zu Beliefernden dieses Kriterium nicht. Wie im Handelsrecht dominiert aber auch in der IFRS-Praxis ein erweitertes Verständnis der Anschaffung, das ebenfalls die entgeltliche Einräumung eines Rechts umfasst.

**Praxis-Beispiel**

Die Wirtschaft »Zum Kölner« lässt sich (in einer Notlage!) Anfang 01 auf folgende Vereinbarung ein: Gegen eine Zahlung von 50 TEUR verpflichtet sie sich, ihr Bier in den nächsten fünf Jahren nur bei der Düsseldorf GmbH zu beziehen.
In 02 erwirbt die Dortmund AG die Düsseldorf GmbH. Im Rahmen des Unternehmenserwerbs geht auch das Bierbelieferungsrecht auf die Dortmund AG über.

**Beurteilung**

Nach wohl herrschender Auffassung liegt schon in 01 ein Erwerb (derivativer Zugang) eines Rechts vor, obwohl das Belieferungsrecht gar nicht von einem bestehenden Rechteinhaber auf einen neuen übertragen wird.
Zu einem (weiteren) Erwerb kommt es in 02. Im Rahmen des Unternehmenskaufs erwirbt die Dortmund AG auch den bereits bestehenden Belieferungsvertrag.

---

7    BMF, Schreiben v. 18.11.2005, IV B 2 – S 2172 – 37/05, BStBl I 2005, S. 1025.

Im Bierbelieferungsbeispiel ist die Frage, ob wirklich ein derivativer Zugang vorliegt, ohne große Konsequenzen, da eine Aktivierung als Abgrenzungsposten zum gleichen Ergebnis führen würde.

### 3.2.2.3   Immaterielles Anlagevermögen beim Unternehmenserwerb

Bei einem Unternehmenserwerb stellt sich die Frage, inwieweit der über das materielle Vermögen hinausgehende Kaufpreis auf **immaterielle Einzelgüter** entfällt oder *goodwill* ist.

Die genaue Unterscheidung ist deshalb notwendig, weil die Einzelgüter in der Regel planmäßig abschreibbar sind, der *goodwill* aber nie. Nach IFRS 3 und IAS 38.34 kommt es hinsichtlich des Ansatzes immaterieller Vermögenswerte im Rahmen eines Unternehmenserwerbs nur noch darauf an, dass sie
- auf einer vertraglichen oder rechtlichen Grundlage beruhen oder
- durch Verkauf, Übertragung, Lizenzierung, Verpachtung, Tausch usw. vom Unternehmen separiert werden können.

Die Wahrscheinlichkeit des Nutzens ist in solchen Fällen nicht mehr Ansatzvoraussetzung, sondern lediglich Bewertungsparameter. Eine geringere Nutzenwahrscheinlichkeit führt lediglich dazu, dass der *fair value* niedriger ist.

Nachfolgende Tabelle enthält in Anlehnung an IFRS 3.IE eine Liste relevanter immaterieller Einzelvermögenswerte.

| A. *Marketing-related Intangibles* |
| --- |
| Warenzeichen |
| Internet Domain Name |
| *Trade Dress* (Firmenlogos etc.) |
| *Newspaper Mastheads* (Zeitungsnamen) |
| vertragliche Wettbewerbsverbote |
| B. *Customer-related Intangibles* |
| Kundenlisten |
| Auftragsbestand |
| (Dauer-)Kundenverträge |
| nicht vertragliche Kundenbeziehungen, soweit separierbar |

| **C. Artistic-related Intangibles** |
| :--- |
| Urheberrechte, Lizenzrechte usw. an Werken von Literatur, Oper, Musik, Film und Funk, bildender Kunst und Fotografie |
| **D. Contract-based Intangibles** |
| Dienst-, Werk- und Leasing-, Einkaufsverträge, in dem Maß, in dem sie gemessen am Markt vorteilhaft sind (bei »Einkaufskontrakten« Preis unter Marktpreis, bei »Verkaufskontrakten« Preis über Marktpreis) |
| Mineralgewinnungsrechte, Ausbeutungsrechte |
| Fernseh-, Rundfunk-, Telefonlizenzen |
| Landerechte und ähnliche Luftfahrtlizenzen, Lizenzen zum Betrieb mautpflichtiger Verkehrswege |
| vorteilhafte Arbeitsverträge |
| **E. Technology-based Intangibles** |
| Patente |
| urheberrechtlich geschützte Software |
| rechtlich geschützte Datenbasen, Rezepte usw. |
| ungeschütztes Know-how, Rezepte, Datenbasen, Geschäftsgeheimnisse usw., soweit separierbar |

### 3.2.2.4   Forschungs- und Entwicklungsaufwendungen

IAS 38.8 und IAS 38.54 ff. treffen eine Unterscheidung zwischen Forschungsaufwendungen und Entwicklungsaufwendungen.

- **Forschung** zielt darauf ab, zu neuen wissenschaftlichen oder technischen Erkenntnissen zu gelangen.
- **Entwicklung** ist die Anwendung von Forschungsergebnissen oder von anderem Wissen mit dem Ziel der Verbesserung und Innovation von Materialien, Vorrichtungen, Produkten oder Verfahren.

Die Entwicklungsphase nimmt eine Zwischenstellung zwischen der Forschung und der Aufnahme der kommerziellen Produktion ein. Die Abgrenzung kann im Einzelfall schwierig sein. Soweit sie bei einem Projekt nicht gelingt, sind alle Projektkosten als Forschungsaufwendungen zu behandeln.

Während **Forschungsaufwendungen** einem **Aktivierungsverbot** unterliegen, sind **Entwicklungsaufwendungen unter bestimmten Voraussetzungen aktivierungspflichtig**. Entwicklungskosten müssen dazu gemäß IAS 38.57 u. a. folgende Bedingungen erfüllen:

- technologische Realisierbarkeit (*technical feasibility*) des Projekts,
- Nutzen des immateriellen Vermögenswerts entweder im Unternehmen selbst oder durch die nachgewiesene Existenz eines Markts für den immateriellen Vermögenswert selbst oder seinen Produktions-Output,
- Verfügbarkeit der Ressourcen zur Vollendung und Nutzung des immateriellen Vermögenswerts.

Unter Einbeziehung der nachgelagerten Produktpflege ergibt sich hieraus folgendes Prozessmodell:

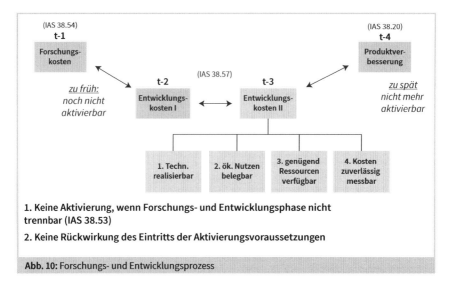

**Abb. 10:** Forschungs- und Entwicklungsprozess

Vor allem das Kriterium der technischen Realisierbarkeit ist unscharf und eröffnet faktische bilanzpolitische Spielräume. Deutlich wird dies etwa am Beispiel der Softwareentwicklung. Die technische Realisierbarkeit lässt sich hier über die Komplettierung eines detaillierten Programmdesigns definieren. Die Schwierigkeit in der Anwendung dieses Kriteriums liegt aber darin, »*that there is no such thing as a real, specific, baseline design. But you could make it look like you have one as early or as late as you like.*«[8]

---

| ! | **Tipp** |
|---|---|

Da, um das Zitat aufzugreifen, keine greifbare Grenze zwischen nachgewiesener und noch nicht nachgewiesener technischer Realisierbarkeit besteht, wird ein formelles Aktivierungsgebot faktisch zu einem Ansatzwahlrecht.

---

8    Osmand Orlop, Forbes 16.6.1986, S. 72 ff.

Die bilanzpolitischen Möglichkeiten erweitern sich noch dadurch, dass IAS 38.53 für den Fall einer fehlenden Unterscheidungsmöglichkeit zwischen Forschungs- und Entwicklungsphase vorsieht, alle mit dem betreffenden Projekt verbundenen Ausgaben so zu behandeln, als ob sie lediglich in der Forschungsphase angefallen wären.

> **Beispiel**  !
>
> Die Software-GmbH bringt Anfang 03 ein neues Business-to-Business-Produkt auf den Markt. Die FuE-Aufwendungen der Jahre 00, 01 und 02 belaufen sich jeweils auf 500 TEUR. Der als Aktivierungsobergrenze dienende erzielbare Betrag (*recoverable amount*) wird Ende 01 auf 500 TEUR und Ende 02 auf 900 TEUR geschätzt. Das Projekt hat in 00 als Forschungsvorhaben begonnen und ist in den Jahren 01, stärker noch in 02 in die Entwicklungsphase übergegangen. Die Software-GmbH hat drei Alternativen:
>
> 1. Sie erfasst die gesamten 1,5 Mio. EUR als Aufwand mit dem Argument, dass der Übergang zwischen Forschungs- und Entwicklungsphase fließend und eine klare Trennung nicht möglich gewesen sei. Nach IAS 38.53 müssten deshalb sämtliche Aufwendungen als Forschungsaufwendungen behandelt und von der Aktivierung ausgeschlossen werden.
> 2. Die Software-GmbH definiert die Aufwendungen bis einschließlich 01 noch als Forschungsaufwendungen und findet Gründe dafür, dass Ende 01/Anfang 02 die Entwicklungsphase begonnen hat. Die Software-GmbH behandelt demgemäß 1 Mio. EUR als Forschungsaufwand der ersten beiden Jahre und aktiviert 500 TEUR als Entwicklungsleistung im dritten Jahr.
> 3. Die Software-GmbH legt den Schnittpunkt zwischen Forschungs- und Entwicklungsphase auf den Jahreswechsel 00/01 (auch ein unterjähriger Zeitpunkt käme infrage). Sie behandelt demgemäß 500 TEUR als aufwandswirksam und aktiviert 500 TEUR in 01 und weitere 500 TEUR in 02. Der Aktivierungsbetrag von insgesamt 1 Mio. EUR liegt jedoch über dem *recoverable amount* von 900 TEUR per 31.12.02. Unter Anwendung von IAS 36 »Wertminderung von Vermögenswerten« werden deshalb weitere 100 TEUR abschreibungsweise in den Aufwand genommen. Insgesamt werden 600 TEUR (500 TEUR in 00, 100 TEUR in 02) aufwandswirksam behandelt.

Eine Aktivierung von Entwicklungskosten kann nach allem an zwei Voraussetzungen scheitern:

- an dem erst gegen Ende der Entwicklung möglichen Nachweis von **technischer Realisierbarkeit**, Nutzen, Existenz eines Markts usw.,
- an der mangelnden **Trennbarkeit von Forschungs- und Entwicklungsphase**.

Das erste Argument wird z. B. standardmäßig in der **Pharmaindustrie** genutzt.

> **Beispiel**  !
>
> Die Nürnberger Trichter AG hat das Medikament MEM 1414 zur Steigerung von Lern- und Gedächtnisleistungen entwickelt. Die klinischen Tests sind erfolgreich verlaufen. U. a. wurde in einem Doppelblindtest mit Buchhaltern und Beratern der Nachweis erbracht, dass die komplexe Materie der IFRS signifikant schneller erlernt und besser behalten wird.

Wiederholt wurden Verwirrtheitszustände beobachtet. Ein Nebenwirkungshinweis ergab sich hieraus jedoch nicht, da die unbehandelte Kontrollgruppe keinen weniger verwirrten Eindruck hinterließ.

Die AG aktiviert die Aufwendungen trotz klinischem Wirkungsnachweis und klinischem Ausschluss von Nebenwirkungen nicht. Als Argument dient der AG die fehlende Arzneimittel-zulassung. Bevor diese nicht erteilt ist, bleibt die Machbarkeit und die Existenz eines Marktes grundlegend ungewiss.

Auf das Argument der fehlenden Trennbarkeit von Forschung (konzeptionelle Phase) und Entwicklung (Umsetzung) wird regelmäßig in der **Softwareindustrie** zurück-gegriffen. Anders als in einem Lehrbuch verlaufe die Erstellung von Software nicht sequenziell wie ein Wasserfall (»*waterfall method*«) mit einer wenig strukturierten, eher vor sich hintreibenden Ideenfindungsphase und einer darauf folgenden for-cierten Umsetzungsphase, der sich wiederum die beschauliche Weiterentwicklung/ Produktpflege anschließe. In der modernen Form des »*extreme programming*« wür-den (Teil-)Ideen vielmehr rasch umgesetzt, um, sobald die Grenzen der Umsetzung erkennbar werden, wiederum auf die Ideenfindung zurückzugreifen usw. In diesem zyklischen Modell sind Forschung und Entwicklung nicht trennbar (vgl. Abb. 11).

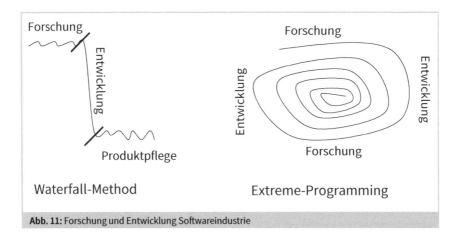

**Abb. 11:** Forschung und Entwicklung Softwareindustrie

### 3.2.2.5   Unterscheidung von »Forschungsphase« und »Entwicklungsphase« auch bei Herstellung von Trivialgütern

Der Forschungs- und Entwicklungsbegriff von IAS 38 umfasst nicht nur klassische Fälle wie die Erfindung neuer Produktionstechnologien, neuer Medikamente usw. Er dient vielmehr allgemein der Abgrenzung zwischen einem frühen, konzeptionellen Stadium der Herstellung eines immateriellen Guts und einem späteren, fortgeschritteneren Stadium. IAS 38.52 spricht daher von den **Phasen** der Forschung und Entwicklung und hält fest, dass diese Begriffe in IAS 38 eine weitere Bedeutung (*broader meaning*) haben als üblicherweise. Deutlich wird dieser erweiterte Begriffsumfang am Beispiel der in SIC–32 behandelten Erstellung einer Webseite:

**Beispiel**                                                                        **!**

Die Less-is-More GmbH produziert und vertreibt über den Handel minimalistisch designte, dafür aber hochpreisige Haushaltsutensilien wie Korkenzieher, Saftpressen etc. Angesichts des jungen und fortschrittlichen Kundenkreises hat man bereits früh auch eine Webseite erstellt, die einerseits Direktbestellungen ermöglicht, andererseits die Less-is-more-Philosophie verbreitet. Die Erstellung der Webseite verlief in folgenden Phasen:

1. Machbarkeitsstudie, Formulierung Hardware- und Softwareanforderungen.
2. Applikation: Entwicklung und Test der Software.
3. Grafikdesign.
4a) Content-Entwicklung für Direktbestellsystem.
4b) Dito für philosophischen Teil.
5. Im Übrigen wird die Seite laufend gewartet und mit Updates versehen.

**Beurteilung**

1. Die Machbarkeitsstudie verursacht nicht aktivierungsfähige Forschungsaufwendungen.
2. + 3. Applikation und Grafikdesign sind unter der Voraussetzung nachgewiesener Machbarkeit und nachgewiesenen Nutzens als Entwicklungsaufwendungen zu aktivieren.
4a) Für die Content-Entwicklung gilt in Bezug auf die Direktbestellungen das Gleiche.
4b) Nicht aktivierungsfähig sind hingegen die Aufwendungen für den philosophischen Teil. Sie sind Werbeaufwand und daher gemäß IAS 38.57 mit einem generellen Aktivierungsverbot belegt.
5. Laufende Wartung und Updates sind Instandhaltungsaufwand und daher nicht zu aktivieren.

Aufgrund der breiten Anwendbarkeit des Entwicklungsbegriffs besteht die »Gefahr«, auch Marken, Kundenstamm und andere »Vorteile« zu aktivieren. Dem wirkt IAS 38.63 mit einem **speziellen Aktivierungsverbot für originäre Marken, Kundenlisten,** Zeitschriftentitel und »ähnliche Vermögenswerte« entgegen. Das BilMoG hat diese speziellen Verbote in § 248 Abs. 2 HGB übernommen.

**Beispiel**                                                                        **!**

Die Geiz AG vertreibt niedrigpreisige Konsumgüter, anfangs unter den Herstellermarken, seit einigen Jahren erfolgreich unter der Eigenmarke »Pfennigfuchser«. Nunmehr soll eine weitere Marke »Geizhals« etabliert werden. Die Herstellung der Marke verläuft wie folgt:

| Jahr 01: | Konzeption von Marke und Werbefeldzug – 100 TEUR |
| Jahr 02: | Test auf einem lokalen Markt – 400 TEUR |

| Jahr 03: | (nach außerordentlichem Erfolg des Tests) Etablierung in der gesamten Bundesrepublik – 10 Mio. EUR |
|---|---|
| Jahre 04 ff.: | Pflege der Marke – 5 Mio. EUR p. a. |

Die Geiz AG möchte den Aufwand des Jahres 03 aktivieren. Den Nutzen der Marke sieht sie aufgrund des außerordentlichen Erfolgs des Tests schon per Ende 02 als nachgewiesen an.

**Beurteilung**
Nach den allgemeinen Kriterien von IAS 38 wäre die Aktivierung zulässig und geboten. IAS 38.63 durchbricht jedoch in kasuistischer Weise die allgemeinen Regeln und verbietet die Aktivierung.

## 3.3 Zugangsbewertung zu Anschaffungskosten/ Herstellungskosten

### 3.3.1 Übersicht

Die Zugangsbewertung des sachlichen und immateriellen Anlagevermögens ist im Wesentlichen geregelt:
- hinsichtlich des Umfangs der Anschaffungskosten und Herstellungskosten in IAS 16 für Sachanlagevermögen und in IAS 38 für immaterielles Anlagevermögen,
- hinsichtlich der Aktivierung von Fremdkapitalzinsen in IAS 23,
- hinsichtlich der Behandlung **öffentlicher** Investitionszuwendungen in IAS 20.

Daneben ist IAS 21 für Anschaffungen in Fremdwährungen zu beachten.

Die **Unterschiede zur handelsrechtlichen Bewertung liegen vor allem** in folgenden Bereichen:
- andere Gewinnrealisierungsgrundsätze beim **Tausch**,
- Einbeziehung von **Rückbauverpflichtungen** in die Anschaffungs-/Herstellungs- kosten,
- Aktivierungspflicht für **Fremdkapitalkosten**.

### 3.3.2 Anschaffungskosten

### 3.3.2.1 Anschaffungsnebenkosten

Die Anschaffungskostendefinition aus IAS 16.6 und IAS 16.16 sowie aus IAS 38.27 unterscheidet sich nicht wesentlich von den Regelungen des § 255 Abs. 1 HGB. Auch die Anschaffungskosten nach IFRS umfassen alle Aufwendungen, die geleistet werden müssen, um einen Vermögenswert zu erwerben und ihn in einen betriebsbereiten

Zustand zu versetzen. **Anschaffungsnebenkosten** für Frachten, Verkehrssteuern usw. sind daher ebenso einzubeziehen wie Kosten der **Installation**.

### 3.3.2.2 Gewinnrealisierung beim Tausch

Ein erster Unterschied zum Handelsrecht ergibt sich in Tauschfällen. Nach herrschender Meinung besteht in der **Handelsbilanz** ein **Wahlrecht**. Der Vorgang kann gewinnrealisierend behandelt werden, wobei sich dann die Anschaffungskosten des neuen Vermögensgegenstands nach dem Zeitwert des hingegebenen Vermögensgegenstands bestimmen. Stattdessen ist es aber auch zulässig, den Vorgang **gewinnneutral** zu gestalten, d. h. den angeschafften Anlagegegenstand mit dem Buchwert des hingegebenen anzusetzen.

Gegenüber diesem uneingeschränkten Wahlrecht der Handelsbilanz sehen IAS 16.24 f. und IAS 38.45 für die **IFRS** eine sachliche **Differenzierung** für Tauschfälle vor:

*   Soweit der Tausch die zukünftigen Cashflows wesentlich verändert, hat er wirtschaftlichen Gehalt (*commercial substance*) und ist daher erfolgswirksam. Der Zeitwert des hingegebenen Gegenstands bestimmt die Anschaffungskosten des erworbenen.
*   Soweit die Transaktion keinen wirtschaftlichen Gehalt hat (oder – in der Praxis selten – die Zeitwerte der Tauschgegenstände nicht bestimmbar sind), ist der Buchwert fortzuführen.

---

**Beispiel**                                                                                     !

Die MovieBrother Cologne AG verlegt ihre Büros von Köln-Rodenkirchen nach Köln-Hürth. Sie erhält im Tausch ein Gebäude ähnlicher Größe, Ausstattung und ähnlichen Alters. Der Buchwert des Rodenkirchener Gebäudes beträgt 500 TEUR, der Verkehrswert 800 TEUR. Beim Tausch muss die AG 200 TEUR zuzahlen. In der Handelsbilanz verzichtet sie auf eine Gewinnrealisierung. Dieser HGB-Ansatz soll für die IFRS-Bilanz möglichst beibehalten werden. Eine Beibehaltung scheitert an dem Geldbetrag. Er führt zu einer wesentlichen Änderung der Cashflows, gibt der Transaktion also »*commercial substance*«. Das neue Gebäude ist daher mit 1.000 TEUR zu aktivieren. Beim Abgang des alten Gebäudes entsteht ein Gewinn von 300 TEUR.

**Buchungen HGB bei Buchwertfortführung (Wahlrecht):**

| Konto | Soll | Haben |
|---|---|---|
| Gebäude Neu | 700 TEUR | |
| Gebäude Alt | | 500 TEUR |
| Bank | | 200 TEUR |

**Buchungen IFRS:**

| Konto | Soll | Haben |
|---|---|---|
| Gebäude Neu | 1.000 TEUR | |
| Gebäude Alt | | 500 TEUR |
| Bank | | 200 TEUR |
| Ertrag | | 300 TEUR |

### 3.3.3 Herstellungskosten

#### 3.3.3.1 Gemeinkosten

Während IAS 2 »Vorräte« den Umfang und die Ermittlung der Herstellungskosten des Vorratsvermögens ausführlich erläutert, sind die entsprechenden Hinweise für **selbsterstellte Anlagen** in IAS 16 und IAS 38 eher dürftig. Teilweise wird auf die Regelungen zum Vorratsvermögen verwiesen (IAS 16.22). In der Folge zählen etwa abnorme Gemeinkosten (z. B. Kosten unterbeschäftigter Produktionsfaktoren) nicht zu den Herstellungskosten.

#### 3.3.3.2 Nachträgliche Herstellungskosten vs. Erhaltungsaufwand

Nach § 255 Abs. 2 S. 1 HGB sind Herstellungskosten auch solche Aufwendungen, die bei der Erweiterung oder bei über den ursprünglichen Zustand hinausgehenden wesentlichen Verbesserungen eines Vermögensgegenstands entstehen. Das IDW sieht in RS IFA 1, bezogen auf Gebäude, eine Verbesserung dann als gegeben an, wenn die Nutzungsdauer des Gebäudes verlängert wird oder sich die Gebrauchsmöglichkeit qualitativ wesentlich verbessert. Insbesondere bei Aufwendungen, die im engen zeitlichen Zusammenhang mit der Anschaffung entstehen, sei es nahe liegend, eine wesentliche Verbesserung anzunehmen, jedenfalls dann, wenn im Verhältnis zum Kaufpreis hohe Aufwendungen vorliegen. Diese Regelung entspricht weitgehend auch dem Steuerrecht (mit der Ausnahme, dass für anschaffungsnahe Aufwendungen durch § 6 Abs. 1 Nr. 1a EStG eine schematisierte 15 %-Grenze vorgegeben ist).

Die **bis 2004** geltenden Regelungen in IAS 16.24 a. F. stimmten im Wesentlichen mit den handelsrechtlichen Regelungen überein. Nachträgliche Aufwendungen auf Sachanlagevermögen waren dann als Herstellungskosten zu behandeln, wenn:

- die **Kapazität** erweitert wurde oder
- sich die **Nutzungsdauer** verlängerte oder
- eine substanzielle Verbesserung der **Qualität** vorlag.
- Nach IAS 16.26 a. F. lagen Herstellungskosten außerdem vor, wenn der Anschaffungspreis einen **Renovierungsrückstau** berücksichtigte.

Die **ab 2005** geltende Neufassung von IAS 16 enthält keine derartigen konkreten Beispiele mehr. Stattdessen verweisen IAS 16.12 ff. nunmehr auf die allgemeinen Aktivierungsvoraussetzungen, insbesondere auf den erwarteten Nutzen. Die Neufassung hat m. E. eher **redaktionellen** als materiellen Charakter. In den oben genannten Fällen liegt regelmäßig eine Erhöhung des Nutzens gegenüber dem Zustand vor nachträglichem Aufwand vor. Damit ist der Aufwand zu aktivieren.

Aktivierungspflichtig sind auch die Kosten regelmäßiger **Großinspektionen** (IAS 16.14).

---

**Beispiel**                                                                                    !

Ein Schiff mit einer Nutzungsdauer von 25 Jahren wird Anfang 01 für 50 Mio. EUR angeschafft. Alle fünf Jahre ist eine Großinspektion erforderlich, ansonsten verliert das Schiff die Zulassung. Die Inspektion wird Ende 05 für 5 Mio. EUR durchgeführt. Die Inspektion wird als Komponente des Vermögenswerts angesehen und über einen kürzeren Zeitraum (fünf Jahre) abgeschrieben als der »Rest«. Die Buchungen sind wie folgt:

| Jahr | Konto | Soll | Haben |
|---|---|---|---|
| 01 | Anlagevermögen | 50 Mio. EUR | |
| | Geld | | 50 Mio. EUR |
| 01 bis 05 | Abschreibung | 2 Mio. EUR | |
| | Anlagevermögen | | 2 Mio. EUR |
| 05 | Anlagevermögen | 5 Mio. EUR | |
| | Geld | | 5 Mio. EUR |
| 06 bis 10 | Abschreibung | 3 Mio. EUR | |
| | Anlagevermögen | | 3 Mio. EUR |

Der Aufwand in 06 bis 10 ergibt sich aus 2 Mio. EUR (50 / 25) Abschreibung auf die ursprünglichen Kosten und 1 Mio. EUR (5 / 5) Abschreibung auf die Großinspektion.
Eine gleichmäßigere Aufwandsverteilung wird erzielt, wenn bei der Erstaktivierung eine Komponente »Generalüberholung« fingiert wird, die abweichend vom übrigen Schiff über fünf Jahre abzuschreiben ist.

| Voraussichtliche Inspektionskosten | |
|---|---|
| 4 Inspektionen × 5 Mio. EUR | 20 Mio. EUR |
| + ursprüngliche Anschaffungskosten | 50 Mio. EUR |
| = zu verteilende Summe | 70 Mio. EUR |
| somit Aufwand p. a. (70 Mio. EUR / 25) | 2,8 Mio. EUR |
| Abschreibung 01 ff. (45 Mio. EUR / 25 + 5 Mio. EUR / 5) | 2,8 Mio. EUR |

Eine solche Komponentenbetrachtung ist dann nicht erforderlich, wenn die Inspektionskosten im Verhältnis zu den Anschaffungskosten gering sind und/oder größere Unsicherheiten hinsichtlich der Höhe des zukünftigen Inspektionsaufwands bestehen.

Nachträgliche Aufwendungen auf immaterielle Vermögenswerte sind theoretisch unter den gleichen Voraussetzungen aktivierbar wie die auf Sachanlagen. Nach Ansicht des IASB sollen die Aufwendungen bei Immaterialgütern allerdings nur selten (»*only rarely*«) die Ansatzkriterien erfüllen (IAS 38.20). Dementsprechend selten werden in der Praxis Aufwendungen als nachträgliche Herstellungskosten auf immaterielle Anlagen qualifiziert.

### 3.3.4   Gemeinsame Regeln für Anschaffungs- und Herstellungsfälle

### 3.3.4.1   Öffentliche Zuwendungen, insbesondere für Investitionen

IAS 20.16 und IAS 20.24 ff. verpflichten zur **zeitlichen Verteilung** öffentlicher Investitionszuwendungen. Die Verteilung über den Zeitraum der erwarteten Nutzungsdauer des bezuschussten Anlageguts ist zwingend. Lediglich im **Ausweis** besteht ein Wahlrecht zwischen Passivierung eines besonderen Postens für abgegrenzte Investitionszuwendungen oder einem direkten Abzug von dem Buchwert des Anlagegegenstands.

**!**   **Beispiel**

Die MovieBrother Cologne AG hat aus dem Filmförderungsprogramm NRW für ein digitales Aufnahmesystem (Sachanlage) einen Zuschuss von 200 TEUR erhalten. Die Anschaffungskosten vor Zuschuss betragen 1.000 TEUR. Die Abschreibungsdauer beläuft sich auf vier Jahre. Nach IAS 20.24 ff. ist eine sofortige Vereinnahmung nicht zulässig. Die AG hat lediglich ein Ausweiswahlrecht. Sie kann die Anschaffungskosten kürzen und eine Jahresabschreibung von 200 TEUR ausweisen. Alternativ kann sie bei ungekürzten Anschaffungskosten und einer Abschreibung von 250 TEUR einen Posten ausweisen, der jährlich mit 50 TEUR ertragswirksam aufgelöst wird.

Werden öffentliche Zuwendungen nicht für Investitionen, sondern als **Aufwands- bzw. Ertragszuschüsse** zur Alimentierung sonstiger Aufwendungen gewährt, so etwa

Forschungszuschüsse, gilt: die Zuschüsse werden in der Periode ertragswirksam, in der auch der bezuschusste Aufwand erfolgswirksam wird (IAS 20.16). Die Zuwendung kann in der GuV wahlweise als sonstiger Ertrag ausgewiesen oder mit dem bezuschussten Aufwand saldiert werden (IAS 20.29).

Bei öffentlich subventionierten und daher un- oder unterverzinslichen **Darlehen** (KfW- bzw. ERP-Mittel usw.) besteht die Zuwendung im Unterschied zwischen dem vereinbarten Zins (im Extremfall z. B. 0 %) und dem Marktzins (IAS 20.10A). Der Barwert der Zinsverbilligung ist bei Investitionsdarlehen in der Regel über die Abschreibungsdauer erfolgswirksam.

---

**Beipiel**

Die U erhält ein endfälliges unverzinsliches Darlehen von 100.000 EUR auf fünf Jahre zur Finanzierung eines beweglichen Anlagegutes mit fünf-jähriger Nutzungsdauer. Der bonitäts- und marktgerechte Zinssatz beträgt 6 %, der Barwert des Darlehens somit 74.726. Nach der Bruttomethode (Ausweis eines passiven Abgrenzungspostens) ist wie folgt zu buchen:

**Darlehenszugang: 1.1.01**

| Konto | Soll | Haben |
|---|---|---|
| Bank | 100.000 | |
| Finanzverbindlichkeit | | 74.726 |
| Abgrenzungsposten für öffentliche Zuwendungen | | 25.274 |

Ertragswirksame Auflösung des Abgrenzungspostens über fünf Jahre (5.054,80 p. a.), Zinsaufwand aus Aufzinsung der Finanzverbindlichkeit mit 6 % (z. B. 4.484 in 01).

---

### 3.3.4.2   Aktivierung von Fremdkapitalkosten

Eine **Aktivierungspflicht** besteht gemäß IAS 23.4 ff. für Zinsen, die im Herstellungszeitraum bzw. zwischen Anschaffungszeitpunkt und Erlangung der Betriebsbereitschaft (*intended use*) anfallen.

---

**Beipiel**

Die Mobilcom AG hatte in 2000 eine UMTS-Lizenz für 6,5 Mrd. EUR erworben. Hierauf entstanden in 2001 Zinsen von 425 Mio. EUR.

Die Zinsen waren aktivierungsfähig, da die Lizenz schon angeschafft, mangels Installation eines UMTS-Netzwerks und mangels am Markt verfügbarer UMTS-Handys aber noch nicht in Betrieb genommen wurde.

---

Die Berechnung der aktivierungsfähigen (zukünftig: aktivierungspflichtigen) Zinsen hängt von der Definition des relevanten Zeitraums und sachlich von der Art der zu berücksichtigenden Fremdmittel ab. Hierzu trifft IAS 23 folgende Regelungen:

- **Zinszeitraum**: Er beginnt mit der Anschaffung bzw. dem Beginn der Herstellung, frühestens aber mit der ersten Zahlung. Er endet mit der Erlangung der Betriebsbereitschaft. Außerhalb des vorgenannten Zeitraums anfallende Zinsen dürfen nicht aktiviert werden.
- **Zu berücksichtigende Fremdmittel**: Vorrangig sind die speziell für die Anschaffung/Herstellung aufgenommenen, zweckgebundenen Mittel (**Objektdarlehen**) zu berücksichtigen. Soweit die Anschaffungs-/Herstellungskosten dadurch nicht gedeckt werden, sind die **allgemeinen verzinslichen Mittel** (Kontokorrent etc.) zu berücksichtigen, und zwar mit ihrem durchschnittlichen Zinssatz. Solange derartige Fremdmittel noch zur Verfügung stehen, wird eine Finanzierung aus Eigenmitteln ausgeschlossen. Fingiert wird folgender Finanzierungszusammenhang: ohne die Investitionsmaßnahme hätten die allgemeinen Fremdmittel entsprechend zurückgeführt werden können. Die insoweit auf die Fremdmittel entfallenden Zinsen gelten daher als investitionsbedingt.

Ein Objektdarlehen verliert seine bilanzielle Zweckbindung, sobald der Vermögenswert betriebsbereit ist. Aus den vertragsrechtlich weiterhin zweckgebundenen Mitteln werden nun bilanziell allgemeine Mittel, die bei anderen Vermögenswerten zur Aktivierung gelangen können.

> **!**
>
> **Beispiel**
>
> Mit einem langfristigen Tilgungsdarlehen von 1 Mio. EUR, Zinssatz 5 %, finanziert U den Bau eines Produktionsgebäudes. Das Gebäude ist Ende 01 fertiggestellt und betriebsbereit. Anfang 02 beginnt U mit dem Bau eines großen Verwaltungsgebäudes. Mitte 02 ist eine Abschlagszahlung von 1 Mio. EUR an den Bauunternehmer fällig.
> Abgesehen von dem Tilgungsdarlehen nimmt U keine Darlehen in Anspruch. Wesentliche IAS 23 tangierende Herstellungsvorgänge gibt es außer bezüglich der beiden Gebäude ebenfalls nicht.
>
> **Beurteilung**
> Mit Fertigstellung des Produktionsgebäudes wird das Objektdarlehen zwar nicht vertrags-, aber bilanzrechtlich zu einem Bestandteil der allgemeinen Fremdmittel. Die Zinsen hierauf sind ab dann bei anderen IAS 23 unterliegenden Vermögenswerten zu berücksichtigen. In 02 hat U deshalb 25 TEUR (5 % auf 1 Mio. EUR für ein halbes Jahr) bei dem Verwaltungsgebäude zu aktivieren.

Eine Aktivierung ist nur bei **qualifizierten Vermögenswerten** zulässig und nötig. Dies sind solche Vermögenswerte, bei denen ein »beträchtlicher Zeitraum« (in der Praxis mindestens zwölf Monate) zwischen Herstellungsbeginn und Fertigstellung liegt.

Zur Technik der Zinsberechnung folgendes Beispiel:

**Beispiel**    !

Die U lässt in 06 und 07 ein Verwaltungsgebäude errichten. Die Zahlungen an den Bauunternehmer sind wie folgt:

- 240 TEUR bei Beginn der Arbeiten (1.7.06),
- 240 TEUR bei Fertigstellung Rohbau (1.7.07),
- 240 TEUR, wenn Gebäude im Wesentlichen fertiggestellt (1.10.07).

Letzte Arbeiten zur Herstellung der Betriebsbereitschaft (EDV-Verkabelung etc.) ziehen sich noch bis zum 30.11.07 hin.

Zur Finanzierung nimmt U ein Objektdarlehen, Zinssatz 5 % auf. Die Auszahlung erfolgt in zwei Raten von jeweils 240 TEUR am 1.7.06 und am 1.7.07.

Im Übrigen verfügt die U über diverse nicht zweckgebundene Darlehen (Betriebsmittelkredit, Kontokorrent), die sie aber wegen des positiven Geschäftsverlaufs in 07 sogar im Volumen zurückfahren kann. Die Entwicklung dieser Darlehen zwischen 1.1.06 und 31.12.07 verläuft in etwa linear.

Die **Aktivierungsbeträge** ergeben sich wie folgt:

| | Kreditinanspruchnahme | | | Zinsen | | |
|---|---|---|---|---|---|---|
| | FK gesamt | Objektdar-lehen | Allg. Kredite | Objektdar-lehen | Allg. Kredite* | Gesamt |
| 1.7.06–30.6.07 (360 T) | 240.000 | 240.000 | | 12.000 | .......... | 12.000 |
| 1.7.07–30.9.07 (90 T) | 480.000 | 480.000 | | 6.000 | .......... | 6.000 |
| 1.10.07–30.11.07 (60 T) | 720.000 | 480.000 | 240.000 | 4.000 | 3.000 | 7.000 |
| | | | | | | 25.000 |

| * Zins Allg. Kredite | 1.1.06 | 31.12.07 | Mittel | Zins absolut | Zins in % | Gew. Zins |
|---|---|---|---|---|---|---|
| Betriebsmittel-kredit | 3.000.000 | 1.650.000 | 2.325.000 | 279.000 | 6 % | 3,7 % |
| Kontokorrent | 1.800.000 | 1.000.000 | 1.400.000 | 280.000 | 10 % | 3,8 % |
| | | | 3.725.000 | | | 7,5 % |

### 3.3.4.3   Rückbauverpflichtungen

Besondere Regelungen bestehen sowohl in Anschaffungs- wie in Herstellungsfällen für **Rückbau-, Entfernungs- und Abbruchverpflichtungen**. In der handelsrechtlichen Bilanz wirken sich derartige Verpflichtungen in der Form einer Ansammlungsrückstellung aus. Die Rückstellung wird kontinuierlich über die Nutzungsdauer gebildet. Nach IAS 37 ist eine erforderliche Rückstellung sofort zu bilden. Die Gegenbuchung erfolgt jedoch nicht im Aufwand, sondern bei den **Anschaffungs-/Herstellungskosten** des Anlagegegenstands (IAS 16.16(c)).

> **!** **Beispiel**
>
> Die MovieBrother Cologne AG nimmt Ende 01 in einem gemieteten Studiogebäude umfangreiche, aktivierungspflichtige Mietereinbauten mit ihren eigenen Technikern vor. Einzel- und Gemeinkosten der Herstellung belaufen sich auf jeweils 500 TEUR. Während der Bauzeit fallen 50 TEUR direkt zurechenbare Fremdkapitalzinsen an. Die AG ist verpflichtet, die Einbauten am Ende des Mietvertrags (in zehn Jahren) zu entfernen. Die geschätzten Kosten hierfür betragen 100 TEUR. Handelsrechtlich hat die AG auf die Einbeziehung der Zinsen in die Herstellungskosten verzichtet (§ 255 HGB), also insgesamt 1.000 TEUR aktiviert. In der Überleitung zum IFRS-Abschluss wünscht die AG möglichst wenig Veränderung.
>
> Von der Aktivierung der Fremdkapitalzinsen kann die AG absehen, wenn der Herstellungszeitraum als nicht beträchtlich und damit kein qualifizierter Vermögenswert angenommen wird. Sie muss jedoch die **Rückbauverpflichtung** sofort einbuchen. Unter Vernachlässigung der Abzinsungsvorschrift nach IAS 37.45 f. sowie der Inflationierung setzt die AG daher den Mietereinbau mit 1.100 TEUR an. Sie bucht wie folgt (in TEUR):
>
> | Jahr | Konto | Soll | Haben |
> | --- | --- | --- | --- |
> | 01 | Anlagevermögen | 1.100 | |
> | | Geld | | 1.000 |
> | | Rückstellung | | 100 |
> | 02 | Abschreibung | 110 | |
> | | Anlagevermögen | | 110 |
>
> Auf das Ergebnis hat die Aktivierungspflicht der Rückbauverpflichtungen keine Auswirkung. Eine jährliche Abschreibung von 110 TEUR tritt an die Stelle einer bei (handelsrechtlicher) Ansammlung der Rückstellung anzusetzenden jährlichen Summe von 100 TEUR Abschreibung und 10 TEUR Aufwand aus der Dotierung der Rückstellung.

In der Praxis wird die Behandlung der Rückbaukosten dadurch kompliziert, dass der Barwert der zukünftigen Ausgaben anzusetzen ist.

- Einerseits ist also eine Hochinflationierung der bei Anschaffung/Herstellung zu aktuellen Preisen geschätzten Kosten auf den Erfüllungszeitpunkt notwendig,

- um andererseits diesen Betrag wieder auf den Anschaffungs-/Herstellungszeitpunkt abzuzinsen.
- Dieser abgezinste Betrag geht dann in die Anschaffungs-/Herstellungskosten ein.
- Die Rückstellung wird durch Aufzinsung von Jahr zu Jahr planmäßig fortgeschrieben.

**Ändern sich die Schätzgrößen** (Preisentwicklung, Diskontierungssatz), ist gemäß IFRIC 1 wie folgt zu verfahren:

- Die Rückstellung ist »außerplanmäßig« entsprechend anzupassen, bei einer Erhöhung der Rückstellung durch eine Buchung »per Anlagevermögen an Rückstellung«.
- Der sich daraus ergebende neue Buchwert des Anlagevermögens ist über die Restnutzungsdauer abzuschreiben.

Hierzu folgendes Beispiel:

---

**Beispiel** !

Das Unternehmen B erhält das Recht zum Aufbau einer Windkraftanlage (WKA) im Wattenmeer unter der Auflage, nach 25 Jahren einen Rückbau vorzunehmen. Die Anlage geht am 31.12.00 in Betrieb. Die Nutzungsdauer beträgt 20 Jahre. Die »eigentlichen« Herstellungskosten betragen 7.000 TEUR. Hierin noch nicht berücksichtigt sind folgende Daten:
- Rückbaukosten nach Preisen 31.12.00: 1.475 TEUR,
- erwartete Preissteigerung: 2 % p. a.,
- Zins 20 bzw. 19 Jahre 31.12.00/31.12.01: 4 %,
- Zins 18 Jahre 31.12.01: 3 %.
Der Buchwert entwickelt sich bis zum 31.12.03 wie folgt:

| | Anlage | Rückstellung |
|---|---|---|
| diverse Herstellungskosten | 7.000 | |
| Rückbaukosten | | |
| nach Preisen 31.12.00 | 1.475 | |
| × Inflationierung mit 2 %/20 Jahre | 1,4859 | |
| = geschätzte Rückbaukosten | 2.192 | |
| × Abzinsungsfaktor 4 %/20 Jahre | 0,4564 | |
| = Barwert Rückbauverpflichtung | 1.000 | 1.000 |

---

|  | Anlage |  | Rückstellung |
|---|---|---|---|
| **Windkraftanlage 31.12.00** | 8.000 | Rück-stellung 31.12.00 | 1.000 |
| Abschreibung 01 (1/20) | -400 | Aufzinsung 01 (4 %) | 40 |
| Windkraftanlage 31.12.01 | 7.600 | Rückstellung 31.12.01 | 1.040 |
| Abschreibung 02 | -400 | Aufzinsung 02 (4 %) | 42 |
| Windkraftanlage 31.12.02 vorläufig | 7.200 | Rückstellung 31.12.02 vorläufig | 1.082 |
| Anpassung wegen geänderten Zinses |  |  |  |
| 2.192 diskontiert mit 3 %/18 Jahre | 1.288 |  |  |
| 2.192 diskontiert mit 4 %/18 Jahre | -1.082 |  |  |
| Zuschreibung 206 | 206 | Zuschrei-bung | 206 |
| **Windkraftanlage 31.12.02** | 7.406 | Rück-stellung 31.12.02 | **1.287** |
| Abschreibung 03 (1/18 Rest-buchwert) | -411 | Aufzinsung 03 (3 %) | 39 |
| **Windkraftanlage 31.12.03** | 6.995 | Rück-stellung 31.12.03 | 1.326 |

## 3.4   Planmäßige Abschreibung

### 3.4.1   Abschreibung von Sachanlagen nach dem Komponentenansatz

Zur planmäßigen Abschreibung von Sachanlagevermögen fordert IAS 16.50,
- das Abschreibungsvolumen
- auf systematischer Grundlage
- über die Nutzungsdauer zu verteilen.

Das **Abschreibungsvolumen** ergibt sich grundsätzlich zwar nach Kürzung der AK/HK um einen erwarteten Rest- bzw. Schrottwert. Der Restwert ist jedoch nur dann zu berücksichtigen, wenn er von materieller Bedeutung ist. Insoweit besteht kein grundsätzlicher Unterschied zum HGB.

Da die gewählte Abschreibungsmethode den wirtschaftlichen Verbrauch widerspiegeln soll, sind steuerlich motivierte Abschreibungen nicht zulässig.

> **Tipp**　　　　　　　　　　　　　　　　　　　　　　　　　　**!**
>
> GWG-Abschreibungen führen hingegen im Allgemeinen nicht zu einer Abweichung zwischen IFRS und Steuerbilanz. GWG-Abschreibungen sind auch außersteuerlich über den Grundsatz der *materiality* zu rechtfertigen.

Als systematische **Abschreibungsmethoden** kommen nach IAS 16 sowohl die lineare Abschreibung (*straight line*) als auch die degressive Abschreibung infrage. Im Einzelfall können auch leistungsabhängige Abschreibungen geboten sein.

> **Tipp**　　　　　　　　　　　　　　　　　　　　　　　　　　**!**
>
> Für die Praxis gilt folgende Faustregel:
> - Wer linear abschreibt, braucht die Abschreibungsmethode nicht zu begründen.
> - Wer eine nicht lineare Abschreibungsmethode wählt, muss dokumentieren, warum gerade diese Methode besser den wirtschaftlichen Verhältnissen entspricht.

Die Abschreibungsverrechnung ist für jeden Teilbereich eines Vermögenswerts (*each part of an item*) getrennt zu bestimmen (IAS 16.43), wenn diese Teile einen wesentlichen Teil der Anschaffungskosten ausmachen. Als Beispiel für solche **Komponenten** werden in IAS 16.44 der Flugzeugkörper und die Triebwerke »separiert«. Die Frage ist allerdings, **wie weit** man bei der praktischen Anwendung in der Separierung des Vermögenswerts für Abschreibungszwecke gehen muss bzw. kann. Hierzu folgendes **Beispiel eines Bürogebäudes:**

> **Beispiel**　　　　　　　　　　　　　　　　　　　　　　　　　**!**
>
> U hat ein **Bürogebäude** mit einer technischen Nutzungsdauer des Baukörpers von 100 Jahren errichtet. Das **Gebäude** lässt sich »zerlegen« in
> 1. Baukörper,
> 2. Dacheindeckung,
> 3. Fenster,
> 4. Elektroanlage,
> 5. Klimatisierung und Heizung,
> 6. übrige Sanitärinstallation.

a) Die Führung unterschiedlicher Abschreibungsverläufe für jede dieser Komponenten ist nicht praktikabel. Man wird daher nicht beanstanden können, wenn aus Vereinfachungsgründen eine **Zusammenfassung** in Bauwerk einerseits (Positionen 1. bis 3.) und technische Ausstattung andererseits (Positionen 4. bis 6.) erfolgt.

b) Eine **Gesamtbetrachtung** ist u. U. ebenfalls zulässig: U geht von einer erforderlichen Generalüberholung nach 40 Jahren aus, um das Gebäude an die dann aktuellen Nutzungsbedürfnisse anzupassen. Dabei werden nach Einschätzung von U zwar Eingriffe an den technischen Einrichtungen im Vordergrund stehen, aber in diesem Zusammenhang auch Wände aufgestemmt oder versetzt, Treppen und Eingänge neu gestaltet usw.

U unterstellt deshalb insgesamt eine wirtschaftliche Nutzungsdauer von 40 Jahren. Den zu erwartenden Restwert berücksichtigt er durch Kürzung der Abschreibungsbemessungsgrundlage.

Auch bei einem Fahrzeug kann trotz unterschiedlicher Nutzungsdauer von Motor, Getriebe, Karosserie eine einheitliche Abschreibung gerechtfertigt sein. Abgesehen vom für die Abschreibung irrelevanten Fall eines vorzeitigen Motor- oder Getriebeschadens auf den ersten 150.000 km, wird ein Motor- oder Getriebetotalschaden in der Regel nicht repariert, sondern führt zur Verschrottung des Fahrzeugs. Die längere technische Lebensdauer der Karosserie ist daher wirtschaftlich irrelevant. Die gesamte Abschreibung ist über die ungefähr gleich einzuschätzende Nutzungsdauer von Motor und Getriebe vorzunehmen.

Als Komponente kommt nach IFRS auch eine **regelmäßige Großinspektion** infrage (vgl. Beispiel in Kapitel 3.3.3.2). Dies ist handelsrechtlich nicht zulässig. In Bezug auf physische Teile ist der Komponentenansatz hingegen inzwischen auch für die Handelsbilanz (allerdings nicht für die Steuerbilanz) anerkannt.

## 3.4.2 Abschreibung immaterieller Anlagen

Die Abschreibung immateriellen Anlagevermögens wird schon begrifflich als *amortisation* von der des Sachanlagevermögens (*depreciation*) unterschieden. Auch inhaltlich bestehen Unterschiede gegenüber Sachanlagen:

- Der Restwert immateriellen Anlagevermögens ist mit null anzunehmen, es sei denn, der Restwert lasse sich durch ein bindendes Kaufangebot eines Dritten oder aus Marktpreisen verlässlich bestimmen (IAS 38.100).
- Die **lineare Abschreibungsmethode** wird ausdrücklich favorisiert (IAS 38.97).

### 3.4.3   Immaterielle Anlagen unbestimmter Nutzungsdauer

Nicht planmäßig abschreibbar sind immaterielle Vermögenswerte unbestimmter bzw. **unbestimmbarer Nutzungsdauer** (IAS 38.88). Da auf die wirtschaftliche Nutzungsdauer abzustellen ist, stören rechtliche Befristungen nicht, solange eine Erneuerung/ Verlängerung des Rechts zu niedrigen Kosten möglich ist.

---

**Beispiel**                                                                             !

Die Mobilstream hat eine Mobilfunklizenz erworben. Der Lizenzzeitraum beträgt 15 Jahre. Danach kann die Lizenz gegen eine im Verhältnis zu den Anschaffungskosten nur symbolische Gebühr verlängert werden. Die Lizenz hat ein *indefinite life*.

Der rechtliche Ablauf nach 15 Jahren ist ohne Bedeutung, weil eine Erneuerung/Verlängerung zu niedrigen Kosten möglich ist. Zwar kann sich die Lizenz auch wirtschaftlich und technisch (neue Medien, Frequenzen etc.) erledigen. Es ist jedoch ungewiss, wann. Insoweit bleibt es beim »*indefinite life*«, d. h. einer nicht »ewigen«, aber unbestimmten Nutzungsdauer. Eine planmäßige Abschreibung entfällt.

---

**Tipp**                                                                                 !

Auch Warenzeichen, Markenrechte usw. sind in der Regel zu niedrigen Kosten verlängerbar und damit häufig nicht planmäßig abzuschreiben.

---

## 3.5   Außerplanmäßige Abschreibung

Von weitem betrachtet sehen die Ausführungen in IAS 36 zur außerplanmäßigen Abschreibung schon aufgrund ihres Umfangs sehr eindrucksvoll aus. Dies lässt erwarten, dass wenig Fragen offen bleiben. Wenn man sich dem Standard über das Inhaltsverzeichnis nähert, sieht er schon viel weniger gut aus. Wenn man ihn aber wirklich liest, sieht er einigermaßen grausam aus. Es beginnt allerdings harmlos mit drei Begriffen:

- **Beizulegender Zeitwert abzüglich Kosten der Veräußerung** (*fair value less costs of disposal*) ist der potenzielle Veräußerungspreis abzüglich Veräußerungskosten (nachfolgend kurz: Nettozeitwert oder NZW).
- **Nutzungswert** (*value in use*) ist der Barwert der geschätzten zukünftigen Cashflows aus dem Vermögenswert.
- **Erzielbarer Betrag** (*recoverable amount*) ist der höhere der beiden vorgenannten Werte.

Abb. 12 zeigt den Zusammenhang der drei Größen.

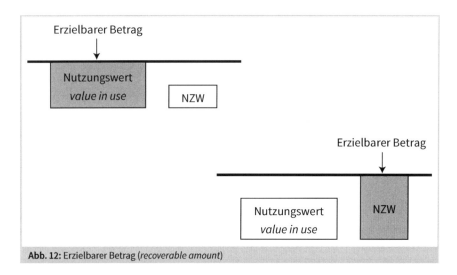

**Abb. 12:** Erzielbarer Betrag (*recoverable amount*)

Eine außerplanmäßige Abschreibung ist erst dann geboten, wenn der erzielbare Betrag, d. h. sowohl der Nettozeitwert als auch der Nutzungswert, unter dem Buchwert liegen. Die ökonomische Logik dieses Ansatzes ist vergleichbar der einer **Unternehmensbewertung**. Bei der Unternehmensbewertung gilt der Liquidationswert als Wertuntergrenze. Liegt der Ertragswert eines Unternehmens über seinem Liquidationswert, so ist es rational, das Unternehmen fortzuführen. Der Fortführungswert wird dann eben durch den Ertragswert zum Ausdruck gebracht. Liegt der Ertragswert hingegen unter seinem Liquidationswert, so ist es rational, das Unternehmen zu liquidieren. In diesem Fall ist der Liquidationswert der rationale Unternehmenswert.

IAS 36 wendet dieses Gedankengut auf **einzelne Vermögenswerte** an. Damit beginnen die Schwierigkeiten: Für die meisten Vermögenswerte des Anlagevermögens lässt sich ein individueller Ertrags- bzw. Nutzungswert nicht ermitteln, da sie Erträge nicht unabhängig von anderen Vermögenswerten generieren können. Sie erzeugen Erträge nur im Verbund. Das Ertragswertkriterium scheint insoweit untauglich. IAS 36 »löst« dieses **Verbundproblem** jedoch auf anspruchsvolle Weise.

- Es ist zunächst die **Zahlungsmittel generierende Einheit** (**CGU**, *cash generating unit*) zu bestimmen. Die kleinste, am wenigsten aggregierte Gruppe von Vermögenswerten, die einen gemeinsamen und »im Großen und Ganzen« von anderen Vermögenswerten oder Gruppen von Vermögenswerten unabhängigen Cashflow generiert.
- Für diese CGU ist dann eine begründete Cashflow-Prognose aufzustellen, ein geeigneter, risikoadäquater Abzinsungszinssatz zu wählen und hieraus der Barwert der Gruppe zu ermitteln.
- Dieser Barwert der Gruppe ist sodann mit dem Buchwert der Gruppe zu vergleichen.
- Soweit der Barwert bzw. Ertragswert der Gruppe unterhalb des Buchwerts, aber noch oberhalb des Nettozeitwerts liegt, ist eine Abschreibung auf den *value in use* geboten.

- Die Höhe der einzelnen Abschreibungen steht damit aber immer noch nicht fest, da nun wieder der Weg zurück von der Gruppenbetrachtung zum Einzelgegenstand gewählt werden muss. Der auf Gruppenebene festgestellte Abschreibungsbetrag muss auf die einzelnen Vermögenswerte verteilt werden.
- Der Abschreibungsbetrag ist zunächst einem eventuellen Geschäftswert zu belasten, sodann den anderen in der Gruppe enthaltenen Vermögenswerten des sachlichen und immateriellen Anlagevermögens im Verhältnis ihrer Buchwerte.

Einige Ausnahmefälle wie die drastische Marktverschlechterung bei einer kompletten Produktlinie ausgenommen, erweist sich dieser Ansatz aus IAS 36 häufig als zu kompliziert. **Vereinfachungen** sind deshalb geboten. Erste Vereinfachungshinweise gibt es schon in IAS 36.16 ff. selbst: eine außerplanmäßige Abschreibung scheidet bereits dann aus, wenn eine der beiden Größen Nettoveräußerungswert oder Nutzungswert über dem Buchwert liegt. Auf die komplexe Bestimmung des Nutzungswerts kann deshalb verzichtet werden, wenn der Nettozeitwert höher als der Buchwert ist. Die Ertragswertermittlung ist auch dann nicht notwendig, wenn es keinen Grund gibt anzunehmen (»*no reason to believe*«), dass sich Nettozeitwert und Nutzungswert materiell unterscheiden. Die Abschreibung erfolgt dann einfach auf den Nettozeitwert.

**Aus praktischer Sicht** relativieren sich die Regelungen zur CGU noch weiter, wie auch ein Vergleich zum HGB zeigt. Der beizulegende Wert nach §253 HGB wird für den Bereich des Anlagevermögens regelmäßig über den Wiederbeschaffungswert definiert. In der Bilanzierungspraxis spielt der Wiederbeschaffungswert hingegen nur ausnahmsweise eine Rolle.

---

**Beispiel**

Die ABC GmbH ist mit drei Produktlinien am Markt vertreten. Zum Ende des Geschäftsjahres erwirbt sie je 50 neue Büro-PCs (zusammen 150) für die Vertriebsorganisationen der drei Produktbereiche. Bis zum Bilanzstichtag ereignet sich noch Folgendes:
1. Wegen der allgemeinen Tendenz auf dem PC-Markt betragen die Wiederbeschaffungspreise zum Bilanzstichtag nur die Hälfte der Anschaffungspreise.
2. 25 PCs im Bereich B werden durch einen Wasserschaden vernichtet.
3. Die Produkte des Bereichs C geraten unter Toxitätsverdacht, der Markt bricht (zunächst) zusammen.

In der praktischen **HGB-Bilanz** spielt der Wiederbeschaffungswert faktisch keine Rolle.
1. Im profitablen Produktbereich A wird der höhere Buchwert angesetzt.
2. Im Produktbereich B werden die 25 schrottreifen PCs ausgebucht.
3. Der Produktbereich C gibt 25 PCs an den Produktbereich B ab. Für die anderen 25 PCs wird noch überlegt. Soweit der Produktbereich C mit geänderten Formeln und auf kleinerem Niveau fortgesetzt werden soll und dabei positive Erträge, jedenfalls mittelfristig, wieder erwartet werden, wird von einer Abschreibung der PCs abgesehen. Soweit man eher die Einstellung des Produktbereichs C für wahrscheinlich hält, wird zunächst die zukünftige Verwendung der 25 PCs in den anderen Produktbereichen geprüft. Nur

> soweit auch dieses verneint wird, wird man eine Abschreibung vornehmen, jedoch nicht
> auf den Wiederbeschaffungswert oder den *value in use*, sondern auf den Nettozeitwert,
> da die 25 PCs in diesem Fall gerade nicht mehr dauernd dem Betrieb dienen sollen.

Die theoretisch so im Vordergrund stehenden Größen des Wiederbeschaffungswerts
bzw. *value in use* spielen in keinem der drei Fälle eine Rolle.

In der IFRS-Bilanz kommen trotz theoretisch ganz unterschiedlichem Ausgangspunkt
häufig die gleichen Bilanzierungsentscheidungen zum Tragen wie im handelsrechtlichen Abschluss.

> **!   Tipp**
>
> Dass nichts so heiß gegessen wird, wie es gekocht wird, zeigt sich in diesem Fall in beson-
> derer Weise. Auch ohne die komplexen Ansätze des HGB- und IFRS-Schrifttums findet die
> Bilanzierungspraxis häufig zu einfachen und richtigen Lösungen.

Das Prüfschema in Abb. 13 behandelt die praxisrelevanten Unterscheidungen.

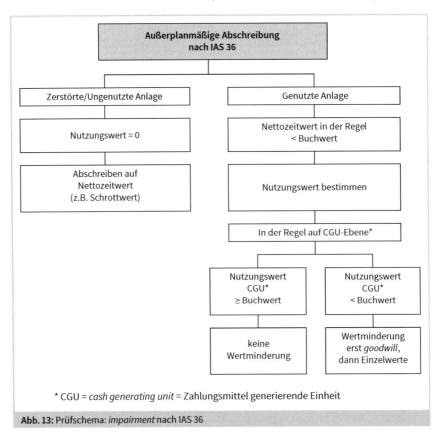

Abb. 13: Prüfschema: *impairment* nach IAS 36

Der wichtigste Unterschied der *impairment*-Regeln von IAS 36 zur außerplanmäßigen Abschreibung nach HGB liegt in der Gruppenbetrachtung. Sie schafft **weite Saldierungsbereiche** und schützt Anlagen und Unternehmensbereiche vor einer Abschreibung, die von verbundenen Bereichen subventioniert werden. Wie groß die Saldierungsbereiche sind, hängt u. a. von der Integrationsform des Unternehmens ab. Vertikale Formen (aufeinander folgende Produktionsstufen) sind anders zu würdigen als horizontale (Absatz- oder Produktionsverbund).

---

**Beispiel**

Die M AG ist ein lokaler, ehemals öffentlicher Energieversorger. Sie hat vor einigen Jahren mit Rücksicht auf eine grüne Rathausfraktion ein Biomassekraftwerk gebaut, in dem Strom und Wärme erzeugt werden. Das Biomassekraftwerk ist chronisch defizitär, während die konventionellen Kraftwerke und der Bereich Energieverteilung gute Renditen erwirtschaften. Die Geschäftsführung möchte eine außerplanmäßige Abschreibung auf das Biomassekraftwerk vermeiden.

**Beurteilung**

Zunächst sind die Zahlungsmittel generierenden Einheiten (CGUs) zu identifizieren. Im vorliegenden Fall ist dies schwierig, weil die M AG sowohl horizontal (Strom vs. Wärme) als auch vertikal (Energieerzeugung vs. Energieverteilung) diversifiziert ist.

Für die **vertikale Diversifizierung** enthält IAS 36.70 folgende Regel: Gibt es für die Produkte der Vorstufen (erzeugter Strom und erzeugte Wärme) einen aktiven Markt, so bilden die Vorstufen eine CGU, selbst dann, wenn ihre Erzeugnisse tatsächlich nicht an Dritte veräußert, sondern ausschließlich intern weitergegeben oder verbraucht werden. Die Anwendung dieser Regel führt zu folgendem Ergebnis:

- Ein aktiver Markt existiert für den Strom. Hier gibt es Strombörsen, an denen Elektrizität gehandelt wird. Würde die M AG nur Strom erzeugen und verteilen, wären zwei CGUs (Stromerzeugung und Stromverteilung) zu identifizieren.
- Für die Wärme existiert aber schon aus physikalischen Gründen (Austausch über weite Entfernungen nur mit hohem Energieverlust) kein aktiver Markt. Würde die M AG nur Wärme produzieren und verteilen, läge nur eine CGU vor.

Zur **horizontalen Diversifizierung** enthält IAS 36 in den *Illustrative Examples* einige Hinweise, die wie folgt übertragbar sind:

- Auf der Verteilungsseite kann klar zwischen Strom und Wärme unterschieden werden. Die Kunden unterscheiden sich. Stromkunden, die zugleich Wärmekunden sind, erhalten gegenüber Abnehmern nur eines Produkts keine wesentlich besseren Konditionen. Würde die M AG nur Strom und Wärme verteilen, lägen zwei CGUs vor.
- Auf der Erzeugungsebene besteht hingegen ein Verbund. Wärme und Strom werden als Kuppelprodukt erzeugt. Würde die M AG nur Energie erzeugen, bestünde sie aus nur einer CGU Energieerzeugung.

Da die M AG sowohl horizontal als auch vertikal integriert ist, ergibt sich folgende **Lösung**:

- Strom- und Wärmeerzeugung sind wegen der technischen Koppelung zusammenzufassen. Für die Kuppelproduktion insgesamt gibt es aber keinen aktiven Markt. Damit ist eine Zusammenfassung der Vorstufe (Energieerzeugung) mit der nachgelagerten Stufe (Energieverteilung) zulässig oder geboten.

- Das defizitäre Biomassekraftwerk geht damit im rentablen Gesamtunternehmen unter. Eine außerplanmäßige Abschreibung ist nicht erforderlich.

Außer der zutreffenden Abgrenzung der CGU ergeben sich bei der **Ermittlung des Nutzungswerts** noch folgende praktische Schwierigkeiten:

- Planung des Cashflows: Üblich ist ein Zwei-Phasen-Modell mit drei- bis fünfjähriger Detailplanung, gefolgt von einer gleichbleibenden oder gleichbleibend wachsenden »ewigen Rente«.
- Ermittlung des Diskontierungssatzes: Bei Ausklammerung der Fremdfinanzierung (im Nutzungs- und Buchwert der CGU) ergeben sich die risikogerechten (Eigen-)Kapitalkosten nach der Formel »risikoloser Basiszins + Betafaktor × Marktrisikoprämie«.
- Als Marktrisikoprämie kann für die Bundesrepublik ein Wert in der Größenordnung von 4 % bis 5 % angenommen werden.
- Der Betafaktor beschreibt das Unternehmensrisiko im Vergleich zum Risiko eines repräsentativen Aktienindex (z. B. DAX). Ein Wert von eins steht für ein gleich hohes Risiko, ein Wert von über eins für ein über dem Index liegendes Risiko.
- Der Basiszins entspricht dem langfristigen Zins von Staatsanleihen.

Zur Anwendung der vorgenannten Größen folgendes Beispiel:

**!** **Beispiel**

- Der Buchwert der CGU beträgt inkl. *goodwill* von 50 insgesamt 600.
- Dieser Betrag ist steuerlich über drei Jahre Restnutzungsdauer abschreibbar.
- Der operative Cashflow vor Steuern beträgt für alle Perioden 100.
- Investitionen sind während des Detailplanungszeitraums von drei Jahren nicht vorgesehen, danach in einer Höhe von 60 p. a., wobei vereinfacht eine gleich hohe jährliche Abschreibung angenommen wird.
- Der Kapitalisierungssatz wurde aus Marktdaten abgeleitet und setzt sich nach Steuern (d. h. so wie die Parameter beobachtbar sind) wie folgt zusammen: Basiszins + Betafaktor × Marktrisikoprämie = 4 % + 1,5 × 4 % = 10 %.

Die Berechnung ist wie folgt:

| Jahr | 1 | 2 | 3 | ewige Rente |
|---|---|---|---|---|
| operativer Cashflow vor Steuern | 100 | 100 | 100 | 100 |
| – Steuern darauf 40 % | –40 | –40 | –40 | –40 |
| – Steuerentlastung aus Abschreibung (40 % von 200 bzw. von 60) | 80 | 80 | 80 | 24 |
| investiver Cashflow | – | – | – | –60 |
| = Cashflow nach Steuern | 140 | 140 | 140 | 24 |

| | | | | |
|---|---|---|---|---|
| Barwert ewige Rente für 10 % | – | – | – | 240 |
| × Diskontierungsfaktor für 10 % | 0,9091 | 0,8264 | 0,7513 | 0,6830 |
| = diskontierter Cashflow | 127 | 116 | 105 | 164 |
| *value in use* (Summe diskontierter Cashflows nach Steuern) | 512 | | | |
| – Buchwert | 600 | | | |
| = außerplanmäßige Abschreibung | 88 | | | |
| – davon *goodwill* | 50 | | | |
| = auf restliche Sachanlagen und immaterielle Anlagen aufzuteilen | 38 | | | |

## 3.6 Wertaufholung und Neubewertung

IAS 16, IAS 36 und IAS 38 unterscheiden zwei Fälle der Zuschreibung:
- **Wertaufholung** nach vorangegangener außerplanmäßiger Abschreibung (IAS 36.99),
- **Neubewertung** (*revaluation*) zwecks Ansatzes eines über den fortgeführten historischen Anschaffungskosten liegenden Zeitwerts (IAS 16.31 und IAS 38.64).

Die erste Variante entspricht dem Handelsrecht (§ 253 Abs. 5 HGB). Die zweite Variante steht im Widerspruch zum Anschaffungskostenprinzip des HGB. Nach IFRS sind Zuschreibungen auch über die fortgeführten Anschaffungskosten hinaus möglich. Als wesentliche Einschränkung ist nur zu beachten, dass das Wahlrecht zwischen Neubewertung und fortgeführten Anschaffungskosten nicht fallweise ausgeübt werden darf. Innerhalb einer Gruppe von Anlagegegenständen müssen entweder alle Vermögenswerte neu bewertet oder alle zu fortgeführten Anschaffungskosten ausgewiesen werden.

Das unterscheidet die Neubewertung nach IAS 16 (und IAS 38) von der einmalig im Rahmen des IFRS-Übergangs zulässigen Neubewertung in der IFRS-Eröffnungsbilanz. Nach IFRS 1 kann das entsprechende Wahlrecht in der Eröffnungsbilanz per Inventarposten ausgeübt werden (vgl. unter »Einführung von IFRS« (Kapitel 13.3).

Die Neubewertung erfolgt in der Regel (soweit nicht in der Vergangenheit eine außerplanmäßige Abschreibung vorgenommen wurde) erfolgsneutral gegen eine **Neubewertungsrücklage** (*revaluation reserve*). Bei Abgang des Anlageguts wird die Neubewertungsrücklage erfolgsneutral in die Gewinnrücklagen umgegliedert (IAS 16.39 und IAS 38.78). Eine erfolgswirksame Auflösung ist nach h. M. durch den Wortlaut von IAS 16 und IAS 38 nicht gedeckt.

> **! Beispiel**
>
> Die Forever GmbH verfügt nur über ein einziges Betriebsgrundstück mit einem Buchwert von
> 0,1 Mio. EUR und einem in 01 durch vereidigten Gutachter festgestellten Zeitwert von 1,1 Mio. EUR.
> Der Zeitwert ändert sich bis 05 nicht. Das Grundstück wird in 05 für 1,2 Mio. EUR veräußert. Die
> GmbH wünscht einen möglichst hohen Bilanzansatz in 01 ff. Die GmbH bucht ohne Berücksichtigung
> von Steuern wie folgt (in EUR):
>
> **Buchungen 01**
>
> | Konto | Soll | Haben |
> |---|---|---|
> | Grundstück | 1,0 Mio. | |
> | Neubewertungsrücklage | | 1,0 Mio. |
>
> **Buchungen 05**
>
> | Konto | Soll | Haben |
> |---|---|---|
> | Bank | 1,2 Mio. | |
> | Grundstück | | 1,1 Mio. |
> | Ertrag | | 0,1 Mio. |
> | Neubewertungsrücklage | 1,0 Mio. | |
> | Gewinnrücklage | | 1,0 Mio. |
>
> Bei Berücksichtigung latenter Steuern mit einem Steuersatz von 50 % wären folgende Bu-
> chungen vorzunehmen:
>
> **Buchungen 01**
>
> | Konto | Soll | Haben |
> |---|---|---|
> | Grundstück | 1,0 Mio. | |
> | Neubewertungsrücklage | | 0,5 Mio. |
> | Passiv latente Steuern | | 0,5 Mio. |
>
> **Buchungen 05**
>
> | Konto | Soll | Haben |
> |---|---|---|
> | Bank | 1,2 Mio. | |
> | Grundstück | | 1,1 Mio. |
> | Ertrag | | 0,1 Mio. |

| Konto | Soll | Haben |
|---|---|---|
| Neubewertungsrücklage | 0,5 Mio. | |
| Gewinnrücklage | | 0,5 Mio. |
| Passiv latente Steuern | 0,5 Mio. | |
| Steuerverbindlichkeit | | 0,5 Mio. |
| Steueraufwand | 0,05 Mio. | |
| Steuerverbindlichkeit | | 0,05 Mio. |

In der Praxis wird vom Wahlrecht der Neubewertung nur sehr selten Gebrauch gemacht. Die Gründe sind:

- Fehlende Flexibilität des Wahlrechts, da es einheitlich für ganze Anlagenklassen auszuüben ist und nicht auf »Filetstücke« beschränkt werden kann.
- Zwang zur regelmäßigen Überprüfung des »Neuwerts« (alle drei bis fünf Jahre).
- Beschränkte bilanzpolitische Wirkung, da die Hebung der stillen Reserven durch die Neubewertungsrücklage für jedermann sofort erkennbar ist.
- Generierung höherer planmäßiger Abschreibungen bei abnutzbaren Vermögenswerten.

## 3.7 Sonderfälle

### 3.7.1 *Goodwill* und negativer Unterschiedsbetrag

Die Behandlung eines positiven und negativen Firmenwerts ist in IFRS 3 geregelt. Die wesentlichen Unterschiede zum Handelsrecht sind wie folgt:

- **einheitliche Vorschriften für Einzel- und Konzernabschluss** gegenüber den insoweit unterschiedlichen Regelungen des HGB (§ 246 Abs. 1 Satz 4 HGB vs. §§ 301 Abs. 3 und 309 HGB).
- Im Unterschied zum HGB, das einen negativen Unterschiedsbetrag nur für die Konzernbilanz vorsieht, lässt IFRS 3 demzufolge ein solches Ergebnis sowohl im Konzernabschluss als auch im Einzelabschluss zu.
- **Keine planmäßige Abschreibung des** *goodwill* nach IFRS (*impairment only*; IFRS 3.B63(a)).

Nach IFRS 3.B63(a) ist der Geschäftswert nur außerplanmäßig abschreibbar. Er ist mindestens jährlich, bei besonderen Entwicklungen (*triggering events*) auch häufiger, auf seine Werthaltigkeit zu prüfen. Die Prüfung erfolgt auf Ebene der Zahlungsmittel generierenden Einheit (CGU), die einen *goodwill* enthält (vgl. Kapitel 3.3.3). Dieser *impairment-only*-Ansatz bringt eine Fülle von praktischen Problemen mit sich, die ohne Einschaltung von Gutachtern häufig nicht zu lösen sind.

Weitere wesentliche Unterschiede zum HGB-Einzelabschluss bestehen hinsichtlich des **negativen Unterschiedsbetrags**.

Zunächst geht es um die Frage, wie ein negativer Unterschiedsbetrag überhaupt zustande kommt:

> **Beispiel**
>
> E erwirbt ein pyrotechnisches Unternehmen mit folgenden Daten:
> - Der Buchwert der Aktiva beträgt 20 Mio. EUR, ihr Zeitwert ebenfalls 20 Mio. EUR. Der Erwerber übernimmt keine Verbindlichkeiten.
> - Auch der Ertragswert des Unternehmens beträgt 20 Mio. EUR.
> - Als Kaufpreis werden jedoch 10 Mio. EUR vereinbart.
>
> Die Abweichung zwischen Kaufpreis und Zeit- und Ertragswert erklärt sich wie folgt: Das Unternehmen hat mit ordentlichen Warnhinweisen Feuerwerk in die USA geliefert. Bei unsachgemäßer Umverpackung durch den in den USA für das Feuerwerk lizenzierten Abnehmer kommen vier Arbeiter zu Tode. Das Unternehmen wird auf 40 Mio. US-Dollar verklagt. Sein Versicherungsschutz für derartige Fälle beträgt 5 Mio. US-Dollar. Die Wahrscheinlichkeit, mit einem über 5 Mio. US-Dollar hinausgehenden Betrag verurteilt zu werden, wird von Versicherung und Rechtsanwälten als niedrig eingeschätzt. Eine Rückstellung kann deshalb nicht passiviert werden. Die Warnhinweise waren ordentlich. Abnehmer waren keine Endverbraucher, sondern in den USA lizenzierte Fachleute. Wegen des Überraschungspotenzials amerikanischer Geschworenenverfahren bleibt jedoch ein Restrisiko. Die Parteien berücsichtigen dies durch einen Abschlag von 8 Mio. EUR beim Kaufpreis. Das Restrisiko liegt sowohl nach IFRS als auch nach HGB wegen der Unwahrscheinlichkeit eines negativen Ausgangs unterhalb der Rückstellungsschwelle. Dennoch ist es nicht ganz auszuschließen und wird deshalb bei der Kaufpreisfindung berücksichtigt. Darüber hinaus war der Veräußerer aus privaten Gründen an einem schnellen Verkauf interessiert. Die Parteien haben deshalb bei Abwicklung innerhalb von 30 Tagen einen Preisnachlass von 2 Mio. EUR vereinbart.
>
> Bei Erwerb im *asset deal*, also Abbildung des Erwerbs bereits im Einzelabschluss des Erwerbers, ignoriert das Handelsrecht diese Momente. Dem Kaufpreis von 10 Mio. EUR steht ein Zeitwert der Aktiva von 20 Mio. EUR gegenüber. Eine Abstockung der Aktiva ist geboten. Sie werden mit 10 Mio. EUR, d.h. nur zur Hälfte ihres Buch- und Zeitwerts, ausgewiesen. Der negative Geschäftswert von 10 Mio. EUR wird im Abstockungswege still verrechnet. Soweit es sich bei den Aktiva um abschreibbares Anlagevermögen oder um Vorräte handelt, wird demzufolge auch die Ertragslage der Folgeperioden unzutreffend wiedergegeben. Abschreibungen und Materialaufwand der Folgejahre sind zu niedrig, der Gewinn ist überhöht.
>
> Beim *share deal*, also Berücksichtigung im Konzernabschluss, gilt handelsbilanziell: Das erworbene Vermögen wird mit 20 Mio. EUR angesetzt, die Differenz von 10 Mio. EUR zum Kaufpreis als negativer Unterschiedsbetrag passiviert.
>
> IFRS 3 wählt unabhängig davon, ob ein *asset deal* oder *share deal* vorliegt, einen anderen Ansatz: Die Vermögenswerte werden mit 20 Mio. EUR erfasst, die unterhalb der Rückstellungsschwelle liegende kontingente oder Eventualschuld (*contingent liability*) wird mit ihrem negativen *fair value* von 8 Mio. EUR passiviert. Einem Nettovermögen mit einem *fair value* von 12 Mio. EUR (20 Mio. – 8 Mio.) steht daher ein Kaufpreis von 10 Mio. EUR gegenüber. Es verbleibt nur ein nega-

tiver Unterschiedsbetrag von 2 Mio. EUR, der als »*lucky buy*« oder »*bargain purchase*« getreu der Kaufmannsmaxime »der Gewinn liegt im Einkauf« sofort ertragswirksam wird.

Eventualverbindlichkeiten oder kontingente Schulden (*contingent liabilities*) können handelsrechtlich dazu führen, dass der Unternehmenskaufpreis unter dem Nettozeitwert der Vermögenswerte und Schulden liegt, weil mögliche, wenngleich nicht überwiegend wahrscheinliche zukünftige Inanspruchnahmen durch Dritte bei der Kaufpreisfindung berücksichtigt wurden. Auch ohne Erfüllung der Rückstellungskriterien (überwiegende Wahrscheinlichkeit) ist hier nach IFRS bei einem Unternehmenserwerb der Ausweis einer (kontingenten) Schuld notwendig. Sie ist aufzulösen, wenn die für möglich gehaltene Inanspruchnahme eintritt oder ihr Nichteintreten endgültig feststeht.

Beim tatsächlich verbleibenden negativen Unterschiedsbetrag fehlt es hingegen an einer derartigen Spezifizierbarkeit des hinter dem Zeitwert des erworbenen Vermögens zurückbleibenden Kaufpreises. Erklärend für den negativen Unterschiedsbetrag kann sein, dass der Veräußerer unter Liquiditäts- oder Zeitdruck oder in falscher Einschätzung das Unternehmen unter Wert veräußert hat (**lucky buy**). Denkbar ist auch, dass die gemeinsamen Negativerwartungen von Käufer und Verkäufer nicht näher konkretisierbar sind. IFRS 3.34 bis IFRS 3.36 sehen für diesen Fall folgende Regelung vor:

- Zunächst ist noch einmal zu prüfen, ob (unbare) Anschaffungskosten und Zeitwert des zugehenden Nettovermögens richtig bewertet, insbesondere alle kontingenten Schulden erfasst wurden (sog. *reassessment*).
- Ein nach diesem *reassessment* verbleibender negativer Unterschiedsbetrag ist sofort **ertragswirksam zu verbuchen**.

**Beispiel**    !

E erwirbt ein schuldenfreies Einzelunternehmen zum Kaufpreis von 150 TEUR bei folgenden Daten des schuldenfreien Unternehmens:
- Aktiva: Buch- und Zeitwert von 200 TEUR,
- nicht passivierungsfähige, von E übernommene Eventualverpflichtung 15 TEUR.

Der negative Unterschiedsbetrag berechnet sich aus der Differenz von Kaufpreis und Zeitwert, unter Berücksichtigung der Eventualverbindlichkeiten. Er beläuft sich somit auf $150 - (200 - 15) = -35$ TEUR. Insgesamt ergibt sich folgende Rechnung (in TEUR):

| | | | Auflösung/Ertragswirksamkeit |
|---|---|---|---|
| | Kaufpreis | 150 | |
| – | Zeitwert Vermögen (vor Eventualverbindlichkeit) | –200 | |
| = | Zwischensumme | –50 | |
| + | Eventualverbindlichkeit | +15 | bei Wegfall der Ungewissheit |
| = | negativer Unterschiedsbetrag | –35 | sofortiger Ertrag |

Hinsichtlich spezieller Regelungen für Fälle, in denen der Kaufpreis nachträglich, z. B. aufgrund nicht eingehaltener Garantien oder nicht realisierter vereinbarter Ertragsziele, verändert wird, sei noch auf Kapitel 12 verwiesen.

### 3.7.2   Leasing

#### 3.7.2.1   Unterschiedliche Regeln für Leasinggeber und Leasingnehmer

Seit Verabschiedung von IFRS 16 gelten für die Bilanzierung beim Leasingnehmer andere Regeln als beim Leasinggeber.

Der **Leasinggeber** hat (wie schon nach dem Vorgängerstandard IAS 17) dem Prinzip des *substance over form* folgend zu beurteilen, ob er neben dem rechtlichen auch das **wirtschaftliche Eigentum** am Leasingobjekt behält (*operating lease*) oder das wirtschaftliche Eigentum aufgegeben hat (*finance lease*). Im ersten Fall hat er das Leasingobjekt als Anlagevermögen zu bilanzieren und die Leasingraten als Ertrag zu vereinnahmen. Im zweiten Fall hat er das Leasingobjekt auszubuchen und an seiner Stelle eine Forderung gegen den Leasingnehmer einzubuchen.

Für den **Leasingnehmer** galten die vorstehenden Regelungen früher spiegelbildlich. Mit Ersatz von IAS 17 durch IFRS 16 gilt hingegen (mit bestimmten Ausnahmen für kurzfristige Leasingverhältnisse und solche über Objekte geringen Werts): Der Leasingnehmer hat zum Beginn des Leasingverhältnisses das Recht zur Nutzung des Leasingobjekts (*right-of-use asset*) zu aktivieren und korrespondierend in Höhe des Barwerts der zukünftigen Leasingraten eine Verbindlichkeit einzubuchen.

Die Bilanzierung beim Leasinggeber folgt damit Unterscheidungen, die auch im HGB/EStG bekannt sind. Die Regeln des IFRS 16 für den Leasingnehmer vertragen sich hingegen nicht mit dem HGB, da sie den Grundsatz der Nichtbilanzierung schwebender Geschäfte aufgeben.

Der Begriff des Leasings ist weit gefasst. Er umfasst jede Art von Nutzungsverhältnis über einen körperlichen Gegenstand, unabhängig davon, ob der Vertrag zivilrechtlich als Leasing, Miete, Pacht, Nießbrauch usw. qualifiziert wird (IFRS 16.9).

Durch IFRS 16 hat sich der Umfang der Regelungen zum Leasing gegenüber dem vorherigen Rechtsstand (IAS 17, IFRIC 4; SIC–15, SIC–31) etwa vervierfacht auf rund 200 Seiten (inkl. *Basis for Conclusions* usw.). In der frühen Phase dieses Reformprojekts hatte der damalige *Chairman* des IASB festgehalten: »*One of my great ambitions before I die is to fly in an aircraft that is on an airline's balance sheet.*« Mit IFRS 16 scheint dieses Ziel (beinahe – bilanziert wird das Nutzungsrecht, nicht das Flugzeug) erreicht. Aber wem bringt die detaillierte und komplexere Leasingbilanzierung etwas? Können die Passagiere nun darauf hoffen, dass die Flugzeuge pünktlicher und sicherer fliegen? Werden Tomatensaft und Unterhaltungsprogramm an Bord bekömmlicher sein? Können Investoren in Aktien von Fluggesellschaften ihre Risiken besser steuern? Werden die Airlines in umkämpften Märkten erfolgreicher operieren? Egal wie die Antworten ausfallen, es gilt: wenn Institutionen Probleme und Situationen als real definieren, sind sie real – in ihren Konsequenzen. Wer also sein Brot in der Rechnungslegung verdient (oder verdienen möchte), mag über die Bedeutung der Bilanzierung für das wahre Leben denken, wie er will, er muss sich mit den rechtlichen Gegebenheiten auseinandersetzen.

### 3.7.2.2  Bilanzierung beim Leasinggeber: *operating lease* vs. *finance lease*

Die für den Leasinggeber geltenden Zurechnungskriterien in IFRS 16 weisen starke Parallelen zu den deutschen steuerrechtlichen (in der Regel auch in der Handelsbilanz befolgten) Regelungen auf. Aufgabe des Bilanzierenden ist es, den Leasingvertrag als *operating lease* mit Zurechnung des Leasingobjekts beim Leasingnehmer oder als *finance lease* mit Ausbuchung des Leasingobjekts zu qualifizieren (IFRS 16.61).

Ein *finance lease*, der zur Ausbuchung des Leasingobjekts beim Leasinggeber führt, liegt vor, wenn alle wesentlichen Chancen und Risiken auf den Leasingnehmer übergehen (IFRS 16.62). Dies ist in der Regel der Fall, wenn
- der **Leasinggegenstand spezialisierter Art** ist und dem Grunde nach nur vom Leasingnehmer genutzt werden kann (IFRS 16.63(e)) oder
- die Summe aus **Grundmietzeit** und günstiger, unter dem Marktpreis liegender Verlängerungsoption den größten Teil der wirtschaftlichen Nutzungsdauer des Vermögenswerts ausmacht (IFRS 16.63(c)) oder
- der Leasingvertrag eine günstige, unter dem Marktpreis liegende **Kaufoption** für den Leasingnehmer enthält (IFRS 16.63(b)) oder
- der auf den Beginn des Leasingvertrags gerechnete **Barwert** der Leasingzahlungen den anfänglichen Zeitwert des Leasinggegenstands so gut wie erreicht oder gar übersteigt (IFRS 16.63(d)).
- Bei Grund und Boden bestehen Besonderheiten. Insbesondere scheidet der Vergleich von Mietzeit und ökonomischer Lebensdauer in der Regel aus; bei sog. *long-term leases*, etwa einem Nutzungsvertrag über 100 Jahre, kann aber das Barwertkriterium bzw. der auf den Leasingbeginn diskontierte geringe Wert des Herausgabeanspruchs des rechtlichen Eigentümers zur Qualifizierung als *finance lease* führen.

Ein wesentlicher Unterschied zu den Steuererlassen ergibt sich daraus, dass die IFRS-Kriterien nicht quantifiziert werden. Die Aussage, dass die Laufzeit des Leasingverhältnisses den »überwiegenden Teil« der wirtschaftlichen Nutzungsdauer nicht überschreiten darf, wenn das Objekt beim Leasinggeber bleiben soll, lässt anders als die Aussage, dass »90 % der betriebsgewöhnlichen Nutzungsdauer« nicht überschritten werden dürfen, Interpretationsspielräume offen.

**!** **Tipp**

In Grenzbereichen besteht deshalb nach IFRS ein faktisches Wahlrecht. Dies gilt nicht nur für das Nutzungsdauerkriterium, sondern auch für das dem deutschen (Steuer-)Recht fremde Barwertkriterium oder für das Kaufoptionskriterium.

Dies eröffnet dem Bilanzierenden nun **faktische Wahlrechte**.

- Er kann diese Wahlrechte verfahrensökonomisch in dem Sinne nutzen, dass die steuerrechtlich geprägten Entscheidungen der HGB-Bilanz für den IFRS-Abschluss beibehalten werden können.
- Er kann aus bilanzpolitischen Gründen im IFRS-Abschluss zu anderen Zurechnungen als im HGB-Abschluss gelangen.

Die prinzipielle Übereinstimmung zwischen IFRS und Handels-/Steuerbilanz – beim Leasinggeber – zeigt auch das nachfolgende Prüfschema.

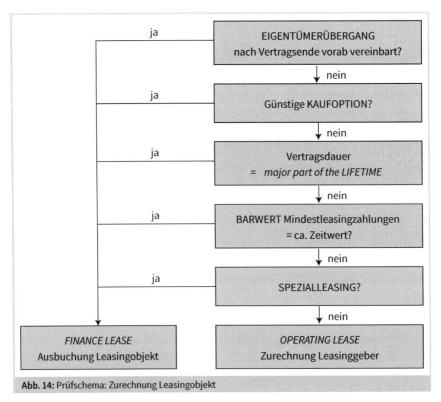

Abb. 14: Prüfschema: Zurechnung Leasingobjekt

Im deutschen Recht nicht vorgesehen ist das **Barwertkriterium**. Inhaltlich geht es darum, wer das Amortisationsrisiko trägt. Festgemacht wird dies am Verhältnis des Barwerts der Mindestleasingzahlungen zum Zeitwert (*fair value*) des Leasingobjekts, beide bestimmt auf den Beginn des Leasingverhältnisses. Erreicht der Barwert annähernd (nach h.M. zu 90% oder mehr) den Zeitwert, liegt das Amortisationsrisiko beim Leasingnehmer und ist deshalb ein *finance lease* anzunehmen. Der Barwert ist wie folgt zu bestimmen:

- Anzusetzen sind die Mindestleasingzahlungen, d.h. neben allen Zahlungen während der unkündbaren Grundmietzeit auch erwartete Zahlungen für eine günstige Kaufoption oder für Restwertgarantien (IFRS 16.70).
- Die Zahlungen sind mit dem internen Zinsfuß des Leasinggebers zu diskontieren (IFRS 16.68).

Zur Anwendung des Barwertkriteriums folgendes Beispiel:

---

**Beispiel**      **!**

Leasinggesellschaft LG »vermietet« ab 31.12.00 an LN Hardware sowie einen Reisebus. Der Zeitwert der Objekte beträgt jeweils 400 TEUR. Beide Leasingverträge laufen über vier Jahre. Die jeweils am Jahresende 01 ff. zu zahlenden Leasingraten betragen 126,2 TEUR bei der Hardware, 63,1 TEUR beim Bus. Restwertgarantien, Kaufoptionen etc. sind nicht vorgesehen. Die Nutzungsdauer beider Objekte beträgt mehr als sechs Jahre.
Der interne Zinssatz des Leasinggebers beträgt 10%.

**Beurteilung**
Die **Barwertberechnung** führt zu folgenden Werten für die Hardware:

| Jahr | Rate | Disk.-Faktor | Barwert |
|------|------|--------------|---------|
| 01 | 126,2 | 0,9091 | 114,7 |
| 02 | 126,2 | 0,8264 | 104,3 |
| 03 | 126,2 | 0,7513 | 94,8 |
| 04 | 126,2 | 0,6830 | 96,2 |
| | | | 400,0 |

Bei halb so hoher Leasingrate beträgt der Barwert der Mindestleasingzahlungen für den Bus 200 TEUR. Das Leasingverhältnis über die Hardware ist ein *finance lease*, das über den Bus ein *operating lease*.
Die ökonomische Interpretation ist wie folgt:
- Hardware hat nach vier Jahren keinen relevanten Restwert mehr. Der Leasinggeber muss daher die Raten so kalkulieren, dass er die volle Amortisation über die Vertragsdauer erzielt. Der Leasingnehmer trägt also das volle Risiko.
- Anders beim Bus; er hat nach vier Jahren einen relevanten Restwert. Risiko und Chance etwa aus einer Anschlussvermietung oder Veräußerung bleiben beim Leasinggeber. Er muss nicht die volle Amortisation der Investition über die Vertragsdauer erzielen.

---

Das Barwertkriterium führt auch in vielen Fällen der **Teilamortisation** zu anderen Lösungen als nach deutschem Recht. Teilamortisationsverträge zeichnen sich dadurch aus, dass die Grundmietzeit deutlich unter der Nutzungsdauer liegt, daher erst durch einen Anschlussleasingvertrag mit einem Dritten (Ausnahme) oder durch die Vermarktung des gebrauchten Gegenstands auf dem Sekundärmarkt (Regel) die Gesamtamortisation bewirkt werden kann. Häufig trägt der Leasingnehmer über eine sog. Restwertgarantie allein das Sekundärmarktrisiko. Erzielt der Leasinggeber für den gebrauchten Gegenstand nicht den kalkulierten Restwert, muss der Leasingnehmer die Differenz erstatten. Im Gegenzug erhält er eine Beteiligung von 75 % an einem evtl. über dem Restwert liegenden Erlös. Nach den Leasingerlassen liegt hier ein *operating lease* vor, nach IFRS regelmäßig ein *finance lease*.

> **Beispiel**
>
> Leasingnehmer LN und Leasinggeber LG schließen einen Teilamortisationsvertrag über einen Pkw ab. Der Leasingnehmer garantiert 100 % des kalkulierten Restwerts, ein über den kalkulierten Wert hinaus erzielter Erlös steht ihm zu 75 % zu, LG zu 25 %. Die Ermittlung des von LN zu tragenden Amortisationsrisikos im sog. Barwerttest ist nach IFRS 16 wie folgt:
>
> | Kalkulierter Restwert (TEUR) | 36 | | |
> |---|---|---|---|
> | Restwertrisiko LN | 100 % | | |
> | Restwertchance LN | 75 % | | |
> | Neupreis Pkw (TEUR) | 100 | | |
> | Relevanter Zinssatz | 10 % | | |
> | | | | |
> | Leasingraten (TEUR) | 29 | 29 | 29 |
> | Von LN garantierter Restwert | | | 36 |
> | | 29 | 29 | 65 |
> | | | | |
> | Barwerttest IFRS 16: von LN getragenes Amortisationsrisiko | | | |
> | Mindestleasingraten (TEUR) | 29 | 29 | 65 |
> | × Abzinsungsfaktor | 0,9091 | 0,8264 | 0,7513 |
> | = Diskontierter Wert (TEUR) | 26,36 | 23,97 | 48,84 |
> | Summe = Barwert (TEUR) | 99,17 | | |
> | In % Zeitwert Pkw 1.1.01 | **99,2 %** | | |

Der Leasingnehmer übernimmt im Beispiel zu beinahe 100 % das Amortisationsrisiko. Der Leasinggeber trägt so gut wie kein Risiko und behält eine minimale (und zumeist unrealistische) Chance, ist also, wenn die Kriterien von Chancen und Risiken überhaupt einen Sinn haben sollen, nicht wirtschaftlicher Eigentümer. Gleichwohl ist nach den Leasingerlassen und damit faktisch auch handelsbilanziell die Zurechnung bei ihm vorzunehmen.

### 3.7.2.3 Bilanzierung beim Leasingnehmer: *right-of-use asset*

IFRS 16 sieht (mit in IFRS 16.5 enthaltenen Ausnahmen bei kurzfristig laufenden Verträgen, *short term leases*, sowie bei Verträgen über Objekte geringen Werts, *low value assets*) für den Leasingnehmer Folgendes vor:

- Der *all-or-nothing approach* des alten IAS 17 (voller Ansatz des Leasingobjekts bei *finance lease*, Nichtansatz bei *operating lease*)
- wird durch ein Konzept ersetzt, bei dem der Leasingnehmer für die (erwartete) Leasingdauer ein **Nutzungsrecht** (*right-of-use asset*) in Höhe des Barwerts der Leasingzahlungen aktiviert und im Gegenzug eine gleich hohe Leasingverbindlichkeit passiviert.

Zum sonst auch für die IFRS geltenden Grundsatz der Nichtbilanzierung schwebender Geschäfte (etwa schwebender Dauerschuldverträge über Dienstleistungen) steht dieses Konzept im Widerspruch. Praktisch folgt aus dieser Unterschiedlichkeit für *full-service*-Leasingverhältnisse: Dienstleistungs- und Leasingkomponente sind zu separieren, da nur die Leasingkomponente bereits bei Vertragsbeginn bilanziell erfasst wird (IFRS 16.1 und IFRS 16.14).

Bilanzpolitisch führte IFRS 16 bei vielen Unternehmen zu einer Verlängerung der Bilanz und damit zu einer Minderung der Eigenkapitalquote. Überdies werden zuvor (bei *operating leases*) als sonstige betriebliche Aufwendungen behandelte Leasingaufwendungen nun als Abschreibung des Nutzungsrechts und (hinsichtlich des Zinsanteils) als Finanzierungsaufwendungen erfasst; gängige Kennzahlen wie das EBITDA verändern sich dadurch. Auch die zeitliche Verteilung des Aufwands hat sich gegenüber der zuvor linearen geändert. Zwar erfolgt auch die Abschreibung des Nutzungsrechts in der Regel linear, die annuitätische Tilgung der Leasingverbindlichkeit (IFRS 16.36) bewirkt aber, dass der Zinsaufwand in den ersten Vertragsjahren höher als in den letzten ist (*front-loading*-Effekt).

Bei gegebener Leasingrate und gegebenem Diskontierungszins bestimmt die Laufzeit des Leasingverhältnisses den Zugangswert des Nutzungsrechts und der Leasingverbindlichkeit (IFRS 16.23 und IFRS 16.26). Die Laufzeit umfasst dabei nicht nur den unkündbaren Zeitraum, während dessen der Leasingnehmer das Recht zur Nutzung des Leasinggegenstands hat. Verlängerungsoptionen sind zu berücksichtigen, sofern deren Ausübung hinreichend sicher und durchsetzbar ist. Neben den laufenden Leasingraten gehen erwartungsgemäß im Rahmen von Restwertgarantien zu leistende Zahlungen sowie solche aus hinreichend wahrscheinlicher Kaufoptionsausübung in die Barwertberechnung der Leasingverbindlichkeit und damit in den Zugangswert des Nutzungsrechts ein.

### 3.7.2.4   Untermietverhältnisse *(subleases)*

Least oder mietet ein Unternehmen einen Vermögenswert vom Eigentümer an, um ihn (ganz oder in Teilen) an einen anderen weiterzuvermieten, treffen bei dem Zwischenvermieter *(sublessor)* beide Konzeptionen von IFRS 16 zusammen:

* Stufe 1: im Verhältnis zum Eigentümer ist er **Leasingnehmer** und hat ein *right-of-use asset* zu bilanzieren.
* Stufe 2: im Verhältnis zum Endnutzer ist er **Leasinggeber** und hat zu beurteilen, ob ein *finance lease* oder *operating lease* vorliegt.

Dass der Zwischenvermieter aber das sachliche Leasingobjekt (Gebäude, Maschine usw.) von vornherein gar nicht bilanziert, sondern lediglich ein Nutzungsrecht aktiviert (Stufe 1), bedeutet für die Würdigung der Stufe 2: ob ein *finance lease* vorliegt, ob also alle wesentlichen Risiken und Chancen auf den Leasingnehmer (Endnutzer) übergehen (IFRS 16.62), muss für das Nutzungsrecht und nicht für das sachliche Leasingobjekt beurteilt werden (IFRS 16.B58(b)).

---

**!**

**Beispiel**

Eigentümer E vermietet ein neu errichtetes Verkaufsgebäude (Nutzungsdauer 50 Jahre) für 15 Jahre an Z. Nach fünf Jahren gibt Z den Verkaufsstandort auf und macht von der vertraglichen Untervermietungsmöglichkeit Gebrauch, indem er das Gebäude für zehn Jahre (also die Restdauer des Hauptvertrags) an X vermietet.

**Beurteilung**

Der Untermietvertrag weist zwar im Verhältnis zur Restnutzungsdauer des Gebäudes (45 Jahre) eine kurze Laufzeit auf. Darauf komm es aber nicht an. Bezugsobjekt für die Frage, ob die Vertragslaufzeit den ganz überwiegenden Teil der Restnutzungsdauer umfasst (IFRS 16.63(c)), ist nach IFRS 16.B58(b) nicht die Restnutzungsdauer des sachlichen Leasingobjekts (Gebäude), sondern die des Nutzungsrechts des Z am Gebäude. Das Nutzungsrecht hat noch eine Restdauer von zehn Jahren. Der Untermietvertrag mit X umfasst ebenfalls zehn Jahre, also die gesamte Restnutzungsdauer des bei Z aktivierten *right-of-use asset*. Somit ist das Untermietverhältnis ein *finance lease*. Z hat das *right-of-use asset* auszubuchen und eine Leasingforderung gegen X einzubuchen.

---

### 3.7.2.5 Verdeckte Leasingverhältnisse (kundengebundene Werkzeuge, Veräußerung mit Rücknahmegarantie)

Nach handelsrechtlicher Praxis gelangen die Leasingregeln nur dort zur Anwendung, wo von einem Leasingvertrag, Mietkauf, Mietvertrag oder Ähnlichem die Rede ist. IFRS 16.B9 ff. folgt demgegenüber folgendem Grundsatz: »Nicht nur wo Leasing draufsteht, ist auch Leasing drin.« Rechtlich anders verpackte Vertragsverhältnisse können wirtschaftlich ein **verdecktes Leasingverhältnis** (*embedded lease*) enthalten. Wichtig sind zwei Grundfälle:

- Einem Kunden wird eine abnutzbare Sachanlage zivilrechtlich veräußert, gleichzeitig der Rückkauf nach einer bestimmten Nutzungsdauer vereinbart und preislich festgeschrieben (IFRS 16 i. V. m. IFRS 15.B66).
- Zum zivilrechtlichen Eigentum eines Zulieferers gehören kundenspezifische Werkzeuge oder Maschinen, auf denen ausschließlich für einen bestimmten Kunden produziert wird (IFRS 16.B21).

Zum Rückkaufsfall – *sale-and-buy-back* – folgendes Beispiel:

---

**Beispiel**

Der Automobilhersteller A tätigt Ende 01 mit dem Autovermieter V ein Flottengeschäft. 10.000 Fahrzeuge, Herstellungskosten je 14 TEUR, werden zu einem Preis von jeweils 20 TEUR veräußert. Gleichzeitig garantiert A die Rücknahme der Fahrzeuge nach einem Jahr bei vertraglich vereinbarter durchschnittlicher Laufleistung und durchschnittlichem Erhaltungszustand zu einem Preis von 15 TEUR, ansonsten mit entsprechenden Zu- und Abschlägen. Der Rücknahmepreis liegt über dem am Markt für eine entsprechende Absatzmenge erzielbaren Preis. Die Parteien tätigen nur in formeller zivilrechtlicher Betrachtung Veräußerungsgeschäfte. Wirtschaftlich ergibt sich aus der Differenz von Verkaufspreis und Rücknahmepreis ein Nutzungsentgelt, somit ein Leasingverhältnis. Da der Rücknahmepreis über dem Marktwert liegt, eine Rückgabe also wahrscheinlich ist, und die Vertragsdauer nur einen geringen Teil der gesamten Nutzungsdauer der Fahrzeuge darstellt, liegt ein *operating lease* vor. A bucht daher keinen Umsatz, sondern wie folgt (in EUR):

**Ende 01**

| Konto | Soll | Haben |
|---|---|---|
| Anlagevermögen | 140 Mio. | |
| Vorratsvermögen (wegen des Ausweises der Leasingfahrzeuge) | | 140 Mio. |
| Geld | 200 Mio. | |
| Rechnungsabgrenzung | | 50 Mio. |
| sonstige Verb. | | 150 Mio. |

---

**In 02**

| Konto | Soll | Haben |
|---|---|---|
| Rechnungsabgrenzung | 50 Mio. | |
| Umsatz | | 50 Mio. |
| sonstige Verb. | 150 Mio. | |
| Geld | | 150 Mio. |

In Zulieferindustrien, z. B. in der Automobilbranche, kommt es häufig zur Produktion sog. **kundengebundener** »**Werkzeuge**«. Auftragnehmer (Zulieferer) und Auftraggeber (Abnehmer) schließen einen längerfristigen Rahmenvertrag, dem zufolge der Auftragnehmer Teile für den Auftraggeber nach dessen technischen Spezifikationen erstellt. Die Produktion der Zulieferteile erfordert den Einsatz spezifischer Werkzeuge (Gussformen etc.), die für alternative Zwecke nicht einsetzbar sind.

Am Anfang des Leistungsprozesses steht regelmäßig die Herstellung dieser Werkzeuge. Soweit der Auftraggeber nicht ausnahmsweise eine für die Amortisation der Werkzeugkosten hinreichend hohe Mengenabnahme garantiert, werden Vereinbarungen getroffen, die dem Auftragnehmer das Risiko der Wertloswerdung der Werkzeuge teilweise abnehmen. Derartige Vereinbarungen können vorsehen:
- am Anfang zu zahlende Werkzeugkostenzuschüsse bzw. -beiträge, die auf Basis der gemeinsamen Teilekalkulation implizit auf den Preis der gelieferten Teile angerechnet werden,
- einen bei Vertragsbeendigung oder dauerhaftem Verfehlen der Mengenziele zu zahlenden Amortisationsbeitrag,
- stückzahlenunabhängige, laufende Amortisationsgebühren.

Die Vereinbarungen enthalten überdies regelmäßig Bestimmungen für das Ende des (laufenden) Produktionszyklus, z. B. eine Pflicht des Auftragnehmers, die Werkzeuge nach Auslaufen der Bauserie noch zehn Jahre aufzubewahren und für Ersatzteileanforderungen einzusetzen, oder aber die Verpflichtung zur Rückübertragung der Werkzeuge an den Auftraggeber.

Nach den Kriterien von IFRS 16 erfüllen die Rahmenverträge oft den Tatbestand eines verdeckten Leasingverhältnisses. Der Zulieferer als rechtlicher Eigentümer überlässt in wirtschaftlicher Betrachtung dem Abnehmer die Werkzeuge. Der Leasinggeber (Zulieferer) hat dann zu beurteilen, ob die Nutzungsüberlassung (Leasing)
- als *finance lease* (dann Ausbuchung der Werkzeuge) oder
- als *operating lease* (dann Bilanzierung beim Zulieferer) erfolgt.

Für ein *finance lease* sprechen insbesondere die den Aufbewahrungspflichten des Zulieferers entsprechenden dauernden Verfügungsrechte des Abnehmers oder dessen Erwerbsrechte für den Fall der vorzeitigen Vertragsbeendigung. Auch ohne solche Regelungen ist die Qualifizierung als *finance lease* die Regel, da die Werkzeuge nicht allgemein verwendbar sind, also ein Fall des Spezialleasings vorliegt.

Bei einem derartigen *finance lease* treffen die Regelungen von »IFRS 16 Leasing« und »IFRS 15 Erlöse« zusammen. Die Vertragskonstruktion kann in diesem Fall als eine besondere Form des Herstellerleasings qualifiziert werden, die sich von den bekannten Formen (z. B. Kfz- oder EDV-Leasing) nur dadurch unterscheidet, dass das hergestellte und im Wege des *finance lease* wirtschaftlich veräußerte Werkzeug kundenspezifisch gefertigt wird. Konsequenzen hieraus sind:

- Der Zulieferer tätigt eine Auftragsfertigung, die nach Maßgabe des Fertigungsfortschritts (*percentage of completion*, POC) zu Erlösen und Forderungen führt (vgl. Kapitel 10.2).
- Soweit keine »Zuschüsse« oder Amortisationsgebühren vereinbart sind, müssen die Stückentgelte des Abnehmers in eine Leasingrate und einen Veräußerungspreis für die Teile aufgegliedert werden.
- Für den Leasingnehmer (Automobilhersteller) gilt Ähnliches. Soweit ein Leasingverhältnis zu bejahen ist, hat er ein Nutzungsrecht zu aktivieren. Ohne Zuschüsse oder Amortisationsgebühren sind die Stückentgelte für den Bezug der Autoteile in eine Leasingrate und einen Kaufpreis für die Teile aufzugliedern.

---

**Beispiel**                                                                                    **!**

Zulieferer Z erstellt kundenspezifische Werkzeuge zur Produktion von Autotanks für Autohersteller A.

Die in 01 anfallenden Herstellungskosten betragen 10 Mio. EUR. A beteiligt sich in 01 mit einem »Zuschuss« von 4 Mio. EUR an den Werkzeugkosten. Im Übrigen ist Folgendes vereinbart:

- Geplante Teileabnahme: vier Jahre (02 bis 05) à 50.000 Stück = 200.000 Stück.
- Somit ergibt sich ein rechnerischer Anteil der nicht bezuschussten Werkzeugkosten von 6 Mio. EUR/200.000 = 30 EUR pro Stück und der bezuschussten Kosten von 4 Mio. EUR/200.000 = 20 EUR pro Stück.
- Preis pro Stück vor Werkzeugkostenanteil: 450 EUR.
- Bei Unterschreiten des Mengenziels von 200.000 werden nachträgliche Amortisationszahlung in Höhe von (200.000 – Ist-Menge) × 30 EUR fällig.

Die Produktion wird wie vereinbart in 02 aufgenommen. Sie endet vorzeitig Ende 04, d. h. nach drei Jahren (150.000 Stück).

Z erhält Anfang 05 eine Abschlusszahlung von 1,5 Mio. EUR (50.000 × 30 EUR).

Unter Vernachlässigung eines Finanzierungsanteils in den verdeckten Leasingraten ergeben sich unter der Annahme eines *finance lease* die Bilanz- und Kalkulationswerte sowie die Umsätze und Zahlungen beim Zulieferer wie folgt:

| POC-Forderung | | Stückkalkulation | |
|---|---|---|---|
| POC-Forderung vor Zahlung | 10.000.000 | Fertigungskosten | 450 |
| – »Zuschuss« | –4.000.000 | WK-Beitrag | 50 |
| = POC-Forderung 31.12.01 | 6.000.000 | Kalkulierter Preis | 500 |
| | | Bereits gel. WK-Beitrag | –20 |
| | | Zahlung pro Stück | 480 |

| Jahresumsatz/Jahreszahlung | 02 | 03 | 04 |
|---|---|---|---|
| Teile in Stück | 50.000 | 50.000 | 50.000 |
| × Stückpreis ohne WK-Beitrag | 450 | 450 | 450 |
| = Teileumsatz | 22.500.000 | 22.500.000 | 22.500.000 |
| + Noch nicht geleist. WK-Beitrag (50.000 × 30) | 1.500.000 | 1.500.000 | 1.500.000 |
| = Zahlung | 24.000.000 | 24.000.000 | 24.000.000 |

Hieraus ergeben sich folgende **Buchungssätze** (in EUR):

| Jahr | Konto | Soll | Haben |
|---|---|---|---|
| 01 | Forderung | 10 Mio. | |
| | Umsatz | | 10 Mio. |
| | Geld | 4 Mio. | |
| | Forderung | | 4 Mio. |
| 02 bis 04 jeweils | Geld | 24 Mio. | |
| | Teileumsatz | | 22,5 Mio. |
| | Forderung | | 1,5 Mio. |
| 05 | Geld | 1,5 Mio. | |
| | Forderung | | 1,5 Mio. |

### 3.7.3   Infrastrukturkonzessionen bei *Public Private Partnership*

IFRIC 12 beschäftigt sich mit der Bilanzierung von sog. *Service Concession Contracts* über privat finanzierte und privat betriebene **öffentliche Infrastruktureinrichtungen**. Nicht dem Anwendungsbereich von IFRIC 12 unterworfen sind folgende Fälle:

- Der private Partner unterliegt in der Gestaltung des Serviceumfangs (etwa Tageszeiten der Nutzung), in den von den Nutzern erhobenen Gebühren usw. keinen Auflagen (IFRIC 12.5(a)). Hier kommt bei rechtlichem Eigentum des öffentlichen Partners ggf. ein Leasingverhältnis mit dem privaten Partner infrage.
- Der öffentliche Partner hat keine Verfügungsmacht über den Restwert der Einrichtung nach Ablauf des Servicevertrags, weil der private Partner z. B. frei ist, die Infrastruktur vorher zu verpfänden oder zu veräußern und/oder der öffentliche Partner die Nutzung nicht über die gesamte Dauer des Servicevertrags kontrollieren kann (IFRIC 12.5(b) und IFRIC 12.AG4). Hier kommt beim privaten Partner eine Bilanzierung der Infrastruktur als Sachanlage gemäß IAS 16 infrage.

Die demgegenüber in den Anwendungsbereich von IFRIC 12 fallenden Verträge sind wie folgt zu bilanzieren:

- Während der **Bauphase**: Es entstehen durch die Erstellung/Verbesserung der Infrastruktur Erlöse und Gewinne aus Fertigungsaufträgen und entsprechende Forderungen gegen den öffentlichen Partner. Die Erlöse und Gewinne sind gemäß IFRS 15 nach Baufortschritt zu realisieren (Kapitel 10.2.6).
- **Betriebsphase**: Die Bilanzierung während der Betriebsphase hängt davon ab, ob der öffentliche Partner die Nutzungsentgelte leistet bzw. garantiert oder die Infrastrukturnutzer unmittelbar an den privaten Partner leisten.
- Leistet oder garantiert der öffentliche Partner die Zahlungen für die Einrichtung und deren Betrieb, gelangt das *financial asset model* zur Anwendung (IFRIC 12.16). Die Einnahmen werden (unter Berücksichtigung von Zinseffekten) gegen die Forderung aus dem Fertigungsauftrag verrechnet. Im Übrigen entstehen beim privaten Partner Zinserträge.
- Zahlen die Infrastrukturnutzer an den privaten Betreiber und garantiert der öffentliche Partner auch keine Mindesteinnahmen, wird nach dem *intangible asset model* verfahren (IFRIC 12.17): Es unterstellt einen gewinn- und erlösrealisierenden Tausch der während der Bauphase entstandenen Forderung aus dem Fertigungsauftrag gegen den Erwerb eines immateriellen Vermögenswerts »Recht auf den Betrieb der Infrastruktur«. Dieses Recht wird dann über die Laufzeit abgeschrieben. Umsätze entstehen in diesem Modell nicht nur aus dem Fertigungsauftrag, sondern auch aus der laufenden »Maut«. Mit dieser »Doppelung« der Umsätze geht keine »Doppelung« des Ergebnisses einher, da das Ergebnis um die Abschreibung auf das immaterielle Vermögen gemindert wird.

**Beispiel** !

Die Bundesrepublik Deutschland entscheidet sich für eine Entlastung des notorisch verstopften Kölner Autobahnrings. Eine neue Autobahn Siegburg–Leverkusen wird privat von der Maut und Bau AG erbaut und finanziert. Die AG wendet dafür 5 Mrd. EUR auf. Bei Einbeziehung eines üblichen Gewinnaufschlags von 14 % würde sie für den Bau der Autobahn einem Dritten 5,7 Mrd. EUR in Rechnung stellen.

Die Maut und Bau AG darf weder von Pkws Gebühren erheben noch die Nutzung der Autobahn durch Pkws beschränken. Nach Ende der Fünf-Jahres-Frist fällt die Autobahn entschädigungslos an die Bundesrepublik.

Danach scheidet für die Maut und Bau AG die bilanzielle Abbildung als Sachanlage wegen der fehlenden dauernden Herrschaft über die Autobahn aus.

Die Maut und Bau AG erhält auf fünf Jahre:

- in Alternative 1 einen garantierten Betrag von je 1,5 Mrd. EUR (insgesamt 7,5 Mrd. EUR) von der Bundesrepublik (*financial asset model*),
- in Alternative 2 das Recht, von Lkws Mautgebühren in kalkulierter Höhe von insgesamt ebenfalls 7,5 Mrd. EUR zu erheben (*intangible asset model*).

### Alternative 1 (*financial asset model*)

Die Maut und Bau AG aktiviert eine Forderung aus Fertigungsauftrag gegen die Bundesrepublik, die parallel zum Fertigungsfortschritt ansteigt und bei Fertigstellung 5,7 Mrd. EUR beträgt; entsprechend entstehen über die Bauzeit kumuliert Erlöse von 5,7 Mrd. EUR.

Bei einem Effektivzins von 10 % sind die 7,5 Mrd. EUR (p. a. 1,5 Mrd.) als annuitätische Leistung auf die Forderung anzusehen.

Nach Fertigstellung wird die Forderung jährlich mit 10 % aufgezinst (daraus Zinserträge von 1,8 Mrd.), andererseits um die annuitätische Zahlung von 1,5 Mrd. EUR verringert.

Summe der Erlöse/Erträge: 5,7 Mrd. EUR aus Fertigung + 1,8 Mrd. EUR aus Zins = 7,5 Mrd. EUR.

### Alternative 2 (*intangible asset model*)

Über die Bauzeit wiederum Aktivierung einer Forderung von 5,7 Mrd. EUR mit entsprechenden Erlösen.

Zum Ende der Bauzeit: Anschaffung eines immateriellen Vermögenswerts von 5,7 Mrd. EUR im Tausch gegen die erbrachte Fertigungsleistung bzw. die aus ihr resultierende Forderung.

Über die Betriebszeit: Vereinnahmung der 7,5 Mrd. EUR Mauteinnahmen als Erlöse und Verbuchung von 5,7 Mrd. EUR Abschreibung auf den immateriellen Vermögenswert.

Summe der Erlöse/Erträge: 5,7 Mrd. EUR aus Fertigung + 7,5 Mrd. EUR aus Maut = 13,2 Mrd. EUR. Ihnen stehen u. a. noch 5,7 Mrd. EUR Abschreibungen gegenüber, sodass das Ergebnis 7,5 Mrd. EUR beträgt.

## 3.7.4  Nicht betrieblich genutzte Grundstücke – *investment properties*

Auch dem deutschen Bilanzrecht ist der Gedanke nicht fremd, vom Betrieb selbst genutzte Grundstücke anders zu beurteilen als fremdvermietete Grundstücke. Bekannt ist die steuerbilanzielle Unterscheidung von notwendigem und gewillkürtem Betriebsvermögen. Weniger geläufig ist eine Unterscheidung im handelsrechtlichen Schrifttum. In der Abwesenheit von Marktpreisen ist der beizulegende Wert betrieblich genutzter Anlagegegenstände im Normalfall als Wiederbeschaffungswert zu ermitteln. Eine Ertragswertbetrachtung wird dagegen für vermietete Vermögensgegenstände des Anlagevermögens empfohlen. Begründet wird dies damit, dass einem solchen Vermögensgegenstand ein selbstständiger Ertrag zugeordnet werden kann.

Die besondere Behandlung nicht vom Betrieb genutzter Grundstücke nach IFRS geht über diese Überlegungen hinaus. Während es in der Steuerbilanz ohnehin nur um die Ansatzfrage (bei Personenunternehmen) geht, greift die handelsrechtliche Literatur zwar das Bewertungsproblem auf, muss es jedoch wegen des Niederstwertprinzips auf Fälle des niedrigeren beizulegenden Werts beschränken. IAS 40 hingegen eröffnet generell die Möglichkeit der *fair-value*-Bewertung für *investment properties*.

Als *investment properties* gelten nach IAS 40.5
- Grundstücke oder Gebäude,
- die nicht zur betrieblichen Nutzung dienen,
- sondern zur Erzielung von Mieten oder langfristigen Wertsteigerungen (Kapital-anlage).

Wegen des fehlenden unmittelbaren Bezugs zum Betriebsgeschehen generieren derartige Grundstücke ihre Cashflows weitgehend unabhängig von anderen Vermö-genswerten des Unternehmens. Sie sollen deshalb nach der bevorzugten, nicht durch zusätzliche Anhangangaben diskriminierten Methode wie folgt bewertet werden:
- Die Bewertung soll zum Marktwert bzw. **Zeitwert** (*fair value*) erfolgen (IAS 40.33).
- Jede Veränderung des Werts ist als **Gewinn oder Verlust** auszuweisen (IAS 40.35).

Die *fair-value*-Methode ist nicht zwingend anzuwenden. Bei **alternativer Anwen-dung der Kostenmethode** (fortgeführte Anschaffungs- bzw. Herstellungskosten) sind jedoch umfangreichere Anhangangaben erforderlich.

Zur Klassifizierung eines Grundstücks als *investment property* einerseits oder »norma-les« Grundstück andererseits werden u. a. folgende Regeln gegeben:
- Bei unbestimmter zukünftiger Nutzung, d. h., wenn noch keine Verwendungsent-scheidung getroffen ist, ist das Grundstück als *investment property* anzusehen (IAS 40.8(b)).
- Bei gemischter Nutzung eines Grundstücks ist zu untersuchen, ob der fremdver-mietete Teil unabhängig von dem betrieblich genutzten verkauft werden könnte. In diesem Fall sind die beiden Teile separat, nämlich zum einen als »normales« Anlagevermögen, zum anderen als *investment property* zu würdigen und auszu-weisen.
- Ist die getrennte Veräußerbarkeit nicht gegeben, ist das Grundstück nur dann *investment property*, wenn der selbst genutzte Teil unwesentlich ist (IAS 40.10).
- Arbeitnehmerwohnungen (Werkswohnungen) gelten nicht als *investment pro-perty*.

Die *fair-value*-Methode für *investment properties* ähnelt der Neubewertung (vgl. Kapi-tel 3.6). mit dem wesentlichen Unterschied, dass die Wertänderungen bei *investment properties* nicht erfolgsneutral gegen die Neubewertungsrücklage, sondern **in der**

**GuV** erfasst werden. Lediglich zum Zugangs- oder Umwidmungszeitpunkt gegebene Wertänderungen sind als Neubewertung erfolgsneutral zu behandeln.

> **! Beispiel**
>
> Die New-Economy-GmbH hat neben vielen anderen Dingen auch wesentliche Logistikteile, insbesondere den Transport, outgesourct. Die Lkw-Hallen werden nicht mehr benötigt, sondern fremdvermietet. Ihr Buchwert zum Umwidmungszeitpunkt beträgt 1 Mio. EUR, ihr Marktwert 1,2 Mio. EUR. An den beiden folgenden Bilanzstichtagen beträgt der Marktwert 1,3 Mio. EUR bzw. 1,25 Mio. EUR. Kurz nach dem zweiten Bilanzstichtag werden die Garagen für 1,25 Mio. EUR veräußert.
>
> Im Zeitpunkt der **Umwidmung** erfolgt eine Zuschreibung um 200 TEUR. Die Gegenbuchung erfolgt gemäß IAS 40.61 i. V. m. IAS 16 **erfolgsneutral** in der Rücklage.
>
> Die Wertänderungen zu den beiden folgenden Bilanzstichtagen werden in der GuV mit 100 TEUR Ertrag im ersten Jahr und 50 TEUR Aufwand im zweiten Jahr erfolgswirksam erfasst.
>
> Dem späteren Veräußerungserlös von 1,25 Mio. EUR steht zu diesem Zeitpunkt auch ein Buchwert von 1,25 Mio. EUR gegenüber. Aufzulösen bleibt nur noch die Neubewertungsrücklage. Diese Auflösung erfolgt ohne Berührung der GuV unmittelbar gegen Gewinnvortrag (IAS 16.41).

Das IFRS-Wahlrecht muss einheitlich ausgeübt werden. Es ist nicht zulässig, einzelne *investment properties* zum *fair value* zu erfassen und andere zu ihren fortgeführten Anschaffungs- bzw. Herstellungskosten.

Die (unter dem Vorbehalt der *materiality*) in jedem Fall entweder für die Bilanz oder den Anhang erforderliche Bestimmung des *fair value* erfolgt in der Regel aus Vergleichspreisen (Vergleichswertverfahren) oder ertrags- bzw. DCF-orientiert.

Anders als die Neubewertungsmethode führt die *fair-value*-Methode für Sachanlagen nicht nur ein Lehrbuchdasein, sondern hat auch in der Praxis Bedeutung. Bei börsennotierten britischen Immobiliengesellschaften ist die erfolgswirksame *fair-value*-Bewertung schon seit UK-GAAP-Zeiten Standard.

## 3.8   *Notes*, insbesondere Anlagespiegel

Die IFRS-Vorschriften betreffend die Erläuterung des Anlagevermögens in den *notes* verwirren zunächst dadurch, dass sie über verschiedene Standards verstreut sind. Im Einzelnen finden sich Regelungen in:

- IAS 16.73 ff. allgemein zu Sachanlagen,
- IAS 38.118 ff. allgemein zum immateriellen Anlagevermögen,

- IAS 40.74 ff. allgemein zu *investment properties*,
- IAS 36.126 ff. speziell für außerplanmäßige Abschreibungen und Wertaufholungen,
- IFRS 16.89 ff. speziell zu Fragen des Leasings,
- IFRS 3.B67 speziell zu Fragen des *goodwill*.

Die Vorschriften sind jedoch in sich übersichtlich gegliedert und gehen im Großen und Ganzen nicht über die HGB-Anforderungen hinaus.

Systematisch geordnet fordern sie im Wesentlichen Folgendes:
- **Grundsätzliche Angaben**: Für jeden Posten im Sach- und immateriellen Anlagevermögen Angabe der Abschreibungsmethode, der Nutzungsdauer oder Abschreibungsrate und eventueller Verfügungsbeschränkungen, z. B. Grundpfandrechte oder Sicherungsübereignung (IAS 16.73 und IAS 16.74, IAS 38.118 und IAS 38.122(d)). Bei außerplanmäßigen Abschreibungen kann die Methode zur Ermittlung des beizulegenden Werts erläuterungsbedürftig sein, jedoch nur dann, wenn der Abschreibungsbetrag von materieller Bedeutung ist (IAS 36.130).
- **Anlagespiegel**: Angaben zu kumulierten Abschreibungen, Zu- und Abgängen (IAS 16.73 und IAS 38.118). Der Anlagespiegel ersetzt zugleich die gegenüber dem HGB regelmäßig fehlende bilanzielle Untergliederung des Anlagevermögens (sein Aufbau wird unten erläutert).
- **Ermessensbehaftete Aktivierungsfälle**: Die Frage, ob Aufwendungen zu aktivieren oder sofort ergebniswirksam zu behandeln sind, ist beim Sachanlagevermögen vor allem in der Abgrenzung zu Instandhaltungsaufwendungen und beim immateriellen Anlagevermögen in der Abgrenzung zwischen Entwicklungs- und Forschungskosten ermessensbehaftet. Im ersten Fall werden deshalb allgemeine Aussagen zur Rechnungslegungsmethode gefordert, im zweiten Fall eine Angabe der in der Periode insgesamt aufwandswirksam behandelten Forschungs- und Entwicklungskosten (IAS 16.73(a) und IAS 38.126).
- **Sonderfälle**: Besondere Angaben sind geboten im Fall der Neubewertung (IAS 16.77 und IAS 38.124: insbesondere Bewertungsverfahren sowie Abweichung zwischen Neuwert und fortgeführten Anschaffungs-/Herstellungskosten), in Leasingfällen (IFRS 16.89 ff.), bei *investment properties* (IAS 40.75 ff.: u. a. Angabe der Aufwendungen und Erträge aus den nicht betriebsnotwendigen Grundstücken) sowie beim *goodwill* (IFRS 3).
- Umfang und Tiefe der Erläuterung unterliegen dem allgemeinen Kriterium der *materiality*. Die Praxis kommt deshalb zum Teil mit sehr kurzen Erläuterungen aus, wie folgendes Beispiel einer Bilanz zeigt, in der ein Sach- und immaterielles Anlagevermögen von knapp 20 Milliarden (!) EUR nur durch den Anlagespiegel und folgenden kurzen Hinweis erläutert wird:

**!**  **Beispiel**

»Im Berichtsjahr wurden insgesamt 398 Mio. EUR (Vorjahr: 183 Mio. EUR) für Forschung und Entwicklung aufgewendet. Die Aktivierungskriterien in IAS 38 erfüllten 16 Mio. EUR. Gegenstände des Sachanlagevermögens unterliegen im Umfang von 352 Mio. EUR (Vorjahr: 94 Mio. EUR) Verfügungsbeschränkungen in Form von Grundpfandrechten und Sicherungs-übereignungen. Vom Buchwert der Sachanlagen entfallen 14 Mio. EUR (Vorjahr: 67 Mio. EUR) auf dem Wege des Finanzierungsleasings gemietete Vermögenswerte; sie betreffen im Wesentlichen die Telekommunikationsanlagen. Die Abgänge im Sachanlagevermögen ergeben sich neben dem Abbau und der Stilllegung von Anlagen auch durch ihre Einbringung in Beteiligungsgesellschaften.«

Als wesentlich praktische Umstellungsherausforderung bleibt damit der vom HGB abweichende **Anlagespiegel**. Ein grundsätzlicher Unterschied zum HGB besteht darin, dass die Bewegungen im Anlagevermögen (Abgänge, Zugänge, Umbuchungen)

- im HGB zu Anschaffungs-/Herstellungskosten ausgewiesen werden (sog. direkte **Bruttomethode**),
- während IAS 16.73(e) den Ausweis der Bewegungen zum Buchwert vorsieht (direkte **Nettomethode**).
- In der deutschen IFRS-Praxis wird z.T. eine dritte Variante verfolgt, die es im Anschaffungskostenteil bei der HGB-Gliederung belässt, die kumulierten Abschreibungen aber ebenfalls nach den Bewegungen auflöst und somit insgesamt alle Angaben enthält, die die IFRS verlangen.

Sachlich ist der Anlagespiegel nach den materiell bedeutsamen Gruppen von Anlagegegenständen zu untergliedern. Eine Aufnahme der Finanzanlagen in den Anlagespiegel ist jedoch anders als im HGB nicht vorgesehen.

| IFRS | HGB | IFRS Variante |
|---|---|---|
| BW | AK/HK | AK/HK |
| BW 1.1. | AK/HK 1.1. | AK/HK 1.1. |
| + Zugang (BW) | + Zugang (AK/HK) | + Zugang (AK/HK) |
| – Abgang (BW) | – Abgang (AK/HK) | – Abgang (AK/HK) |
| +/– Umbuchung (BW) | +/– Umbuchung (AK/HK) | +/– Umbuchung (AK/HK) |
| – Planmäßige Abschreibung GJ (BW) | | |
| –/+ Außerplanm. Abschreibung Wertaufholung GJ (BW) | | |
| +/– Neubewertung | | |
| = BW 31.12. | = AK/HK 31.12. | = AK/HK 31.12. |

| IFRS | HGB | IFRS Variante |
|---|---|---|
| + Kumulierte Abschreibung | – Kumulierte Abschreibung | – Kumulierte Abschreibung |
| Abschreibungen 1.1. | | Abschreibungen 1.1. |
| | | + Zugang |
| | | – Planmäßige Abschreibung GJ (BW) |
| | | –/+ Außerplanm. Abschreibung Wertaufholung GJ (BW) |
| | | – Abgang |
| | | +/– Umbuchung |
| Abschreibungen 31.12. | Abschreibungen 31.12. | = Abschreibungen 31.12. |
| = AK/HK | = BW | = BW |
| AK/HK 1.1. | BW 31.12. | BW 31.12. |
| AK/HK 31.12. | BW Vorjahr | BW Vorjahr |

**Tab. 9**: Anlagespiegel IFRS, HGB, IFRS »deutsch«

## 3.9  Zusammenfassung

Beim Ansatz des Anlagevermögens ergeben sich Unterschiede zwischen IFRS und HGB vor allem für **Entwicklungsaufwendungen**, die nach IFRS (bei verlässlicher Abgrenzung von Forschungsaufwendungen) aktivierungspflichtig sind, während nach HGB nur ein Wahlrecht zur Aktivierung besteht.

Bei der Zugangsbewertung sehen die IFRS im Unterschied zum HGB eine Einbeziehung von **Rückbaupflichten** in die AK/HK vor (Buchung: »per Anlagen an Rückstellung«). Bei der Folgebewertung ist das Wahlrecht zur **Neubewertung** von Anlagevermögen (Buchung: »per Anlagen an Neubewertungsrücklage«) von (allerdings eher theoretischer) Bedeutung.

Auch die unterschiedlichen Konzeptionen des Niederstwerts führen nicht immer zu entsprechenden praktischen Unterschieden. In der Bilanzierungspraxis stimmen HGB- und IFRS-Voraussetzungen für **außerplanmäßige Abschreibungen** bei Einzelwerten häufig überein. Eine andere Beurteilung ergibt sich dort, wo die IFRS durch einen weiten Saldierungsbereich und das Konzept der Zahlungsmittel generierenden Bereiche (CGUs) unrentables Vermögen gegen Abschreibungen schützen. Von besonderer Bedeutung ist das CGU-Konzept beim *goodwill*, der nach IFRS nicht mehr planmäßig abschreibbar, dafür aber jährlich einem Wertminderungstest zu unterziehen ist. Der Vergleich zwischen Buchwert und durch den Barwert von Cashflows bestimm-tem Nutzungswert erfolgt zwangsläufig auf CGU-Ebene.

In der Bilanzierung von **Leasingverhältnissen** gilt aus Sicht des Leasinggebers: Die IFRS-Abgrenzung von aktivierungspflichtigem *finance*-Leasing und aufwandswirk-samem *operating*-Leasing entspricht bis auf das Barwertkriterium weitgehend den deutschen (steuer-)bilanziellen Regeln. Aus Sicht des Leasingnehmers ergibt sich hingegen ein fundamentaler Unterschied zum deutschen Recht. Der Leasingnehmer hat ein Nutzungsrecht zu aktivieren und die über die erwartete Vertragsdauer verein-barten Leasingraten mit ihrem Barwert zu passivieren. Überdies gibt es in den IFRS Regeln zu verdeckten Leasingverhältnissen. Sie führen gegenüber dem HGB z. B. zu einer anderen Beurteilung kundenspezifischer Werkzeuge.

Besonderen Ausweis- und Bewertungsregeln unterliegen als sog. *investment proper-ties* die nicht eigenbetrieblich genutzten Grundstücke.

Für den **Anhang** (*notes*) zum Anlagevermögen genügen unter *materiality*-Aspekten in der Praxis in der Regel ein gegenüber dem HGB leicht angereicherter Anlagespiegel und einige kurze Erläuterungen.

## 3.10   Fragen und Antworten

**Fragen**

**A.1** Wie sind Forschungs- und Entwicklungsaufwendungen nach IAS 38 zu behandeln?

**A.2** Nach § 253 HGB ist der *goodwill* handelsrechtlich in der Regel über maximal zehn Jahre planmäßig abzuschreiben. Welche Regelungen enthalten die IFRS für die planmäßige Abschreibung des *goodwill*?

**A.3** Ein Unternehmen erstellt ein Gebäude auf einem Erbpachtgrundstück und muss das Gebäude mit Ende der Erbpacht abreißen. Die Rückbaukosten werden (dis-kontiert) auf 100 TEUR geschätzt. Wie sind die Rückbaukosten im Zeitpunkt der Herstellung des Gebäudes zu erfassen?

**A.4** Ein Flugzeug besteht vereinfacht aus Turbinen, die alle fünf Jahre ausgetauscht werden, dem Rumpf (Nutzungsdauer 25 Jahre) und der Inneneinrichtung (die alle zehn Jahre ausgetauscht wird). Wie ist das Flugzeug nach IAS 16 abzuschreiben?

**A.5** IFRS 16 folgt für den Leasingnehmer dem *right-of-use*-Ansatz. Was ist damit gemeint?

**A.6** Was sind *investment properties*? Welches Wahlrecht besteht hinsichtlich ihrer Bilanzierung?

**B.1** Auf dem Markt für IT-Fachkräfte mit gehobenem Know-how ist die Nachfrage höher als das Angebot. Die X AG erwirbt deshalb die IT GmbH hauptsächlich wegen des Interesses an deren Arbeitnehmern. Diese kann sie in lukrativen Geschäftsbereichen einsetzen. Im Konzernabschluss möchte U das erworbene Know-how als immateriellen Vermögenswert aktivieren. Ein sachkundiges Bewertungsgutachten liegt bereits vor. Was spricht für, was gegen die Aktivierung? Ist die Aktivierung unter Gesamtwürdigung des Pro und Contra zulässig?

**B.2** Welche Gemeinsamkeiten, welche Unterschiede bestehen hinsichtlich der Behandlung von Forschungs- und Entwicklungskosten selbst erstellter immaterieller Anlagen zwischen IFRS und HGB?

**B.3** Nach § 308 Abs. 2 HGB ist ein negativer Unterschiedsbetrag (Kaufpreis für ein Unternehmen < erworbenes Nettovermögen) zunächst zu passivieren und später bei Eintritt bestimmter Bedingungen ertragswirksam aufzulösen. Wie ist die Regelung nach IFRS?

**B.4** Welches Wahlrecht enthält IAS 20 für die Behandlung von Investitionszuwendungen? Welchen Effekt hat die Ausübung dieses Wahlrechts auf den Periodenerfolg (Prämisse: lineare Abschreibung der Sachanlage)?

**B.5** Ein Konzern hat (durch Unternehmenskauf) eine renommierte Marke erworben. Die rechtliche Nutzungsdauer der Marke beträgt zehn Jahre. Nach Ablauf von jeweils zehn Jahren kann das Markenschutzrecht gegen ein im Verhältnis zum Wert der Marke geringes Entgelt für weitere zehn Jahre verlängert werden. Wie ist die Marke planmäßig abzuschreiben?

**B.6** Ein Unternehmen hat einen hoch rentablen Geschäftsbereich A und einen unrentabel gewordenen Geschäftsbereich B. Welche Auswirkungen hat die Rentabilität auf die außerplanmäßige Abschreibung der jeweils in den Geschäftsbereichen genutzten Sachanlagen?

**C.1** Wie erklärt sich die geringe Aktivierungsquote von FuE-Kosten in der Softwareindustrie?

**C.2** Gelten für die Aktivierung nachträglicher Aufwendungen (nachträglicher Herstellungskosten) von immateriellen Anlagen gleiche Regeln wie bei Sachanlagen?

**C.3** Ein Unternehmen erhält zur Durchführung einer Investitionsmaßnahme aus öffentlichen Mitteln ein zinsloses Darlehen von 100 TEUR. Der durch marktgerechte Diskontierung des Darlehens rechnerisch ermittelte Zinsvorteil beträgt 20 TEUR. Welche Buchungen sind bei Vereinnahmung des Darlehens vorzunehmen?

**C.4** Ein Unternehmen stellt ein neues Produktionsgebäude her. Das Unternehmen verfügt über sehr hohe Eigenmittel und muss daher kein Objektdarlehen für die Herstellung aufnehmen. Allerdings fallen auf dem Kontokorrentkonto des Unternehmens Zinsaufwendungen an. Ein ursächlicher Zusammenhang mit dem Bau des Gebäudes besteht nicht. Hat das Unternehmen Zinsen zu aktivieren?

**C.5** Welcher Unterschied besteht zwischen einer laut IDW auch nach HGB zulässigen Komponentenabschreibung und der Komponentenabschreibung nach IAS 16.43?

**C.6** Leasinggeber LG und Leasingnehmer LN schließen am 1.1.01 über ein am 31.12.00 für 1,5 Mio. EUR fertiggestelltes Gebäude (Nutzungsdauer 30 Jahre) einen Leasingvertrag (Vertragsdauer 20 Jahre). Der Vertrag enthält keine Verlängerungs- oder Kaufoptionen. Spezialleasing liegt nicht vor. Die jährliche nachschüssige Leasingrate beträgt 100 TEUR. Der Barwert der noch zu leistenden Leasingraten beträgt 1,146 Mio. EUR per 1.1.01 und 1,116 Mio. EUR per 31.12.01. Welche Buchungen sind in 01 bei LG und bei LN vorzunehmen?

**Antworten**

**A.1** FuE-Aufwendungen sind wie folgt zu behandeln:
- Forschungsaufwendungen dürfen nie aktiviert werden.
- Entwicklungsaufwendungen sind bei Erfüllung bestimmter Bedingungen aktivierbar.

**A.2** Eine planmäßige Abschreibung des *goodwill* ist nach IFRS 3.B63(a) nicht zulässig, vorgesehen ist ausschließlich die außerplanmäßige Abschreibung (*impairment only approach*).

**A.3** Die Rückbaukosten sind einerseits Rückstellung, andererseits Herstellungskosten des Gebäudes (IAS 16.16(c)). Buchhalterisch: »per Gebäude 100 TEUR an Rückstellung 100 TEUR«.

**A.4** Nach dem Komponentenansatz (IAS 16.43 ff.) ist jedes (Haupt-)Teil eines Flugzeugs separat abzuschreiben, daher Turbinen (bzw. deren Anteil an den Anschaffungskosten) über fünf Jahre, der Rumpf über 25 Jahre usw.

**A.5** Der *right-of-use*-Ansatz bedeutet, dass der Leasingnehmer ein Nutzungsrecht (und nicht den Leasinggegenstand) aktiviert. Zu einer Aktivierung kommt es somit auch dann, wenn neben dem rechtlichen auch das wirtschaftliche Eigentum am Leasingobjekt beim Leasinggeber bleibt.

**A.6** *Investment properties* sind nicht eigenbetrieblich genutzte Immobilien (zur Vermietung oder Spekulation bestimmt). Sie können wahlweise zu fortgeführten Anschaffungskosten (wie Sachanlagen) bilanziert werden oder erfolgswirksam zum *fair value*.

**B.1** Erworbenes Mitarbeiter Know-how

Pro Aktivierung:

- Die Identifizierbarkeit, d. h. Unterscheidbarkeit des Know-how vom *goodwill* ist gegeben,
- Wahrscheinlichkeit künftigen wirtschaftlichen Nutzens (Einsatz in lukrativen Geschäftsbereichen),
- verlässliche Bewertung (sachkundiges Bewertungsgutachten).

Contra Aktivierung:

Der Konzern hat keine Verfügungsmacht über das Know-how. Die Mitarbeiter könnten kündigen.

Gesamtwürdigung:

Da alle vier Bedingungen kumulativ erfüllt sein müssen, die Verfügungsmacht aber fehlt, scheidet eine Aktivierung aus.

**B.2** Forschungs- und Entwicklungskosten

- Gemeinsamkeit mit dem HGB: Forschungsaufwendungen dürfen nie aktiviert werden (§ 255 Abs. 2a HGB, IAS 38.54).
- Unterschied: Bei Erfüllung bestimmter Bedingungen (z. B. Nutzen wahrscheinlich) sind Entwicklungskosten nach IFRS pflichtweise (IAS 38.57), nach HGB hingegen nur wahlweise (§ 248 Abs. 2 HGB) zu aktivieren.

**B.3** Nach IFRS 3.34 ist der negative Unterschiedsbetrag bereits im Erwerbszeitpunkt als Ertrag zu erfassen.

**B.4** Nach IAS 20.24 sind Investitionszuwendungen wahlweise

- als passivischer Abgrenzungsposten darzustellen oder
- von den Anschaffungs-/Herstellungskosten der bezuschussten Anlage abzuziehen.

Auf das Periodenergebnis hat dieses Ausweiswahlrecht keine Auswirkung. Im ersten Fall wird der Abgrenzungsposten über die Nutzungsdauer der Anlage linear aufgelöst, im zweiten Fall mindert der Zuschuss den Abschreibungsbetrag.

**B.5** Die Marke ist nicht planmäßig abzuschreiben, da sie eine unbestimmte Nutzungsdauer (*indefinite life*) hat (IAS 38.107 i. V. m. IAS 38.88 und IAS 38.94).

**B.6** Eine außerplanmäßige Abschreibung ist erst dann indiziert, wenn sowohl der Nettozeitwert als auch der Nutzungswert unter dem Buchwert liegt. Hierbei entsteht folgendes Problem: Die Sachanlagen erzeugen keine eigenständigen Cashflows, sondern sind Teil einer zahlungsmittelgenerierenden Einheit (CGU). Ein separater Nutzungswert kann für die Sachanlagen daher nicht bestimmt werden. Der Nutzungswert ist vielmehr für die CGU zu bestimmen und mit dem Buchwert der CGU zu vergleichen. Unter sonst gleichen Bedingungen kann es deshalb zu Folgendem kommen:

1. keine außerplanmäßige Abschreibung von Sachanlagen im Geschäftsbereich A (da hoch positiver Nutzungswert der CGU),
2. außerplanmäßige Abschreibung im Geschäftsbereich B, weil niedriger/negativer Nutzungswert der CGU.

**C.1** Voraussetzung für die Aktivierung von Entwicklungskosten ist die Trennbarkeit von den (nicht aktivierungsfähigen) Forschungskosten (IAS 38.53). Diese Trennbarkeit wird in der Softwareindustrie häufig mit folgendem Argument verneint: Konzeptionelle Phase (Forschung) und Umsetzungsphase (Entwicklung) folgten nicht linear aufeinander. Stattdessen lägen iterative Prozesse vor, in denen immer wieder von der Entwicklungs- zu Forschungstätigkeit »zurück«gegangen werden müsse. Mangels Trennbarkeit der Phasen wird dann nichts aktiviert.

**C.2** Anders als bei Sachanlagen gilt für immaterielle Anlagen, dass nachträgliche Ausgaben nur in seltenen Fällen aktiviert werden dürfen (IAS 38.20).

**C.3** Der Zinsvorteil des Objektdarlehens ist eine öffentliche Investitionszuwendung (IAS 20.10A) und daher entweder passivisch abzugrenzen oder von den Kosten des Anlagegegenstands abzuziehen (IAS 20.24). Somit bestehen zwei Buchungsmöglichkeiten:

Alternative 1:

| Konto | Soll | Haben |
|---|---|---|
| Geld | 100 | |
| Verbindlichkeit | | 75 |
| passivische Abgrenzung | | 25 |

Alternative 2:

| Konto | Soll | Haben |
|---|---|---|
| Geld | 100 | |
| Verbindlichkeit | | 75 |
| Anlagevermögen | | 25 |

**C.4** Das Gebäude ist ein qualifizierter Vermögenswert. Zinsen der Herstellungs-phase sind daher aktivierungspflichtig. Derartige Zinsen entstehen nicht nur aus Objektdarlehen, sondern auch aus allgemeinen Mitteln (Kontokorrent). Dabei kommt es nicht darauf an, ob die Kontokorrent-Inanspruchnahme durch den Bau des Gebäudes verursacht ist. IAS 23.10 fingiert vielmehr, dass die Fremdkapital-kosten des Kontokorrents vermieden worden wären (bzw. geringer ausgefallen wären), wenn es nicht zu Herstellungsausgaben gekommen wäre.

**C.5** Nach Handelsrecht (in der Interpretation des IDW) sind nur physische Komponen-ten mit unterschiedlicher Nutzungsdauer (Beispiel: Rumpf vs. Triebwerke eines Flugzeugs) separat abschreibbar. Nach IAS 16.13f. i.V.m. IAS 16.43 kann auch eine nicht physische Komponente (z.B. gesetzlich vorgeschriebene regelmäßige Generalüberholung) separat abzuschreiben sein.

**C.6** Leasing

Beurteilung beim Leasinggeber: kein Finanzierungsleasing, da Vertrag nicht größter Teil der Nutzungsdauer, kein Spezialleasing und keine Verlängerungs- oder Kaufop-tion. Somit *operating lease*.

Buchungen in 01:

| Konto | Soll | Haben |
|---|---|---|
| Geld | 100 | |
| Mietertrag | | 100 |
| Abschreibung | 50 | |
| Gebäude | | 50 |

Beurteilung beim Leasingnehmer: Nutzungsrecht (*right of use*) ist zu aktivieren und abzuschreiben. Leasingraten sind wie eine Darlehensannuität in Zins- und Tilgungs-anteil zu splitten.

Buchungen 1.1.01:

| Konto | Soll | Haben |
|---|---|---|
| Nutzungsrecht | 1.146 | |
| Verbindlichkeit | | 1.146 |

Buchungen 31.12.01:

| Konto | Soll | Haben |
|---|---|---|
| Verbindlichkeit | 100 | |
| Geld | | 100 |
| Zinsaufwand | 70 | |
| Verbindlichkeit | | 70 |
| Abschreibung | 38,2 | |
| Nutzungsrecht | | 38,2 |

# 4 Finanzvermögen

## 4.1 Überblick

### 4.1.1 Klassifizierung finanzieller Vermögenswerte

Als finanzielle Vermögenswerte werden nachfolgend behandelt:
- **Anteile** an anderen Unternehmen,
- langfristige Darlehen, **Ausleihungen**, Anleihen,
- kurzfristige Forderungen inkl. **Debitoren**,
- **sonstige** finanzielle Vermögenswerte, wie z. B. stille Beteiligungen,
- **Finanzderivate**.

In der Behandlung des Finanzvermögens bestehen sehr grundlegende Unterschiede gegenüber dem Handelsrecht.

Für die handelsrechtliche Bewertung von Finanzvermögen gilt:
- Sie unterliegt mit Ausnahmen bei Banken (§ 340e Abs. 3 HGB) und bestimmten Pensionsplänen (§ 253 Abs. 1 Satz 4 HGB) dem Anschaffungskostenprinzip unter Beachtung des Niederstwertprinzips.
- Die bewertungsrelevante Klassifizierungsproblematik beschränkt sich praktisch auf den kleinen Bereich der Wertpapiere, bei denen klärungsbedürftig sein kann, ob Anlagevermögen (gemildertes Niederstwertprinzip) oder Umlaufvermögen (strenges Niederstwertprinzip) vorliegt.
- Alle anderen Klassifizierungsfragen haben in der Praxis kaum Bewertungsrelevanz, sondern betreffen nur den Ausweis.

Das IFRS-System ist demgegenüber
- durch **unterschiedliche Bewertungsmaßstäbe** (amortisierte Anschaffungskosten vs. *fair value*) gekennzeichnet,
- wobei die Differenzierung in der Bewertung nicht nur **nach subjektivem Verwendungszweck** und Fristigkeit erfolgt,
- sondern auch **nach objektiver Art des Vermögenswerts**, mit der Folge, dass etwa Aktien unabhängig von der Dauer der Halteabsicht im Allgemeinen zum *fair value* zu bewerten sind.

Diese differenzierte Handhabung spiegelt sich auch in der Unterschiedlichkeit und Vielzahl der Regelungsquellen wider. Die Behandlung des Finanzvermögens ist geregelt:
- für die einzelbilanzielle Behandlung von **Beteiligungen** an Tochterunternehmen, für assoziierte Unternehmen und Gemeinschaftsunternehmen in IAS 27.10 sowie für eventuelle außerplanmäßige Abschreibungen auf solche Beteiligungen in IAS 36,

- für **Sonderfälle** (z. B. Forderungen aus Leasingverträgen gemäß IFRS 16, Planvermögen zur Rückdeckung von Pensionsverpflichtungen gemäß IAS 19 und Forderungen aus Versicherungsverträgen gemäß IFRS 17) in den spezifischen Standards,
- für das **übrige Finanzvermögen** in IFRS 9 mit überlappender Unterscheidung einerseits nach objektiver Art des Finanzinstruments (fixierte Zins- und Tilgungszahlungen vs. sonstige Finanzinstrumente) und andererseits nach subjektivem Verwendungszweck (IFRS 9.4.1 ff.).

In einem wichtigen Punkt hat das HGB zu den IFRS »aufgeholt«. Durch § 254 HGB i. d. F. BilMoG ist die Behandlung von **Sicherungszusammenhängen** erstmals gesetzlich geregelt, und zwar in wesentlichen Teilen mit dem gleichen Inhalt wie IAS 39, dessen Regelungen auch bei ansonsten gebotener Anwendung des Nachfolgestandards IFRS 9 (seit 2018) weiter angewandt werden dürfen (IFRS 9.7.2.21).

> **!**
>
> **Beispiel**
>
> Ein deutscher Autohersteller wird im ersten Quartal des Folgejahres ca. 50.000 Pkw zu je ca. 20 TUSD in den USA verkaufen und einen voraussichtlichen Erlös von 1 Mrd. USD erzielen. Ein Unternehmen sichert noch im Herbst des alten Jahres geplante Rohstoffbezüge des ersten Quartals des Folgejahres in Höhe von 100 Mio. USD durch **Dollar-Terminkäufe** zu einem Kurs von 1,10 EUR/USD ab. Zum Bilanzstichtag beträgt der Terminkurs für Dollarverkäufe mit gleichem Fälligkeitsdatum 1 EUR.
>
> Aus dem Dollar-Terminkauf »droht« zum Stichtag ein Verlust von 10 Mio. EUR. Nach h. M. vor dem BilMoG konnte der Zusammenhang zwischen den **Termingeschäften** und den erwarteten **(antizipierten) Cashflows** des Folgejahres **(Grundgeschäfte)** im HGB-Abschluss keine Berücksichtigung finden. Eine Drohverlustrückstellung war aufwandswirksam zu bilden. Nach § 254 HGB i. d. F. BilMoG ist der drohende Verlust aus dem Termingeschäft nicht anzusetzen. Die GuV wird nicht mit Aufwand belastet.
>
> Nach IAS 39 ist der »drohende« Verlust aus dem Terminkauf passivisch zum Bilanzstichtag zu erfassen. Die Gegenbuchung erfolgt jedoch erfolgsneutral im Eigenkapital, die GuV wird nicht angesprochen. Die Erfolgswirksamkeit tritt in der Folgeperiode ein, d. h. zu dem Zeitpunkt, zu dem die gesicherten Geschäfte selbst erfolgswirksam werden. Würde kein Sicherungszusammenhang bestehen, sondern wäre das Termingeschäft lediglich spekulativ abgeschlossen worden, wäre es noch im alten Jahr erfolgswirksam zu buchen.

## 4.1.2   Ausweis

Das Finanzvermögen bereitet auf der Ebene der Bilanz selbst keine besonderen Ausweisprobleme.

- **Finanzanlagen**: Die Position Finanzanlagen wird in der IFRS-Praxis entweder gar nicht oder, wie von IAS 1.54 verlangt, lediglich in *equity*-Beteiligungen einerseits und übrige Finanzanlagen andererseits unterteilt.

- **Kurzfristige Forderungen**: Im Umlaufvermögen ist die Bildung von separaten Posten für Forderungen aus Lieferungen und Leistungen einerseits und übrige Forderungen und finanzielle Vermögenswerte andererseits üblich.
- **Kurzfristig gehaltene Wertpapiere** des Umlaufvermögens werden entweder mit in der Unterposition »Übrige Forderungen und Vermögenswerte« erfasst oder bei wesentlichen Beträgen als dritter Posten des Finanz-Umlaufvermögens aufgeführt.

Die relevanten Erläuterungen und Untergliederungen des Finanzvermögens finden sich demgemäß nicht auf der Ebene der Bilanz, sondern in den *notes*.

## 4.2   Bilanzansatz: Zurechnung von Finanzaktiva bei Factoring und vergleichbaren Fällen

Die Ansatzfrage stellt sich bei finanziellen Vermögenswerten insbesondere unter dem Aspekt der **persönlichen Zurechnung**. Wenn etwa eine Forderung zivilrechtlich von Unternehmen A auf Unternehmen B übertragen wird, aber bei Forderungsverkäufer A bedeutsame Risiken verbleiben, wer hat dann die Forderung zu bilanzieren? Die Regelungen von IFRS 9 stellen hier auf drei Grundfragen ab:

- Ist es überhaupt zu einer **zivilrechtlich wirksamen Übertragung** der vertraglichen Rechte aus dem Finanzinstrument gekommen?
- Sind mit der Übertragung der Rechte auch die **Risiken** aus dem Finanzinstrument ganz, gar nicht oder teilweise übertragen worden?
- Falls irgendeine Art von Risikoteilung vereinbart wurde, wer hat die Kontrolle bzw. **Verfügungsmacht** über das Finanzinstrument?

Zunächst ist also zu würdigen, ob die mit dem finanziellen Vermögenswert verbundenen Rechte auf Erhalt von Zahlungen (etwa Dividenden bei Aktien, Zins und Tilgungen bei Darlehen) übertragen wurden (*transfer of contractual rights*; IFRS 9.3.2.4(a)). Regelmäßig setzt dies eine **zivilrechtlich wirksame Abtretung** voraus. Auch ohne Übergang der Rechte im Außenverhältnis kann es ausnahmsweise im Rahmen sog. **Durchleitungsvereinbarungen** (*pass through arrangements*) zur bilanziellen Übertragung der Forderung kommen, wenn der Übertragende dazu verpflichtet ist, die eingehenden Zahlungen zeitnah an den Erwerber weiterzuleiten (IFRS 9.3.2.4(b)). Derartige Durchleitungsvereinbarungen kommen etwa bei sog. ABS-Papieren vor.

Hat eine wirksame Übertragung der vertraglichen Rechte (in der Regel also eine Abtretung) stattgefunden, ist im zweiten Schritt eine Würdigung der **Risiken** (und Chancen) vorzunehmen. Eine einfache Lösung ergibt sich dann, wenn das Risiko (fast) ausschließlich von einer Partei getragen wird:

- Wenn so gut wie alle Risiken (*substantially all of the risks*) auf den Käufer übertragen werden, ist der sonstige finanzielle Vermögenswert beim Verkäufer auszubuchen (IFRS 9.3.2.6(a)).
- Umgekehrt unterbleibt trotz zivilrechtlich wirksamer Abtretung eine Ausbuchung, wenn so gut wie alle Risiken beim Forderungsverkäufer verbleiben (IFRS 9.3.2.6(b)).

Werden die Risiken hingegen teils übertragen, teils behalten (**Risikoteilung**), ist zusätzlich der **Kontrollaspekt** zu würdigen:
- Erwirbt der Käufer die Kontrolle, d. h., hat er die praktische Fähigkeit (*practical ability*), den finanziellen Vermögenswert ohne Auflagen und Beschränkungen an einen Dritten weiterzuveräußern, zu verpfänden usw., bucht der Verkäufer den Vermögenswert aus. Das bei ihm verbleibende Risiko passiviert er, bei einer verkauften Forderung z. B. unter Berücksichtigung des bei ihm verbleibenden maximalen Ausfallbetrags und der Ausfallwahrscheinlichkeit (IFRS 9.3.2.6(c)(i)).
- Erwirbt der Käufer nicht die Kontrolle, bucht der Verkäufer den finanziellen Vermögenswert nur zum Teil aus. In Höhe seines Risikoanteils (*continuing involvement*) behält er ihn in den Büchern. Zusätzlich passiviert auch er eine Verbindlichkeit, die so zu bemessen ist, dass sich der gleiche Ergebnis- bzw. Nettoeffekt wie bei der Variante mit Kontrollübergang ergibt (IFRS 9.3.2.6(c)(ii) i. V. m. IFRS 9.3.2.16).

Zum Ganzen folgendes Beispiel eines Forderungsverkaufs (Factoring):

**!** **Beispiel**

A veräußert eine Forderung von 100 für 95 an ein Factoringunternehmen. 50 % eines eventuellen Forderungsausfalls gehen zulasten von A (Risikoteilung). Die Wahrscheinlichkeit eines Forderungsausfalls wird mit 4 % eingeschätzt.

**Variante 1: A gibt die Kontrolle über die Forderung auf**
A bucht die Forderung aus:

| Konto | Soll | Haben |
|---|---|---|
| Geld | 95 | |
| Aufwand | 7 | |
| Forderung | | 100 |
| Garantieverbindlichkeit (50 × 4 %) | | 2 |

**Variante 2: A behält die Kontrolle über die Forderung**
A führt die Forderung in Höhe seines Maximalrisikos (= 50) fort und passiviert überdies die
Garantieverbindlichkeit (50 + 2):

| Konto | Soll | Haben |
|---|---|---|
| Geld | 95 | |
| Aufwand | 7 | |
| Verbindlichkeit | | 52 |
| Forderung | | 50 |

Wer die Verfügungsmacht/Kontrolle hat, wird nach der praktischen Fähigkeit (*practical ability*) des Erwerbers beurteilt, die Forderung ohne Auferlegung besonderer Restriktionen durch Weiterveräußerung, Verpfändung usw. zu verwerten. Bei einer stillen, dem Schuldner nicht angezeigten Forderungsabtretung ist diese Voraussetzung etwa dann nicht erfüllt, wenn der Forderungskäufer auf keinen Fall die Umwandlung in eine offene Forderung verlangen kann.

Das Prüfschema in Abb. 15 fasst die vorstehenden Ausführungen zusammen.

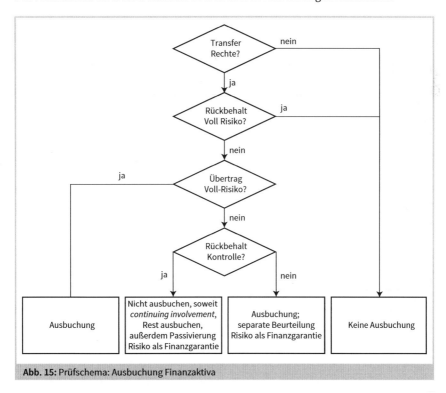

**Abb. 15:** Prüfschema: Ausbuchung Finanzaktiva

In der Praxis übernimmt der Verkäufer bei Verkauf ganzer Forderungsportfolien häufig eine *first-loss*-**Garantie**, der zufolge die ersten X Prozent des gesamten Forderungsausfalls zu seinen Lasten gehen, der Käufer darüber hinausgehende Ausfälle trägt. Je nach Wahrscheinlichkeit der Forderungsausfälle (z. B. 3 % Ausfallwahrscheinlichkeit bei einer *first-loss*-Garantie von 5 %) kann eine solche Konstruktion dazu führen, dass so gut wie alle relevanten Risiken beim Forderungsverkäufer verbleiben, dieser also gar nichts ausbucht.

## 4.3   Bewertung und Erfolgserfassung nach dem Klassifizierungssystem von IFRS 9

Die Grundzüge der Bewertung und Erfolgserfassung von Finanzinstrumenten gemäß IFRS 9 ergeben sich wie folgt:

1.   Erste Aufgabe ist die **Klassifizierung** des Finanzvermögens nach der objektiven Art des Vermögenswerts und des Verwendungszwecks im Unternehmen.
2.   Abhängig von dieser Klassifizierung erfolgt die **Bewertung** entweder zu amortisierten Anschaffungskosten oder zum *fair value*.
3.   In Fällen des *fair-value*-Ansatzes ist noch zu entscheiden, ob Wertänderungen **erfolgswirksam** über die GuV **oder erfolgsneutral** über das Eigenkapital erfasst werden sollen.

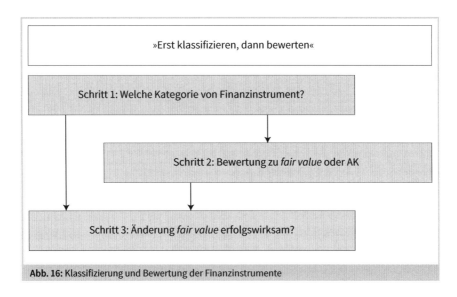

**Abb. 16:** Klassifizierung und Bewertung der Finanzinstrumente

Aus objektiver Sicht (Art des Finanzinstruments) ist nach IFRS 9.4.1.1 ff. zunächst folgende Unterscheidung geboten:

- Finanzielle Vermögenswerte, die **nicht ausschließlich feste Zins- bzw. Tilgungszahlungen** erbringen, sind stets zum *fair value* zu bewerten (IFRS 9.4.1.4). Betroffen hiervon sind einerseits Eigenkapitalinstrumente (IAS 32.9), also Aktien, GmbH-Anteile und ähnliche finanzielle Vermögenswerte, die Ansprüche am Eigenkapital (Nettovermögen) eines anderen Unternehmens gewähren. Darüber hinaus kann es aber auch in anderen Fällen an festen Zins- und Tilgungszahlungen fehlen, so etwa bei stillen Beteiligungen oder bei erfolgsabhängig verzinslichen (sog. partiarischen) Darlehen.
- Bei finanziellen Vermögenswerten, die ausschließlich **feste Tilgungszahlungen und** (falls überhaupt eine Vergütung vereinbart ist) **feste Zinszahlungen** vorsehen (Fremdkapitalinstrumente), ist **je nach dem Verwendungszweck** eine *fair-value*-Bewertung oder eine Bewertung zu fortgeführten Anschaffungskosten geboten (IFRS 9.4.1.2 ff.). Betroffen sind insbesondere Darlehensforderungen, Forderungen aus Lieferungen und Leistungen, aber z. B. auch börsennotierte Anleihen.

Die subjektive Seite, nämlich der **Verwendungszweck** im Unternehmen, entscheidet bei Fremdkapitalinstrumenten mit festen Zins- und Tilgungsvereinbarungen darüber, ob die nach Art des Finanzinstruments grundsätzlich infrage kommende Bewertung zu Anschaffungskosten im konkreten Fall tatsächlich zulässig ist. Darüber hinaus entscheidet der Verwendungszweck bei zum *fair value* erfassten Finanzinstrumenten (auch Eigenkapitalinstrumenten) darüber, ob die Wertänderung in der GuV zu berücksichtigen ist. Im Einzelnen gilt:

- **Eigenkapitalinstrumente** (Aktien und sonstige Anteile unterhalb der Beteiligungsschwelle):
  - Dienen diese Handelszwecken bzw. kurzfristiger Spekulation, werden die Wertänderungen zwingend in der GuV erfasst.
  - Liegt kein derartiger Zweck vor, besteht ein Wahlrecht, den Erfolg auch als sog. sonstiges Gesamtergebnis (*other comprehensive income* – OCI) ohne Berührung der GuV ins Eigenkapital einzustellen (IFRS 9.5.7.5).
- Bei **Fremdkapitalinstrumenten mit festen Zins- und Tilgungszahlungen** (z. B. normale Darlehen oder Debitoren) gilt:
  - Ist das Geschäftsmodell auf Halten des Finanzinstruments ausgerichtet (dominierende Absicht: Vereinnahmung der Zinsen und Tilgungen), erfolgt die Bewertung zu amortisierten Anschaffungskosten (IFRS 9.4.1.2).
  - Dominiert hingegen die Absicht, Gewinne aus Wertschwankungen zu erzielen, ist der *fair value* maßgeblich und sind seine Veränderungen in der GuV zu berücksichtigen (IFRS 9.4.1.4).
  - Dominiert keine der beiden Absichten in Bezug auf das Finanzinstrument bzw. das Portfolio, dessen Teil es ist, bleibt zwar der *fair value* maßgeblich, die Wertänderungen sind jedoch erfolgsneutral außerhalb der GuV zu erfassen (IFRS 9.4.1.2A).

- **Fremdkapitalinstrumente ohne feste Zins- und Tilgungszahlungen** sind zwingend der erfolgswirksamen *fair-value*-Bewertung zu unterwerfen (IFRS 9.4.1.4).

Zu **außerplanmäßigen Abschreibungen** kann es nur in den Fällen der Bewertung zu amortisierten Anschaffungskosten (bei Fremdkapitalinstrumenten mit festen Zins- und Zahlungsströmen auch bei der erfolgsneutralen *fair-value*-Bewertung – IFRS 9.5.2.2. i.V.m. IFRS 9.4.1.2A) kommen. Bei GuV-wirksamer Behandlung sämtlicher *fair-value*-Änderungen (ob nach oben oder nach unten) besteht für außerplanmäßige Abschreibungsregeln kein Bedarf.

Die erfolgsneutrale oder genau genommen GuV-neutrale Berücksichtigung von *fair-value*-Änderungen ist eine Besonderheit der IFRS. Wertänderungen werden als **sonstiges Gesamtergebnis** (*other comprehensive income* – OCI) ohne Berührung der GuV ins Eigenkapital eingestellt. Bilanziell wird zwar zu jedem Bilanzstichtag der *fair value* dargestellt, Eingang in die GuV finden die Wertänderungen jedoch erst zum Veräußerungszeitpunkt (IFRS 9.5.7.10). Die spätere Erfolgswirksamkeit wird als »*reclassification*« oder »*recycling*« bezeichnet.

> **!**
>
> **Beispiel**
>
> Die F GmbH hält Anfang 01 angeschaffte inländische Aktien, daneben ausländische Aktien. Die ausländischen Aktien wurden in Handelsabsicht erworben, die inländischen ohne eine solche Absicht. Beim Erwerb der inländischen Aktien hat sich F für eine erfolgsneutrale Behandlung entschieden.
> - Die Anschaffungskosten betragen jeweils 1 Mio. EUR.
> - Kurswert inländische Aktien per 31.12.01: 1,5 Mio. EUR.
> - Kurswert ausländische Aktien per 31.12.01: 1,2 Mio. EUR.
>
> Anfang 02 wird ein Fünftel der inländischen Aktien und alle ausländischen Aktien zum Kurswert verkauft. Wertänderungen sind seit dem 31.12.01 nicht eingetreten.
>
> **Buchungen 01**
>
> | Konto | Soll | Haben |
> | --- | --- | --- |
> | Inlandsaktien | 0,5 Mio. | |
> | OCI (w/Inlandsaktien) | | 0,5 Mio. |
> | Auslandsaktien | 0,2 Mio. | |
> | Ertrag (w/Auslandsaktien) | | 0,2 Mio. |

**Buchungen 02**

| Konto | Soll | Haben |
|---|---|---|
| Bank | 1,5 Mio. | |
| Inlandsaktien (1/5) | | 0,3 Mio. |
| Auslandsaktien (100 %) | | 1,2 Mio. |
| Rücklagen (w/Inlandsaktien) (1/5) | 0,1 Mio. | |
| Ertrag (w/Inlandsaktien) | | 0,1 Mio. |

Die nachfolgende Tabelle fasst die Klassifizierungs- und Bewertungsfragen zusammen.

| | Eigenkapitalinstrumente | Fremdkapitalinstrument ohne feste Zins-/Tilgungszahlungen | Fremdkapitalinstrument mit festen Zins-/Tilgungszahlungen |
|---|---|---|---|
| Beispiele | Aktien, GmbH-Anteile | Stille Beteiligung, partiarisches Darlehen | Debitoren, Darlehensforderungen |
| Bewertung | *fair value* | *fair value* | (Amortisierte) Anschaffungskosten, sofern Halteabsicht, sonst *fair value* |
| Ergebnis der eventuellen *fair-value-*Bewertung | Zwingend GuV-wirksam bei Handelsabsicht, sonst wahlweise erfolgsneutral (OCI) | Zwingend GuV-wirksam | GuV-wirksam bei dominierender Handelsabsicht, sonst erfolgsneutral (OCI) |
| Außerplanmäßige Abschreibung | Entfällt | Entfällt | Nur bei Bewertung zu amortisierten Anschaffungskosten oder bei erfolgsneutraler *fair-value*-Bewertung übernehmen |

**Tab. 10:** Klassifizierungs- und Bewertungsfragen von Finanzinstrumenten

Die Unterschiede in der Stichtagsbewertung (Anschaffungskosten vs. *fair value*) und Erfolgsbehandlung strahlen nach IFRS 9.5.1.1 auf die Zugangsbewertung, insbesondere die **Anschaffungsnebenkosten**, zurück.

- Bei Finanzvermögen, das der Folgebewertung zu amortisierten Anschaffungskosten (Darlehen und Forderungen) oder der erfolgsneutralen *fair-value*-Bewertung unterliegt, werden im Zugangszeitpunkt neben Anschaffungskosten auch Anschaffungsnebenkosten aktiviert.
- Finanzvermögen, das der erfolgswirksamen Folgebewertung zum *fair value* unterliegt, wird hingegen bei Erstverbuchung mit den Anschaffungskosten ohne Berücksichtigung der Anschaffungsnebenkosten erfasst. Anschaffungsnebenkosten sind hier sofort aufwandswirksam.

Die unterschiedliche Behandlung erklärt sich daraus, dass nur im ersten Fall unter Anwendung der Effektivzinsmethode eine Verteilung der Anschaffungsnebenkosten auf die Laufzeit möglich ist. Im zweiten Fall besteht diese Möglichkeit nicht. Der zum Bilanzstichtag anzusetzende *fair value* entspricht dem Marktwert ohne Berücksichtigung von Anschaffungsnebenkosten und ebenso ohne Berücksichtigung von eventuellen Veräußerungskosten.

Nachfolgend ein Vergleich der Behandlung von Anschaffungsnebenkosten bei den drei Kategorien von Wertpapieren.

> **! Beispiel**
>
> Ein Unternehmen erwirbt Anfang 01 ein Gläubigerwertpapier (WP) mit folgenden Werten:
> - Laufzeit: fünf Jahre,
> - Anschaffungskosten 1.000 EUR + 20 EUR Nebenkosten.
>
> Das Papier notiert zu den Bilanzstichtagen an der Börse wie folgt:
>
> | 01 mit | 1.000 EUR |
> |--------|-----------|
> | 02 mit | 970 EUR |
> | 03 mit | 1.030 EUR |
>
> Anfang 04 wird es für 1.030 EUR abzüglich 40 EUR Provision veräußert. Der Gesamterfolg beträgt stets -30 EUR. Abhängig von der Klassifizierung des Papiers ergibt sich jedoch eine unterschiedliche Verteilung. Bei Bewertung zu amortisierten Anschaffungskosten und auch bei erfolgsneutraler *fair-value*-Bewertung (IFRS 9.5.7.10) werden Anschaffungskosten auf Gläubigerpapiere über die Laufzeit verteilt (im Beispiel vereinfacht linear). Bei erfolgswirksamer *fair-value*-Bewertung führen sie sofort zu Aufwand.

| | Amortisierte Anschaffungskosten | Erfolgsneutrale *fair-value*-Bewertung | Erfolgswirksame *fair-value*-Bewertung |
|---|---|---|---|
| **Bilanzansatz** | | | |
| 01 | 1.016 | 1.000 | 1.000 |
| 02 | 1.012 | 970 | 970 |
| 03 | 1.008 | 1.030 | 1.030 |
| **Buchungen** | | | |
| 01 | WP 1.020 an Bank 1.020 <br> Aufw. 4 an WP 4 | WP 1.020 an Bank 1.020 <br> EK 20 an WP 20 <br> Aufw. 4 an EK 4 | WP 1.000 <br> Aufw. 20 an Bank 1.020 |
| 02 | Auf. 4 an WP 4 | Aufw. 4 an EK 4 <br> EK 30 an WP 30 | Aufw. 30 an WP 30 |
| 03 | Aufw. 4 an WP 4 | Aufw. 4 an EK 4 <br> WP 60 an EK 60 | WP 60 an Ertrag 60 |
| 04 | Bank 990 <br> Aufw. 18 an WP 1.008 | Bank 990 <br> Aufw. 18 <br> EK 22 an WP 1.030 | Bank 990 <br> Aufw. 40 an WP 1.030 |

Auch Finanzinstrumente, die an sich zu amortisierten Anschaffungskosten oder erfolgsneutral zum *fair value* zu bewerten wären, können gemäß IFRS 9.4.1.5 unter restriktiven Voraussetzungen bei der Erstverbuchung (freiwillig) der erfolgswirksamen *fair-value*-Bewertung unterworfen werden (**fair value option**).

## 4.4 Einzelfälle der Bewertung

### 4.4.1 Effektivzinsmethode bei Darlehen

Bei Fremdkapitalinstrumenten mit (objektiv) fester Zins- und Tilgungszahlung und (subjektiv) Halteabsicht sind für die Bewertung nicht die Anschaffungskosten, sondern die mit der **Effektivzinsmethode** ermittelten amortisierten Anschaffungskosten maßgeblich.

Analog zur handelsrechtlichen Bilanzierung eines Zero-Bonds im Jahresabschluss des Gläubigers ist danach

- zunächst die interne Rendite (Effektivzins) zu ermitteln,
- um sodann die Anschaffungskosten im Zugangszeitpunkt als mit dieser Rendite abgezinsten Rückzahlungsbetrag zu bestimmen und
- schließlich die Periodenzinsen und Stichtagsbuchwerte durch Anwendung des Effektivzinses auf den Vortragswert (Aufzinsung) und den eventuellen Zahlungsstrom der Periode festzulegen.

**!** **Tipp**

Die Berechnung des Effektivzinses lässt sich leicht mit Tabellenkalkulationsprogrammen durchführen. Ein Excel-Beispiel (mit Formeln):

- Fälligkeitsdarlehen über 1.250,
- Disagio 20 %, somit Auszahlung 1.000,
- Nominalzins: 4,7 %, somit 59 p. a.

Tabellarische Aufbereitung:

|  | Spalte A | Spalte B | Lösung |
|---|---|---|---|
| Zeile 1 | Auszahlung | 1.000 | |
| Zeile 2 | Zins 01 | −59 | |
| Zeile 3 | Zins 02 | −59 | |
| Zeile 4 | Zins 03 | −59 | |
| Zeile 5 | Zins 04 | −59 | |
| Zeile 6 | Zins 05 + Rückzahlung | −1.309 | |
| EXCEL Menü »Formeln/Funktion einfügen/ IKV« | | EXCEL-Befehl »= IKV (B1:B6)« | 10 % |

Aus dem errechneten Effektivzins ergibt sich die effektive Verzinsung der Periode und im Vergleich mit Zinszahlungen und Tilgungsleistungen die Fortschreibung (Amortisierung) der Anschaffungskosten.

**!** **Beispiel**

Ein Unternehmen reicht am 31.12.00 einen Kredit mit folgenden Konditionen aus:

- Auszahlung: 1.000,
- Rückzahlung: 1.250,
- Laufzeit: fünf Jahre,
- jährlich zu zahlender Zins: 4,7 % von 1.250 (= 59).

Mit der in Tabellenkalkulationsprogrammen integrierten internen Zinsfuß-Funktion lässt sich aus den sechs Werten der Zahlungsreihe (s. obige Tabelle: -1.000, 59, 59, 59, 59, 1.309) rasch der Effektivzins von 10 % errechnen.

Seine Anwendung führt zu folgenden Buchwerten:

| Jahr | (a) Amortisierte AK per 1.1. | (b) Zinsertrag a × 10% | (c) Cashflow | (d) Amortisierte AK 31.12. a+b+c |
|---|---|---|---|---|
| 01 | 1.000 | 100 | −59 | 1.041 |
| 02 | 1.041 | 104 | −59 | 1.086 |
| 03 | 1.086 | 109 | −59 | 1.136 |
| 04 | 1.136 | 113 | −59 | 1.190 |
| 05 | 1.190 | 119 | −1.309 | 0 |

## 4.4.2 Wertberichtigungen von Fremdkapitalinstrumenten

Auf Fremdkapitalinstrumente (Ausleihungen, Anleihen, Debitoren usw.) mit feststehenden Zins- und Tilgungsströmen sind nach IFRS 9.5.5.1 Wertberichtigungen vorzunehmen, wenn für die Instrumente bzw. das Portfolio, dem sie zuzuordnen sind,

- eine Halteabsicht besteht (Bewertung zu fortgeführten Anschaffungskosten) oder
- keine Verwendungsabsicht dominiert (erfolgsneutrale *fair-value*-Bewertung über das OCI).

Die Wertberichtigungsregeln differenzieren nach der Art des betroffenen Vermögenswerts:

Bei **Debitoren** ist der über die Laufzeit erwartete Ausfall anzusetzen (IFRS 9.5.5.15(a)). Er ergibt sich als Produkt aus erwartetem Ausfallbetrag (unter Berücksichtigung von Sicherheiten) und Ausfallwahrscheinlichkeit.

Bei anderen betroffenen Vermögenswerten (**ausgereichte Kredite**, gekaufte Anleihen usw.) ist folgendes dynamisches Modell anzuwenden:

- **Stufe 1**: Zur Berechnung der Verluste werden die insgesamt über die Vertragslaufzeit erwarteten Zahlungsströme mindestens mit der Wahrscheinlichkeit eines Ausfalls innerhalb der zwölf auf den Abschlussstichtag folgenden Monate multipliziert (IFRS 9.5.5.5).
- **Stufe 2**: Sofern das Ausfallrisiko eines finanziellen Vermögenswerts seit seinem Zugang signifikant angestiegen ist, ist gemäß IFRS 9.5.5.3 nicht mehr die Wahrscheinlichkeit eines Ausfallereignisses in den nächsten zwölf Monaten, sondern diejenige über die gesamte Laufzeit maßgeblich.
- **Stufe 3**: Sofern der finanzielle Vermögenswert überdies aufgrund objektiver Hinweise (vertragsbrüchiges Verhalten, hohe Insolvenzwahrscheinlichkeit usw.)

*impaired* i. S. v. IFRS 9 ist, wird er nach Stufe 3 umklassifiziert, mit der Folge, dass die Effektivzinsmethode gemäß IFRS 9.5.4.1 nicht mehr auf Basis der ursprünglichen Anschaffungskosten, sondern auf der Grundlage des wertberichtigten Betrags angewandt wird.

Die Wertberichtigung ist in allen Fällen nicht notwendig in Form von Einzelwertberichtigungen zu berechnen. Eine **portfolioorientierte Berechnung** ist unter der Prämisse zulässig, dass das jeweilige Portfolio Vermögenswerte mit ähnlicher Risikocharakteristik enthält (IFRS 9.B.5.5.4 f.).

Speziell für **Debitoren** (*trade receivables*) erlaubt IFRS 9.B5.5.35 die vereinfachte Berechnung des Wertberichtigungsbedarfs auf Basis einer **Risikomatrix**:

> **!**
>
> **Beispiel**
>
> Unternehmen U hat diverse Forderungen aus der Veräußerung eigener Produkte mit einem Gesamtvolumen von 12.000 GE gegenüber einer Vielzahl von Kunden in der gleichen Region (gleiche Risikocharakteristik). Für die Bestimmung der erforderlichen Risikovorsorge verwendet U eine Matrix in Abhängigkeit der (Über-)Fälligkeit der einzelnen Forderungen. Diese Matrix basiert auf historischen Erfahrungswerten, adjustiert um aktuelle Erwartungen.
>
> | Fälligkeit | Forderungs-volumen (TEUR) | Erwarteter Verlust (%) | Risikovorsorge (TEUR) |
> |---|---|---|---|
> | Noch nicht fällig | 10.000 | 2,0 % | 200 |
> | 1–30 Tage überfällig | 600 | 2,5 % | 15 |
> | 31–90 Tage überfällig | 400 | 5,0 % | 20 |
> | Mehr als 90 Tage überfällig | 1.000 | 30,0 % | 300 |
> | Wertberichtigung | | | 535 |

### 4.4.3 Beteiligungen an Tochterunternehmen, Gemeinschaftsunternehmen und assoziierten Unternehmen vs. einfache Anteile

Hinsichtlich der Bilanzierung von Anteilen an anderen Unternehmen im Einzelabschluss differenzieren die IFRS zwischen

- unter alleiniger Kontrolle stehenden **Tochterunternehmen** (IFRS 10),
- unter signifikantem Einfluss stehenden **assoziierten Unternehmen** (IAS 28),
- unter gemeinsamer Kontrolle stehenden **Gemeinschaftsunternehmen** (IFRS 11) und schließlich
- **sonstigen (einfachen) Anteilen** ohne signifikante Einflussmöglichkeit (IFRS 9).

Bei der **einzelbilanziellen Darstellung** von Beteiligungen, also Anteilen an Tochterunternehmen, assoziierten Unternehmen und Gemeinschaftsunternehmen, besteht ein **Wahlrecht** zwischen Anschaffungskostenansatz, *fair-value*-Bewertung und Bewertung *at equity* (IAS 27.10).

Für die Abgrenzung zwischen Beteiligungen und einfachen Anteilen kommt es darauf an, ob ein maßgeblicher Einfluss vorliegt. Hier formuliert IAS 28.5 eine widerlegbare Vermutung:

- Beträgt der unmittelbar oder mittelbar gehaltene Stimmrechtsanteil mindestens 20 %, so wird ein maßgeblicher Einfluss unterstellt, es sei denn, dass diese Annahme eindeutig widerlegt werden kann.
- Umgekehrt wird bei einem Stimmrechtsanteil unter 20 % angenommen, dass kein maßgeblicher Einfluss vorliegt, es sei denn, ein solcher Einfluss könnte eindeutig belegt werden.

| | Definition | Bewertung |
|---|---|---|
| Töchter IFRS 10 | KONTROLLE über Finanz- und Geschäftspolitik | Wahlweise<br>• zu AK,<br>• zum Zeitwert oder<br>• *at equity* |
| Assoziierte UN IAS 28 | MAßGEBLICHER EINFLUSS Im Zweifel: Anteil ≥ 20 % | Wahlweise<br>• zu AK,<br>• zum Zeitwert oder<br>• *at equity* |
| Gemeins. UN IFRS 11 | GEMEINSAME KONTROLLE | Wahlweise<br>• zu AK,<br>• zum Zeitwert oder<br>• *at equity* |
| Einfache Anteile IFRS 9 | WEDER KONTROLLE NOCH SIGNIFIKANTER EINFLUSS | Zum Zeitwert |

**Abb. 17:** Anteile im IFRS-Einzelabschluss

Eine ähnliche Regelung findet sich in §271 Abs. 1 Satz 3 HGB. Als Beteiligung gelten handelsrechtlich im Zweifel Anteile an einer Kapitalgesellschaft, die insgesamt 20% des Nennkapitals dieser Gesellschaft überschreiten. Der Beteiligungsbegriff des HGB stellt jedoch nicht auf die Einflussnahme, sondern auf die Herstellung einer dauernden Bindung zum eigenen Unternehmen ab. Anders als nach IFRS genügt es daher handelsrechtlich nicht, eine Einflussnahme auf die Geschäftsführung auszuschließen. Es muss weiterhin ausgeschlossen sein, dass die Anteile zur Herstellung einer sonstigen dauernden Verbindung dienen sollen. Die HGB-Definition ist insofern subjektiver, da sie an den Verwendungszweck und nicht an die objektive Einflussmöglichkeit anknüpft.

> **! Tipp**
>
> Bei der Aufstellung der Handelsbilanz wird die Frage, ob ein z. B. 15%iger Anteil schon als Beteiligung oder noch als sonstige Finanzanlage einzustufen ist, gemeinhin rasch entschieden. Insbesondere der steuerrechtlich Geschulte ist es gewohnt, kein »Ausweisfetischist« zu sein und sich nicht lange mit Fragen aufzuhalten, die für die Bewertung und den Erfolg unerheblich sind.
>
> Bei Aufstellung der IFRS-Bilanz gilt es umzudenken: Die Einstufung als Beteiligung oder sonstige Finanzanlage entscheidet über Bewertung und Bewertungserfolg. Die Einstufungsfrage ist deshalb sorgsam und als allererstes zu prüfen.

Die Frage, wann **Gewinne und Verluste aus Beteiligungen** im **HGB-Einzelabschluss (und in der Steuerbilanz)** zu realisieren sind, ist nicht einfach zu beantworten. Die Antwort hängt u. a.m von der Rechtsform und von der Beteiligungsquote ab. Sie fällt überdies für Gewinne anders aus als für Verluste. Im »einfachsten« Fall eines identischen Geschäftsjahres der Unternehmen gelten u. a. folgende Regelungen für die Handelsbilanz:

- Handelt es sich bei dem Beteiligungsunternehmen um eine Personengesellschaft und gelten die gesetzlichen Bestimmungen für Entnahmen usw., so ist der Gewinnanteil ggf. bereits phasengleich, d. h. im gleichen Geschäftsjahr, beim Mutterunternehmen zu erfassen. Sieht der Gesellschaftsvertrag des Personenunternehmens einen Gewinnverwendungsbeschluss der Gesellschafter vor, so kann es darauf ankommen, ob dem Gesellschafter die Mehrheit der Stimmrechte zusteht (IDW RS HFA 7).
- Besteht die Beteiligung an einer Kapitalgesellschaft, so bedarf es für die Realisierung des Gewinns eines Dividendenbeschlusses. Ergeht der Beschluss während des Aufstellungszeitraums des übergeordneten Unternehmens, ist im Fall einer Mehrheitsbeteiligung von einer Aktivierungspflicht des Dividendenanspruchs auszugehen.
- Dem handelsrechtlichen Aktivierungsgebot steht nach der Entscheidung des Großen Senats des BFH vom 7.8.2000[9] steuerbilanziell ein Aktivierungsverbot gegenüber.

---

9   BFH, Beschluss v. 7.8.2000, GrS 2/99, BFH/NV 2000, S. 1404.

- Verluste wiederum sind handelsbilanziell nur dann zu berücksichtigen, wenn sie eine außerplanmäßige Abschreibung begründen.
- Steuerbilanziell kommt es bei Verlusten darauf an, ob die Beteiligung an einer Personengesellschaft besteht oder an einer Kapitalgesellschaft. Im ersten Fall erfolgt die Verlustberücksichtigung ohne weiteres über die sog. Spiegelbildmethode, im zweiten Fall müssen die Voraussetzungen einer Teilwertabschreibung gegeben sein.

Diese verwirrende Rechtslage ist ein gutes Beispiel für die Grenzen abstrakter Gesetzesregeln. Eine Vorschrift, nach der Gewinne nur dann zu berücksichtigen sind, wenn sie am Abschlussstichtag realisiert sind (§ 252 Abs. 1 Nr. 4 HGB), gibt für konkrete Fragen wenig her. Es kommt deshalb zu unterschiedlichen und im Zeitlauf schwankenden Antworten.

**IFRS 9** enthält demgegenüber eine eher kurze Regel: Dividenden sind als Ertrag zu vereinnahmen, wenn ein Rechtsanspruch auf die Zahlung etabliert ist (IFRS 9.5.7.1A). Ob dies der Fall ist, bestimmt sich nach Gesellschaftsrecht:

- Soweit kein Ergebnisabführungsvertrag besteht, wandelt sich das Mitgliedschaftsrecht des Gesellschafters einer Kapitalgesellschaft erst dann in ein Gläubigerrecht um, wenn der Gewinnverwendungsbeschluss gefasst ist (§ 174 AktG, § 29 GmbHG). Eine phasengleiche Aktivierung des Gewinnanspruchs scheidet auch bei einem Haupt- oder Mehrheitsgesellschafter aus.
- Bei gesetzlich verfassten Personengesellschaften entsteht der Anspruch des Gesellschafters zwar abstrakt mit Beendigung des Geschäftsjahres (§ 120 Abs. 2 HGB und § 167 Abs. 1 HGB). Die Konkretisierung der Ansprüche bedarf jedoch der Feststellung einer Bilanz durch Gesellschafterbeschluss und erfolgt demnach erst nach Ablauf des Jahres. Wie bei einer Beteiligung an Kapitalgesellschaften ist daher m. E. der Gewinnanspruch phasenversetzt zu erfassen.

## 4.5   Finanzderivate und *hedge accounting*

### 4.5.1   Überblick

Als **Finanzderivate** definiert IFRS 9.A Finanzinstrumente,
- deren Wert sich infolge einer Änderung eines (Referenz-)Zinssatzes, Wertpapierkurses, Rohstoffpreises, Wechselkurses, Indexes oder einer ähnlichen Variablen verändert,
- wobei verglichen mit sonstigen Verträgen, die in ähnlicher Weise auf Änderungen der Marktbedingungen reagieren, keine oder nur eine geringe anfängliche Investition erforderlich ist und
- der Ausgleich zu einem späteren Zeitpunkt erfolgen wird.

Wichtige Finanzderivate sind in erster Linie

- alle Arten von **Optionen**,
- **Termingeschäfte**,
- **Zinsswaps**.

Dienen Finanzderivate nicht spekulativen Zwecken, sondern **Sicherungszwecken** (*hedging*), so kann der Gewinn/Verlust aus dem Grundgeschäft handelsrechtlich nach §254 HGB ggf. mit dem Verlust/Gewinn aus dem Sicherungsgeschäft kompensiert werden. Eine Bewertungseinheit wird gebildet, die die Kompensation bis zur Höhe eines drohenden Verlustüberschusses rechtfertigt.

Die Regelungen in IFRS 9 weisen im Vergleich dazu eine höhere Stringenz auf:

- Derivate sind *immer zum fair value* zu erfassen. Wertänderungen sind nicht nur im Fall drohender Verluste, sondern auch bei »drohenden« Gewinnen zu berücksichtigen (IFRS 9.4.1.4 und IFRS 9.4.2.1(a)).
- Soweit Derivate **nicht zu Sicherungszwecken** gehalten werden, sind alle Wertänderungen erfolgswirksam in der GuV zu erfassen.
- Soweit Derivate der **Sicherung** dienen (*hedge accounting*), ist nach IFRS 9 zu unterscheiden:
  - Bei Absicherung des ergebniswirksamen Zeitwertrisikos vorhandener finanzieller Vermögenswerte oder Verbindlichkeiten (*fair value hedge*) ist auch die Wertänderung des Derivats in der GuV ergebniswirksam (IFRS 9.6.5.8).
  - Bei Absicherung erwarteter zukünftiger Cashflows (*cash flow hedge*) sind die Wertänderungen des Derivats zunächst erfolgsneutral gegen Eigenkapital zu buchen. In der Periode, in der auch das Grundgeschäft erfolgswirksam wird, wird der Wert des Derivats entweder erfolgswirksam oder bei Absicherung des geplanten Zugangs nicht finanzieller Vermögenswerte (z. B. Vorräte oder Sachanlagen) gegen dessen Zugangswert verrechnet.
- Daneben bestehen Sonderregelungen für bestimmte Währungssicherungen, sog. *foreign currency hedges*. Dieser Begriff und die Sonderregeln umfassen jedoch nicht die Absicherung laufender Geschäfte in fremder Währung (*cash flow hedge* oder *fair value hedge*), sondern beschränken sich auf die Sicherung von Investments in ausländische Niederlassungen, Betriebsstätten usw.

Die unterschiedlichen Sicherungsformen und ihre Behandlung sind in Abb. 18 zusammengefasst.

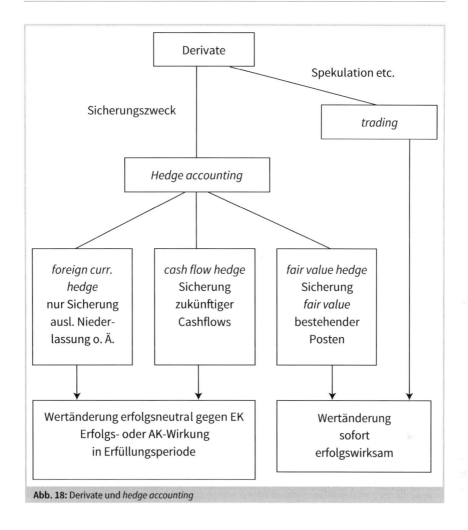

**Abb. 18:** Derivate und *hedge accounting*

Auch bei sonst zeitlich gebotener Anwendung von IFRS 9 (d. h. seit 2018) steht es dem Unternehmen frei, hinsichtlich des *hedge accounting* weiterhin IAS 39 anzuwenden (IFRS 9.7.2.21). Im Bereich perfekter Mikro-*hedges* ergeben sich kaum relevante Abweichungen zwischen beiden Standards. Anders ist die Sachlage bei weniger perfekten Sicherungen (etwa Luftfahrtunternehmen sichert Kerosinpreis durch Termingeschäfte auf Öl ab) oder bei dynamischen Sicherungsstrategien, in denen etwa die Sicherungsinstrumente an ein stets wechselndes Portfolio von Grundgeschäften jeweils angepasst werden. Hier bestehen nach IAS 39 z. T. restriktive Regelungen, die ein *hedge accounting* entweder gar nicht ermöglichen oder dessen vorzeitige Beendigung gebieten. IFRS 9 ist hier großzügiger und erleichtert es, tatsächliche ökonomische Sicherungsstrategien der Praxis auch bilanziell als *hedges* abzubilden.

## 4.5.2  Hedge accounting

### 4.5.2.1  Synchronisierungszweck des *hedge accounting*

Im System des HGB werden Sonderregeln für Sicherungszusammenhänge vor allem benötigt, um wirtschaftlich nicht gerechtfertigte Drohverlustrückstellungen oder Abschreibungen zu vermeiden. Wird etwa eine langfristige Dollarforderung durch einen Terminverkauf gesichert und steigt der Dollar bis zum Bilanzstichtag, so kann auf die Forderung wegen des Anschaffungskosten- und des Imparitätsprinzips keine Zuschreibung vorgenommen werden; der gegenläufige Verlust aus dem Sicherungsgeschäft wäre aber als Rückstellung zu berücksichtigen. Die Zulassung von Bewertungseinheiten durch § 254 HGB i. d. F. BilMoG vermeidet ein solches, dem wirtschaftlichen Gehalt nicht entsprechendes Ergebnis.

Die IFRS kennen keine derartigen Beschränkungen der Bilanzierung auf Sicherungszusammenhänge. Finanzderivate etwa sind nicht nur passivisch im Fall drohender Verluste, sondern auch aktivisch bei zu erwartenden Gewinnen zu bilanzieren. Ein eventueller Zusammenhang mit einem jetzigen oder zukünftigen Grundgeschäft berührt nie den Bilanzausweis, sondern nur die sofortige oder spätere Berücksichtigung in der GuV.

Zweck des *hedge accounting* nach IFRS ist **nur die Synchronisierung der GuV**. Hinsichtlich des Synchronisierungsproblems und seiner Lösung sind zwei Fälle zu unterscheiden:

1. *Fair value hedge*
   - Synchronisierungsproblem:
     Der *fair value* eines schon bilanzwirksamen Grundgeschäfts reagiert spiegelbildlich zum *fair value* des Sicherungsgeschäfts (Derivats) auf Änderungen von Marktzinsen, Devisenkursen oder sonstigen Parametern. Nach allgemeinen Regeln wird das Grundgeschäft jedoch zu Anschaffungskosten oder zwar zum *fair value*, aber erfolgsneutral geführt. Nur die *fair-value*-Änderung des Derivats würde dann in die GuV einfließen. In Summe beider Geschäfte ergäbe sich trotz geschlossener Position, d. h. trotz spiegelbildlicher Wertentwicklung, ein GuV-Erfolg.
   - Lösung:
     Abhilfe schaffen hier IFRS 9.6.5.8 und IAS 39.89. Bei Vorhandensein einer *fair-value-hedge*-Beziehung wird in die Regeln für das Grundgeschäft eingegriffen. Es ist nicht mehr zu Anschaffungskosten oder erfolgsneutral zum *fair value* zu bilanzieren (Normalregel), sondern der erfolgswirksamen *fair-value*-Bewertung zu unterwerfen (Sonderregel). In der GuV ergibt sich bei geschlossener Position saldiert ein Ergebnis von null.

2. *Cash flow hedge*

- Synchronisierungsproblem:

  Das Grundgeschäft ist eine geplante, noch nicht bilanzwirksame Transaktion. Der *fair value* des noch nicht bilanzwirksamen Grundgeschäfts reagiert spiegelbildlich zum *fair value* des Sicherungsgeschäfts (Derivats) auf Änderungen von Marktzinsen, Devisenkursen oder sonstiger Parametern.

  Das Grundgeschäft wird jedoch erst in der nächsten Periode bilanz- und erfolgswirksam. In der aktuellen Periode ist hingegen bereits der *fair value* des Derivats zu bilanzieren. Würde die *fair-value*-Änderung des Derivats nach allgemeinen Regeln bereits jetzt in die GuV einfließen, ergäbe sich in der Summe beider Geschäfte trotz geschlossener Position ein GuV-Erfolg der aktuellen Periode.

- Lösung:

  Abhilfe schaffen hier IFRS 9.6.5.11. bzw. IAS 39.95. Bei Vorhandensein einer *cash-flow-hedge*-Beziehung zwischen beiden Positionen wird in die Regeln für das Derivat eingegriffen. Es wird nicht mehr erfolgswirksam behandelt (Normalregel), sondern seine Wertänderung so lange erfolgsneutral im Eigenkapital geparkt, bis auch die Grundposition erfolgswirksam wird (Sonderregel). In der GuV ergibt sich bei geschlossener Position saldiert ein Ergebnis von null.

Gemeinsam ist beiden Fällen, dass über die Regeln des *hedge accounting* die **Erfolge aus Grundgeschäft und Derivat synchronisiert** werden. Der Punkt, an dem der Synchronisierungsmechanismus ansetzt, unterscheidet sich jedoch:

- Beim *fair value hedge* wird in die Regeln für das Grundgeschäft eingegriffen; dieses wird erfolgswirksam gestellt.
- Beim *cash flow hedge* erfolgt der Eingriff auf der Seite des Derivats; dieses wird erfolgsneutral gestellt.

Zur Illustration von Synchronisierungsproblem und -lösung zunächst das Beispiel einer Zinsabsicherungsstrategie:

> **Beispiel**
>
> X ist Inhaber einer festverzinslichen Anleihe, die er als Teil eines Portfolios hält, in dem weder die Halte- noch die Handelsabsicht dominiert. Die Anleihe wird deshalb erfolgsneutral zum *fair value* bilanziert. X will sich gegen eine Erhöhung der Marktzinsen und einen daraus resultierenden Kursrückgang der Anleihe absichern. X schließt deshalb ein Zinsswapgeschäft ab.
>
> Y plant, in einigen Monaten eine eigene Anleihe zu emittieren. Das derzeitige Zinsniveau ist niedrig. Y will sich gegen eine Erhöhung des Zinsniveaus schützen und schließt deshalb einen *forward*-Zinsswap ab.

Die folgende Tabelle zeigt den Einfluss einer Marktzinserhöhung bei Anwendung der Normalregeln sowie für den Fall des *hedge accounting*.

|  | Normalregeln | | | hedge accounting | | |
|---|---|---|---|---|---|---|
|  | Festzins-anleihe | variable receiver-swap | Summe | Anleihe | swap | Summe |
| GuV* | 0 | + | + | - | + | 0 |
|  | Geplante Emission Anleihe | forward-Zinsswap | Summe | Geplante Emission | swap | Summe |
| GuV* | 0 | + | + | 0 | 0 (im EK) | 0 |
| * bei Erhöhung Marktzinsen | | | | | | |

Tab. 11: *fair value hedge* und *cash flow hedge* bei Zinssicherungsgeschäften

## 4.5.2.2  Wahlrechte und Buchungstechnik am Beispiel der Währungssicherung

Besondere Wahlrechte bestehen für Fremdwährungssicherungen:

- Für die Absicherung des Fremdwährungsrisikos aus **schwebenden, d.h. bereits kontrahierten Geschäften** gewähren IFRS 9.6.5.4 und IAS 39.87 ein **Wahlrecht**: die Sicherungsbeziehung kann auch als *cash flow hedge* interpretiert werden. Entscheidet sich das Unternehmen für die Behandlung als *cash flow hedge* und wendet es IAS 39 an, so eröffnet sich in IAS 39.98 ein weiteres Wahlrecht.
- Der Derivateerfolg muss nicht so lange im Eigenkapital geparkt werden, bis der Vermögenswert selbst durch Abschreibung, Materialverbrauch etc. erfolgswirksam wird.
- Er kann alternativ gegen die Anschaffungskosten aufgelöst werden (sog. *basis adjustment*). In diesem Fall wird das Grundgeschäft zum Sicherungskurs eingebucht.
- Nach IFRS 9.6.5.11 ist nur noch das *basis adjustment* zulässig.

Zur Buchungstechnik je nach Qualifizierung des *hedge* und – soweit IAS 39 angewandt wird – je nach Ausübung des weiteren Wahlrechts folgendes Beispiel:

**!**

**Beispiel**

Raffinerie R schließt im November 01 einen Vertrag über den Einkauf von 1 Mio. Barrel Öl zu 30 Mio. USD ab. Liefer- und Zahlungstermin ist der 31.1.02. Fakturiert wird in Dollar.

Das Währungsrisiko sichert R bei einem Kurs von 1:1 durch einen Dollarterminkauf ab.

Zum 31.12.01 ist der Dollarkurs auf 1,20 EUR/USD gestiegen. Das Dollartermingeschäft hat einen positiven Marktwert von 6 Mio. EUR, denn R kann aufgrund der Terminvereinbarung die Dollars zu 30 Mio. EUR statt zu 36 Mio. EUR beschaffen.

Der schwebende Einkaufsvertrag über das Öl hat hingegen einen negativen Marktwert von 6 Mio. EUR. R muss (ohne Betrachtung des Dollartermingeschäfts) 36 Mio. EUR statt ursprünglich geplanter 30 Mio. EUR für das Öl aufwenden.

Im Januar 02 ändert sich der Wechselkurs nicht mehr.

**Alternative 1:** Behandlung als *fair value hedge*
Buchungen 01 (in EUR)

| Konto | Soll | Haben |
|---|---|---|
| Derivat | 6 Mio. | |
| Ertrag | | 6 Mio. |
| Aufwand | 6 Mio. | |
| Schwebende Verb. aus Einkaufsvertrag | | 6 Mio. |

In der GuV 01 ergibt sich unter Beachtung der Saldierungsmöglichkeit aus IAS 1 ein Ergebnis von null. Das Eigenkapital wird aber um 6 Mio. EUR niedriger (und zutreffender) ausgewiesen als bei Interpretation als *cash flow hedge*.

Buchungen 02 (in EUR)

| Konto | Soll | Haben |
|---|---|---|
| Rohstoffe | 30 Mio. | |
| Schwebende Verb. | 6 Mio. | |
| Geld | | 36 Mio. |
| Geld | 6 Mio. | |
| Derivat | | 6 Mio. |

sowie bei Verbrauch der Rohstoffe:

| Konto | Soll | Haben |
|---|---|---|
| Materialaufwand | 30 Mio. | |
| Rohstoffe | | 30 Mio. |

In 02 werden die Rohstoffe zum Sicherungskurs eingebucht. Nach diesem Wert bestimmt sich auch der Materialaufwand.

**Alternative 2:** Behandlung als *cash flow hedge*
Buchungen 01 (in EUR)

| Konto | Soll | Haben |
|---|---|---|
| Derivat | 6 Mio. | |
| Eigenkapital | | 6 Mio. |

Die 6 Mio. EUR aus dem Ölkontrakt sind nicht zu berücksichtigen.

Der gesamte Vorgang ist zwar GuV-neutral, die Vermögenslage (Eigenkapital) wird aber um 6 Mio. EUR zu günstig ausgewiesen.

Buchungen 02 (in EUR)

**Alternative 2a):** *basis adjustment* (Auflösung Eigenkapital bei Anschaffung Rohstoffe)

| Konto | Soll | Haben |
|---|---|---|
| Rohstoffe | 36 Mio. | |
| Geld | | 36 Mio. |
| Geld | 6 Mio. | |
| Derivat | | 6 Mio. |
| Eigenkapital | 6 Mio. | |
| Rohstoffe | | 6 Mio. |

sowie bei Verbrauch der Rohstoffe:

| Konto | Soll | Haben |
|---|---|---|
| Materialaufwand | 30 Mio. | |
| Rohstoffe | | 30 Mio. |

**Alternative 2b):** Auflösung Eigenkapital bei Verbrauch der Rohstoffe (IAS 39)

| Konto | Soll | Haben |
|---|---|---|
| Rohstoffe | 36 Mio. | |
| Geld | | 36 Mio. |
| Geld | 6 Mio. | |
| Derivat | | 6 Mio. |

sowie bei Verbrauch der Rohstoffe:

| Konto | Soll | Haben |
|---|---|---|
| Materialaufwand | 30 Mio. | |
| Eigenkapital | 6 Mio. | |
| Rohstoffe | | 36 Mio. |

Nur in Alternative 2a) werden die Rohstoffe zum Sicherungskurs eingebucht, in Alternative 2b) findet der Sicherungskurs erst bei der Materialaufwandsbuchung Berücksichtigung.

Insbesondere bei Währungssicherung zukünftiger Anschaffungen von abnutzbaren Anlagegütern entscheiden praktische Erwägungen über den Umgang mit dem Wahlrecht, den im Eigenkapital verbuchten *cash-flow-hedge*-Erfolg

*   gegen Anschaffungskosten umzubuchen (d. h. Einbuchung Anlagegut mit Sicherungskurs) oder
*   parallel zur Abschreibung aufzulösen.

---

**Beispiel**                                                                                !

L plant im Frühjahr 02, Flugzeuge in den USA für 10 Mio. USD anzuschaffen. Anfang Dezember 01 sichert L das Währungsrisiko durch einen Dollarterminkauf von 10 Mio. USD bei einem Kurs von 1:1 ab. Zum Stichtag ist der Dollarkurs auf 1,20 EUR/USD gestiegen. Das Dollartermingeschäft hat einen positiven Marktwert von 2 Mio. EUR. M wendet IAS 39 an.
M bucht zum Stichtag (in EUR):

| Konto | Soll | Haben |
| --- | --- | --- |
| Derivat | 2 Mio. | |
| Eigenkapital | | 2 Mio. |

Ende Januar 02 gibt L die verbindliche Bestellung auf. Die Flugzeuge werden im Februar bei einem Kurs von nach wie vor 1,20 USD/EUR geliefert. L bezahlt sofort aus dem Sicherungsgeschäft.
**Alternative a):** L bucht die Flugzeuge zum Sicherungskurs ein (in EUR).

| Konto | Soll | Haben |
| --- | --- | --- |
| Anlagevermögen | 10 Mio. | |
| Geld | | 10 Mio. |
| Eigenkapital | 2 Mio. | |
| Derivat | | 2 Mio. |

**Alternative b):** L bucht die Flugzeuge zum aktuellen Kurs ein (in EUR).

| Konto | Soll | Haben |
| --- | --- | --- |
| Anlagevermögen | 12 Mio. | |
| Geld | | 10 Mio. |
| Derivat | | 2 Mio. |

Die Auflösung der Eigenkapitalposition erfolgt dann erst über die Abschreibungsdauer der Flugzeuge.
Die zweite Alternative ist wenig praktikabel, da bei langlebigen Vermögenswerten die Unterpositionen im Eigenkapital über viele Perioden nachgehalten werden müssen.

---

In Fremdwährungsfällen ist noch zu beachten, dass auch die abgesicherten monetären Aktiva oder Passiva selbst gemäß IAS 21 zum Bilanzstichtag erfolgswirksam umzurechnen sind. Hierdurch werden Unterscheidungen zwischen *hedge accounting* und Normalregeln sowie zwischen *fair value hedge* und *cash flow hedge* häufig gegenstandslos.

### 4.5.2.3   Anwendungsvoraussetzungen des *hedge accounting*

Ob das Unternehmen *hedge accounting* anwendet bzw. Bewertungseinheiten bildet, kann angesichts der Bedeutung und des Risikopotenzials von Finanzderivaten für die Lage des Unternehmens nicht ins Belieben der Bilanzierenden gestellt werden. Objektive Anwendungsvoraussetzungen müssen die Vornahme des *hedge accounting* rechtfertigen. Soweit sich der Sicherungszweck nicht unmittelbar aus dem Vertrag selbst ergibt, verlangt die Anwendung des *hedge accounting* gemäß IAS 39.88 bzw. IFRS 9.6.4.1 deshalb unter anderem:

1. **formale Dokumentation** des Sicherungszusammenhangs und der Risikoziele und Risikostrategien des Unternehmens zu Beginn des Sicherungsgeschäfts,
2. **Effektivität der Absicherung** (mit im Vergleich zu IAS 39 geringeren Anforderungen nach IFRS 9),
3. bei *cash flow hedges* außerdem **hohe Wahrscheinlichkeit** der vorhergesagten zukünftigen **Transaktionen**.

Die höheren Effektivitätsanforderungen von IAS 39 können bei Zinssicherung z. B. dann kritisch werden, wenn sich die Fälligkeit der Zinszahlungen aus dem Grundgeschäft (z. B. jährlich) und die aus dem Swap (z. B. monatlich) unterscheiden. Bei Währungsgeschäften ist die Erfüllung der Effizienzforderung von IAS 39 dann kritisch, wenn die Sicherung in einer dritten Währung erfolgt:

> **!** **Beispiel**
>
> Ein deutscher Autohersteller wird in der Folgeperiode neben 500.000 Einheiten in die USA 25.000 Einheiten nach Kanada liefern. Der Future-Markt für US-Dollars ist liquider und preisgünstiger als der für Kanadische Dollars. Das gesamte vorhergesagte Nordamerika-Volumen wird daher über US-Dollar-Futures abgesichert.
>
> Ob auch die vorhergesagten Kanada-Transaktionen bzw. der diesbezügliche Teil des Future-Kontrakts als *cash flow hedge* nach IAS 39 qualifiziert werden können, hängt davon ab, wie effizient das Sicherungsgeschäft ist. Kann dargelegt werden, dass in der mittelfristigen Vergangenheit US-Dollar und Kanadischer Dollar sich überwiegend gleichförmig zum EUR verändert haben, dass also zwischen dem US-Dollar und dem Kanadischen Dollar statistisch eine **hohe Korrelation** besteht, so ist auch der Kanada betreffende Teil des Sicherungsgeschäfts **effizient** und ein *hedge accounting* zulässig.

### 4.5.3 Sonderfragen

#### 4.5.3.1 Abgrenzung Finanzderivate von Warentermingeschäften

Die Behandlung normaler, das operative Geschäft (von Nichtbanken) betreffende schwebender Verträge unterliegt nach IAS 37 dem Imparitätsprinzip: drohende Verluste sind zu passivieren, erwartete Gewinne aber nicht zu aktivieren. Schwebende Geschäfte über Finanzvermögen und Finanzverbindlichkeiten (Finanzderivate) werden hingegen paritätisch bewertet: erwartete Gewinne (positiver *fair value*) sind zu aktivieren, drohende Verluste (negativer *fair value*) zu passivieren.

Angesichts der Unterschiedlichkeit der Regelungen ist die Abgrenzung zwischen »operativen Derivaten« und Finanzderivaten von Bedeutung.

---

**Beispiel**                                                                                   **!**

U erwirbt im Oktober 01 außerbörslich zehn Einkaufskontrakte über je 40.000 lbs. (= je 18,2 Tonnen) Schweinebäuche (Frozen Pork Bellies), lieferbar Ende Februar 02. Als Terminpreis sind 60 cts/lb. vereinbart.

Ein Verzicht auf physische Lieferung ist möglich und muss fünf Tage vor Termin erklärt werden. In einem solchen Fall wird zum Termin die Differenz von dann geltendem Tageskurs und vereinbartem Terminkurs gezahlt.

Zum Bilanzstichtag 01 sind aufgrund zahlreicher Vogelpest- und BSE-Fälle die Preise für Schweinebäuche auf 100 cts/lb. gestiegen. U erwartet aus dem Kontrakt daher einen Gewinn von 10 × 40.000 × 0,40 EUR = 160.000 EUR.

Ob U den erwarteten Gewinn aktivieren darf, hängt u. a. von seinem Gewerbe ab. Es kommt darauf an, ob U (Groß-)Metzger oder nur ein Spekulant ist.

- Ist Ziel (und in der Vergangenheit geübte Praxis) die physische Lieferung, handelt U operativ. Es gelten die Imparitätsregeln von IAS 37. Gewinne aus schwebenden Geschäften sind nicht aktivierungsfähig.
- Handelt U hingegen spekulativ, weil er gar keinen Bedarf für die Schweinebäuche hat, ist der Kontrakt als Finanzderivat zu qualifizieren (IAS 32.8). Der erwartete Gewinn (positiver *fair value*) ist zu aktivieren.

---

Abb. 19 fasst die Problematik der ungleichen Behandlung und damit die Abgrenzungsnotwendigkeit von operativen Derivaten und Finanzderivaten zusammen.

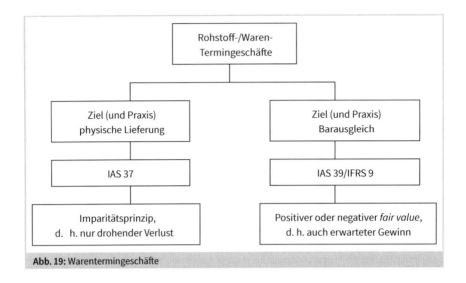

**Abb. 19:** Warentermingeschäfte

### 4.5.3.2 Eingebettete Derivate

Von selbstständigen Derivaten (*free standing derivatives*) sind eingebettete Derivate zu unterscheiden, die Bestandteil sog. hybrider oder strukturierter Finanzinstrumente/Produkte sind. Ein klassisches Beispiel sind **Wandelschuldverschreibungen**. In das Schuldinstrument (Schuldverschreibung) ist das Recht zur Umwandlung in ein Eigenkapitalinstrument (Aktie) eingebettet. Nach **IAS 39** waren derartige Derivate unter folgenden kumulativ zu erfüllenden Voraussetzungen getrennt vom Basisvertrag zu erfassen und zu bewerten:

- Sie unterliegen andersartigen Risiken als der Basisvertrag und
- das gesamte Finanzinstrument wird nicht erfolgswirksam zum *fair value* erfasst.

Nach **IFRS 9.4.3.2** ist aus Sicht des Inhabers des strukturierten Produkts in der Regel keine Trennung in Derivat und Grundvertrag mehr nötig. Das eingebettete Derivat führt vielmehr dazu, dass das Finanzinstrument nicht nur feste Zins- und Tilgungszahlungen bringt und daher erfolgswirksam zum *fair value* zu bewerten ist. Auch im Anwendungsbereich von IFRS 9 bleibt die Frage der Separierung eingebetteter Derivate aber in zwei Fällen von Bedeutung; zum einen bei finanziellen Verbindlichkeiten, zum anderen bei Grundverträgen, die gar nicht IFRS 9 unterliegen (z.B. Leasingverträge).

So wie im Fall eingebetteter Derivate ein einheitlicher Vertrag wirtschaftlich in ein Basisinstrument und ein Derivat aufgesplittet werden kann, ist umgekehrt die Zusammenfassung getrennter Verträge zu einem synthetischen Instrument wirtschaftlich denkbar. IAS 39 und IFRS 9 erlauben eine solche Synthetisierung jedoch nicht.

**Beispiel**  !

Unternehmen A erwirbt Anfang 01 eine variable Anleihe fünfjähriger Laufzeit. Der Zinssatz der Anleihe ist Referenzzins plus 2 %. Zur gleichen Zeit schließt das Unternehmen mit der Bank B einen Fünf-Jahres-Zinsswap-Vertrag, dem zufolge das Unternehmen Referenzzins plus 2 % an die Bank zu zahlen hat und von der Bank im Gegenzug einen Festzins von 5 % erhält. Der Referenzzins beträgt bis zum vorletzten Zinszahlungstermin des Jahres 02 3,5 % und sinkt dann auf 2,5 %. Das Unternehmen hat die positive Absicht und Fähigkeit, die Anleihe bis zur Fälligkeit zu halten. Bilanziell betrachtet es die Kombination von variabler Anleihe und Zinsswap als eine synthetische Festzinsanleihe mit einem Zinssatz von 5 %. Es beabsichtigt demgemäß, nur die Anleihe zu Kosten zu bilanzieren und das Derivat nicht zu berücksichtigen.

Eine synthetische Betrachtung wäre angesichts der Unterschiedlichkeit der Vertragspartner unangemessen. Jeder der beiden Verträge hat seine eigenen Bedingungen und Konditionen und kann **separat** veräußert oder beglichen werden. Demgemäß sind die beiden Verträge auch getrennt zu klassifizieren. Die beabsichtigte bilanzielle Handhabung ist deshalb unzulässig. Das **Grundgeschäft** wird zu (amortisierten) Kosten angesetzt. Der Zinsswap-Vertrag kann als ein *cash flow hedge* interpretiert werden. Er sichert die zukünftigen *cash inflows* aus den Zinszahlungen gegen Änderungen des Referenzzinssatzes ab. Unter Vernachlässigung der Zinseszins-Betrachtung ist etwa zum Bilanzstichtag 02 ein Aktivum in Höhe von $3 \times (5,0 - 4,5) = 1,5$ zu bilanzieren. Die Gegenposition befindet sich im Eigenkapital. Sie wird erfolgswirksam erst in den Folgeperioden.

## 4.6   *Notes,* inkl. Beziehungen zu nahestehenden Parteien

Die zum Finanzvermögen geforderten *notes* sind im Wesentlichen geregelt
- in IAS 27 und IFRS 12 für Tochterunternehmen, assoziierte Unternehmen und Gemeinschaftsunternehmen,
- in IAS 24 für Beziehungen zu nahestehenden Unternehmen und Personen,
- in IFRS 7 für das übrige Finanzvermögen (Finanzinstrumente).

Für Tochterunternehmen, assoziierte Unternehmen und Gemeinschaftsunternehmen ist etwa nach IAS 27.16 eine **Aufstellung des Anteilsbesitzes** geboten.

Bei Beteiligungen ist außerdem IAS 24 zu beachten. Er verlangt die Offenlegung von **Transaktionen mit nahestehenden Unternehmen und Personen,** um auf diese Weise Hinweise auf Gewinnverschiebungen erhalten zu können. Im deutschen Recht ist diese Problematik zum einen steuerlich relevant (verdeckte Gewinnausschüttung), zum anderen war sie vor BilMoG schon konzernrechtlich von Bedeutung. Die konzernrechtlichen Regelungen beschränkten sich jedoch auf den aktienrechtlichen Konzern. Eine abhängige Aktiengesellschaft hat ggf. einen Abhängigkeitsbericht nach § 312 AktG zu erstellen, der wie der Jahresabschluss und der Lagebericht vom Abschlussprüfer zu prüfen ist. Erst mit dem BilMoG ist in § 285 Nr. 21 HGB auch eine handelsrechtliche Pflicht zur Angabe von Beziehungen zu nahestehenden Parteien eingeführt worden. Im Unterschied zu IAS 24 besteht die handelsrechtliche Angabepflicht aber nur für Geschäfte, die nicht zu marktüblichen Bedingungen zustande gekommen sind:

- Als *related party* gelten nach IAS 24 (und § 285 Nr. 21 HGB) nicht nur nahestehende Unternehmen, sondern auch nahestehende natürliche Personen, die als Gesellschafter oder als Manager signifikanten Einfluss auf das Unternehmen haben.
- Berichtspflichtig ist (im Unterschied zum Abhängigkeitsbericht) nicht nur das abhängige Unternehmen (passiver Einfluss) in seinem Jahresabschluss, sondern auch das übergeordnete Unternehmen (aktiver Einfluss).
- Berichtspflichtig sind (im Unterschied zum Abhängigkeitsbericht) nur Transaktionen zwischen den nahestehenden Parteien, hingegen nicht Maßnahmen, die aufgrund der Verbundenheit der Unternehmen unterlassen wurden.

Die Beschreibung der Transaktionen umfasst nach IAS 24.18 insbesondere das Volumen der Geschäfte. Der Hinweis, dass fremdübliche Konditionen vereinbart wurden, ist nur zulässig, wenn diese Behauptung substanziiert werden kann, z. B. durch Verweis auf regelmäßigen Vergleich mit Marktpreisen (IAS 24.23).

Alle IFRS-Anforderungen zu den *related parties* beziehen sich zunächst auf den Einzelabschluss. Im **Konzernabschluss** sind entsprechende Angaben für assoziierte Unternehmen und *at equity* bewertete Gemeinschaftsunternehmen gefordert. Die Transaktionen mit voll konsolidierten Tochterunternehmen sind nicht angabepflichtig, da sie aus der Konzernperspektive Innengeschäfte darstellen. Die Transaktionsangaben sind nicht notwendig zu individualisieren. Eine Zusammenfassung nach Kategorien (z. B. Umsatz mit Mutterunternehmen, Umsatz mit assoziierten Unternehmen usw.) reicht aus (IAS 24.19).

**Erleichterungen** bestehen für vom Staat kontrollierte oder maßgeblich beeinflusste Unternehmen. Diese müssen nicht mehr generell über die Transaktionen mit anderen staatlich kontrollierten oder beeinflussten Unternehmen berichten, sondern nur dann, wenn Indikatoren, etwa die Wesentlichkeit der Geschäftsbeziehung, auf eine gegenseitige Beeinflussung der Unternehmen hindeuten (IAS 24.25).

> **!**  **Beispiel**
>
> Die Telekom AG kauft Briefmarken bei der Post AG und Fahrkarten bei der Bahn AG. Alle drei Unternehmen werden vom Staat beherrscht und sind daher untereinander nahestehend. Die vorgenannten Geschäftsvorfälle sind jedoch nicht wesentlich und daher nicht berichtspflichtig.

Die auf Initiative Chinas geschaffene Ausnahmeregelung für staatlich kontrollierte Unternehmen wurde allgemein mit Kosten-Nutzen-Überlegungen, speziell mit der Gefahr begründet, dass unter zu vielen nichtssagenden, irrelevanten Informationen das Relevante untergehen könne: »*transactions that are affected by the relationship might well be obscured by excessive disclosures about unaffected transactions*« (IAS 24.BC34).

Beiden Erwägungen ist zuzustimmen. Gleichartige Überlegungen gelten jedoch auch für nicht staatliche Unternehmen. Bei entsprechender Auslegung des Rechts könnten sie daher auch von privaten Unternehmen angewandt werden. Da alle IFRS-Vorschriften (IAS 8.8), speziell alle Anhangangabepflichten (IAS 1.31), dem Wesentlichkeitsvorbehalt unterliegen, könnte auf zahlreiche *related-party*-Angaben verzichtet werden.

Der vor die Klammer der Einzelvorschriften gezogene *materiality-Vorbehalt* ist aber offenbar in der Rechtspraxis nicht stark genug, um Prüfungs- und Enforcementinstanzen von einer radikalen Beschränkung der *related-party*-Angaben auf das Wesentliche zu überzeugen. In der Praxis der Jahresabschlüsse finden sich daher noch Angaben zu Darlehens- oder Dienstbeziehungen, deren Wert sich im Vergleich zu gleichartigen Kontrakten mit Fremden im Promillebereich bewegt. Die Regelungen für staatlich kontrollierte Unternehmen haben eine solche Praxis eher zementiert, weil sie nicht als die bloße Konkretisierung allgemeiner Wesentlichkeitsüberlegungen interpretiert werden, sondern als ein Sonderrecht für staatliche Unternehmen. Im Umkehrschluss wird dann privaten Unternehmen jede ähnliche Erleichterung verweigert.

Einen anderen Ansatz verfolgt hier das HGB. §285 Nr. 21 HGB und für den Konzern §314 Abs. 1 Nr. 13 HGB schreiben Angaben nur dort vor, wo Geschäfte nicht zu marktüblichen Bedingungen zustande gekommen sind und die Geschäfte auch quantitativ wesentlich sind. Ein derartiger Ansatz ist IAS 24 überlegen, weil er Rücksicht auf die begrenzte Informationsverarbeitungskapazität der Bilanzadressaten nimmt und in dieser Hinsicht tatsächlich verhindert, dass in einer Summe von Nebensächlichkeiten die wesentliche Information untergeht.

Die IFRS beschreiten weiter einen anderen Weg, getragen von der Überzeugung, immer mehr Informationen im Anhang würden die Rechnungslegung immer aussagefähiger machen. Die Zahl der Anhangangabepflichten wird daher beständig ausgeweitet, ohne große Rücksicht auf die Kosten nicht nur der Bereitstellung, sondern auch der Verarbeitung der Informationen, ohne Blick auf verhaltenswissenschaftliche Erkenntnisse, nach denen ein Mehr an Informationsmenge der Entscheidungsbildung der Informationsadressaten nicht nur keinen Nutzen bringt, sondern schadet.

Die zum übrigen Finanzanlagevermögen geforderten *notes* sind in **IFRS 7 und IFRS 13** festgehalten und lassen sich wie folgt systematisieren:
- Grundsätzliche Angaben: Die **Bewertungsmethode**, insbesondere *fair value* oder Anschaffungskostenansatz, ist anzugeben (IFRS 7.21). Die Kriterien, nach denen Wertberichtigungen vorgenommen werden (z. B. Erfahrungssätze für Mahnstufen), sind darzustellen (IFRS 7.B5).
- *fair-value*-Angaben: Soweit der Vermögenswert bilanziell nicht zum *fair value* erfasst wird, sind *fair-value*-Angaben im Anhang zu machen (IFRS 7.25). Soweit bilanziell die *fair-value*-Methode Anwendung findet, sind die Grundlagen der *fair-*

*value*-Ermittlung (z. B. anerkanntes Schätzverfahren) anzugeben (IFRS 13.93), außerdem, ob Änderungen des *fair value* erfolgswirksam über die GuV oder erfolgsneutral gegen Eigenkapital erfasst werden (IFRS 7.20).

- Allgemeine **Risikoangaben**: Die Strategie des Unternehmens im Umgang mit Preisrisiken (Währungsrisiken, Zinsrisiken, Kursrisiken) sowie Kreditrisiken ist zu beschreiben (IFRS 7.31 ff.). In diesem Zusammenhang sind auch die wesentlichen Konditionen von Finanzinstrumenten (z. B. Laufzeiten, Zinssätze usw.) darzulegen. Bezüglich der Kreditrisiken sind u. a. Angaben zur Kreditqualität (z. B. Rating der Vertragspartner, erhaltene Sicherheiten) zu machen (IFRS 7.36). Die Liquiditätsrisiken lassen sich durch einen nach Restlaufzeiten (z. B. bis ein Jahr, ein bis zwei Jahre, drei bis fünf Jahre, über fünf Jahre) gegliederten Verbindlichkeitenspiegel darstellen (IFRS 7.39).
- *hedging*: Die für Sicherungszwecke eingesetzten Instrumente und die Natur der abgesicherten Risiken sind zu beschreiben.
- **Überleitungen**: Die bilanziellen Buchwerte sind auf die Bewertungskategorien von IFRS 9 überzuleiten (IFRS 7.8).

Art und Form der Darstellung (z. B. verbal oder in Tabellen) stehen weitgehend im Ermessen des Bilanzierenden. Hinsichtlich der Detaillierung der Angaben ist der *materiality*-Grundsatz zu beachten. Der Vorgängerstandard von IFRS 7 verlangte vom Bilanzierenden, einen Mittelweg zu beschreiten »zwischen einem überladenen Bericht mit ausschweifenden Ausführungen zu Details, die dem Bilanzadressaten kaum noch nutzbringende Informationen liefern, und unklaren und dadurch schwer verständlichen Darstellungen wesentlicher Sachverhalte aufgrund einer zu weitreichenden Aggregation der Daten« (IAS 32.54). In IFRS 7.B3 und IFRS 7.IN4 ist diese Forderung vergleichbar, wenn auch in weniger klaren Worten, enthalten.

> **! Tipp**
>
> Der *materiality*-Grundsatz und der geforderte Mittelweg lassen Interpretationsspielräume zu. Sie können für eine kräftige Reduzierung des Berichtsumfangs genutzt werden. Bestimmte Mindestangaben (z. B. Laufzeiten, Zinssätze, Klassifizierung der Investments) sind jedoch unverzichtbar. Die Konsequenz ist, dass die Anhangangaben zum Finanzvermögen regelmäßig deutlich umfangreicher ausfallen müssen als etwa die Angaben zum Sachanlagevermögen.

## 4.7  Zusammenfassung

Während nach HGB alle Arten von Finanzvermögen dem Anschaffungskostenprinzip unter Berücksichtigung des Niederstwerts unterliegen, entscheidet nach IFRS die Klassifizierung des *financial asset* über seine Bewertung.

- **Beteiligungen** dürfen im Einzelabschluss zu Anschaffungskosten, *at equity* oder zum *fair value* bewertet werden.
- Bei **Anteilen unter der Beteiligungsschwelle** ist weiter zu differenzieren. Besteht eine Handelsabsicht, ist die erfolgswirksame *fair-value*-Bewertung geboten. Ohne eine solche Absicht kann die Änderung des *fair value* wahlweise auch erfolgsneutral erfasst werden.
- Einfache **Darlehens- und Kundenforderungen** werden in der Regel zu amortisierten Anschaffungskosten erfasst (bei Disagio z. B. Aufzinsung mit Effektivzinsmethode). Eine generelle *fair-value*-Bewertung ist nur dort geboten, wo die Halteabsicht nicht dominierend ist.
- **Komplexe Finanzinstrumente**, die z. B. aufgrund der Einbettung von Derivaten keine festen Zins- und Tilgungszahlungen bringen, sind immer erfolgswirksam zum *fair value* zu bewerten.

Der erfolgswirksamen *fair-value*-Bewertung unterliegen grundsätzlich auch **Finanzderivate** (Termingeschäfte, Optionen, Swaps). Der erfolgswirksame Zeitwertausweis ist dabei nicht nur im Fall drohender Verluste, sondern auch bei »drohenden« Gewinnen geboten. Soweit Finanzderivate Sicherungszwecken dienen, gelten besondere Regelungen (**hedge accounting**). Bei Absicherung zukünftiger Cashflows (*cash flow hedge*), z. B. Absicherung erwarteter Dollareinnahmen des Folgejahres durch Dollarterminverkauf, wird die Wertänderung des Derivats erfolgsneutral gegen Eigenkapital gebucht. Bei Absicherung bestehender Posten (*fair value hedge*), z. B. Absicherung von Aktienkursen durch Verkaufsoption, ist die Wertänderung sofort erfolgswirksam.

In den Anhangerläuterungen (*notes*) des Finanzvermögens bestehen zwei grundsätzliche Unterschiede zum HGB:
- Geschäfte mit Beteiligungsunternehmen und anderen nahestehenden Unternehmen und Personen (*related party transactions*) lösen nach IAS 24 auch dann besondere Berichtpflichten aus, wenn sie zu fremdüblichen Bedingungen erfolgen.
- Zahl und Detaillierungsgrad der von IFRS 7 geforderten Anhangangaben gehen weit über das handelsrechtlich Verlangte hinaus.

## 4.8 Fragen und Antworten

**Fragen**

A.1 Unter welchen beiden Grundvoraussetzungen führt ein Forderungsverkauf zur vollständigen Ausbuchung der Forderung?

**A.2** Welcher bilanzielle Bewertungsmaßstab gilt nach IFRS 9
1. für Kundenforderungen (Debitoren) und
2. für einfache, unterhalb der Beteiligungsschwelle liegende Anteile an anderen Gesellschaften?

**A.3** U erwirbt am 1.1.01 einen Zerobond, d.h. eine Anleihe ohne nominelle Verzinsung. Die Anleihe ist in drei Jahren fällig. Der Tilgungsbetrag der Anleihe entspricht dem Nominalwert von 1.331 EUR. Der Kaufpreis beträgt 980 EUR. Beim Kauf fallen Anschaffungsnebenkosten von 20 EUR an. Mit welchem Wert ist der Zerobond per 31.12.01 bis 31.12.03 zu bilanzieren, wenn die Bewertung zu fortgeführten Anschaffungskosten erfolgt? Welcher Zinsertrag ergibt sich in den einzelnen Jahren (Hinweis: der Effektivzins beträgt 10 %)?

**A.4** Welche Wirkungen haben allgemein gesprochen die Regeln des *hedge accounting* für den GuV-Erfolg?

**B.1** Unternehmen A veräußert eine Forderung von 10.000 EUR für 9.700 EUR an ein Factoringunternehmen F. 66,67 % eines eventuellen Forderungsausfalls gehen zulasten von A. 33,33 % zulasten von F. Die Wahrscheinlichkeit eines Forderungsausfalls wird mit 3 % eingeschätzt. F ist nicht berechtigt, die gekaufte Forderung weiterzuveräußern, zu verpfänden oder sonst in anderer Weise als durch Forderungseinzug über sie zu verfügen. Wie ist der Vorgang bei A zu verbuchen?

**B.2** Unternehmen A verwendet überschüssige Liquidität zum Kauf diverser Anleihen mit fixierten Zins- und Tilgungszahlungen. Das Management des Anleihenportfolios ist weder eindeutig auf Handelsabsicht (Realisierung von Kursgewinnen durch Verkäufe) noch eindeutig auf Halteabsicht (Halten bis zur Fälligkeit, Vereinnahmung von Zins und Tilgung) ausgelegt. Wie sind die Wertänderungen der Anleihen in Bilanz und GuV zu behandeln?

**B.3** Wie funktioniert die Wertberichtigung von Kundenforderungen nach einer Risikomatrix (*provision matrix*)?

**B.4** U sichert die für das erste Quartal 02 geplanten Warenexporte in die USA (Fakturierung in USD) im Oktober 01 durch einen Devisenterminverkauf (fällig im ersten Quartal 02) ab. Zwischen Oktober 01 und dem 31.12.01 verliert der EUR gegenüber dem USD an Wert. Erläutern Sie an diesem Beispiel die Funktion des *hedge accounting*.

**C.1** Unternehmen A veräußert zum Preis von 9,85 Mio. EUR ein Portfolio von vielen kleinen Forderungen mit einem Gesamtvolumen von 10 Mio. EUR an F. Die Vereinbarung sieht vor, dass Forderungsausfälle bis zu einer Höhe von insgesamt 5 % (= 500 TEUR) zulasten von A gehen. Nach den Erfahrungen der Vergangenheit besteht eine Ausfallwahrscheinlichkeit von nur 2,5 % (250 TEUR). Mit Ausfällen von mehr als 500 TEUR ist nur in ganz unwahrscheinlichen *worst-worst*-Szenarien zu rechnen. Kann A die Forderungen ganz oder teilweise ausbuchen?

**C.2** Unternehmen A erwirbt eine von E emittierte Wandelschuldverschreibung. Die Wandelschuldverschreibung sieht jährliche Zinszahlungen vor. Eine Tilgung am Ende der Laufzeit erfolgt nur, wenn A nicht während der Laufzeit eine Umwandlung in Aktien der E verlangt. In der Schuldverschreibung ist also ein Bezugsrecht auf Aktien enthalten (eingebettetes Derivat). Wie ist die Wandelschuldverschreibung bei A unter Beachtung des eingebetteten Derivats zu bilanzieren?

**C.3** Bank B hat in 01 diverse Konsumentenkredite ausgereicht. Diese werden zu fortgeführten Anschaffungskosten unter Berücksichtigung der Effektivzinsmethode bilanziert. Bei 5 % der Kredite hat sich das Risiko seit dem Datum der Einbuchung der Kreditforderung signifikant erhöht. Bei weiteren 1 % der Kredite sind die Kreditnehmer sogar von Zahlungsunfähigkeit bedroht. Welche Folgerungen ergeben sich für die Wertberichtigung und die Effektivzinsmethode?

**C.4** Unternehmen A betreibt ein europaweit tätiges Fotolabor. Wichtiger Rohstoff ist von Dritten bezogenes Fotopapier, in dem Silber enthalten ist. Der Preis des Fotopapiers korreliert daher positiv, aber weder perfekt noch annähernd perfekt mit dem Silberpreis. Zur ökonomischen Reduzierung des Preisänderungsrisikos beim Fotopapier schließt U Termingeschäfte über Silber ab. Die Termingeschäfte werden nicht physisch durch Silberlieferung, sondern in Form eines Barausgleichs (*cash settlement*) erfüllt. Welches Problem besteht beim *hedge accounting*? Ist es angesichts dieses Problems sinnvoll, von dem Wahlrecht, IAS 39 statt IFRS 9 anzuwenden, Gebrauch zu machen?

**Antworten**

**A.1** Ein Forderungsverkauf führt unter folgenden Voraussetzungen zur vollständigen Ausbuchung der Forderung:

- Übertragung der vertraglichen Rechte: die mit der Forderung verbundenen Rechte auf Erhalt von Zahlungen (Tilgung und soweit einschlägig Zins) müssen wirksam übertragen werden. Regelmäßig setzt dies eine zivilrechtlich wirksame Abtretung voraus.
- Risikoübergang: so gut wie alle Risiken müssen auf den Forderungskäufer übergehen.

**A.2** Kundenforderungen gewähren feststehende Zahlungen und sind in der Regel zu fortgeführten Anschaffungskosten zu bilanzieren.

Anteile an anderen Unternehmen sind zum *fair value* zu bewerten (wobei die *fair-value*-Änderungen außer bei Spekulations-/Handelsabsicht wahlweise außerhalb der GuV erfasst werden können).

**A.3** Anwendbar auf den Zerobond ist die Effektivzinsmethode. Zunächst ist deshalb der Effektivzins zu berechnen. Dies ist der Zins, bei dem der Barwert des Tilgungsbetrags von 1.331 EUR den Anschaffungskosten von 1.000 EUR entspricht. Der Effektivzins beträgt deshalb 10 %. Die Bilanzansätze ergeben sich durch Aufzinsung der Anschaffungskosten mit dem Effektivzins:

- Bilanz 31.12.01: 1.000 + 10 % = 1.100 EUR; GuV 01: 100 EUR Zinsertrag,
- Bilanz 31.12.02: 1.100 + 10 % = 1.210 EUR; GuV 02: 110 EUR Zinsertrag,
- Bilanz 31.12.03: 1.210 + 10 % = 1.331 EUR; GuV 03: 121 EUR Zinsertrag.

**A.4** Das *hedge accounting* bewirkt, dass mit Blick auf die GuV zwei Geschäfte (Grundgeschäft und Sicherungsgeschäft) zusammengefasst betrachtet werden. Ohne diese Regeln würde trotz einer ökonomisch geschlossenen Position (Wertänderungen beim Grundgeschäft entsprechen mit umgekehrtem Vorzeichen Wertänderungen beim Sicherungsgeschäft) ein GuV-Erfolg ausgewiesen.

**B.1** F darf die gekauften Forderungen nicht weiterveräußern usw. F erlangt daher nicht die Verfügungsmacht über die Forderung. A hat den Vorgang daher unter Berücksichtigung des fortgesetzten Engagements (*continuing involvement*) wie folgt zu verbuchen: A führt die Forderung in Höhe seines Maximalrisikos (= 6.667 EUR) fort und passiviert demzufolge weiterhin 6.667 EUR. Zusätzlich hat er die implizit im Kaufpreis enthaltene Prämie für die Abgabe der Finanzgarantie zu passivieren. Diese beträgt 3 % von 6.667 EUR, also 200 EUR. U bucht demzufolge:

| Konto | Soll | Haben |
|---|---:|---:|
| Geld | 9.700 | |
| Aufwand | 500 | |
| Verbindlichkeit | | 6.667 |
| Forderung | | 3.533 |

**B.2** Die Anleihen gewährleisten zwar objektiv feststehende Zins- und Tilgungszahlungen, subjektiv ist das Geschäftsmodell der U aber nicht ausschließlich auf die Vereinnahmung dieser vertraglichen Zahlungsströme ausgerichtet, umgekehrt auch nicht ausschließlich auf Handel.

Die Bewertung erfolgt daher zwar zum *fair value*. Die Wertänderungen werden aber zunächst im Eigenkapital »geparkt« (*other comprehensive income*) und erst bei Veräußerung GuV-wirksam.

**B.3** Bei der Wertberichtigung von Kundenforderungen nach einer Risikomatrix wird wie folgt vorgegangen:

- Forderungen werden nach ihrer (Über-)Fälligkeit gruppiert, z. B. in noch nicht fällig, seit 1 bis 30 Tagen fällig usw.
- Für jede Gruppe wird auf Basis von Erfahrungswerten ein eigener Wertberichtigungssatz bestimmt.
- Durch Anwendung dieses Satzes auf das Forderungsvolumen der jeweiligen Gruppe ergibt sich der Wertberichtigungsbedarf für diese Gruppe und in der Summe aller Gruppenwertberichtigungen der gesamte Wertberichtigungsbedarf.

**B.4**  Die Änderung des Devisenkurses hat bei U zwei Effekte:

- Positiver Effekt: die geplanten Warenumsätze in USD werden in EUR einen höheren Wert haben als ursprünglich geplant.
- Negativer Effekt: das Devisentermingeschäft (Finanzderivat) hat am Bilanzstichtag aus Sicht von U einen negativen Wert. U erhält pro zu verkaufenden USD aus dem Devisentermingeschäft weniger EUR, als wenn er USD frei am Markt (zu dem gestiegenen USD-Wert) verkaufen könnte.

Beide Effekte gleichen sich aus, d. h., U wird unter Berücksichtigung des Devisentermingeschäfts aus den geplanten US-Exporten am Ende den EUR-Betrag erhalten, den er eingeplant hatte. Für den Ausweis eines währungsbedingten Verlusts besteht also kein Anlass.

Ein solcher Ausweis wäre aber ohne das *hedge accounting* geboten, da die geplanten Exporte am 31.12.01 noch nicht bilanzwirksam sind, das Finanzderivat hingegen doch.

**C.1**  Eine Ausbuchung der Forderungen scheitert daran, dass so gut wie alle relevanten Risiken bei A verbleiben. Dies ergibt sich daraus, dass A nicht für 5 % aller Ausfälle einzustehen hat, sondern den *first loss* trägt, also die ersten 500 TEUR zu seinen Lasten gehen. Da aber ganz unwahrscheinlich ist, dass dieser Betrag überschritten wird, trägt A so gut wie alle relevanten Risiken.

**C.2**  Das eingebettete Derivat bewirkt, dass die Wandelschuldverschreibung nicht mehr ausschließlich Zins- und Tilgungszahlungen gewährt. Damit scheidet eine Bewertung zu fortgeführten Anschaffungskosten aus. Notwendig ist vielmehr eine Bewertung zum *fair value*. Eine nach IAS 39 noch vorgesehene separate Bilanzierung von Grundinstrument (Anrecht auf Zins und Tilgung) und eingebettetem Derivat ist nach IFRS 9 nicht mehr zulässig.

**C.3** Die Kredite müssen von der Bank in drei Gruppen eingeteilt werden:
- Gruppe 1 (Kredite ohne signifikante Veränderung des Risikos – 94 % der Kredite): Wertberichtigung auf Basis der während der nächsten zwölf Monate statistisch zu erwartenden Kreditausfälle,
- Gruppe 2 (5 % der Kredite): Wertberichtigung auf Basis der während der gesamten Kreditvertragsdauer erwarteten Kreditausfälle,
- Gruppe 3 (1 % der Kredite): Wertberichtigung wie Gruppe 2, aber zusätzlich neuer Start für die Effektivzinsmethode.

**C.4** Das Problem besteht in der Effektivität der Sicherung, da Silberpreis (Sicherungsgeschäft) und Preis des Fotopapiers (Grundgeschäft) nicht (annähernd) perfekt miteinander korrelieren. Nach den strengeren Effektivitätsanforderungen von IAS 39 könnte dies dazu führen, dass ein *hedge accounting* von Anfang an unzulässig ist. IFRS 9 ist hier flexibler und erlaubt ein *hedge accounting* auch bei schwächerer Effektivität. Daher sollte U das Wahlrecht zur Anwendung von IAS 39 nicht in Anspruch nehmen.

# 5 Vorräte

## 5.1 Überblick

Im Vergleich zu den bisher behandelten Aktivposten fallen die IFRS-Regelungen zum Vorratsvermögen kurz und eher einfach aus. Alle Grundfragen sind in IAS 2 »*Inventories*« auf wenigen Seiten geregelt. Probleme bereitet allerdings die Abgrenzung zu IFRS 15 »*Revenue form Contracts with Customers*«. Ein Teil der Sachverhalte, die nach handelsrechtlichem Verständnis noch als (un-)fertige Erzeugnisse/Leistungen, also Vorräte auszuweisen sind, führt nach IFRS 15 bereits zu Umsätzen und damit zu Forderungen gegenüber dem Kunden.

IAS 2 befasst sich überraschenderweise nur mit Bewertungs- und Ausweisfragen. Die vorgeschaltete Ansatzfrage lässt sich nur indirekt aus den allgemeinen Regeln (*Conceptual Framework*) sowie den korrespondierenden Regelungen der Umsatzrealisation (IFRS 15) ableiten.

Die Zugangsbewertung und Folgebewertung der Vorräte weicht nicht stark vom HGB ab: Ein Vollkostenansatz unter Einbeziehung von Gemeinkosten ist bei der **Zugangsbewertung** verpflichtend. Bei der Folgebewertung ist das Niederstwertprinzip zu beachten. Beim **Ausweis** ist eine Untergliederung der Position Vorräte in der Bilanz selbst nicht vorgeschrieben. Eine dem HGB vergleichbare Untergliederung wird nur in den *notes* verlangt.

## 5.2 Engerer Begriff der (un-)fertigen Erzeugnisse und Leistungen

Eine bedeutsame Abweichung zum HGB ergibt sich bei dem Sonderproblem der **kundenspezifischen Auftragsfertigung**. Hier sind nach IFRS 15 schon im Verlauf des Fertigungsprozesses nicht mehr Vorräte (unfertige Erzeugnisse) auszuweisen, sondern ist der Umsatz nach Maß des Fertigungsfortschritts bereits realisiert (GuV) und deshalb bilanziell bereits als forderungsähnlicher sog. **vertraglicher Vermögenswert** auszuweisen.

> **Beispiel**
>
> Die Hammer GmbH errichtet in 01 bis 03 einen hydraulischen Schmiedehammer für einen Automobilproduzenten nach dessen genauer Spezifikation. Installation vor Ort und Abnahme des Hammers erfolgen Anfang 04. Aus dem Auftrag resultiert bei einem Umsatz von 1 Mio. EUR insgesamt ein Gewinn von 200 TEUR.

Nach HGB entstehen Umsatz und Gewinn in der Periode 04. Bis dahin erfolgt der Ausweis unter den (un-)fertigen Erzeugnissen. Nach IFRS 15 sind Umsatz und Gewinn entsprechend des Baufortschritts (*percentage of completion*) auf die Jahre 01 bis 03 zu verteilen. Dies impliziert im Fall fehlender oder hinter dem Fertigungsfortschritt zurückbleibender Anzahlungen auch: bilanziell ist bereits in 01, 02 und 03 ein forderungsähnlicher sog. vertraglicher Vermögenswert auszuweisen (IFRS 15.105).

Weitere Einzelheiten zu IFRS 15 sind in Kapitel 10 enthalten.

## 5.3    Ansatz von Vorräten

IAS 2 »Vorräte« befasst sich anders als etwa IAS 16 »Sachanlagen« nicht mit dem Ansatz, sondern geht nach den Definitionen gleich zum Bewertungsaspekt über.

Angesichts dieser Regelabstinenz gelten zunächst die allgemeinen Regeln des *Conceptual Framework*, insbesondere nach dem *substance-over-form*-Prinzip das Kriterium des **wirtschaftlichen Eigentums**.

Als typische Anwendungsfälle des (vom rechtlichen abweichenden) wirtschaftlichen Eigentums sind die auch nach deutschem Bilanzrecht bekannten Sachverhalte des **Eigentumsvorbehalts** und des **Konsignationslagers** zu erwähnen.

Für die Zwecke der Erlösrealisierung stellt IFRS 15 darauf ab, ob die Kontrolle am zu liefernden Vermögenswert bereits ganz oder in Teilen auf den Kunden übergegangen ist. Bei der Lieferung von nicht kundenspezifischen Standardgütern, aus spiegelbildlicher Sicht des Kunden, also beim Kauf von Handelswaren und Rohstoffen gilt dabei in der Regel: die Erlösrealisation beim Lieferanten erfolgt mit Übergang der **Verfügungsmacht** und der Risiken und Chancen auf den Kunden. Korrespondierend hat der Kunde daher zum gleichen Zeitpunkt die Rohstoffe oder Waren einzubuchen.

> **!**  **Beispiel**
>
> Kunststoffhersteller K bezieht Flüssigchemikalien von X. Die Lieferung erfolgt in Schienentankwagen. Ein solcher Wagen enthält den Rohmaterialbedarf des K für ca. drei Monate und bleibt bei planmäßigem Verlauf des Geschäfts auf dem Werksgelände des K stehen. Rechtlicher Eigentümer ist bis zur jeweiligen Entnahme X. K entnimmt dem Tankwagen laufend die benötigte Menge und teilt per Monatsende den Verbrauch dem X mit. Die Zahlung erfolgt innerhalb von zehn Tagen nach Monatsende auf der Grundlage des jeweils aktuellen Marktpreises. Jeweils mit einer Kündigungsfrist von einem Monat kann K die Rücknahme des Tankwagens, X die Rückgabe verlangen.
>
> Zur Lösung kann zunächst auf IFRS 15.38(c) zurückgegriffen werden. Danach kommt es u. a. darauf an, wer den physischen Besitz am Liefergegenstand hat. Dieser liegt allerdings nur so lange bei K, bis X nicht gekündigt hat.

Weiterhin ist IFRS 15.38(d) von Bedeutung, wonach es für die Umsatzrealisation beim Lieferanten auf den Transfer der Chancen und Risiken ankommt. Hier führt die Bindung an den jeweils aktuellen Marktpreis in isolierter Betrachtung dazu, dass K die Preisänderungsrisiken trägt. Allerdings kann durch die Kündigungsmöglichkeit auch dieses Ergebnis z. T. aufgehoben werden. Insgesamt kommt es damit auf die Bedeutung der Kündigungsmöglichkeit an. Bei einer Kündigungsfrist von einem Monat im Verhältnis zu einer Verbrauchsdauer von drei Monaten ist die wirtschaftliche Wirkung der Kündigung begrenzt. M. E. ist daher mit Eingang des Schienentankwagens bei K der Umsatz von X realisiert und korrespondierend der Rohstoff bei K einzubuchen.

## 5.4  Bewertung von Vorräten

### 5.4.1  Anschaffungskosten und Herstellungskosten

Die Bewertung der Vorräte erfolgt nach IAS 2.9 zu Anschaffungs- bzw. Herstellungskosten oder dem niedrigeren realisierbaren Wert. Hinsichtlich des Umfangs der **Anschaffungskosten** schreibt IAS 2.10 die Berücksichtigung von **Anschaffungsnebenkosten** und den Abzug von Skonti, Rabatten usw. vor. Insoweit ergeben sich keine Unterschiede zum handelsrechtlichen Anschaffungskostenbegriff und der Regelung des § 255 Abs. 1 HGB.

Die eigentlichen Probleme der Vorratsbewertung liegen jedoch nicht in der einfach strukturierten Ermittlung der Anschaffungskosten von Rohstoffen oder Waren, sondern in der komplexeren Ermittlung der **Herstellungskosten** von Erzeugnissen. Bei der Bewertung von selbst erstellten Vorräten muss sich jedes interne oder externe Rechnungslegungssystem drei Fragen stellen:

- ob neben direkt zurechenbaren Einzelkosten auch Gemeinkosten berücksichtigt werden sollen (oder dürfen) und falls dies bejaht wird,
- ob dabei auch produktionsferne Gemeinkosten, z. B. für die allgemeine Verwaltung, einzubeziehen sind und
- auf welcher Basis, insbesondere nach welcher Kapazitätsauslastung die Zurechnung von Gemeinkosten erfolgen soll.

Die Antworten auf diese Fragen können in verschiedenen Kostenrechnungssystemen ebenso unterschiedlich ausfallen wie in verschiedenen Bilanzierungssystemen:

- Hinsichtlich der Grundsatzfrage, ob Gemeinkosten überhaupt zu berücksichtigen sind, entscheiden sich das HGB und IAS 2.12 für einen **Vollkostenansatz** unter Einbeziehung der **Material- und Fertigungsgemeinkosten**.
- Dabei dürfen nach HGB auch allgemeine Verwaltungskosten und soziale Kosten in die Vollkosten einbezogen werden, während IAS 2.16(c) einen **Produktionsbezug der Kosten** verlangt.
- Hinsichtlich des konkreten Umfangs der Gemeinkosten schreibt § 255 Abs. 2 HGB die Begrenzung auf angemessene Teile der notwendigen Material- und Fertigungsge-

meinkosten und der durch die Fertigung veranlassten Abschreibungen vor. IAS 2.13 ist etwas konkreter und sieht vor, dass fixe Gemeinkosten im Fall der Unterbeschäftigung auf der Grundlage der **Normalkapazität** zugerechnet werden. Der auf die einzelne Produktionseinheit entfallende Betrag erhöht sich bei einem geringeren Produktionsvolumen also nicht. **Leerkosten** sind insoweit von der Aktivierung ausgeschlossen.

In der Bilanzierungspraxis spielen die zwei genannten Unterschiede eine geringere Rolle als in der Theorie. Hinsichtlich der nach IFRS gebotenen Differenzierung zwischen solchen Verwaltungs- und Sozialkosten, die sich auf die Produktion beziehen, und solchen ohne Produktionsbezug fällt es auf Anhieb nicht leicht, materiell relevante Beispiele zu finden. Zu denken wäre etwa an die Führung der Lohnbuchhaltung für die Produktionskräfte einerseits (Einbeziehungspflicht) und die Führung der Gehaltsbuchhaltung für die sonstigen Arbeitnehmer andererseits (Einbeziehungsverbot). In vielen IFRS-Abschlüssen finden sich derartige Differenzierungen jedoch nicht. Entweder werden die allgemeinen Verwaltungskosten insgesamt als Aufwand verrechnet oder es wird ein nicht näher erläuterter pauschaler Teil in die Herstellungskosten einbezogen. Sowohl die eine als auch die andere Verfahrensweise sind auch nach HGB zulässig.

Auch hinsichtlich der Gemeinkostenzurechnung ergeben sich regelmäßig keine Unterschiede in der Praxis. In der Bilanzierungstheorie und -praxis werden die handelsgesetzlichen Regelungen zur Notwendigkeit und Angemessenheit im Allgemeinen so interpretiert, dass bei der Umlage der Gemeinkosten von normalen Beschäftigungsverhältnissen auszugehen ist. Werden diese Normalbeschäftigungsverhältnisse nicht punktuell, sondern als Intervall verstanden, so kann stattdessen auch die tatsächliche Kapazitätsauslastung zugrunde gelegt werden, solange sie sich in diesem Intervall befindet. Diese Vorgehensweise entspricht auch dem Hinweis in IAS 2.13, wonach das tatsächliche Produktionsniveau zugrunde gelegt werden kann, wenn es der Normalkapazität nahe kommt.

> **! Tipp**
>
> Eine Herstellungskostenbewertung, die den deutschen steuerlichen Anforderungen entspricht, genügt meist auch den IFRS. Dies kann bis ins Detail genutzt werden, um Bewertungsunterschiede zwischen IFRS- und Steuerbilanz zu vermeiden. Ansonsten würden sich Steuerlatenzen9 ergeben, die gerade bei Vorräten nur mit viel Aufwand nachzuhalten sind.

Zum Ganzen das folgende Beispiel:

> **! Beispiel**
>
> Die U GmbH fertigt Polstermöbel. Die Kapazitätsauslastung des Geschäftsjahres beträgt 100 %, im langjährigen Mittel nur 80 %. Die unterschiedlichen Varianten der Polstermöbel werden über Äquivalenzziffern in Normaleinheiten umgerechnet. Im Geschäftsjahr werden 10.000 Normaleinheiten produziert. Folgende Aufwendungen sind angefallen (in EUR):

| Einzelkosten (Material) | 5 Mio. |
|---|---|
| Variable Fertigungsgemeinkosten (Fertigungslöhne, Energie etc.) | 10 Mio. |
| Fixe Fertigungsgemeinkosten (Abschreibung Produktionsanlagen) | 5 Mio. |
| Gemeinkosten Materialeingang | 1 Mio. |
| Gemeinkosten Verwaltung (Vorstand, Buchhaltung etc.) | 2 Mio. |
| Kosten Warenausgang (Transporte, Ausgangslager etc.) | 1 Mio. |
| Kosten Werbung | 1 Mio. |
| **Gesamtkosten** | **25 Mio.** |

Die Selbstkosten je Produktionseinheit betragen somit 2.500 EUR.

Etwa ¾ der Arbeitnehmerschaft ist in der Produktion oder Produktionsvorbereitung tätig, etwa ¼ in Vertrieb, Buchhaltung usw.

**Beurteilung**

1. Um die Aktivierung von Leerkosten zu verhindern, sind Gemeinkosten in Unterbeschäftigungsjahren auf der Basis der Normalbeschäftigung zu aktivieren. Bei der U liegt aber eine Überbeschäftigung vor. In solchen Fällen findet keine Anpassung der Bewertung an die Normalbeschäftigung statt. Maßgeblich ist der höhere tatsächliche Beschäftigungsgrad (IAS 2.13).

2. Nicht den Herstellungskosten zuzurechnen und daher sofort als Aufwand zu verbuchen sind nach IAS 2.16
   a) Lagerkosten ohne Bezug zur Produktion, also z.B. Kosten des Ausgangslagers,
   b) Vertriebskosten, also z.B. Werbung.

3. Bei den Verwaltungskosten ist nach IAS 2.12 und IAS 2.19 zu untersuchen, ob sie einen mittelbaren Bezug zur Produktion haben, also deren Vorbereitung, Überwachung etc. dienen. Eine Einzelbetrachtung wäre wenig praktikabel. Als pragmatischer Schlüssel für die Aufteilung kann das Verhältnis der Mitarbeiterzahlen im Produktionsbereich einerseits und den sonstigen Bereichen andererseits dienen.

Folgende aktivierungspflichtige Herstellungskosten ergeben sich somit im Rahmen einer Divisionskalkulation (in EUR):

| Einzelkosten (Material) | 5,0 Mio. |
|---|---|
| + Variable Fertigungsgemeinkosten (Fertigungslöhne, Energie etc.) | 10,0 Mio. |
| + Fixe Fertigungsgemeinkosten (Abschreibung Produktionsanlagen) | 5,0 Mio. |
| + Gemeinkosten Materialeingang | 1,0 Mio. |

| | |
|---|---|
| + ¾ der Gemeinkosten Verwaltung (Vorstand, Buchhaltung etc.) | 1,5 Mio. |
| = Herstellungskosten Periode | 22,5 Mio. |
| Dividiert durch Stückzahl | / 10.000 |
| **= Herstellungskosten/Stück** | **= 2.250** |

| | IFRS | HGB |
|---|---|---|
| **Einzel-kosten** | PFLICHT neben Material-EK und Fertigungs-EK auch Sonder-EK der Fertigung | PFLICHT neben Material-EK und Fertigungs-EK auch Sonder-EK der Fertigung |
| **MGK, FGK Abschreibung** | PFLICHT systematisch, normalkapazitätsorientiert, produktionsbezogen | PFLICHT soweit angemessen, notwendig, produktionsbezogen |
| **Allg. Verw. Soziales** | PFLICHT wenn produktionsnah VERBOT wenn produktionsfern | WAHLRECHT |
| **Zinsen** | WAHLPFLICHT soweit längere Herstellungszeit und direkt zurechenbar | WAHLRECHT soweit direkt zurechenbar (in allen anderen Fällen strittig) |

EK = Einzelkosten, GK = Gemeinkosten
MGK = Materialgemeinkosten
FGK = Fertigungsgemeinkosten

**Abb. 20:** Herstellungskosten nach IFRS und HGB

§ 255 Abs. 3 HGB sieht als Wahlrecht noch die Einbeziehung von Fremdkapitalzinsen vor. IAS 23 enthält zwar in anderen Fällen (etwa bei Sachanlagen) eine Aktivierungspflicht, belässt es für in großer Zahl und/oder regelmäßig produzierte Vorräte aber ebenfalls bei einem Wahlrecht (IAS 23.4(b)). Das Wahlrecht unterliegt jedoch stärkerer Einschränkung. Aktivierbar nach IAS 23 sind nur Fremdkapitalzinsen auf qualifizierte Vermögenswerte (*qualified assets*). Qualifiziert sind solche Vermögenswerte, für die ein beträchtlicher Zeitraum erforderlich ist, um sie in einen gebrauchs- oder verkaufsfähigen Zustand zu versetzen. Vorräte erfüllen nur ausnahmsweise (z. B. lange reifender Whisky) diese Voraussetzungen.

## 5.4.2 Bewertungsvereinfachungen

Für die Bewertung des Vorratsvermögens ergeben sich aus § 256 HGB i. V. m. § 240 Abs. 3 und 4 HGB handelsrechtlich drei Bewertungsvereinfachungen:
*   Festbewertung,
*   Gruppenbewertung,
*   Durchschnittsbewertung sowie Unterstellung von Verbrauchsfolgen (Lifo oder Fifo).

Im Vergleich stellen sich die Regelungen nach IFRS wie folgt dar: Spezielle Vorschriften zur **Festbewertung** fehlen. Ein Festwert kann deshalb nur durch den allgemeinen Grundsatz der *materiality* gerechtfertigt werden. Der *materiality*-Gedanke spiegelt sich andererseits auch im HGB wider. § 240 Abs. 3 HGB setzt voraus, dass der Gesamtwert für das Unternehmen von nachrangiger Bedeutung ist. Wo dies erfüllt ist, dürfte auch nach IFRS regelmäßig nichts gegen einen Festwertansatz einzuwenden sein.

Eine **Gruppenbewertung** zu Anschaffungs- oder Herstellungskosten ist nach IAS 2.23 ff. dann zulässig, wenn es sich um eine große Anzahl von Vorratsgegenständen handelt, die normalerweise untereinander austauschbar sind. Da auch § 240 Abs. 4 HGB die Gruppenbewertung von Vorratsvermögen an die Gleichartigkeit der Vermögensgegenstände bindet, ergeben sich auch hier keine praxisrelevanten Abweichungen.

Die Gruppenbewertung gemäß IFRS erfolgt nach dem **Durchschnitts- oder dem Fifo-Verfahren**. Lifo ist nach IAS 2 nicht zulässig.

Die konkrete Ermittlung der Anschaffungs- und Herstellungskosten kann insbesondere bei einer großen Anzahl rasch wechselnder Vorratsposten, etwa im Einzelhandel, schwierig sein. Die indirekte bzw. retrograde Ermittlung durch Abzug der sog. Brutto-Gewinn-Spanne (*gross profit margin*) von den Verkaufspreisen ist wie im Handelsrecht auch nach IFRS zulässig (IAS 2.22).

### 5.4.3 Niederstwertprinzip

Das handelsrechtliche Niederstwertprinzip gilt als Ausfluss des Vorsichtsprinzips. Wegen der geringen Bedeutung des Vorsichtsprinzips im IFRS-System (vgl. Kapitel 2) wäre danach mit einer Niederstwertvorschrift in IFRS nicht unbedingt zu rechnen.

Zu den Grundannahmen der IFRS-Rechnungslegung gehört jedoch die **perioden-gerechte Gewinnermittlung**. Sie eröffnet einen zweiten Interpretationszugang zur Stichtagsbewertung und erklärt, warum der Niederstwertgrundsatz auch nach IFRS eine wichtige Rolle spielt.

> **!**
>
> **Beispiel**
>
> Die Firework GmbH hat in 01 in Fernost Wunderkerzenpackungen der Marke Antarktika
> * zu 0,40 EUR je Packung erworben, die sie üblicherweise
> * zu 0,70 EUR an den Großhandel und die Handelsketten veräußert.
>
> Durch unsachgemäße Anwendung ist es an Weihnachten zu einigen bedauerlichen Bränden gekommen. Das Magazin TV-Explosiv sendet unmittelbar nach den Festtagen einen Beitrag »Feiertage – Feuertage«, in dem Hersteller und Markennamen mehrfach genannt werden. Die Firework GmbH verkauft daher unmittelbar nach dem Bilanzstichtag alle Bestände zu 0,20 EUR je Packung an einen niederländischen Grossisten.
> In der Handelsbilanz werden die Bestände mit 0,20 EUR bewertet.
> Aus Sicht des handelsrechtlichen Vorsichtsprinzips ist der Kaufmann gehalten, sein **Vermögen** nicht zu reich zu rechnen. In der **Handelsbilanz** hat der Ausweis daher zu 0,20 EUR zu erfolgen.
> Aus Sicht der **periodengerechten Gewinnermittlung** ist der Wertverlust verursachungsgerecht zu erfassen. Würde die Stichtagsbewertung zu 0,40 EUR erfolgen, so würde je Packung ein Verlust von 0,20 EUR in der GuV 02 entstehen. Die Verlustursache liegt aber tatsächlich im Jahr 01. Periodengerecht ist es daher, die GuV des Jahres 01 durch eine Niederstwertabschreibung von 0,20 EUR je Packung zu belasten und auch in der **IFRS-Bilanz** nur noch 0,20 EUR anzusetzen.

Wie das Beispiel zeigt, ist das Niederstwertprinzip durch den Periodisierungsgedanken ebenso gut zu rechtfertigen wie durch den Vorsichtsgedanken. Es ist deshalb nachvollziehbar, dass Vorräte auch nach IAS 2.9 mit dem niedrigeren Stichtagswert anzusetzen sind.

Der Unterschied zum HGB liegt im Detail. Zur Bestimmung des niedrigeren beizulegenden Werts kommen drei Methoden infrage:
* **Beschaffungsmarktorientiert** ist eine Niederstwertabschreibung dann geboten, wenn der Wiederbeschaffungspreis sinkt.
* **Absatzmarktorientiert** ergibt sich der Niederstwert als Nettoveräußerungswert, d.h. als Verkaufserlös abzüglich der bis zum Verkauf noch anfallenden Kosten der Herstellung, der Lagerung, des Vertriebs usw.
* Sowohl beschaffungsmarkt- als auch absatzmarktorientiert ist von den beiden zuvor genannten Werten der niedrigere zu nehmen (sog. **doppelte Maßgeblichkeit**).

Die theoretisch anspruchsvollste Lösung besteht nun darin, nicht voll auf das eine oder das andere Verfahren zu setzen, sondern nach Nähe zum jeweiligen Markt zu differenzieren. Rohstoffe wären dann beschaffungsmarktorientiert zu bewerten, Erzeugnisse absatzmarktorientiert und Waren ggf. im Rahmen der doppelten Maßgeblichkeit. Diesem theoretischen Grundgedanken folgen die handelsrechtlichen Kommentare, wobei sie die Theorie durch Ausnahmen noch weiter verfeinern: für Überbestände an Rohstoffen wird etwa die Ableitung aus dem Absatzmarkt gefordert, für Überbestände an Erzeugnissen die doppelte Maßgeblichkeit und für Erzeugnisse mit Fremdbezugsmöglichkeit wiederum die Ableitung aus dem Beschaffungsmarkt.

Der Abstand dieser Theorie von der Bilanzierungspraxis ist beträchtlich. Die Praxis scheint längst gewöhnt, von einem derart komplexen System nur die Hälfte, ein Viertel oder weniger zu verstehen und sich um das Ganze nicht zu kümmern.

Eine einfachere, praxisgerechtere Lösung bietet demgegenüber IAS 2:

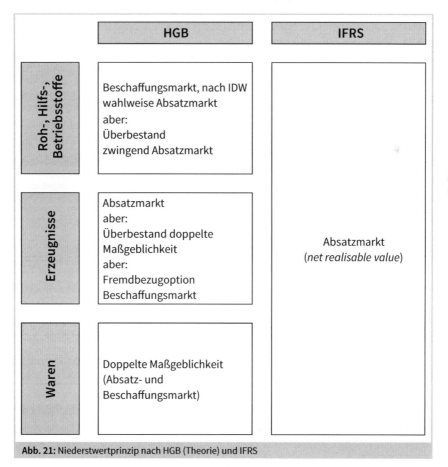

**Abb. 21:** Niederstwertprinzip nach HGB (Theorie) und IFRS

Der Niederstwert wird nach IFRS absatzmarktorientiert als **Nettoveräußerungswert** (*net realisable value*) bestimmt. Für Waren und Erzeugnisse ist dieser Ansatz plausibel. Bei Rohstoffen, die in aller Regel gerade nicht für den Absatzmarkt bestimmt sind, scheint die absatzmarktorientierte Bewertung zunächst bedenklich und unpraktikabel. Die IFRS-Lösung liegt nun darin, nach IAS 2.32 bei Rohstoffen auf eine Niederstwertabschreibung so lange zu verzichten, wie die Fertigerzeugnisse, in die sie eingehen, voraussichtlich zu den Herstellungskosten oder darüber verkauft werden können. Wenn ein Preisrückgang der Rohstoffe jedoch darauf hindeutet, dass die Herstellungskosten über dem Nettoveräußerungswert liegen und eine Abwertung der Rohstoffe geboten ist, kann diese hilfsweise auf der Basis der Wiederbeschaffungskosten erfolgen.

> **! Beispiel**
>
> Die Firework GmbH beschafft in Fernost auf Dollarbasis Bariumnitrat und diverse andere Rohstoffe sowie als Handelsware Kleinfeuerwerk. Die Rohstoffe werden im Inland zu Großfeuerwerk verarbeitet. Wegen der Explosionsgefahr hat die Großfeuerwerksproduktion einen geringen Mechanisierungsgrad. Der Lohnkostenanteil fällt entsprechend hoch, der Rohstoffanteil entsprechend niedrig aus.
> - Infolge einer Dollarabwertung sinken die Bezugspreise für Rohstoffe und Kleinfeuerwerk bis zum Bilanzstichtag um 20 %.
> - Das Kleinfeuerwerk wurde zuvor durchschnittlich für umgerechnet 0,50 EUR (jetzt 0,40 EUR) eingekauft. Der zukünftig erwartete Veräußerungserlös beträgt 0,60 EUR. Das zum Stichtag nicht veräußerte Feuerwerk kann erst ein Jahr später veräußert werden. Bis zur Veräußerung fallen daher neben Vertriebskosten von 5 % noch Lager- und Zinskosten von 20 % (jeweils bezogen auf den voraussichtlichen Veräußerungspreis) an.
> - Die Preise für Großfeuerwerk sind auf befriedigendem Niveau stabil.
> - Für die **Rohstoffe** ist nur nach **HGB** eine Abwertung auf die **Wiederbeschaffungskosten** möglich.
> - Nach **IFRS** bleibt es beim **Anschaffungskostenansatz**, da die Fertigerzeugnisse voraussichtlich mindestens zu den Herstellungskosten veräußert werden können.
> - Für das **Kleinfeuerwerk** ist nach **HGB** wegen **doppelter Maßgeblichkeit** neben dem Wiederbeschaffungspreis (0,40 EUR) auch der Nettoveräußerungspreis zu bestimmen. Er beträgt 0,60 EUR minus 25 %, somit 0,45 EUR. Die Niederstwertabschreibung ist auf den niedrigeren der beiden Werte, also auf 0,40 EUR, vorzunehmen.
>
> Nach **IFRS** ist das Sinken des Wiederbeschaffungswerts für Kleinfeuerwerk unbeachtlich. Ein Vergleich ist nur zwischen dem **Nettoveräußerungswert** und den Anschaffungskosten vorzunehmen. Da der Nettoveräußerungswert mit 0,45 EUR unter den Anschaffungskosten von 0,50 EUR liegt, ist eine Abschreibung von 0,05 EUR vorzunehmen.

Soweit die Gründe für eine Niederstwertabschreibung entfallen, d. h. zum folgenden Bilanzstichtag der Nettoveräußerungswert gestiegen ist, ist nach IAS 2.33 zwingend eine **Zuschreibung** geboten. § 253 Abs. 5 HGB enthält ebenfalls ein Wertaufholungsgebot.

## 5.5 Ausweis und *notes*

In der **Bilanz** wird das Vorratsvermögen üblicherweise in einer Summe ausgewiesen. Die Untergliederung erfolgt nach IAS 2.36 ff. in den *notes*.

---

**Tipp**    **!**

Die HGB-Untergliederung der Vorräte in Roh-, Hilfs- und Betriebsstoffe, unfertige Erzeugnisse, fertige Erzeugnisse und Waren stellt eine zulässige Untergliederung auch für die IFRS-*notes* dar. Ein Anpassungsbedarf besteht insofern nicht. Zu beachten ist aber die nach IFRS andersartige Abgrenzung zwischen (un-)fertigen Erzeugnissen/Leistungen und bereits realisierten Umsätzen (vgl. **Kapitel 5.2**).

---

Weitere bedeutsame Anhangvorschriften nach IAS 2.36 ff. sind:
- Offenlegung der Bewertungsmethoden für Vorräte,
- Angabe eventueller Verfügungsbeschränkungen aus Verpfändungen, Sicherungsübereignungen usw.

Aufgrund des *materiality*-Grundsatzes fallen die Erläuterungen des Vorratsvermögens in IFRS-Geschäftsberichten zuweilen sehr kurz aus.

---

**Beispiel**    **!**

»Vom Gesamtbetrag der zum 31.12.01 bilanzierten Vorräte (2.043 Mio. EUR) sind 324 Mio. EUR (Vorjahr: 231 Mio. EUR) zu ihrem Nettoveräußerungswert angesetzt. Die Vorräte unterliegen Verfügungsbeschränkungen; andere Belastungen liegen nicht vor.«

---

## 5.6 Zusammenfassung

Für Vorräte gleichen sich die grundsätzlichen Bewertungsformeln von HGB und IFRS. Wo das HGB den Ansatz zu AK/HK oder niedrigerem Stichtagswert verlangt, fordert IAS 2 analog den Ansatz zu *lower of cost or net realisable value*. Die Unterschiede liegen im Detail und bleiben z. T. theoretisch:

Zwar nennen die IFRS bestimmte **Bewertungsvereinfachungen** wie etwa den Festwert nicht ausdrücklich, aber aus allgemeinen *materiality*-Überlegungen lassen sich Festwerte auch in der IFRS-Bilanz praktisch rechtfertigen.

Der **Niederstwert** nach IAS 2 ist streng absatzmarktorientiert zu bestimmen, während nach HGB auch beschaffungsmarktorientierte Bewertungen zum Tragen kommen.

Gewichtigere Unterschiede ergeben sich für den »Sonderfall« **kundenspezifischer Auftragsfertigung** (Anlagenbau, Hoch- und Tiefbau, aber z. B. auch kundenbezogene

Softwarefertigung). IFRS 15 sieht eine kontinuierliche Realisierung nach Maßgabe des Fertigstellungsgrads vor und bilanziell einen Ausweis »vertraglicher Vermögenswerte« statt von (un-)fertigen Erzeugnissen/Leistungen.

## 5.7    Fragen und Antworten

**Fragen**

**A.1** Nach § 253 HGB dürfen angemessene Teile der Verwaltungskosten in die Herstellungskosten der Erzeugnisse einbezogen werden. Wie ist es nach IAS 2?

**A.2** Mit welcher Untergliederung sind Vorräte in der IFRS-Bilanz auszuweisen?

**B.1** Anders als im HGB spielt in den IFRS das Vorsichtsprinzip keine bedeutsame Rolle. Im HGB gilt das strenge Niederstwertprinzip für Vorräte – Ansatz zu AK/HK oder niedrigerem Stichtagswert. Wie und mit welcher Begründung ist nach IAS 2 vorzugehen?

**B.2** Was muss für Zwecke der Herstellungskostenermittlung bei einem starken Rückgang der Kapazitätsauslastung berücksichtigt werden?

**C.1** In sehr lohnintensivem Verfahren produziert Unternehmen A aus Holz hochwertige und hochpreisige Gartenmöbel. Unternehmen B erzeugt in materialintensiver Produktion aus Holz Pellets für entsprechende Heizungsanlagen, wobei der Holzpreis der wichtigste Bestandteil der Herstellungskosten ist. Welche Auswirkungen hat ein signifikanter Rückgang der Holzpreise für die Bewertung der noch unverarbeiteten Holzrohstoffbestände in beiden Unternehmen?

**C.2** Wirtschaftsprüfungsgesellschaft W prüft gegen ein Festhonorar von 1 Mio. EUR zum 31.12.01 erstmalig den Jahresabschluss der X AG. Bei einer Erstprüfung fallen Mehraufwendungen an, da der Prüfer sich bei Dauersachverhalten nicht auf die Kontrolle beschränken kann, ob sich gegenüber dem Vorjahr etwas geändert hat, sondern die Sachverhalte vollständig neu betrachten muss. W rechnet daher nicht mit einem Gewinn, sondern bei kalkulierten Auftragskosten von 1 Mio. EUR mit einem gerade ausgeglichenen Ergebnis. Bereits in 01 beginnt W mit umfangreichen Vorprüfungshandlungen. Bis zum 31.12.01 sind daher bei W Kosten von 0,3 Mio. EUR aufgelaufen. In ihrer eigenen Handelsbilanz weist W dementsprechend unter »unfertigen Leistungen« im Vorratsvermögen einen Betrag von 0,3 Mio. EUR aus. Wie hätte W in einer IFRS-Bilanz unter Berücksichtigung von IAS 2 zu verfahren?

**Antworten**

**A.1** Nach IAS 2.12 und IAS 2.16 kommt es hinsichtlich der Einbeziehung von Verwaltungskosten in die Herstellungskosten darauf an, ob die Verwaltungskosten einen direkten Produktionsbezug haben (z. B. Kosten der Lohnbuchhaltung der Produktivkräfte) oder nicht.

- Im ersten Fall sind die Kosten zwingend zu aktivieren,
- im zweiten Fall zwingend sofort als Aufwand zu verrechnen.

**A.2** Ausreichend ist für die Bilanz ein Sammelausweis »Vorräte« oder »Vorratsvermögen«. Die Untergliederung nach Rohstoffen, Erzeugnissen, Waren usw. erfolgt dann im Anhang.

**B.1** Auch nach IAS 2 gilt für Vorräte ein strenges Niederstwertprinzip. Der niedrigere Wert aus AK/HK und Nettoveräußerungspreis am Stichtag ist anzusetzen. Dies kann auch ohne Vorsichtsprinzip begründet werden: Verluste sollen bereits in der Periode erfasst werden, in der sie verursacht sind.

**B.2** Ein starker Rückgang der Kapazitätsauslastung bewirkt Folgendes: Bei unverändertem Kalkulationsschema würden die Fixkosten auf eine geringere Produktionsmenge verteilt, jedes der produzierten Stücke dadurch höher bewertet als zuvor. Eine derartige Aktivierung von »Leerkosten« ist aber nach IAS 2 nicht erlaubt. Gemeinkosten sind vielmehr nur in dem Maße zu aktivieren, wie dies bei Normalbeschäftigung der Fall wäre.

**C.1** Nach IAS 2 ist auch der Niederstwert von Rohstoffen primär absatzmarktorientiert zu bestimmen. Solange das Produkt, in das der Rohstoff eingeht, noch verlustfrei verkauft werden kann, unterbleibt eine Abschreibung.

Bei Gartenmöbelunternehmen A ist der Holzpreis von geringer Bedeutung für den Verkaufspreis der Holzbänke. Der sinkende Holzpreis wird also die Absatzpreise nicht signifikant verringern. Auf der Absatzseite sind somit keine Verluste zu erwarten. Eine Niederstwertabschreibung unterbleibt.

Bei B sind die Verhältnisse anders. Es ist zu erwarten, dass der gesunkene Holzpreis auch die Preise für Pellets nach unten zieht. Auf Basis der höheren historischen Anschaffungskosten des Holzes kann sich daher bei sinkendem Absatzpreis der Pellets ein Verlust ergeben. Dem ist durch eine außerplanmäßige Abschreibung auf das Holz Rechnung zu tragen.

**C.2** IAS 2 wäre für die Wirtschaftsprüfungsgesellschaft W nicht einschlägig, da die Prüfung eine kundenspezifische, nicht alternativ verwendungsfähige Leistung ist. Die Vorprüfung führt daher bei W gemäß IFRS 15 bereits zu Umsatz (0,3 Mio. EUR) und in entsprechender Höhe zum Ansatz eines vertraglichen Vermögenswerts. Eine unfertige Leistung (Vorratsvermögen) wird nicht ausgewiesen.

# 6 Eigenkapital

## 6.1 Ausweis und Abgrenzung

### 6.1.1 Mindestgliederung, eigene Anteile

Für den einzelbilanziellen Ausweis des Eigenkapitals sieht IAS 1.54 **keine Mindestuntergliederung** vor. Ausreichend (und in angelsächsischen IFRS-Abschlüssen häufig auch praktiziert) ist ein einziger Posten: gezeichnetes Kapital und Rücklagen (*capital and reserves*). Lediglich im Konzernabschluss muss ggf. ein zweiter Posten – nicht beherrschende Anteile (früher: Minderheitenanteile) – hinzutreten. In der deutschen IFRS-Praxis ist aber eine weitere Aufgliederung üblich, die zumindest unterscheidet:

- gezeichnetes Kapital,
- Kapitalrücklagen,
- angesammelte bzw. akkumulierte Ergebnisse (Gewinnrücklagen, Ergebnisvortrag, Jahresüberschuss/Jahresfehlbetrag).

> **Tipp**                                                                          **!**
> Die Beibehaltung des detaillierteren HGB-Gliederungsschemas ist grundsätzlich möglich und wird in deutschen IFRS-Abschlüssen häufig praktiziert.

Nur noch geringe Abweichungen bestehen seit dem BilMoG bei eigenen Anteilen:

**Eigene Anteile** sind gemäß § 272 Abs. 1a HGB handelsrechtlich in Höhe des Nennbetrags offen vom gezeichneten Kapital abzusetzen, zum darüber hinausgehenden Teil der Anschaffungskosten mit frei verfügbaren Rücklagen zu verrechnen. IAS 32.33 sieht ebenfalls eine Kürzung des Eigenkapitals vor. Drei Varianten sind möglich:

- Berücksichtigung der gesamten Anschaffungskosten der eigenen Anteile als einziger Abzugsposten im Eigenkapital,
- Abzug des Nominalbetrags der eigenen Anteile vom gezeichneten Kapital und der überschießenden Anschaffungskosten von den Kapitalrücklagen,
- Verteilung der Anschaffungskosten auf jede Kategorie des Eigenkapitals, d.h. zusätzlich zum Nominalkapital und den Kapitalrücklagen z.B. auch auf Gewinnrücklagen.

Als **spezifische Rücklagen** kennen die IFRS

- Rücklagen für Währungsdifferenzen (im Konzern),
- Neubewertungsrücklagen (vgl. Kapitel 3),
- Rücklagen für andere nicht GuV-wirksame Einkommensteile, z.B. aus der erfolgsneutralen Stichtagsbewertung von bestimmten Finanzinstrumenten (vgl. Kapitel 4).

Ein besonderer Ausweis dieser speziellen Rücklagen in der Bilanz ist nicht notwendig, eine Zusammenfassung mit Gewinnrücklagen ist möglich. Eine Erläuterung im Anhang reicht i. V. m. der Eigenkapitalveränderungsrechnung bzw. Gesamtergebnisrechnung aus.

### 6.1.2  Abgrenzung zum Fremdkapital

Sowohl die HGB-Bilanzierung als auch die IFRS-Bilanzierung erfolgen nicht nach rechtlich-formellen Verhältnissen, sondern aufgrund wirtschaftlicher Betrachtungsweise (*substance over form*). In bestimmten Fällen, etwa bei der Bilanzierung von Eigentumsvorbehaltsware, führt diese Betrachtungsweise zu zwingenden und deshalb für HGB und IFRS übereinstimmenden Lösungen. In anderen Fällen, etwa beim Leasing (aus Sicht des Leasinggebers), stimmen die Lösungen bei Unterschieden im Detail immerhin noch im Kern überein. In wieder anderen Fällen, hier bei der Abgrenzung zwischen Eigenkapital und Fremdkapital, kommt es zu konträren Interpretationen:

* Während das IDW (HFA 1/1994) für die handelsrechtliche Abgrenzung zwischen Fremd- und Eigenkapital unter ausdrücklicher Berufung auf die wirtschaftliche Betrachtungsweise auf die **Haftungsqualität** des überlassenen Kapitals abstellt,
* entscheidet nach IAS 32.15 ff. die (ggf. auch nur bedingte) **rechtliche Rückzahlungsverpflichtung** über den wirtschaftlichen Gehalt und die Qualifizierung des überlassenen Kapitals.

> **!  Beispiel**
>
> Die World Wide AG hat Genussrechte begeben, deren Vergütung sich ausschließlich am Gewinn und Liquidationserlös bemisst. Soweit nicht durch Verluste aufgezehrt, sind die Genussrechte nach zehn Jahren zurückzuzahlen. Im Insolvenzfall werden sie nur nachrangig, nach Befriedigung aller anderen Gläubiger, bedient.
> Das Tochterunternehmen Off-shore-Ltd. hat nach ausländischem Recht Vorzugsaktien ausgegeben. Ein Teil der Vorzugsaktien ist obligatorisch nach zehn Jahren von der Ltd. zurückzukaufen (Rückkaufspflicht). Für einen anderen Teil der Vorzugsaktien besteht ein Rückkaufsrecht. Die Vorzugsdividende für die zweite Tranche beträgt in den Jahren 11 ff. den vierfachen Prozentsatz der Jahre 01 bis 10.
> Im **HGB**-(Konzern-)Abschluss der World Wide AG sind die Genussrechte und Vorzugsaktien als Eigenkapital zu behandeln, da sie zwar nur temporär, aber doch längerfristig **Haftungsqualität** aufgrund der Verlustteilnahme und Nachrangigkeit haben.
> Im **IFRS**-Abschluss kommt es entscheidend auf die **Rückzahlungsverpflichtung** an. Für die Genussrechte und den ersten Teil der Vorzugsaktien ist die Rückzahlungsverpflichtung schon vertraglich gegeben. Sie sind nach IAS 32 ohne weiteres als Fremdkapital auszuweisen.
> Für den zweiten Teil der Vorzugsaktien besteht nur ein Rückkaufsrecht. Die Ltd. ist zum Rückkauf nicht verpflichtet. Ab dem Jahr 11 nimmt die Vorzugsdividende zwar eine Größenordnung an, die die Ltd. aus wirtschaftlichen Gründen zum Rückkauf des Finanzinstruments zwingen wird. Der **faktische Rückzahlungszwang** reicht aber nach h. M. nicht aus, auch die zweite Tranche als Fremdkapital auszuweisen.

Eine zwischen Bilanzstichtag und Bilanzaufstellung beschlossene **Dividende** ist noch als Eigenkapital auszuweisen (so die Klarstellung in IAS 10.12 f.).

Bei sog. zusammengesetzten Finanzinstrumenten, etwa **Wandelanleihen**, die gegen eine geringere Verzinsung ein Umtauschrecht in Aktien verbriefen, stellt sich weniger ein Abgrenzungs- als ein Aufteilungsproblem. Der Zufluss aus der Begebung solcher Instrumente ist zwischen Eigenkapital und Fremdkapital aufzuteilen (sog. *split accounting*).

---

**Beispiel**

Eine Anleihe der World Wide AG wird bei einem Marktzins von 5 % nominal mit ebenfalls 5 % verzinst. Die Zeichner der Anleihe haben jedoch ein Agio von 10 % zu zahlen. Die Effektivverzinsung liegt demzufolge deutlich unter dem Marktzins.

Die AG hat den Emissionserlös aufzuteilen: in den Ausgabebetrag für die begebenen Anleiherechte und den Betrag, der für die Wandlungsrechte erzielt wurde. Für die Aufteilung in Fremd- und Eigenkapital ist gemäß IAS 32.31 f. nur die sog. Residualmethode zugelassen:

Gesamtwert – Fremdkapitalwert = Eigenkapitalwert

Sowohl nach § 272 Abs. 2 Nr. 2 HGB als auch nach IAS 32 ist der für die Wandlungsrechte gezahlte Betrag, d. h. hier das Agio, in die **Kapitalrücklage** einzustellen.

**!**

---

### 6.1.3  Besonderheiten bei Personengesellschaften

Nach IAS 32.16 und IAS 32.19 liegt Eigenkapital nur insoweit vor, als ein Unternehmen weder eine unbedingte noch eine **bedingte Verpflichtung** zur Lieferung von Geld oder anderen Vermögenswerten hat. In der Konkretisierung dieser Regelungen bestimmen IAS 32.18(b) und IFRIC 2:

Ein Recht der Anteilseigner von Personengesellschaften (*partnerships*), ihren Anteil gegen eine Abfindung zu kündigen bzw. zurückzugeben, ist bilanziell als Verbindlichkeit auszuweisen, auch wenn die Anteilseigner gesellschaftsrechtlich Eigenkapitalgeber sind. Da nach deutschem Gesellschaftsrecht das **Kündigungsrecht** bzw. der damit verbundene **Abfindungsanspruch** nicht abbedungen werden können, stünden die OHG und KG nach IFRS ohne Eigenkapital dar.

Die z. T. absurden Konsequenzen einer Umqualifizierung des Eigenkapitals – je besser sich die Gesellschaft entwickelt, desto schlechter muss sie sich in Bilanz und GuV darstellen – hat der IASB mit einiger Zeitverzögerung wahrgenommen und sie zum Anlass genommen, die Regeln in 2008 anzupassen.

Die seitdem geltende Fassung von IAS 32 geht das Problem der Eigenkapital- bzw. Fremdkapitaldefinition nicht prinzipienbasiert, sondern **kasuistisch** in Form von Ausnahmeregelungen an:

- Wenn kündbare Anteile (*puttable shares*) bestimmte in den eingefügten Buchstabenparagraphen IAS 32.16A bis IAS 32.16F genannte Bedingungen vollständig erfüllen,
- dann sind sie in Ausnahme von den allgemeinen Definitionsmerkmalen von Fremdkapital (»*as an exception to the definition of a financial liability*« – IAS 32.16A) als Eigenkapital zu qualifizieren.

Die Ausnahmeregelungen gelten nicht für den Ausweis von Minderheitenanteilen (nicht beherrschenden Anteilen) an **Tochterpersonengesellschaften** im Konzern. Hier führen Kündigungsmöglichkeiten und damit verbundene potenzielle Abfindungsansprüche zur Qualifizierung als Fremdkapital (IAS 32.AG29A und IAS 32.BC68).

Die kumulativ zu erfüllenden Voraussetzungen für den Ausweis von kündbaren Anteilen (an Mutterunternehmen bzw. im Einzelabschluss) sind nachfolgend dargestellt:

**a) Proportionale Beteiligung am Liquidationsergebnis**
Alle Anteilseigner müssen entsprechend ihrem Anteil an der Gesellschaft am positiven Liquidationsergebnis beteiligt sein (IAS 32.16A(a)). Unschädlich ist im Fall der Kommanditgesellschaft, dass der Komplementär vorrangig den Fehlbetrag zu tragen hat (DRSC Interpretation 3.9).

**b) Nachrang gegenüber allen anderen Finanzinstrumenten**
Der kündbare Anteil muss in der (freiwilligen oder erzwungenen) Liquidation nachrangig gegenüber allen anderen Finanzinstrumenten sein (IAS 32.16A(b)). Dies bedeutet zunächst einen Nachrang gegenüber Gläubigern. Schädlich kann auch ein fehlender Gleichrang von Gesellschaftern untereinander sein.

**Beispiel**

Der Gesellschaftsvertrag der ABC OHG sieht Folgendes vor: Gesellschafter A erhält einen Vorabanteil am Liquidationsergebnis. Der Rest wird zwischen B und C nach Maßgabe ihrer Anteile verteilt.

**Beurteilung**
Der Anteil von A ist kein Eigenkapital. Er gehört nicht in die nachrangigste Klasse von Finanzinstrumenten. In ihr sind nur die Anteile von B und C zu erfassen. Sie stellen bilanziell Eigenkapital dar.

**c) Identische Ausstattungsmerkmale**
Alle Finanzinstrumente in der nachrangigsten Klasse müssen gleiche finanzielle Ausstattungsmerkmale haben (IAS 32.16A(c)).

Für die Gesellschafter können neben Festkapitalkonten, die die Anteilsverhältnisse der Gesellschafter untereinander wiedergeben, weitere Einlagen und Konten vereinbart und/oder geleistet worden sein. Gängig sind Privat- oder Darlehenskonten, auf denen u. a. entnahmefähige Gewinne verbucht werden.

Hier ist zu klären, ob die Privatkonten/Darlehenskonten Teil der als Eigenkapital qualifizierten kündbaren Instrumente oder separat zu betrachtende Finanzinstrumente sind. Eine separate Betrachtung ist geboten, wenn das Privatkonto/Darlehenskonto annähernd fremdübliche Bedingungen aufweist, etwa angemessen verzinst wird. Das Konto ist dann als separates Fremdkapitalinstrument zu qualifizieren, mit der Folge, dass es bei der Prüfung, ob alle kündbaren Anteile gleichartige Bedingungen erfüllen, nicht mehr berücksichtigt werden muss.

### d) Keine weiteren Zahlungsverpflichtungen
Abgesehen von den aus einer Kündigung der Beteiligung/Rückgabe der Anteile resultierenden Zahlungsverpflichtungen darf die Personengesellschaft dem einzelnen Gesellschafter gegenüber keine weiteren Verpflichtungen zur Zahlung oder Hingabe anderer finanzieller Vermögenswerte haben (IAS 31.16A(d)).

Nicht schädlich sind die gesetzlichen Entnahme- und Verzinsungsrechte der Gesellschafter i. S. d. §§ 122 Abs. 1, 168 HGB sowie der Gewinnauszahlungsanspruch des Kommanditisten nach § 169 Abs. 1 HGB. Sie begründen auch dann, wenn der Gesellschaftsvertrag die Ausschüttung/Thesaurierung nicht an Gesellschafterbeschlüsse bindet, keinen individuellen Zahlungsanspruch des Gesellschafters. Dieser erfordert vielmehr den kollektiven Beschluss über die Feststellung des Jahresabschlusses.

### e) Substanzielle Beteiligung am buchmäßigen oder ökonomischen Unternehmenserfolg
Die Gesellschafter müssen gemäß IAS 32.16A(e) über die Gesamtdauer ihrer Beteiligung substanziell (*substantially*) eine angemessene Beteiligung an der Entwicklung des Unternehmens erwarten können, und zwar an der
- buchmäßigen (Jahresergebnis, Veränderung Buchvermögen) oder
- ökonomischen (Veränderung des Unternehmenswerts).

In Bezug auf unterschiedliche Abfindungsregeln und Gewinnbeteiligungsregeln gilt hier Folgendes:
- Nur eine IFRS-Buchwertklausel, die sich auf das Buchvermögen nach IFRS bezieht, führt i. V. m. der Beteiligung am laufenden IFRS-Ergebnis nach IAS 32.AG14E zur vollständigen Beteiligung am buchmäßigen Erfolg.
- Eine Verkehrswertabfindung nach § 738 HGB entspricht der Beteiligung an der ökonomischen Entwicklung.
- Eine HGB-Buchwertklausel ist differenziert zu würdigen. Bei einer sich im Zeitablauf ergebenden relevanten Diskrepanz zwischen dem vertraglich vereinbarten Abfindungswert und dem tatsächlichen Anteilswert ist rechtlich regelmäßig eine

Anpassung des Abfindungsbetrags durchzusetzen. Der so ermittelte Abfindungsbetrag liegt in der Regel zwischen dem Buchwert und dem Verkehrswert. I.V.m. den laufenden Ausschüttungen entspricht dann der insgesamt zu erwartende Zahlungsstrom aus dem Anteil zwar nicht vollständig der ökonomischen Entwicklung, eine solche vollständige Übereinstimmung ist durch IAS 32.16A(e) aber auch nicht gefordert. Ausreichend ist eine substanzielle Übereinstimmung. Diese Voraussetzung und damit die Eigenkapitalqualifikation ist bei einer Buchwertklausel regelmäßig gegeben (DRSC Interpretation 3.38).

- Entsprechendes gilt erst recht für Abfindungsklauseln, die, wie etwa das Stuttgarter Verfahren, in der Tendenz zwischen Buchwert und Verkehrswert liegen.

## 6.2 Sacheinlagen, einschließlich *debt-for-equity-swaps*

Das Eigenkapital einer Gesellschaft kann durch Sacheinlage erbracht oder erhöht werden. Die Gesellschaft gewährt Anteile. Für den über den Nennwert der Anteile hinausgehenden Wert des Einbringungsgegenstands wird regelmäßig die Einstellung in die Kapitalrücklage vereinbart.

Fehlt es an einer solchen Vereinbarung oder fällt die vereinbarte Zuführung zur Kapitalrücklage geringer aus, ist handelsbilanziell strittig, ob der höhere Zeitwert des Einbringungsgegenstands anzusetzen ist (Aktivseite determiniert Eigenkapital, also Passivseite) oder ob der niedrigere Anrechnungswert im Eigenkapital maßgeblich ist (Passivseite determiniert Aktivseite).

Für IFRS ist die Lösung in IFRS 2.10 enthalten. Danach **determiniert die Soll-Seite** des Buchungssatzes (Aufwand oder Vermögenswert) in der Regel **die Haben-Seite (Eigenkapital)**. Im Einzelnen gilt:
- Erwirbt die Gesellschaft »Güter« (Vorräte, Sachanlagen, immaterielle Vermögenswerte) oder Dienstleistungen gegen Gewährung von Gesellschaftsrechten, bestimmt in der Regel der Wert der erworbenen Leistungen die Erhöhung des Eigenkapitals.
- Lediglich wenn der Wert der Leistungen nicht verlässlich ermittelt werden kann, determiniert ausnahmsweise der Wert der ausgegebenen Anteile den Wert der Leistungen.
- Auf die Aktivierungsfähigkeit der empfangenen Leistung kommt es insoweit nicht an. Sie entscheidet lediglich darüber, ob Gegenkonto des Eigenkapitals ein Vermögens- oder ein Aufwandsposten ist.

Wichtigster Anwendungsfall der im zweiten Aufzählungspunkt genannten Ausnahme sind Mitarbeiteroptionen (vgl. Kapitel 6.3).

Die Einlage kann auch im Verzicht des Einlegenden auf eine Forderung gegenüber der Gesellschaft bestehen. Aus Sicht der Gesellschaft wandelt sich Fremdkapital in Eigenkapital um (*debt-for-equity-swap*). Den Prinzipien von IFRS 2 folgend bestimmt dabei gemäß IFRIC 19 der Zeitwert der erlassenen Schuld und nicht deren Buchwert die Höhe der Eigenkapitalzuführung. Ist die Bonität des Unternehmens sehr schlecht, kann der Zeitwert erheblich unter dem Buchwert liegen. In Höhe der Differenz entsteht dann bei der Gesellschaft ein Ertrag.

## 6.3   *Stock options* – Mitarbeiteroptionen

Mitarbeiteroptionen und andere aktienorientierte Vergütungsformen sind insbesondere bei börsennotierten Unternehmen ein wichtiger Bestandteil der Entlohnung von Führungskräften. Die steuerliche und bilanzielle Behandlung solcher Optionen wird in Deutschland kontrovers diskutiert.

- Steuerlich geht es darum, ob der geldwerte Vorteil aus den Optionen nach den Wertverhältnissen des Zusagezeitpunkts oder nach denen des Ausübungszeitpunkts bemessen werden soll. Die zweite Variante führt in Zeiten steigender Kurse zu einer höheren Lohnsteuerlast.
- Handelsrechtlich wird diskutiert, ob die gesellschaftsrechtliche Gewährung von Mitarbeiteroptionen weiterhin erfolgsneutral behandelt werden soll oder der angelsächsischen Sichtweise folgend durch eine Buchung »per Personalaufwand an Kapitalrücklage« ergebniswirksam werden soll.

Der IASB sieht in IFRS 2 Folgendes vor:
- Berücksichtigung des Werts von Mitarbeiteroptionen als **Personalaufwand**.
- Bei **echten** Optionen **Gegenbuchung in der Kapitalrücklage** und Bemessung der Gesamtaufwandshöhe nach den Wertverhältnissen des Zusagedatums (*grant date*).
- Bei sog. **virtuellen** Optionen (an die Kursentwicklung gebundenen Barvergütungen) Gegenbuchung in den Rückstellungen und Anpassung der Rückstellung nach den Wertverhältnissen des jeweiligen Stichtags.
- **Verteilung des Gesamtaufwands** auf die sog. *service-period*, d. h. in der Regel den Zeitraum zwischen Optionszusage und Datum, an dem das Optionsrecht (durch Ablauf von Wartefristen) unwiderruflich wird (*vesting date*).

> **Beispiel**   !
>
> In 00 zieht sich der Gründer der AG, ein Erfinder und Menschenfreund, aus dem Vorstand zurück und gewinnt einen Fremdvorstand. Der Fremdvorstand bringt das Unternehmen Anfang 01 an die Börse, um sich kurz danach 3 Mio. Optionen zu einem Basispreis (Ausübungspreis) von 15 EUR, entsprechend dem Börsenkurs zum *grant date*, zu genehmigen.

Das Optionsrecht ist an eine dreijährige Wartezeit gebunden und wird Anfang 04 unwiderruflich. Der Börsenkurs steigt bis 02 auf 165 EUR. Hilfreich war, dass der Vorstand den 31.12.00 mit allen Arten von Rückstellungen hoch belastete. Auf diese Weise ergab sich ein niedriges Jahresergebnis für 00 und über die Auflösung nicht benötigter Rückstellungen in den Folgejahren ein schöner Gewinnanstieg von 50 Mio. EUR in 00 auf 200 Mio. EUR in 03.

In 03 sinkt aber der Kurs auf 10 EUR. Die Optionen werden wertlos. Die bilanzpolitische Findigkeit des Vorstands wird nicht belohnt.

Bei einer Bilanzierung nach IFRS 2 würden die Vorstands-Optionen zu Personalaufwand führen. Dieser ist nach dem Zeitwert der Optionen im Zusagezeitpunkt (*grant date*) und nicht nach dem inneren Wert (Differenz von Kurswert und Basispreis) zu berechnen. Optionswert und Personalaufwand sind nicht null, auch wenn Basispreis und Börsenkurs im Zusagezeitpunkt identisch sind.

Der sog. Zeitwert berücksichtigt die Gewinnchance aus der Schwankung/Volatilität der Aktie.

Da die Schwankung nach unten den Optionsinhaber nicht belastet (er verzichtet lediglich auf die Ausübung), die Schwankung nach oben aber einen Gewinn bringt, hat die Option trotz Identität von Basispreis und Kurs einen Wert. Dieser Wert ist als Personalaufwand auf die *service period* zu verteilen.

Spätere Änderungen, insbesondere der Wertverlust in 03, berühren diese Buchung nicht mehr.

Auch in weniger extremen Fällen wird man den Nutzen einer erfolgswirksamen Abbildung von Mitarbeiteroptionen nicht abstreiten können. Es ist eine Sache, im Anhang verbale Ausführungen zu Optionsplänen zu machen, ohne deren Wert zu beziffern, eine andere Sache, die geldwerten Vorteile in der GuV selbst abzubilden. Die korrespondierende Berücksichtigung der geldwerten Vorteile der Mitarbeiter und Vorstände als Personalaufwand der Gesellschaft kann über den Informationsnutzen hinaus eine disziplinierende Wirkung entfalten.

Die »aktienbasierte Vergütung« kann auch **virtuell** gestaltet sein. Die Mitarbeiter erhalten sog. *stock appreciation rights*, die sie so stellen, als ob sie eine Option erhalten hätten. Beträgt bspw. der Kurs- und Basispreis zum Zusagedatum 100, zum *vesting date* aber 150, sind 50 an den »Inhaber« eines Rechts zu zahlen. Da diese **Zahlung aus wirklichem Geld** (und nicht aus Aktien, d. h. »eigener Währung«) zu leisten ist, wird der Personalaufwand nicht gegen Kapitalrücklage, sondern gegen **Rückstellung** gebildet. Diese Rückstellung ist nach den Wertverhältnissen des jeweiligen Stichtags zu berechnen. Bei gleichbleibenden Wertverhältnissen wird sie über die *service period* angesammelt, bei schwankenden Werten variieren die Zuführungsbeträge der Perioden.

Bei **echten Optionen** werden hingegen die Preisverhältnisse des Zusagedatums festgeschrieben. Änderungen können sich nur noch im Mengengerüst ergeben. Bei einer an das Verbleiben im Unternehmen gebundenen Optionszusage kann etwa eine unerwartet hohe Mitarbeiterfluktuation zur Anpassung des Aufwands nach unten führen.

IFRS 2 behandelt auch aktienbasierte Vergütungen, die den Mitarbeitern eines Unternehmens nicht von diesem Unternehmen selbst, sondern von dessen Mutterunternehmen gewährt werden. Die Erfassung als Personalaufwand im Konzernabschluss des Mutterunternehmens erfolgt unabhängig davon, welche rechtliche Teileinheit des Konzerns die Optionen gewährt. Auch im Einzelabschluss des Tochterunternehmens ist Personalaufwand zu buchen, fingiert wird eine verdeckte Einlage der Mutter.

## 6.4  *Notes*

Die Anhangangaben zum Eigenkapital sind geregelt
*   allgemein in IAS 1.106 ff.,
*   bezüglich Mitarbeiteroptionen und ähnlichen Kapitalbeteiligungsleistungen in IFRS 2.

Bei den Kapitalbeteiligungsleistungen sind Plan- und Ist-Angaben gefordert. Im Fall von **Mitarbeiteroptionen** beinhaltet die Planbeschreibung Angaben über Anzahl und Bedingungen (Wartezeiten, Ausübungszeitpunkt, Bezugskurs) der Optionen. Die Ist-Beschreibung bezieht sich auf die Anzahl, Ausübungszeitpunkte und Ausübungskurse der in der Periode ausgeübten Bezugsrechte. Um den Anforderungen von IAS 24 »Angaben über Beziehungen zu nahestehenden Unternehmen und Personen« gerecht zu werden, ist es in der Regel erforderlich, Vorstandsoptionen getrennt von allgemeinen Mitarbeiteroptionen zu beschreiben.

An **allgemeinen Angaben** zum Eigenkapital fordern IAS 1.79 und IAS 1.137:
*   für jede Klasse von Anteilen, z. B. Stammaktien gegenüber Vorzugsaktien, Angaben über Rechte und Beschränkungen, Angaben über den **Nennwert** sowie Angaben über die **Anzahl** der genehmigten, der ausgegebenen und voll eingezahlten, der ausgegebenen und nicht voll eingezahlten Anteile,
*   eine Beschreibung von **Art und Zweck jeder Rücklage** innerhalb des Eigenkapitals,
*   eine Angabe des **Dividendenvorschlags**.

---

**Beispiel**

Die Struktur des gezeichneten Kapitals ist wie folgt:
*   Stammaktien: 1,2 Mrd. EUR, 473 Mio. Stück,
*   Vorzugsaktien: 0,2 Mrd. EUR, 82 Mio. Stück.

Stammaktien und Vorzugsaktien sind nennwertlos und rechnerisch mit jeweils rund 2,50 EUR/Stück am gezeichneten Kapital beteiligt.

Bei der Gesellschaft besteht ein genehmigtes Kapital in Höhe von 19 Mio. EUR für die Ausgabe neuer Vorzugsaktien an die Belegschaft sowie ein bedingtes Kapital in Höhe von 51 Mio. EUR zur Gewährung von Bezugsrechten auf Stammaktien an Vorstandsmitglieder und Führungskräfte.

---

Die Kapitalrücklage enthält das Aufgeld aus der Ausgabe von Aktien und Optionsrechten. Bei den Gewinnrücklagen handelt es sich ausschließlich um andere Gewinnrücklagen. Die erfolgsneutral behandelten Unterschiede aus der Währungsumrechnung werden in der Bilanz mit den Gewinnrücklagen zusammengefasst und in der Eigenkapitalveränderungsrechnung gesondert ausgewiesen.
Der Hauptversammlung wird vorgeschlagen, den Bilanzgewinn wie folgt zu verwenden: Ausschüttung einer Dividende von 1 EUR je Aktie auf die 555 Mio. dividendenberechtigten Aktien und Vortrag des Restbetrags von 0,4 Mio. EUR auf neue Rechnung.

Die Angabepflichten sind von Personengesellschaften sinngemäß zu erfüllen (IAS 1.80). Ebenfalls rechtsformunabhängig ist neben den Anhangangaben eine gesonderte Eigenkapitalveränderungsrechnung (oder eine äquivalente Darstellung) gefordert (vgl. Kapitel 11).

## 6.5   Zusammenfassung

Die Übernahme der handelsrechtlichen Untergliederung des Eigenkapitals in den IFRS-Abschluss ist im Allgemeinen zulässig. Neben der Bilanz ist aber eine eigenständige **Eigenkapitalveränderungsrechnung** aufzustellen. In ihr ist neben Rücklagenbewegungen u. a. auch das nicht erfolgs- bzw. GuV-wirksame *other comprehensive income* darzustellen. Hierunter können z. B. Zeitwertänderungen von Finanzinstrumenten oder von *cash flow hedges* fallen. Daneben besteht ein grundsätzlicher Unterschied zur Handelsbilanz:

- Die IFRS grenzen das **Eigenkapital enger** ab **als** das **Handelsrecht**. So gehören etwa langfristige Genussrechte mit voller Verlustteilhabe und Insolvenznachrang handelsrechtlich aufgrund der Haftungsqualität zum Eigenkapital. In der IFRS-Bilanz kommt es nur auf das Rückzahlungskriterium an. Es ist bei Genussrechten gegeben. Unabhängig von der Vertragsdauer usw. stellen Genussrechte daher nach IFRS Fremdkapital dar.
- Bilanziell als Fremdkapital auszuweisen sind u. U. auch die Beiträge der Gesellschafter von **Personenunternehmen**, denen für den potenziellen Fall einer Kündigung der Mitgliedschaft ein Abfindungsanspruch zusteht. Nur bei kumulativer Erfüllung einer Reihe von in IAS 32.16A niedergelegten Einzelkriterien gelingt bilanziell ein Eigenkapitalausweis.

Eine besondere Form der Begebung von Eigenkapital(-anwartschaftsrechten) ist die Gewährung von **Mitarbeiteroptionen** (*stock options*). IFRS 2 »*Share-Based Payment*« schreibt eine Behandlung der geldwerten Vorteile aus echten Optionen als Aufwand vor (Buchung »per **Personalaufwand an Kapitalrücklage**«). Bei virtuellen, in Geld zu zahlenden Optionen (Buchung »per Personalaufwand an Rückstellungen«) war ein entsprechendes Vorgehen schon immer (auch nach HGB) erforderlich.

## 6.6    Fragen und Antworten

**Fragen**

**A.1** Wie ist die bilanzielle Mindestuntergliederung des Eigenkapitals für den Fall, dass keine Minderheitenanteile (nicht beherrschende Anteile) bestehen?

**A.2** U begibt eine Wandelanleihe mit unter dem Marktzins liegender Verzinsung. Im Ausgleich erhalten die Zeichner der Anleihe das Recht, die Anleihe jederzeit während der Laufzeit in Aktien umzuwandeln. Der Ausgabebetrag und Nominalwert der Anleihe beträgt 10 Mio. EUR, der Zeitwert (ohne Wandlungsrecht) wegen der unter dem Marktniveau liegenden Verzinsung nur 9 Mio. EUR. Wie ist der Vorgang beim emittierenden Unternehmen zu verbuchen?

**B.1** Die börsennotierte U AG verwendet freie Liquidität, um am Markt eigene Anteile zu erwerben. Die Anteile mit einem Nominalwert von 1 EUR notieren an der Börse mit 10 EUR. Die U wendet für die Anschaffung von 1 Mio. Anteilen daher 10 Mio. EUR auf. Wie hat sie den Vorgang zu bilanzieren?

**B.2** Die U AG begibt eine ewig laufende Anleihe (*perpetual bond*). Die Anleihe gewährt in allen Jahren, für die U eine Dividende an die Aktionäre beschließt, einen Zins für die Anleihegläubiger. Die (durch Dividendenbeschluss bedingte) Zinsverpflichtung ist akzelerierend bzw. progressiv ausgestaltet: der Zins ist marktkonform in den ersten fünf Jahren; er erhöht sich mit jedem weiteren Jahr um ein Fünftel. U kann die ewig laufende Anleihe kündigen, jedoch erstmals zum Ablauf des fünften Jahres. Im Fall der Kündigung hat U die Anleihe zu tilgen. Wie ist die Anleihe bzw. der aus ihrer Begebung vereinnahmte Erlös bei U auszuweisen?

**C.1** Das Mutterunternehmen M des Konzerns K ist selbst eine Personengesellschaft. M hält diverse Mehrheitsbeteiligungen an Tochterunternehmen. Mit Ausnahme von T1 sind alle Tochterunternehmen Kapitalgesellschaften. Bei T1 hält U 80 %, während 20 % auf Dritte entfallen. Sowohl bei M als auch bei T1 sind alle Anforderungen von IAS 32.16A ff. erfüllt, d. h., die Ansprüche der Gesellschafter sind untereinander gleichgestellt, aber nachrangig gegenüber den Ansprüchen von Gläubigern usw. Welche Auswirkung hat die Rechtsform (Personenunternehmen) der M und der T1 auf das Eigenkapital des Konzerns?

**C.2** Mit Beschluss vom 1.1.01 gewährt die U AG dem Vorstand und der oberen Managementebene das Recht, zwischen dem 1.1. und 30.6.03 Aktien zu einem heute festgeschriebenen Wert zu erwerben, sofern der jeweilige Begünstigte bis dahin das Unternehmen nicht verlässt. Der Zeitwert (*fair value*) der gewährten Bezugsrechte beträgt: 2 Mio. EUR am 1.1.01, nach erfreulichem Kursanstieg in 01 sogar 3 Mio. EUR zum 31.12.01, nach drastischem Kursrückgang in 02 nur noch 0 EUR zum 31.12.02. Wie ist der Vorgang bei der U (unter Vernachlässigung von Mitarbeiterfluktuation) zu verbuchen?

**Antworten**

**A.1** Für die Bilanz selbst gibt es keinen Zwang zur Untergliederung des Eigenkapitals. Ein Gesamtausweis, z. B. als »Kapital und Rücklagen« (*capital and reserves*) reicht aus.

**A.2** Das emittierende Unternehmen hat nach den Regeln des *split accounting* den Erlös aus der Platzierung der Wandelanleihe aufzuteilen: 10 Mio. – 9 Mio. = 1 Mio. EUR entfallen auf das gewährte Wandlungsrecht und sind daher Eigenkapital (Kapitalrücklage). Das Unternehmen bucht daher wie folgt:

| Konto | Soll | Haben |
|---|---|---|
| Geld | 10 Mio. | |
| Verbindlichkeit | | 9 Mio. |
| Kapitalrücklagen | | 1 Mio. |

**B.1** Der Erwerb der eigenen Anteile führt nicht zu einem aktivierbaren Vermögenswert. Unzulässig wäre daher eine Buchung »per finanzielle Vermögenswerte an Geld«. Die Kosten für den Erwerb der eigenen Anteile sind vielmehr vom Eigenkapital abzuziehen (»per Eigenkapital an Geld«). Wahlweise kann dabei der gesamte Betrag als Abzugsposten im Eigenkapital ausgewiesen werden oder eine Zuordnung zum Grundkapital und den Rücklagen erfolgen.

**B.2** Die ewig laufende Anleihe stellt vollständig Eigenkapital dar, da U weder zu laufenden Zinszahlungen verpflichtet ist (Zinsen entstehen vielmehr nur, wenn die Mehrheit der Aktionäre eine Dividende beschließt) noch zu Tilgungen (eine Tilgungsverpflichtung entsteht nur, wenn U sich entscheiden sollte, die Anleihe zu kündigen). Der akzelerierende Zins bewirkt zwar, dass U irgendwann ökonomisch gezwungen sein wird, die Kündigung auszusprechen, um sonst exorbitant werdenden Zinsen zu entgehen. Dieser Umstand ist nach IAS 32 jedoch nicht zu berücksichtigen.

**C.1** Wegen der (vertraglich nicht ausschließbaren) Kündbarkeit der Mitgliedschaft an Personalgesellschaften würde das gesellschaftsrechtliche Eigenkapital solcher Gesellschaften an sich bilanziell als Fremdkapital auszuweisen sein. IAS 32 sieht jedoch eine Ausnahme von diesem Prinzip vor. Wenn sämtliche Bedingungen von IAS 32.16A ff. erfüllt sind, darf das gesellschaftsrechtliche Eigenkapital auch bilanziell als solches ausgewiesen werden. Diese Ausnahmeregelung greift jedoch nicht für Minderheitenanteile an Tochterpersonenunternehmen. Somit gilt bei K:

- Da das Mutterunternehmen sämtliche Bedingungen aus IAS 32.16A ff. erfüllt, ist dessen Kapital einzel- und konzernbilanziell als Eigenkapital anzusehen.
- Die nicht beherrschenden Anteile (Minderheitenanteile) an der T1 stellen jedoch konzernbilanziell Fremdkapital dar. Auch die Erfüllung der Ausnahmebedingungen aus IAS 32.16A ff. hilft hier nicht.

**C.2** Die U AG hat den Wert der gewährten Optionen auf die Dauer der mit dem Bezugsrecht verbundenen Dienstverpflichtung (hier zwei Jahre) als Personalaufwand zu verteilen. Maßgeblich ist der Wert der Optionen im Zusagezeitpunkt. Spätere Werterhöhungen oder -minderungen sind irrelevant. U hat demnach 2 Mio. EUR als Personalaufwand auf zwei Jahre zu verteilen. U bucht daher:

31.12.01:

| Konto | Soll | Haben |
|---|---|---|
| Personalaufwand | 1 Mio. | |
| Eigenkapital (Kapitalrücklage) | | 1 Mio. |

31.12.02: genauso.

# 7 Rückstellungen

## 7.1 Ausweis

Für den Ausweis von Rückstellungen im IFRS-Abschluss sind drei Regelungen zu beachten:

- In der Bilanz selbst sind Rückstellungen (*provisions*) **gesondert von anderen Schulden** auszuweisen (IAS 1.54 und IAS 37.11).
- In der Bilanz oder im Anhang ist ggf. eine weitere Untergliederung der Rückstellungen vorzunehmen, wobei in der Regel mindestens zwischen Leistungen an Arbeitnehmer und anderen Rückstellungen unterschieden werden sollte (IAS 1.78).
- Die Passivseite der Bilanz ist primär **nach Fristigkeit** (*current/non-current*) und nicht nach Art der Schulden zu untergliedern. Kurzfristige Rückstellungen sind deshalb von den langfristigen zu separieren (IAS 1.60).

In der Abgrenzung zu sonstigen Schulden trifft IAS 37.11 eine Unterscheidung zwischen *provisions und accruals*.

- *Provisions* sind als Rückstellungen im engeren Sinne durch eine grundlegende Unsicherheit hinsichtlich Grund, Höhe oder Zeitpunkt der Verpflichtung gekennzeichnet. Der Bilanzleser erkennt am Ausweis als *provision* unmittelbar, dass hier unvermeidlich wesentliche Bewertungs- und Ansatzrisiken vorliegen.
- *Accruals* betreffen als »abgegrenzte Schulden« (so die amtliche Übersetzung) hingegen Fälle, in denen die Verbindlichkeit dem Grunde nach feststeht und hinsichtlich Höhe und Zeitpunkt lediglich unwesentliche Restunsicherheiten bestehen, etwa weil der Auftragnehmer noch nicht endgültig abgerechnet hat.

Neben klaren Fällen von *accruals* (z. B. Wirtschaftsprüfer hat Kosten der Jahresabschlussprüfung noch nicht abgerechnet, die Berufsgenossenschaft hat noch keinen Bescheid erteilt) gibt es andere Fälle, in denen die Abgrenzung zu *provisions* schwierig ist. Zu denken wäre etwa an Urlaubsrückstände, die zwar in IAS 37.11 als Beispiel für *accruals* genannt werden, unter Umständen aber mit beträchtlichen Unsicherheiten, z. B. hinsichtlich des Verfalls durch Zeitablauf, versehen sein können.

Nicht als Rückstellung i. S. v. IAS 37 gelten **Bürgschaften** oder ähnliche Finanzgarantien, die den Gläubiger einer Forderung für den Fall entschädigen, dass seine Forderung ausfällt. In systematischer Betrachtung liegt hier eine Versicherung i. S. v. IFRS 17 vor, mit dem Bürgen als Versicherer, dem Foderungsgläubiger als Versicherungsnehmer und dem Forderungsausfall als versichertem Ereignis. IFRS 9.B2.5 gewährt dem Garantiegeber in der Bilanzierung ein Wahlrecht zwischen Anwendung von IFRS 17 (Behandlung als Versicherungsvertrag) oder IFRS 9 (Behandlung als Finanzinstrument).

!   **Tipp**

In der IFRS-Praxis wird mit dem Problem der Abgrenzung zwischen *provisions* und *accruals* pragmatisch umgegangen. Der Rückstellungsbegriff wird im Zweifel weit ausgelegt. *Accruals* werden in die Rückstellungen einbezogen. Diese Verfahrensweise vermeidet Abgrenzungsprobleme, ist allerdings mit einem gewissen Informationsverlust verbunden. Es ist nicht mehr ohne Weiteres erkennbar, welche Bilanzposition mit wesentlichen Unsicherheiten behaftet ist (*provisions*) und welche Beträge im Wesentlichen feststehen (*liabilities*, einschließlich *accruals*).

## 7.2   Bilanzansatz

### 7.2.1   Vorliegen einer gegenwärtigen Verpflichtung

Eine Rückstellung ist nach IAS 37.14 nur dann zu bilden, wenn

- ein Unternehmen eine rechtliche oder faktische **Verpflichtung** gegenüber Außenstehenden hat,
- und zwar aus einem **vergangenen Ereignis** und
- die Erfüllung dieser Verpflichtung zum **Abfluss von Ressourcen** führt sowie
- eine **zuverlässige Schätzung** der Höhe der Verpflichtung möglich ist.

Die geforderte **Verpflichtung** kann rechtlicher oder faktischer Art sein, gegenüber bestimmten Personen oder einem unbestimmten Personenkreis (z. B. Öffentlichkeit) bestehen, nicht jedoch gegenüber dem Unternehmen selbst. Ausgeschlossen sind damit Rückstellungen für Innenverpflichtungen, wie sie § 249 Abs. 1 HGB für unterlassene Instandhaltungen zulässt.

!   **Beispiel**

Die Power Car GmbH betreibt in der Nähe von Bergheim eine Tuning-Werkstatt.

- Für eingebaute Teile übernimmt sie eine Garantie von sechs Monaten. Für die Beseitigung zwischen dem siebten und zwölften Monat auftretender Mängel stellt sie in der Regel aus Kulanzgründen nur das Material in Rechnung.
- In einem der Nebengebäude der Werkstatt ist das Dach seit Kurzem undicht. Es soll im ersten Quartal des Folgejahres instand gesetzt werden.
- Die Power Car GmbH hat an der alle drei Jahre stattfindenden Tuner-Messe »Nur Fliegen ist schöner« teilgenommen. Sie hat die Absicht, in drei Jahren wieder an der Messe teilzunehmen, da es andere für sie attraktive Messeangebote nicht gibt.
- Ein nicht mehr genutzter Teil des Grundstücks ist altölverseucht. Es besteht eine grundsätzliche Verpflichtung zur Altlastensanierung, jedoch ohne Fristen und Sanktionen.

**Beurteilung nach IFRS und HGB**

- Für die Reparaturen außerhalb der Garantiefrist besteht keine rechtliche Verpflichtung. Unter den Kunden ist jedoch hinlänglich bekannt, dass für Reparaturen zwischen dem siebten und zwölften Monat keine Lohnkosten berechnet werden. Diese Erwartungshaltung führt zu einer faktischen Verpflichtung. Eine **Kulanzrückstellung** ist nach IFRS und HGB zu bilden.

- Die **unterlassene Instandhaltung** des undichten Daches betrifft keine Außenverpflichtung. Es handelt sich um einen internen Aufwandsposten, der in der HGB-Bilanz wegen der Sondervorschrift des § 249 Abs. 1 Satz 2 Nr. 1 HGB rückstellungspflichtig ist. In der IFRS-Bilanz sind Aufwandsrückstellungen nicht zu berücksichtigen.
- Die Tuner-Messe führt alle drei Jahre zu Aufwendungen, die jedoch nicht durch Bildung einer Rückstellung zeitlich verteilt werden konnten. Nach HGB und IFRS ist der Ansatz einer solchen **Aufwandsrückstellung** unzulässig.
- Für die Kosten der **Altlastensanierung** ist nach IFRS und HGB (mangels konkreter zeitlicher Vorgaben jedoch nicht in der Steuerbilanz) grundsätzlich eine Rückstellung zu bilden, da eine gesetzliche Verpflichtung besteht. Allerdings kann die konkrete Passivierung daran scheitern, dass der Rückstellungsbetrag – auch wegen des unbestimmten Abzinsungszeitraums – nicht verlässlich bestimmbar ist.

Eine faktische oder rechtliche Verpflichtung führt nach IAS 37 nur dann zu einer Rückstellung, wenn die Verpflichtung aus vergangenen Ereignissen resultiert und unabhängig von der künftigen Geschäftstätigkeit eines Unternehmens ist (**Unentziehbarkeit**). Nicht rückstellungsfähig sind hingegen Aufwendungen, die anfallen, um künftig weiterhin unternehmerisch tätig zu sein.

**Beispiel**                                                                !

Die Power Car GmbH ist bei den lokalen Behörden und in der örtlichen Presse in die Kritik geraten. Moniert werden vor allem Lärmemissionen, daneben Bodenverunreinigungen. Eine gesetzliche Pflicht zur Sanierung des Bodens besteht nicht. Die Power Car GmbH geht jedoch in die Image-Offensive und erklärt in einer Pressekonferenz ihre Absicht, im Folgejahr ein Eine-Million-Programm zur Bodendekontaminierung durchzuführen. Die Aufsichtsbehörde nimmt dies wohlwollend zur Kenntnis, erlässt darüber hinaus eine Verfügung, wonach der Gewerbebetrieb am vorhandenen Ort in zwei Jahren einzustellen ist, sofern bis dahin nicht umfangreiche Lärmschutzvorrichtungen (Volumen von 2 Mio. EUR) eingebaut sind.

Die Kontaminierung des Bodens hat ihre Ursache in der Vergangenheit und ist somit grundsätzlich rückstellungsfähig. Mangels gesetzlicher Verpflichtung kommt nur eine **faktische Verpflichtung** infrage. Sie könnte sich daraus ergeben, dass das Unternehmen entsprechende Absichten veröffentlicht hat. Hat die Power Car GmbH in der Vergangenheit bereits dargetan, dass sie eine veröffentlichte Politik auch einhält, entsteht durch die Pressekonferenz eine faktische Verpflichtung gegenüber der Öffentlichkeit, die zu einer Rückstellung führt. Gibt das bisherige Geschäftsgebaren des Unternehmens zu größeren Zweifeln Anlass, ob es die veröffentlichte Politik auch einhält, muss von einer Rückstellung abgesehen werden.

Der Einbau der Lärmschutzvorrichtungen ist durch die behördliche Verfügung als rechtliche Verpflichtung konkretisiert. Es besteht jedoch kein Zusammenhang mit einem **vergangenen Ereignis**. Die Verpflichtung entsteht nur dann, wenn das Unternehmen den mit Lärm verbundenen Teil seiner Geschäftstätigkeit über den Stichtag der Verfügung hinaus am gegebenen Ort fortsetzt. Eine Rückstellung ist deshalb nicht zu bilden.

An der Unentziehbarkeit fehlt es gemäß IFRIC 6.9 auch in Fällen der **Rücknahmever-pflichtung von Elektro- und Elektronikgeräten**, wenn sich der Kostenanteil zum kollektiven Rücknahmesystem nicht aus dem Anteil der in Verkehr gebrachten Geräte, sondern aus dem Marktanteil im Rücknahmejahr ergibt. Erst die künftige Marktteilnahme stellt dann die gegenwärtige Verpflichtung i. S. v. IAS 37 dar.

Für öffentliche Abgaben (etwa Bankenabgabe) gelten nach IFRIC 21 entsprechende Grundsätze.

Der geforderte Gegenwarts- oder Vergangenheitsbezug der Rückstellung ähnelt dem handelsrechtlichen Prinzip der **wirtschaftlichen Verursachung**. Ist bspw. eine Fluggesellschaft gesetzlich verpflichtet, ihre Flugzeuge alle drei Jahre generalüberholen zu lassen, so ist für diesen Aufwand weder nach IFRS noch nach HGB eine Rückstellungspflicht gegeben. Nach handelsrechtlicher Auffassung fehlt die wirtschaftliche Verursachung, da die Aufwendungen zukunftsgerichtet sind. Eine Verbindlichkeitsrückstellung scheidet damit aus.

Das IFRS-Kriterium, sich der Verpflichtung nicht durch Einstellung oder Änderung der Geschäftstätigkeit entziehen zu können, und das HGB-Kriterium der wirtschaftlichen Verursachung führen in vielen, aber nicht in allen Fällen zu gleichen Ergebnissen. Dies ist jedoch nicht der Fall bei **Entfernungs- und Rückbauverpflichtungen**.

> **Beispiel**
>
> Die Power Car GmbH schließt einen Pachtvertrag über ein neues Betriebsgebäude. Sie nimmt umfangreiche Einbauten vor, die sie am Ende des Pachtzeitraums entfernen muss. Nach herrschender handelsrechtlicher Meinung gilt die **Entfernungsverpflichtung** als über die Laufzeit des Pachtvertrags wirtschaftlich verursacht. Sie ist demgemäß ratierlich zu bilden (Ansammlungsrückstellung).
> Nach IFRS entsteht die Verpflichtung sofort in voller Höhe. Der Rückstellungsbetrag wird korrespondierend auf der Aktivseite beim Mietereinbau erfasst. Der Aufwand der Folgeperioden wird nicht über die Zuführung zur Rückstellung, sondern durch die gegenüber dem HGB höhere Abschreibung der GuV belastet.

Wegen der Berechnungsweise von Rückbauverpflichtungen (Diskontierung, Inflationierung etc.) wird auf »Rückbauverpflichtungen« (vgl. Kapitel 3.3.4.3). verwiesen.

### 7.2.2   Wahrscheinlichkeit – Abgrenzung zu Eventualverbindlichkeiten

Nicht jede mögliche Außenverpflichtung ist rückstellungsfähig. Es muss eine Mindestwahrscheinlichkeit für die Inanspruchnahme geben. IAS 37.23 setzt diese **Wahrscheinlichkeit** auf **51 %**. Ein drohender Abfluss von Ressourcen ist erst dann rückstellungsfähig, »wenn mehr dafür als dagegen spricht«. Dies entspricht der in Deutschland vom BFH vertretenen Auffassung. Nach dessen Rechtsprechung ist eine Rückstellung dann anzusetzen, wenn »mehr Gründe für als gegen das Be- oder Entstehen einer Verbindlichkeit und eine künftige Inanspruchnahme sprechen« (BFH, Urteil v. 1.8.1984, I R 88/80, BStBl II 1985 S. 46). Die deutschen handelsrechtlichen Kommentierungen stehen dieser Steuer-Rechtsprechung kritisch gegenüber (»Scheinquantifizierung«) und bejahen eine Rückstellung z. T. bereits dann, wenn eine Inanspruchnahme zwar eher unwahrscheinlich ist, aber bei einer gedachten Veräußerung des Unternehmens zu einem Kaufpreisabschlag führen würde.

**Beispiel**

Rechtzeitig vor Weihnachten lässt Josef Schmitz seinen Kleinwagen bei der Power Car GmbH tiefer legen, den Motor tunen und diverse Spoiler anbringen. Am 23.12.01 holt er das Fahrzeug ab, macht sich auf den Weg nach Hause in die Voreifel. Am Bliesheimer Kreuz macht er seinem Wahlspruch »Tiefer legen, schneller fliegen« alle, aber leider auch die letzte Ehre. Seine Erben klagen gegen die Power Car GmbH wegen Unterhaltsansprüchen auf 1 Mio. EUR. Ein Urteilstermin ist nicht absehbar. Der Gutachter der Power Car GmbH kommt im Frühjahr 02 zum Ergebnis, dass die Power Car GmbH mit hoher Wahrscheinlichkeit (mündlich als »zu 90 %« erläutert) keine Schuld trifft.

Die handelsbilanzielle Behandlung ist unklar: Nach ADLER/DÜRING/SCHMALTZ[10] empfiehlt es sich in derartigen Fällen, die Bilanzaufstellung im zulässigen Rahmen zu verzögern, um dadurch mehr Klarheit zu gewinnen. Dieser Hinweis wird im vorliegenden Fall kaum hilfreich sein. Nach Beck'schem Bilanz-Kommentar[11] ist eine Rückstellung dem Grunde nach zu bejahen, da ein gedachter Erwerber des Unternehmens das schwebende Verfahren in seinem Kaufpreiskalkül berücksichtigen würde. Auch dieser Hinweis hilft nicht wirklich weiter. Das schwebende Verfahren wird die Power Car GmbH eher unverkäuflich machen bzw. nur unter der Voraussetzung verkäuflich machen, dass die Veräußerer werthaltige Garantien abgeben. Aus der Perspektive eines gedachten Erwerbers wäre damit zwar dem Grunde nach eine Rückstellung zu bilden, die aber nicht quantifiziert werden könnte. Soweit man für die Quantifizierung auf den Betrag mit der höchsten Wahrscheinlichkeit abstellen würde[12], käme man zu einer Null-Rückstellung und damit doch wieder zu keiner Rückstellung. Die handelsrechtliche Bilanzierung ist also eine offene Frage.

Nach IFRS taugt der Anspruch der Erben Schmitz nur für eine Eventualverbindlichkeit. Eine Rückstellung scheitert schon daran, dass die Inanspruchnahme **nicht überwiegend wahrscheinlich** ist. Die Power Car GmbH hat in den *notes* zu ihrem IFRS-Abschluss über die **Eventualverbindlichkeit** zu berichten. Eine solche Angabe im Anhang kann nur dann unterbleiben, wenn die Wahrscheinlichkeit der Inanspruchnahme (ganz) unwahrscheinlich (*remote*) ist.

---

10   ADS, Rechnungslegung und Prüfung der Unternehmen, 5. Aufl., § 253 HGB, Anm. 178.
11   Schubert, in: Beck Bil-Komm, 11. Aufl., § 249 HGB, Anm. 33.
12   So Schubert, in: Beck Bil-Komm, 11. Aufl., § 253 HGB, Anm. 155.

Trotz überwiegender Wahrscheinlichkeit ist nach IFRS nur eine Eventualverbindlichkeit und keine Rückstellung angezeigt, wenn eine **zuverlässige Schätzung** des dem Grunde nach zurückzustellenden Betrags nicht möglich ist. Diese Fälle werden in IAS 37.25 f. als »äußerst selten« bezeichnet, da eine Bandbreiten-Schätzung für die Rückstellungsbewertung im Allgemeinen ausreicht. Die Voraussetzungen der Rückstellungsbildung nach IAS 37 sind in dem nachfolgenden Prüfschema zusammengefasst.

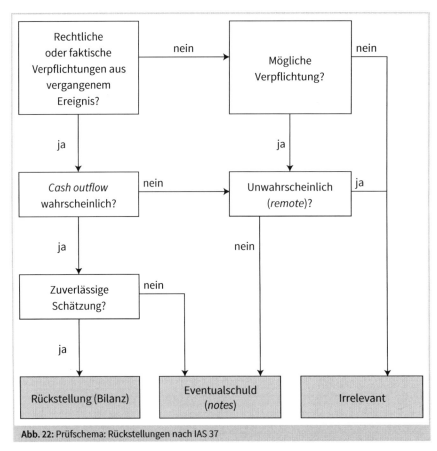

**Abb. 22:** Prüfschema: Rückstellungen nach IAS 37

### 7.2.3   Restrukturierungsrückstellungen

Die Aufgabe eines Geschäftsbereichs, die Schließung eines Standorts oder die fundamentale Neuorganisation eines Unternehmens können mit besonderen Kosten etwa für die **Abfindung von Arbeitnehmern** oder die vorzeitige **Auflösung von Mietvertragsverhältnissen** verbunden sein. Eine Rückstellung für derartige Restrukturierungskosten ist nach IAS 37.71 nur dann anzusetzen, wenn die allgemeinen Kriterien für den Ansatz einer Rückstellung erfüllt sind.

Die Beurteilung, ob die allgemeinen Ansatzkriterien erfüllt sind, kann jedoch bei Restrukturierungen besondere Fragen aufwerfen. Für deren Beantwortung gibt IAS 37.70 ff. konkrete Hinweise. Eine rückstellungsfähige faktische Verpflichtung entsteht nur, wenn

- das Unternehmen zum Bilanzstichtag einen detaillierten **Restrukturierungsplan** hat (betroffene Geschäftsbereiche und Standorte, Zahl der abzufindenden Mitarbeiter, entstehende Ausgaben, Umsetzungszeitpunkte) und
- mit der Umsetzung des Restrukturierungsplans entweder bereits begonnen wurde oder der Plan ausreichend detailliert den Betroffenen gegenüber **angekündigt** wurde.

Interne Beschlüsse reichen für eine Restrukturierungsrückstellung nicht aus. Eine Außenverpflichtung muss entstanden sein, sei es faktisch durch Ankündigung (in Stilllegungsfällen) oder rechtlich durch Vertragsschluss (in Verkaufsfällen). Nicht rückstellungsfähig sind Kosten für Umschulung oder Marketinginvestitionen in Bezug auf neue Geschäftsfelder. Derartige Ausgaben sind vielmehr der künftigen Geschäftstätigkeit zuzuordnen.

---

**Beispiel**　❗

Die Ökosteuer zeigt selbst im Kreis Bergheim ihre Wirkung. Breitreifen und Spoiler gehen nach wie vor gut, aber die Nachfrage nach Motortuning tendiert gegen null. Die Geschäftsführung beschließt noch vor dem Bilanzstichtag die Einstellung des Bereichs Motortuning. Der detaillierte Plan sieht u. a. die Entlassung von sechs Arbeitnehmern vor. Vier weitere Arbeitnehmer sollen nach entsprechender Schulung in die Voreifel versetzt werden, wo die Power Car GmbH aufgrund guter Absatzsynergien noch die Landmaschinenwerkstatt »Power to the Bauer« betreibt. Der Restrukturierungsplan quantifiziert u. a. die Abfindung und sonstigen Ausgaben und enthält genaue Umsetzungszeitpunkte.

Der detaillierte Restrukturierungsplan rechtfertigt noch keine Rückstellung. Sofern die Power Car GmbH zum Bilanzstichtag weder mit der Umsetzung des Plans begonnen noch durch detaillierte Information an die Betroffenen faktische Verpflichtungen geschaffen hat, muss eine Rückstellung unterbleiben. Wäre die Mitteilung erfolgt, so wären nur die Abfindungsbeträge der sechs zur Entlassung vorgesehenen Mitarbeiter rückstellungsfähig, hingegen nicht die Umschulungskosten für die vier zu versetzenden Mitarbeiter.

---

**Tipp**　❗

In Stilllegungsfällen hat die Unternehmensleitung es in der Hand, ob sie das aktuelle Jahr noch mit einer Rückstellung belasten will. Möchte sie dies nicht, muss sie die Veröffentlichung des Plans hinauszögern. Falls dies nicht möglich ist, kann es helfen, den Plan möglichst wenig zu detaillieren und auf diesem Weg die Passivierungsvoraussetzungen zu umgehen.

### 7.2.4   Faktische Verpflichtungen vs. Aufwandsrückstellungen – Theorie und Kasuistik

Die zuletzt behandelten Restrukturierungsrückstellungen haben in vielen Fällen tatsächlich den Charakter von Aufwandsrückstellungen und sind damit ein Systembruch. IAS 37 versucht diesen Systembruch zu überdecken. Durch die Bekanntgabe eines Restrukturierungsplans an die Betroffenen soll bei diesen eine **Erwartungshaltung** entstehen, die zu einer faktischen Verpflichtung führt. Wie dünn diese Argumentation ist, zeigt sich im Beispiel der Arbeitnehmerentlassung: Die Bekanntgabe der Betriebseinstellungspläne an den Betriebsrat mag zwar (negative) Erwartungen wecken. Wenn die Unternehmensleitung aber kurz darauf neue Aufträge akquiriert und deshalb die Stilllegungspläne einstampft, wird der Betriebsrat kaum vorbringen, er habe sich nun auf die Stilllegung eingestellt und deshalb müsse diese auch durchgezogen werden.

Über den Bereich der Restrukturierungsrückstellungen hinaus ist die Grenzziehung zwischen unbeachtlichen »Innenverpflichtungen« (in der handelsrechtlichen Begrifflichkeit: »Aufwandsrückstellungen«) und zu passivierenden faktischen Außenverpflichtungen problematisch. IAS 37.10 formuliert folgende Anforderungen für das Vorliegen einer **faktischen Verpflichtung** (*constructive obligation*):

*   »Das Unternehmen (hat) durch sein bisher übliches Geschäftsgebaren, öffentlich angekündigte Maßnahmen oder eine ausreichend spezifische, aktuelle Aussage anderen Parteien gegenüber die Übernahme gewisser Verpflichtungen angedeutet ...« und
*   »dadurch bei den anderen Parteien eine gerechtfertigte Erwartung geweckt, dass es diesen Verpflichtungen nachkommt.«

Die verwendeten Definitionsmerkmale sind unscharf und machen die Passivierung häufig zu einer Ermessensentscheidung.

---

**!   Beispiel**

Ein Ölförderunternehmen überlegt, ob es eine größere Plattform in der Nordsee versenken oder umweltgerecht rückbauen soll. Eine gesetzliche Verpflichtung zum Rückbau besteht nicht.
Die Versenkung entspricht dem »bisher üblichen Geschäftsgebaren« des Unternehmens, jedenfalls dem, was es bei kleineren Plattformen oder in anderen Weltmeeren praktiziert hat. Angesichts der Größe der Plattform werden die Umweltgefahren einer Versenkung in einigen Anrainerstaaten jedoch zu einem öffentlichen Thema. Das Unternehmen erklärt daraufhin Ende 01 durch seinen Pressesprecher, für einen umweltgerechten Rückbau sorgen zu wollen. Ein Teil der Öffentlichkeit glaubt dem Unternehmen und hegt die »gerechtfertigte Erwartung« (*valid expectation*), dass entsprechend der Erklärung verfahren wird. Ein anderer Teil misstraut der Erklärung und lässt sich erst sehr viel später, als Mitte 02 tatsächlich mit dem umweltgerechten Rückbau begonnen wird, überzeugen. Ein dritter Teil hat keine Meinung.

> Worauf soll das Unternehmen in der Beurteilung einer Rückstellungspflicht per 31.12.01 abstellen?
>
> **Beurteilung**
>
> - Das bisherige Geschäftsgebaren spricht gegen eine Rückstellung, die veröffentlichte Erklärung dafür.
> - Die Erklärung erzeugt allerdings keine eindeutige Erwartung bei der »anderen Partei«. Die Öffentlichkeit, die hier als andere Partei infrage kommt, besteht tatsächlich aus vielen Teilen/Parteien. Reicht es aus, wenn eine »einfache Mehrheit« der Öffentlichkeit dem Unternehmen glaubt (Vernachlässigung der Personen ohne Meinung)? Oder ist eine absolute Mehrheit, eventuell sogar eine qualifizierte Mehrheit zu fordern? Ist auf die demoskopisch ermittelte öffentliche Meinung abzustellen oder kommt es eher auf die veröffentlichte Meinung an? Zählt nur die Meinung in den Anrainerstaaten oder auch die in entlegeneren Ländern?

Die Definition der faktischen Verpflichtung liefert eher Fragen als Antworten. Dies zeigt sich auch am geforderten **Vergangenheitsbezug**: Nach IAS 37.17 darf das Unternehmen »keine realistische Alternative zur Erfüllung der Verpflichtung« haben. Bei vertraglichen Verpflichtungen ist die Bedeutung dieses sog. **Unentziehbarkeitskriteriums** klar: die andere Partei hat einen Rechtsanspruch, den sie notfalls gerichtlich durchsetzen kann.

Bei faktischen Verpflichtungen fehlt es jedoch an derartigen Vollstreckungsmöglichkeiten. Im obigen Beispiel der Ölplattform, ebenso z. B. bei Gewährleistungen ohne rechtliche Verpflichtung, können deshalb nur wirtschaftliche Sanktionen dazu führen, dass das Unternehmen keine »realistische Alternative« zur Erfüllung der Verpflichtung hat. Diese Sanktionen können sich insbesondere aus Imagebeschädigungen ergeben. Erfüllt das Unternehmen ein ohne rechtliche Verpflichtung abgegebenes Leistungsversprechen nicht, können sein Ruf, seine Marke und damit auch sein zukünftiger Umsatz und Gewinn Schaden nehmen. Wie hoch muss aber ein derart erwarteter Schaden sein, um »keine realistische Alternative« zur Erfüllung der faktischen Verpflichtung zuzulassen? Reicht es unter Opportunitätskostengesichtspunkten aus, dass er höher ist als die Kosten der Erfüllung des Leistungsversprechens oder muss er deutlich höher sein? Wie soll der aus Ruf- und Imageschädigung resultierende Schaden überhaupt zuverlässig quantifiziert werden?

Ein Vergangenheitsbezug soll in diesem Kontext gemäß IAS 37.19 nur dort gegeben sein, wo die Verpflichtungen »**unabhängig von der künftigen Geschäftstätigkeit** (z. B. der künftigen Fortführung der Geschäftstätigkeit) eines Unternehmens entstehen.« Das Kriterium der fehlenden »realistischen Alternative« zur Erfüllung des faktischen Leistungsversprechens wird hierdurch völlig entschärft, die Grenze zur Aufwandsrückstellung verwischt:

- Die kostenlose Erledigung von Reparaturen außerhalb der Garantiefrist (Kulanzleistung) oder die Vornahme einer gesetzlich nicht erzwingbaren Umweltschutz-

leistung kann etwa ökonomisch Sinn machen, wenn dadurch Kundenzufrieden-
heit, Kundenbindung und Wiederholungskäufe erzielt werden. Der wirtschaftliche
Schaden einer Nichteinhaltung des Leistungsversprechens würde sich aber nur im
Entgehen zukünftiger Erlöse und Gewinne ausdrücken.

* Insoweit sind derartige faktische Verpflichtungen unter Opportunitätskosten
  immer abhängig von der »künftigen Geschäftstätigkeit«.
* Durch Einstellung seiner Geschäftstätigkeit (generell oder ggf. auch nur auf den
  vom Leistungsversprechen betroffenen Gebieten) kann das Unternehmen die
  Inanspruchnahme aus seinem Versprechen also verhindern.

In dieser Hinsicht unterscheiden sich rechtliche und faktische Verpflichtung: der vertragliche Garantieanspruch oder die gesetzliche Rückbauverpflichtung kann notfalls
auch noch gegen die Liquidationsmasse geltend gemacht werden. Der Kulanzan-
spruch und die öffentliche Rückbauerwartung liefen gegenüber einem in (Teil-)Liqui-
dation befindlichen Unternehmen hingegen ins Leere.

Das Ergebnis der vorstehenden Überlegungen lässt sich wie folgt zusammenfassen:
1.  Die sog. faktischen Verpflichtungen begründen häufig **keine unentziehbare Ver-
    bindlichkeit**. Bei Einstellung oder grundlegender Änderung der Geschäftstätigkeit
    werden sie gegenstandslos. Der geforderte Vergangenheitsbezug ist dann nicht
    gegeben.
2.  Aufwendungen auf faktische Verpflichtungen können zwar zur Wahrung von
    Image, Marke usw. unter Opportunitätskostengesichtspunkten **ökonomisch sinn-
    voll** sein, sinnvoll ist aber auch die alsbaldige Reparatur eines kurz vor Bilanzstich-
    tag undicht gewordenen Dachs (Aufwandsrückstellung).
3.  Aus dieser Sicht fehlt es an theoretisch schlüssigen Begründungen zur Passivie-
    rung der faktischen Verpflichtung und Nichtpassivierung der **Aufwandsrückstel-
    lung**.

Die Praxis konzentriert sich angesichts solcher Widersprüche weniger auf die proble-
matischen Definitionen in IAS 37 als auf die im Standard selbst und seinem Appendix
enthaltenen Beispiele. Nach deren Kasuistik begründen Kulanzpläne, bekannt gegebene Restrukturierungspläne oder der Öffentlichkeit gegebene Umweltversprechen
keine Aufwandsrückstellungen, sondern zu passivierende faktische Verpflichtungen.

### 7.2.5   ABC wichtiger Rückstellungsfälle

Die Schwierigkeit, rückstellungspflichtige Ereignisse konzeptionell von nicht passivie-
rungsfähigen zu unterscheiden, reicht über den Bereich der faktischen Verpflichtungen hinaus. Wie im Steuer- und Handelsrecht erfreuen sich daher sog. Rückstellungs-
ABCs großer Beliebtheit. Sie verschaffen der Praxis die Klarheit, die die Prinzipien und

Konzepte nicht geben. Nachfolgend ein entsprechender, hier allerdings stark gekürzter Auszug aus dem Haufe IFRS-Kommentar[13].

| ART DER RÜCKSTELLUNG | PASSIVIERUNGSPFLICHT? |
|---|---|
| Abbruchverpflichtung | Ja, Gegenbuchung im Anlagevermögen als Teil der AK/HK |
| Altfahrzeuge-Rücknahmeverpflichtung | Ja |
| Aufbewahrungspflichten (Kosten für gesetzliche Aufbewahrungspflichten) | Ja |
| Aufwandsrückstellungen | Nein |
| Belastende Verträge (drohende Verluste aus belastenden Verträgen) | Ja |
| Berufsgenossenschaftsbeiträge | Ja, aber eher als Verbindlichkeit (*accrual*) denn Rückstellung (*provision*) |
| Bürgschaftsverpflichtung | Ja, aber nicht als Rückstellung, sondern als Finanzgarantie |
| Drohende Verluste | Siehe »Belastende Verträge« |
| Elektroschrott | Bei kollektivem Rücknahmesystem in der Regel nicht (siehe IFRIC 6) |
| Entfernungsverpflichtung | Siehe »Abbruchverpflichtung« |
| Handelsvertreter (Ausgleichverpflichtung gegenüber Handelsvertreter) | Ja, aber erst nach Beendigung des Handelsvertretervertrags, zuvor liegt kein Vergangenheitsereignis i. S. v. IAS 37.19 vor. Während der Laufzeit des Vertretervertrags kann das Unternehmen den Vertrieb der provisionierten Produkte einstellen. |
| Instandhaltung (unterlassene Instandhaltung) | Nein, da (Außen-)Verpflichtung fehlt |
| Jahresabschlusskosten Jahressteuererklärungen | Ja, für alle externen und internen Kosten, sofern gesetzliche Verpflichtung (HGB, EStG etc.) |
| Jubiläumsverpflichtungen | Ja (nach IAS 19) |
| Kulanzen | Ja, wenn faktische Verpflichtung aufgrund entsprechender Kundenerwartungen |
| Patentverletzung | Ja |

---

13  Lüdenbach/Hoffmann/Freiberg, Haufe IFRS-Kommentar, 17. Aufl., 2019, § 21 Rz 188.

| ART DER RÜCKSTELLUNG | PASSIVIERUNGSPFLICHT? |
|---|---|
| Pensionsverpflichtungen | Ja (nach Saldierung mit Planvermögen – IAS 19) |
| Pfandleergutrücknahmeverpflichtung | Ja |
| Prozessrisiken | Ja, wenn Inanspruchnahme überwiegend wahrscheinlich; Beurteilung stufenweise (instanzenabhängig) |
| Rekultivierungsverpflichtung | Ja, ratierliche und abgezinste Ansammlung |
| Restrukturierungsverpflichtung | Ja, wenn u. a. detaillierter Plan Betroffenen bekannt gemacht |
| Rückbau | Siehe »Abbruchverpflichtung« |
| Sonderrabatte, Boni | Ja |
| Steuerschulden | Ja, aber nicht als Rückstellung, sondern passive latente Steuer oder Steuerverbindlichkeit |
| Umweltschutzverpflichtung | Ja, wenn rechtliche oder (z. B. durch öffentliche Ankündigung) begründete faktische Verpflichtung |
| Urlaubsverpflichtung | Ja (nach IAS 19) |
| Verluste (künftige Verluste) | Nein, sofern nicht aus identifizierbarem belastbarem Vertrag |

## 7.2.6   Drohverlustrückstellungen

Drohverlustrückstellungen sind nach IAS 37.66 zu bilden für **belastende Verträge** (*onerous contracts*). Dies sind Verträge, bei denen die unvermeidlichen Kosten zur Erfüllung der vertraglichen Pflichten höher als der (noch) erwartete wirtschaftliche Nutzen sind (IAS 37.68).

Je nach handelsrechtlicher Auffassung kann auch für die Handelsbilanz die Drohverlustrückstellung als Unterform der Rückstellung für ungewisse Verbindlichkeiten gelten. Sie unterliegt aus dieser Sicht nur eigenen Bewertungsregeln (Saldierung von Aufwand und Ertrag), hingegen nicht eigenen Ansatzregeln.

Weder im Ansatz noch in der Bewertung ergeben sich wesentliche Unterschiede zwischen IFRS und HGB. Insbesondere ist bei der Frage, ob per Saldo ein Verlust droht, in beiden Systemen
*   auf der Kostenseite des Saldos eine **Vollkostenbetrachtung** angezeigt,
*   bei der Nutzenseite **auch indirekter Nutzen** einzubeziehen.

**Beispiel**                                                                                    **!**

U versucht, sich in einem umkämpften Marktumfeld mit besonders niedrigen Preisen zu
behaupten. U akquiriert den Auftrag zum Bau einer Maschine. Bereits vor Beginn der Fertigung steht fest, dass der zu knapp kalkulierte Auftrag seine Vollkosten nicht decken wird. Bei
Ausklammerung von Gemeinkosten wird er aber einen positiven Deckungsbeitrag erwirtschaften.
Ein belastender Vertrag bzw. Drohverlust liegt vor, weil in die Bestimmung des Saldos aus
erwartetem Nutzen (Auftragspreis) und erwarteten Kosten auch die produktionsbezogenen
Gemeinkosten einfließen.

**Beispiel**                                                                                    **!**

Apotheker A mietet ein Gebäude an, um im Erdgeschoss seine Apotheke zu betreiben und
die anderen Geschosse an Ärzte zu vermieten. Die Vermietung an die Ärzte erfolgt unter dem
Einstandspreis, den A selbst für diese Geschosse an den Gebäudeeigentümer zahlen muss.
In diesem (der BFH-Rechtsprechung nachgebildeten) Fall liegt kein belastender Vertrag vor.
Den Kosten (Einstandsmiete) sind nämlich nicht nur die aus der Vermietung an die Ärzte
erzielten Mieteinnahmen gegenüberzustellen, sondern ebenso der Vorteil, den A daraus
erzielt, dass die Patienten der Ärzte ihre Rezepte bei ihm einlösen.

## 7.3   Bewertung

### 7.3.1   »Bestmögliche Schätzung« des Erfüllungsbetrags

Die Rückstellungshöhe bemisst sich gemäß IAS 37.37 nach der bestmöglichen Schätzung, d.h. nach dem Betrag, »den das Unternehmen **bei vernünftiger Betrachtung**
zur Erfüllung der Verpflichtung zum Bilanzstichtag oder zur Übertragung der Verpflichtung auf einen Dritten zu diesem Termin zahlen müsste«. In der Handelsbilanz
ist nach §253 Abs. 1 Satz 2 HGB der »**nach vernünftiger** kaufmännischer **Beurteilung**
notwendige Erfüllungsbetrag« anzusetzen. Die Übereinstimmung zwischen beiden
Formulierungen ist auffällig und lässt den Schluss zu, dass wesentliche Bewertungsunterschiede zwischen IFRS und HGB insofern nicht bestehen. Für statistisch fass-
bare Risiken, wie Garantiekosten, die mit dem wahrscheinlichkeitsgewichteten Wert
(Erwartungswert) erfasst werden, gilt diese Schlussfolgerung uneingeschränkt. Für
Einzelverpflichtungen gilt sie dann, wenn es einen wahrscheinlichsten Wert gibt. Dieser wahrscheinlichste Wert ergibt sowohl nach IFRS als auch nach HGB in der Regel
den Rückstellungsbetrag. Ein Teil der Literatur konzentriert sich jedoch auf einen (theoretischen) dritten Fall: bei einer Bandbreite gleich wahrscheinlicher Ereignisse soll
demzufolge nach HGB der höchste Wert anzusetzen sein, während nach IAS 37.39 der
Mittelwert der Bandbreite zu verwenden ist.

**!**   **Beispiel**

Die Erben des verunglückten Josef Schmitz beanspruchen nach wie vor 1 Mio. EUR von der Power Car GmbH. Zum nächsten Bilanzstichtag gibt es ein neues Gutachten, das für die Wahrscheinlichkeit einer Verurteilung spricht. Für den Fall einer Verurteilung werden Beträge von 0,2 Mio. EUR, 0,4 Mio. EUR und 0,6 Mio. EUR als **gleich wahrscheinlich** angesehen. Nach IFRS wäre der Wert von 0,4 Mio. EUR zurückzustellen, nach herrschender HGB-Meinung der Wert von 0,6 Mio. EUR.

Der Unterschied ist eher theoretischer Natur. Die Wahrscheinlichkeiten lassen sich nicht wirklich quantifizieren. Man wird Argumente finden können, dass der Wert von 0,6 Mio. EUR etwas wahrscheinlicher ist als die beiden anderen Werte. Auch nach IFRS wären dann 0,6 Mio. EUR zurückzustellen. Bei anderer bilanzpolitischer Zielsetzung wird man ebenso Argumente dafür finden können, dass der mittlere Wert der wahrscheinlichste ist. Auch nach HGB wären dann 0,4 Mio. EUR zurückzustellen.

### 7.3.2   Rückgriffsrechte und Saldierungen

Von vornherein auf eine Saldierung angelegt sind sowohl nach IFRS als auch nach HGB **Drohverlustrückstellungen**. Eine Rückstellung ergibt sich in diesen Fällen nur aus einem drohenden Verlust, d. h. aus einer Saldogröße von Aufwendungen und Erträgen.

Auch bei **anderen Rückstellungen** kann sich die Saldierungsfrage stellen, nämlich dann, wenn der Verpflichtung bedingte Erstattungsansprüche, z. B. gegen Versicherungen, gegenüberstehen. Nach HGB ist dieser Rückgriffsanspruch dann bei der Bewertung der Rückstellungen zu berücksichtigen, wenn er bei tatsächlicher Inanspruchnahme aus der Rückstellung zwangsläufig und werthaltig entsteht. Diese Voraussetzung ist bei tatsächlich versicherten Risiken (Versicherung ungekündigt, kein sachlicher Risikoausschluss) regelmäßig gegeben. Nach IAS 37.53 führt der Erstattungsanspruch unter vergleichbaren Voraussetzungen zu einem eigenen Aktivposten.

**!**   **Beispiel**

Die Power Car GmbH rechnet zum Bilanzstichtag damit, dass sie 0,4 Mio. EUR an die Erben von Josef Schmitz zahlen muss. Sie ist für diesen Fall mit einer Selbstbeteiligung von 50 TEUR versichert. Die Versicherung ist ungekündigt, alle Prämien sind bezahlt, ein nicht versichertes grob fahrlässiges oder vorsätzliches Handeln ist mit größter Wahrscheinlichkeit auszuschließen.

- Nach HGB sind 350 TEUR zurückzustellen.
- Nach IAS 37.53 ff. ist die Rückstellung mit 0,4 Mio. EUR zu bewerten und ein separater Vermögenswert für die zu erwartende **Versicherungserstattung** von 50 TEUR zu aktivieren, wenn es so gut wie sicher ist, dass das Unternehmen diese Erstattung bei Verurteilung erhalten wird.

Vor allem im angelsächsischen Raum werden Umweltverpflichtungen z. T. von mehreren betroffenen Unternehmen in einer besonderen Einheit (»Entsorgungsfonds«) gebündelt, wobei die Unternehmen mindestens subsidiär in der Haftung bleiben. In diesem Kontext kann die Frage der Bilanzierung von Rückgriffsrechten relevant werden. IFRIC 5 bestimmt hierzu Folgendes:

- Vorrangig ist zu prüfen, ob der Anteil an dem Entsorgungsfonds (gemeinschaftliche) Kontrolle bzw. signifikanten Einfluss vermittelt (IFRIC 5.8). Ist dies der Fall, wird der Fonds (quotal oder voll) konsolidiert, d. h. sein Vermögen und seine Schulden erfasst bzw. *at equity* mit dem Anteil am Eigenkapital abgebildet.
- Bestehen keine Einfluss- oder Kontrollmöglichkeiten, hat das Unternehmen die Entsorgungsverpflichtungen so zu passivieren, als ob der Fonds nicht bestünde (IFRIC 5.7). Daneben sind die Erstattungsansprüche gegen den Fonds gemäß IAS 37.53 ff. zu erfassen.

### 7.3.3 Abzinsung

§ 253 Abs. 1 Satz 2 HGB a. F. ließ die Abzinsung von Rückstellungen nur zu, »soweit die ihnen zugrunde liegenden Verbindlichkeiten einen Zinsanteil enthalten«. Im Fall von Sachleistungsverpflichtungen (z. B. bei Rekultivierung) war diese Voraussetzung nach herrschender Meinung so gut wie nie gegeben. § 253 Abs. 2 HGB n. F. sieht demgegenüber ähnlich wie steuerbilanziell § 6 Abs. 1 Nr. 3a EStG ein generelles Abzinsungsgebot für Rückstellungen vor, deren Restlaufzeit am Bilanzstichtag mehr als zwölf Monate beträgt.

Die Regelungen in IAS 37.45 ähneln diesen Vorschriften, indem sie grundsätzlich eine Abzinsung vorsehen. Es fehlt jedoch der Automatismus. Eine Barwertberechnung ist nach IFRS nur notwendig »bei einer **wesentlichen** Wirkung des Zinseffektes«. Im Einzelfall kann deshalb je nach Beträgen auch bei über die zwölf Monate hinausreichenden Laufzeiten von einer Abzinsung abgesehen werden oder umgekehrt bei weniger als zwölf Monaten Laufzeit eine Abzinsung erforderlich sein. Insbesondere bei sehr langfristigen Rückstellungen (z. B. für Rekultivierung oder für mietvertragliche Entfernungsverpflichtungen) wird die Abzinsung regelmäßig einen wesentlichen Bewertungseffekt haben und deshalb auch nach IFRS geboten sein.

## 7.4   Sonderfall: Pensionsrückstellungen und sonstige Arbeitnehmerrückstellungen

### 7.4.1   Leistungen an Arbeitnehmer

**IAS 19** regelt die Bilanzierung und die Angabepflichten für **Leistungen an Arbeitnehmer**. Unterschieden werden in IAS 19.8 vier Kategorien von Leistungen an Arbeitnehmer:

*   **kurzfristig** fällige Leistungen (z. B. Löhne), die unabgezinst ausgewiesen werden,
*   Leistungen **nach Beendigung** des Arbeitsverhältnisses (insbesondere **Pensionen**), die zum versicherungsmathematischen Wert erfasst werden und mit ggf. vorhandenem Deckungsvermögen bzw. Planvermögen saldiert werden,
*   **andere langfristig fällige** Leistungen (z. B. **Jubiläumszuwendungen**, daneben auch Erfolgsbeteiligungen, die nicht innerhalb von zwölf Monaten gezahlt werden), die zum Barwert, ggf. unter Berücksichtigung von Fluktuationen, erfasst werden,
*   Leistungen **aus Anlass der Beendigung** des Arbeitsverhältnisses (z. B. **Abfindungen**), die nur dann als Schuld auszuweisen sind, wenn das Unternehmen vertraglich oder faktisch verpflichtet ist.

Mit Ausnahme der Pensionsrückstellungen ergeben sich keine wesentlichen Abweichungen zwischen IFRS und HGB.

> **!**   **Beispiel**
>
> Die For-Ever-Young AG schließt Ende 00 eine Betriebsvereinbarung betreffend Altersteilzeit ab. Alle Arbeitnehmer, die am 31.12.01 das 55. Lebensjahr vollendet haben, können mit Wirkung ab 02 zur 50 %igen Teilzeitbeschäftigung im Blockmodell optieren. Danach erhalten sie über einen Zeitraum von vier Jahren 50 % ihrer bisherigen Vergütung plus 30 % Aufstockung bei voller Arbeitsleistung in den ersten zwei Jahren und Freistellung in den zweiten zwei Jahren. Die AG rechnet damit, dass 200 Arbeitnehmer mit einer Lohnsumme von 10 Mio. EUR p. a. das Angebot wahrnehmen werden.
>
> Sowohl nach IFRS wie auch nach HGB ergeben sich zwei Rückstellungselemente:
>
> *   Der Aufstockungsbetrag (4 × 3 Mio. EUR) ist über den Zeitraum von Begründung der Schuld (31.12.00) bis zur Beendigung der Aktivphase (31.12.03) zu verteilen. Eine sofortige Erfassung als *termination benefit* kommt nicht infrage.
> *   Während der ersten Phase der vier Jahre entsteht bei 50 % Grundvergütung und 100 % Arbeitsleistung ein Erfüllungsrückstand, der sich in der zweiten Phase auflöst. In der ersten Phase entstehen pro vollem Jahr Rückstände von 5 Mio. EUR (50 % von 10 Mio. EUR). Unter dem sowohl für HGB wie IFRS geltenden Gesichtspunkt der wirtschaftlichen Verursachung ist diese Rückstellung in Phase 1 kontinuierlich aufzubauen.
>
> Unter Vernachlässigung der Abzinsung ergibt sich folgender Aufwands- und Rückstellungsverlauf:

|  | 31.12.00 | 31.12.01 | 31.12.02 | 31.12.03 | 31.12.04 | 31.12.05 |
|---|---|---|---|---|---|---|
| Vortrag aus altem Jahr | 0 | 0 | 4 | 5 | 6 | 3 |
| Zuführung Aufstockungs-betrag | 0 | 4 | 4 | 4 | 0 | 0 |
| Geleisteter Aufstockungs-betrag | 0 | 0 | –3 | –3 | –3 | –3 |
| Rückstellung Aufstockung | 0 | 4 | 5 | 6 | 3 | 0 |
|  |  |  |  |  |  |  |
| Vortrag aus altem Jahr | 0 | 0 | 0 | 5 | 10 | 5 |
| Zuführung Erfüllungs-rückstand | 0 | 0 | 5 | 5 | 0 | 0 |
| Verbrauch Erfüllungsrück-stand | 0 | 0 | 0 | 0 | –5 | –5 |
| Rückstellung Erfüllungs-rückstand | 0 | 0 | 5 | 10 | 5 | 0 |

## 7.4.2 Rückstellungen für Pensionen und ähnliche Leistungen

IAS 19.8 differenziert bei der betrieblichen Altersversorgung zwischen

- **beitragsorientierten** Pensionsplänen, bei denen ein Unternehmen festgelegte Beiträge an eine eigenständige Einrichtung entrichtet und weder rechtlich noch faktisch über die Beitragspflicht hinaus zu weiteren Leistungen verpflichtet ist, und
- **leistungsorientierten** Pensionsplänen, bei denen die Verpflichtung des Unternehmens in der Gewährung einer zugesagten Leistung besteht.

Die in Deutschland geläufigen Formen der betrieblichen Altersversorgung lassen sich wie folgt einordnen:

- Zugunsten des Arbeitnehmers abgeschlossene Direktversicherungen sind in der Regel als beitragsorientierte Pläne einzustufen.
- Pensionskassen, Direktzusagen und wegen der Subsidiärhaftung des Trägerunternehmens auch Unterstützungskassen sind in der Regel als leistungsorientierte Pläne zu klassifizieren.

Bei den beitragsorientierten Plänen ergeben sich weder nach IFRS noch nach HGB Bilanzierungsprobleme. Die laufenden Beiträge sind Aufwand. Rückständige Beiträge, z.B. aus einer fälligen, aber nicht geleisteten Direktversicherungsprämie, sind ggf. abzugrenzen.

Die Bilanzierung und Bewertung von **leistungsorientierten** Zusagen ist hingegen komplex, weil sie eine Reihe von Fragen und Schätzproblemen aufwirft:

- Es müssen **biometrische Annahmen** über Lebenserwartung und Invalidität getroffen werden, um die Leistungen nach Beendigung des Arbeitsverhältnisses zu bestimmen.
- Es ist zu entscheiden, ob in die Berechnung dieser Leistungen auch **zukünftige Gehalts- und Karrieretrends** einbezogen werden sollen.
- Es muss ein **angemessener Zinssatz** gefunden werden, um die zukünftigen Leistungen in Barwerte umzurechnen.
- Es ist zu entscheiden, wie die Leistungsverpflichtung **verteilt**, d.h. den Dienstjahren des Arbeitnehmers zugeordnet werden soll, ob orientiert am Barwert der bereits erarbeiteten künftigen Pensionsleistung oder orientiert am Barwert der gesamten zukünftigen Pensionsleistung.

Die Entscheidungen nach IAS 19 entsprechen weitgehend denen des HGB, unterscheiden sich aber grundlegend von der steuerbilanziellen Vorschrift des §6a EStG:

- **Zukünftige Gehalts- und Karrieretrends** sind nach IAS 19.83(a) und §253 Abs. 1 Satz 2 HGB zu berücksichtigen, steuerbilanziell hingegen nicht.
- Während §6a EStG einen Abzinsungssatz von 6% gesetzlich festlegt, ist nach IAS 19.78 und §253 Abs. 2 HGB der fristenkongruente Marktzins heranzuziehen. IAS 19 stellt dabei allein auf die **Zinsverhältnisse am Stichtag** ab, während das HGB zur Vermeidung von Volatilitäten den durchschnittlich in den letzten zehn Jahren für entsprechende Laufzeiten geltenden Zins verwendet.
- Während die steuerliche Teilwertmethode den Barwert der gesamten zukünftigen Pensionsleistung als Annuität auf die Dienstjahre verteilt, folgt IFRS der Fiktion laufender Einmalprämien. Für jedes neu erdiente Jahr wird die **Zuführung einer Einmalprämie** zur Rückstellung fingiert. Die Zuführung sowie ihre anschließende Verzinsung sollen den Anteil dieses Jahres an der späteren Pensionsleistung abdecken. Nach HGB sind beide Methoden vertretbar.

Im Ergebnis sind die Pensionsverpflichtungen nach IFRS und HGB regelmäßig höher als die nach EStG. Hauptgrund ist die Berücksichtigung pensionserhöhender zukünftiger Gehaltstrends und Karrieretrends. In der Praxis bereitet die Berechnung nach IFRS keine besonderen Probleme für das Unternehmen, da die Pensionsgutachter über einschlägige Programme verfügen.

Trotz des regelmäßig höheren IFRS-Werts wiesen die Bilanzen angelsächsischer Unternehmen in der Vergangenheit (bis zum BilMoG) meist niedrigere Pensionsrückstellungen aus als die vergleichbarer deutscher Unternehmen. Der Grund lag darin, dass in der Regel ein **Nettoausweis** erfolgt. Die Pensionsrückstellung wird mit sog. **Planvermögen** verrechnet. Diesen Nettoausweis sehen sowohl die amerikanischen Vorschriften als auch IAS 19.8 für den Fall vor, dass

- die Finanzierung der Pensionsleistung über rechtlich selbstständige Einheiten (Fonds) erfolgt,
- deren Vermögen und Erträge außerhalb der Verfügungsgewalt des Unternehmens und des Zugriffs seiner Gläubiger liegen,
- das Unternehmen außerdem weder rechtlich noch faktisch verpflichtet ist, Leistungen unmittelbar an Arbeitnehmer zu zahlen, soweit bzw. solange ausreichendes Vermögen im Fonds vorhanden ist.

Bei Erfüllung dieser Voraussetzungen qualifizieren sich die Vermögenswerte des Fonds als Planvermögen und sind zwingend mit der Pensionsverpflichtung zu saldieren (IAS 19.113).

Nur ein etwaiger Überschuss der Verpflichtung über das Planvermögen erscheint dann noch als Pensionsrückstellung. Das Ergebnis dieser Saldierung war im Vergleich zu deutschen Unternehmen eine Verkürzung der Bilanz und damit eine Verbesserung der Eigenkapitalquote und weiterer Bilanzkennzahlen.

Seit dem BilMoG sieht auch das HGB die Möglichkeit der Saldierung von Pensionsverpflichtungen und Planvermögen vor. Nach § 246 Abs. 2 Satz 3 HGB sind Vermögensgegenstände, die der Verfügung des Unternehmens sowie dem Zugriff der Gläubiger entzogen sind und nur zur Erfüllung bestimmter Schulden verwendet werden können, mit diesen Schulden zu saldieren. Als Beispiel nennt die Gesetzesbegründung die *Contractual Trust Agreements*. Ein weiteres Beispiel wären unwiderruflich an den Arbeitnehmer abgetretene Ansprüche aus Rückdeckungsversicherungen.

> **Tipp**                                                                                    **!**
>
> Bei einem *Contractual Trust Agreement* werden zur Rückdeckung vorgesehene Wertpapiere und sonstige Vermögenswerte treuhänderisch auf einen Verein übertragen, der aus dem Vermögen und den Erträgen die Pensionsverpflichtungen erfüllt (*Contractual Trust Agreement*). Aus steuerbilanzieller Sicht verbleibt die Pensionsverpflichtung weiter ausschließlich beim Unternehmen, das daneben weiterhin aufgrund wirtschaftlichen Eigentums das Treuhandvermögen bilanziert. In der IFRS- und HGB-Bilanz wird hingegen bei geeigneter Detailgestaltung nur noch der Saldo ausgewiesen.
> Entsprechende Überlegungen bedürfen sorgfältiger Planung, um einerseits die gewünschte Bilanzierung zu erreichen, andererseits die steuerliche Situation (Lohnversteuerung erst im Pensionsfall) nicht zu gefährden.

IAS 19 regelt auch den Fall eines Überschusses des Planvermögens über die Pensionsverpflichtung. Der resultierende Saldo ist als Aktivposten auszuweisen (IAS 19.64). Voraussetzung ist, dass das Unternehmen von diesem Überschuss profitiert, etwa durch die Reduktion zukünftiger Zuführungen zum Pensionsplan. Einzelheiten hierzu sind in IFRIC 14 geregelt.

Sind nach IAS 19 die Voraussetzungen für eine bilanzielle Saldierung gegeben, wird zugleich in der GuV eine Saldierung zwischen Pensionsaufwendungen und Erträgen aus dem Planvermögen vorgenommen.

IAS 19 folgt anders als das HGB einer **GuV-orientierten Sichtweise** (*income approach*) und nicht dem stichtagsorientierten Bilanzkonzept (*balance sheet approach*).
- Der in der GuV zu erfassende Pensionsaufwand ist **zu Beginn des Jahres** auf der Grundlage der dann vorliegenden Erwartungen zur Entwicklung von Diskontierungssatz, Sterblichkeit, Rendite des Planvermögens etc. zu berechnen.
- Der Jahresendbetrag der (Netto-)Rückstellung ergibt sich vorrangig aus der Fortschreibung des Jahresanfangsbetrags um den am Jahresanfang erwarteten Pensionsaufwand.

Zwar ist der (Netto-)Verpflichtungsumfang zusätzlich zum Bilanzstichtag mit den dann gültigen Bewertungsparametern zu berechnen, jedoch galt in der Vergangenheit: die am Jahresende festgestellte Abweichung zwischen erwarteter und tatsächlicher Entwicklung musste nicht sofort in Bilanz und GuV berücksichtigt werden. Sie konnte wahlweise über die (durchschnittliche) Restdienstdauer der Arbeitnehmer verteilt werden. Es gab somit in der Regel keine Aufwands-Überraschungen mehr zum Jahresende.

Gerade bei so langfristigen Verpflichtungen wie den Pensionsverpflichtungen ist eine verlässliche und auf Dauer angelegte (überraschungsfreie) Aufwandsverteilung ein sinnvolles Ziel, wenn sich die Fehleinschätzungen im Zeitablauf ausgleichen, also in einem Jahr zu viel an Personalaufwand geschätzt wird, in einem anderen zu wenig. In der Praxis findet dieser Ausgleich aber häufig nicht statt. Die zu optimistische Schätzung überwiegt. Erklärend sind nicht nur psychologische und bilanzpolitische Gründe. Auch systematische Ursachen spielen eine Rolle: So kann etwa die am 1.1. vorgenommene Schätzung nur auf Basis der dann verfügbaren Sterbetafeln vorgenommen werden. Wenn bis zum 31.12. neue Sterbetafeln bekannt werden, zeigen diese nicht in einzelnen Jahren höhere und in anderen niedrigere Lebenserwartungen als die alten Tafeln. Nach der kontinuierlichen Erhöhung der Lebenserwartung in den letzten Jahrzehnten geht der Fehler einer »zu frühen« Schätzung vielmehr immer in die gleiche Richtung: die Pensionsverpflichtung wird nicht einmal zu hoch und einmal zu niedrig, sondern im Zeitablauf systematisch zu niedrig eingeschätzt.

Angesichts dieser Probleme war Kritik am Wahlrecht der verzögerten Anpassung der Bilanz und GuV an die tatsächlichen Werte aufgekommen.

Mit der Änderung von IAS 19 in 2011 ist das Wahlrecht daher entfallen. Es gilt nun:
- In der **Bilanz** ist die (Netto-)Schuld aus dem Pensionsplan zum **Stichtagswert** auszuweisen (IAS 19.63 ff.).
- **Versicherungsmathematische Gewinne und Verluste** (aus der Abweichung zwischen den Annahmen am Jahresanfang und den Ist-Werten am Jahresende) sind

nicht in der GuV, sondern nach IAS 19.120(c) als **sonstiges Gesamtergebnis** (*other comprehensive income*) zu erfassen. Eine Umklassifizierung in GuV-wirksamen Aufwand oder Ertrag findet auch in den Folgeperioden nicht statt (IAS 19.122).

Die Behandlung anderer langfristig fälliger Leistungen an Arbeitnehmer, z.B. Jubiläumsleistungen, unterliegt nach IAS 19.153 ff. grundsätzlich gleichen Regelungen wie die Bilanzierung von Pensionsverpflichtungen.

## 7.5   *Notes*

### 7.5.1   Angaben zu den Rückstellungen

Rückstellungen sind gemäß IAS 37.85 im Anhang zu beschreiben
- nach ihrer Art,
- dem erwarteten Belastungszeitpunkt und
- eventuell erwarteten Erstattungsbeträgen.

Dabei dürfen solche Rückstellungen zu einer Kategorie zusammengefasst werden, deren Wesen hinreichend ähnlich ist.

> **Tipp**   !
>
> Konkret bedeutet die Möglichkeit der Zusammenfassung z.B.: Nicht für jede Produktgruppe ist eine eigene Gewährleistungsrückstellung zu bilden und zu erläutern. **Ein** zusammengefasster Posten Garantierückstellung reicht aus. In diesen Posten dürfen andererseits solche auf Produktfehler zurückgehende Verbindlichkeiten nicht einbezogen werden, die z.B. im Rahmen der Produkthaftung Gegenstand eines Gerichtsverfahrens sind.

Für jede Rückstellungskategorie sind außerdem die Buchwerte zu Beginn und Ende des Geschäftsjahres sowie die Bewegungen innerhalb des Geschäftsjahres anzugeben. Die hierzu in IAS 37.84 geforderten Angaben lassen sich zweckmäßigerweise in einem **Rückstellungsspiegel** zusammenfassen, der für jede Rückstellungskategorie Folgendes beinhaltet:

|   | Buchwert 1.1. |
|---|---|
| + | Zuführung |
| – | Inanspruchnahme |
| – | Auflösung |
| + | Wertänderung aus Aufzinsung/Abzinsung |
| = | Buchwert 31.12. |

Folgende Darstellungsform ist zweckmäßig:

| Art der Rückfüh-rung | BW 1.1. | Zuführung | Zinseffekt | Inanspruch-nahme | Auflösung | BW 31.12. |
|---|---|---|---|---|---|---|
| | | | | | | |
| | | | | | | |
| | | | | | | |
| Summe | | | | | | |

**Tab. 12:** Rückstellungsspiegel

Wichtig ist die Unterscheidung zwischen Inanspruchnahme und Auflösung. Die Inanspruchnahme zeigt die verwendeten, d. h. die tatsächlich entstandenen bzw. gezahlten und gegen die Rückstellung verrechneten Beträge. Die Auflösung zeigt die nicht verwendeten, mindestens in rückwirkender Betrachtung überhöhten Rückstellungsbeträge.

**!**

**Beispiel**

Die World Wide AG hat seit Ende 00 einen neuen Vorstand, der die Bilanz 00 in Ausnutzung sämtlicher Ermessensspielräume umfangreich mit Rückstellungen belastet und dadurch das Ergebnis 00 auf 100 Mio. EUR reduziert. U. a. hat er noch im Dezember 00 die Entlassung sämtlicher Leiter der Übersee-Niederlassungen verkündet und hierfür eine Abfindungsrückstellung von 50 Mio. EUR gebildet. Weiterhin hat er die Garantierückstellungen (durchschnittliche Garantielaufzeit ein Jahr) neu kalkuliert und deshalb von 15 auf 20 Mio. EUR erhöht. Schließlich hat er für einen Ende 02 endenden Pachtvertrag eine bisher nicht berücksichtigte Altlastenbeseitigungspflicht von 12,1 Mio. EUR (Barwert bei Zins von 10%: 10 Mio. EUR) bilanziert.

In 01 scheiden diverse Country-Manager gegen 24 Mio. EUR Abfindung (davon 12 Mio. EUR Europa) aus. Mit weiteren Abfindungen ist nicht zu rechnen. In 01 kommt es zu Garantiekosten von 13 Mio. EUR. Die Garantierückstellung wird wieder von 20 auf 15 Mio. EUR zurückgeführt. Der Jahresüberschuss hat sich von 00 nach 01 verdoppelt, wofür der Vorstand eine ordentliche Sondervergütung erhält.

Der IFRS-Rückstellungsspiegel 01 ist wie folgt (in Mio. EUR):

| Art | BW 1.1. | Zuführung | Zins | Inanspruch-nahme | Auflösung | BW 31.12. |
|---|---|---|---|---|---|---|
| Abfindung Übersee | 50 | | | 12 | 38 | 0 |
| Garantie | 20 | 15 | | 13 | 7 | 15 |
| Altlasten | 10 | | 1 | | | 11 |
| **Summe** | **80** | **15** | **1** | **25** | **45** | **26** |

Die Rückstellung Übersee darf nicht für Europa verwendet werden, ihre Auflösung beträgt daher 38 Mio. EUR und nicht 26 Mio. EUR. Die Auflösungsspalte ist insgesamt aufschlussreich für den Bilanzleser: bei angemessener Rückstellungsdotierung wären die Ergebnisse 00 bzw. 01 mit 145 Mio. EUR bzw. 155 Mio. EUR um 45 Mio. EUR höher bzw. niedriger ausgefallen. Aus der Verdopplung des Jahresüberschusses und der schönen Sondervergütung für den Vorstand wäre nichts geworden.

Umfangreiche Sondervorschriften bestehen für die Angaben zu den **Pensionsverpflichtungen**. U. a. sind gemäß IAS 19.135 ff. offenzulegen:

- die Zusammensetzung der Nettoschuld nach Pensionsverpflichtung und Planvermögen,
- die Zusammensetzung des Pensionsaufwands nach Zinsen, Dienstzeitaufwand usw.,
- die Höhe der versicherungsmathematischen Gewinne oder Verluste.

### 7.5.2 Angaben zu Eventualverpflichtungen und Ereignissen nach dem Bilanzstichtag

Nach §251 HGB sind bestimmte vertragliche Haftungsverhältnisse (z. B. aus Bürgschaften), sofern sie nicht zu passivieren sind, unter der Bilanz anzugeben. Auf die Unwahrscheinlichkeit der Inanspruchnahme kommt es nicht an. In die Angabe zum Wechselobligo sind deshalb bspw. auch weitergegebene Wechsel aufzunehmen, deren Schuldner die öffentliche Hand ist.

Der Eventualverpflichtungsbegriff nach IAS 37 ist demgegenüber zugleich enger und weiter gefasst. Die Eventualverpflichtung nach IFRS ist

- **enger** gefasst, insofern die Verpflichtung nicht ganz unwahrscheinlich (*remote*) sein darf,
- **weiter** gefasst, insofern nicht nur Haftung aus Bürgschaften, Wechseln, Garantieverträgen und Sicherheitsbestellungen, sondern jede Art möglicher Inanspruchnahme, z. B. auch aus unerlaubter Handlung, angabepflichtig ist.

Zu erläutern sind damit alle Verpflichtungen, die einerseits nicht überwiegend wahrscheinlich sind, d. h. unter der Rückstellungsschwelle verbleiben, andererseits nicht als ganz unwahrscheinlich (*remote*) beurteilt werden. Die Erläuterung besteht nach IAS 37.86 mindestens in einer kurzen Beschreibung der Eventualschuld. Falls praktikabel sind daneben Angaben zur Schätzung der finanziellen Auswirkungen, zur Unsicherheit der Beträge und Fälligkeiten und zu Erstattungsmöglichkeiten und Rückgriffsansprüchen zu machen. Die Angabe von Eventualverbindlichkeiten ist Ausfluss des Prinzips, dem Bilanzadressaten entscheidungsnützliche Informationen zu geben (*decision usefulness*).

Diesem Ziel dient auch die in IAS 10 geregelte Berichtspflicht für **Ereignisse nach dem Bilanzstichtag**. Derartige Ereignisse

- haben als sog. zu berücksichtigende Ereignisse (*adjusting events*) werterhellenden Charakter, d. h., sie liefern Aufschluss über bereits am Stichtag vorliegende Verhältnisse, oder
- betreffen als sog. nicht zu berücksichtigende Ereignisse (*non-adjusting events*) Verhältnisse, die erst nach dem Stichtag eingetreten sind (Wertänderung).

Während die *adjusting events* auf die Wertansätze am Bilanzstichtag zurückwirken, haben die *non-adjusting events* keine Auswirkungen auf die Stichtagsbilanz. Sie können jedoch für das Urteil und die Entscheidungen der Bilanzadressaten von hoher Bedeutung sein. Beispiele wären etwa die Zerstörung einer Produktionsanlage nach dem Bilanzstichtag oder eine Restrukturierung, die erst nach dem Bilanzstichtag angekündigt und begonnen wurde und deshalb die Voraussetzungen für eine Restrukturierungsrückstellung zum Bilanzstichtag noch nicht erfüllte. In derartigen Fällen ist nach IAS 10.21 in den *notes* die Beschreibung und finanzielle Abschätzung der Ereignisse gefordert.

## 7.6   Zusammenfassung

Rückstellungsfähig sind nach IAS 37 (faktische und rechtliche) Außenverpflichtungen, denen sich das Unternehmen nicht entziehen kann. Hieraus ergeben sich für den Bilanzansatz folgende Übereinstimmungen und Abweichungen zum Handelsrecht:

- Für **Kulanzleistungen** und andere Leistungen, die ohne rechtliche Verpflichtung erbracht werden, sind nach IFRS und HGB Rückstellungen zu bilden. In beiden Systemen reicht es aus, wenn sich das Unternehmen aus faktischen Gründen einer Verpflichtung nicht entziehen kann.
- Liegt weder eine rechtliche noch eine faktische Verpflichtung gegenüber Dritten vor, so sind nur nach HGB in bestimmten Fällen (z. B. bei unterlassener Instandhaltung) Rückstellungen zulässig. Die IFRS setzen hingegen zwingend eine Außenverpflichtung voraus. An einer solchen Außenverpflichtung fehlt es im Fall der **unterlassenen Instandhaltung**.

- Ist z. B. in Fällen eines **ungewissen Prozessausgangs** unklar, ob es überhaupt zur Inanspruchnahme des Unternehmens kommt, so kann handelsrechtlich (nach nicht unstrittiger Auffassung) eine Rückstellung aus Vorsichtsgründen auch dann geboten sein, wenn ein positiver Prozessausgang wahrscheinlicher ist. Nach IFRS ist eine Rückstellung dagegen erst dann zulässig und geboten, wenn mehr Gründe für als gegen die Inanspruchnahme des Unternehmens sprechen (sog. 51 %-Regel).
- Einen Verpflichtungscharakter haben auch **drohende Verluste** aus schwebenden Geschäften (*onerous contracts*). Nach IFRS und HGB führt der drohende Verlust, d. h. der Verpflichtungsüberschuss, zu Rückstellungen.

Bei der Bewertung von Rückstellungen ergeben sich in der Praxis (anders z. T. in der Theorie) nur geringe Unterschiede zwischen IFRS (*management's best estimate*) und HGB (vernünftige kaufmännische Beurteilung). Bei langfristigen Verpflichtungen ist in beiden Systemen regelmäßig eine **Abzinsung** geboten.

Einen Sonderfall der Rückstellungen stellen **Pensionen** dar. Die Bewertungsvorschriften von IAS 19 verlangen wie die des § 253 HGB (aber anders als die des EStG) die Berücksichtigung zukünftiger **Gehalts- und Karrieretrends**. Wird z. B. einem noch jüngeren Arbeitnehmer eine Pension von x % des letzten Aktivgehalts vor Pensionierung zugesagt, so ist die Rückstellung nicht auf Basis des aktuellen Gehalts und der aktuellen Position, sondern in Abschätzung von voraussichtlicher Karriere- und Gehaltsentwicklung zu berechnen. Hieraus ergibt sich in der Regel ein deutlich höherer Wert als in der Steuerbilanz.

Für den Bilanzausweis nach IFRS und HGB ist wichtig, dass die Pensionsverpflichtung unter bestimmten Bedingungen mit für die Finanzierung vorgesehenem **Plan- bzw. Deckungsvermögen** verrechnet werden kann. In der Bilanz erscheint dann nur noch die niedrige Saldogröße.

## 7.7 Fragen und Antworten

**Fragen**

**A.1** Nach HGB werden die Schulden auf der Passivseite der Bilanz primär danach unterschieden, ob sie ungewiss sind (Rückstellungen) oder gewiss (Verbindlichkeiten). Wie unterscheiden sich die IFRS hiervon?

**A.2** Nach HGB sind Rückstellungen auch für Gewährleistungen ohne rechtliche Verpflichtung (Kulanz) und für unterlassene Instandhaltungen zu bilden. Wie werden diese Fälle nach IAS 37 behandelt (Begründung)?

**B.1** Die E AG produziert und verkauft seit 01 Haushaltsgeräte. Für Alt-Geräte besteht eine Rücknahmeverpflichtung nach einer Elektroschrottverordnung. Danach wird die Rücknahme kollektiv abgewickelt, wobei jeder Produzent sich nach Maßgabe seines Marktanteils im Rücknahmejahr an den Rücknahmekosten beteiligen muss. Für Rücknahmen, die im Jahr 06 erfolgen, ist z. B. der Marktanteil des Jahres 06 maßgeblich. Kann U für die in 01 bis 05 in Verkehr gebrachten Geräte, die überwiegend in 06 bis 10 zur Rücknahme gelangen werden, per 31.12.05 eine Rückstellung bilden (Begründung)?

**B.2** IAS 37 verlangt für die Bewertung von Rückstellungen eine beste Schätzung (*management's best estimate*). Wie sieht diese Schätzung bei
1. einer Vielzahl gleichartiger Risiken (z. B. Gewährleistungsrisiko),
2. bei einem Einzelrisiko (z. B. aus einer Klage) aus?

**C.1** Die Pensionsrückstellung per 31.12.05 beträgt 100 Mio. EUR. Grundlage der Bewertung sind u. a. die Zinsverhältnisse per 31.12.05 sowie die letzt verfügbare (aus 01 stammende) Sterbetafel. Auf Basis dieser und weiterer Bewertungsparameter geht das Unternehmen davon aus, dass die Pensionsrückstellung sich bis zum 31.12.06 auf 112 Mio. EUR erhöhen wird. Das Unternehmen bucht demzufolge in den Monatsabschlüssen Januar bis Dezember 06 jeweils »per Aufwand 1 Mio. an Pensionsrückstellungen 1 Mio.«. Zum Jahreswechsel 06/07 erscheint jedoch eine aktualisierte Version der Sterbetafel mit längerer Lebenserwartung als nach der alten. Außerdem ist das Zinsniveau per 31.12.06 niedriger als im Vorjahr. Unter Berücksichtigung beider Effekte beträgt die Pensionsverpflichtung per 31.12.06 nicht 112 Mio. EUR (wie geplant bzw. erwartet), sondern 118 Mio. EUR. Mit welchem Wert ist die Pensionsverpflichtung in der Bilanz und GuV 06 zu berücksichtigen?

**C.2** Noch vor dem Bilanzstichtag 31.12.01 beschließt der Vorstand der U AG mit Zustimmung des Aufsichtsrats, die Stilllegung eines unrentablen Standorts. Im Beschluss sind Details wie die Zahl der betroffenen Arbeitnehmer, die voraussichtlichen Sozialplankosten usw. enthalten. Anfang Januar 02 wird die geplante Stilllegung auch dem Betriebsrat bekannt gegeben. Im Februar 02 wird mit der Umsetzung des Plans begonnen. Welche Konsequenzen hat die geplante Restrukturierung für den Jahresabschluss 01?

**Antworten**

**A.1** Nach IFRS werden die Schulden primär nach ihrer Fristigkeit unterschieden (langfristige vs. kurzfristige Schulden). Rückstellungen sind daher nicht in einer Summe auszuweisen, sondern langfristige Rückstellungen als Unterposition der langfristigen Schulden und kurzfristige Rückstellungen entsprechend bei den kurzfristigen Schulden.

**A.2** Nach IAS 37 sind nur Außenverpflichtungen rückstellungsfähig. Eine Rückstellung für unterlassene Instandhaltung scheidet daher aus. Eine Kulanzrückstellung ist hingegen zulässig, da als Außenverpflichtungen nicht nur rechtliche, sondern auch faktische gelten.

**B.1** Die E AG kann per 31.12.05 keine Rückstellung für die erwarteten Rücknahmen 06 ff. bilden. Grund dafür ist die Entziehbarkeit: wenn die E AG in 06 ff. keine Umsätze mit Elektrogeräten mehr machen würde, wäre ihr Marktanteil 0 % und damit ihre Belastung aus dem Rücknahmesystem 0. Zwar ist diese Entziehbarkeit nur theoretisch gegeben, solange die E AG ihr Geschäftsmodell beibehält und gar keine Absicht hat, sich aus dem Markt zu verabschieden. Die theoretische Entziehbarkeit reicht jedoch nach IAS 37/IFRIC 6 aus, um eine Passivierung auszuschließen.

**B.2** Beste Schätzung bedeutet bei einer Vielzahl gleichartiger Risiken eine an statistischen Erfahrungen orientierte Bewertung. Anzusetzen ist der wahrscheinlichkeitsgewichtete Wert (Erwartungswert). Bei Einzelrisiken versagt die Statistik. Hier ist in eher qualitativer als quantitativer Argumentation herauszufinden, welcher Wert am wahrscheinlichsten ist (sog. subjektive Wahrscheinlichkeit). Dieser Wert ist in der Regel anzusetzen.

**C.1** Die bilanzielle Bewertung der Pensionsverpflichtung erfolgt nach den Stichtagsverhältnissen, d. h. mit den am Stichtag geltenden versicherungsmathematischen Bewertungsparametern. Die Pensionsrückstellung ist demzufolge in der Bilanz 31.12.06 mit 118 Mio. EUR auszuweisen.

In der GuV für 06 ist jedoch nur die planmäßige Entwicklung zu berücksichtigen, d. h. nur ein Aufwand von 12 Mio. EUR. Die Erhöhung der Rückstellung um weitere 6 Mio. EUR in Folge der geänderten versicherungsmathematischen Parameter ist außerhalb der GuV im sonstigen Ergebnis (*other comprehensive income*) darzustellen.

**C.2** Eine Rückstellung für Restrukturierung darf per 31.12.01 noch nicht angesetzt werden, da zum Bilanzstichtag weder mit der Umsetzung des Plans bereits begonnen wurde noch der Plan den Betroffenen (Arbeitnehmer bzw. deren Vertretung) bereits bekannt gemacht wurde (IAS 37.72(b)).

Nach IAS 10.22(e) ist aber im Anhang des Jahresabschlusses (in den *notes*) über die geplante Restrukturierung zu berichten.

# 8 Verbindlichkeiten

## 8.1 Ausweis

Für Verbindlichkeiten sieht IAS 1.54 mindestens den gesonderten Ausweis folgender Posten in der Bilanz selbst vor:

- Verbindlichkeiten aus Lieferungen und Leistungen und sonstige Verbindlichkeiten,
- (sonstige) finanzielle Verbindlichkeiten,
- Ertragsteuerschulden (*current taxes*).

Zusätzliche Posten sind auszuweisen, wenn sie notwendig sind, um die Vermögens- und Finanzlage des Unternehmens den tatsächlichen Verhältnissen entsprechend darzustellen (IAS 1.55). Diese Formulierung lässt viele Spielräume offen und führt zu einer uneinheitlichen Bilanzierungspraxis:

- Einige Unternehmen führen unter langfristigen Schulden neben langfristigen Rückstellungen langfristige Finanzverbindlichkeiten, latente Steuern und übrige langfristige Verbindlichkeiten auf, unter kurzfristigen Schulden neben kurzfristigen Rückstellungen kurzfristige Finanzschulden, Verbindlichkeiten aus Lieferungen und Leistungen, übrige kurzfristige Verbindlichkeiten und Steuern.
- Andere schlüsseln die lang- und kurzfristigen Schulden auf Bilanzebene selbst kaum auf und verlagern alle Angaben in den Anhang.

> **Tipp**
> Der Gliederungsvorschlag unter »Gliederung der Bilanz« (Kapitel 2.5.2) sorgt auf Bilanzebene für eine angemessene Transparenz. Die höher aggregierte Lösung führt nicht wirklich zu einem geringeren Aufstellungsaufwand, da ohnehin für den Anhang Aufgliederungen nach Arten und Fristigkeiten gefordert sind.

Zu beachten ist auf jeden Fall die Hauptgliederung der (Aktiv- und) Passivseite nach **Fristigkeit** (IAS 1.60). Aus ihr folgt auch, dass eine Verbindlichkeit ggf. auf beide Hauptpositionen aufzuteilen ist, wenn nämlich Teile in zwölf Monaten, andere Teile erst längerfristig fällig sind.

## 8.2 Bewertung

### 8.2.1 Zugangsbewertung

Bei der erstmaligen Erfassung einer finanziellen Verbindlichkeit (im Gegensatz zur Sachleistungsverbindlichkeit und zur Verbindlichkeit aus Steuern) ist diese gemäß

IFRS 9.5.1.1 **nominell** mit dem *fair value*, **faktisch** gemäß IFRS 9.B5.1.1 in der Regel mit den Anschaffungskosten (**Vereinnahmungsbetrag** bzw. *consideration received*) anzusetzen. Die Anschaffungskosten errechnen sich aus dem beizulegenden Zeitwert der erhaltenen Gegenleistungen unter Abzug von Emissionskosten. Da anders als in § 253 Abs. 1 Satz 2 HGB nicht auf den Erfüllungsbetrag, sondern auf den Vereinnahmungsbetrag abzustellen ist, kommt es bei Vereinbarung eines **Disagios** zu vom Handelsrecht abweichenden Wertansätzen.

> **!**
>
> **Beispiel**
>
> Die Penny AG erhält am 31.12.00 ein Darlehen von 100 Mio. EUR zu folgenden Konditionen ausgezahlt:
> - Disagio 10 %,
> - Zins (jährlich nachschüssig) 4,98 %,
> - Rückzahlung 31.12.04.
>
> Der Effektivzins beträgt 8 %. Der Vorstand möchte angesichts der Begehrlichkeit der Aktionäre einen möglichst niedrigen Jahresüberschuss ausweisen.
>
> In der Handelsbilanz zum 31.12.00 ist das Darlehen mit dem Rückzahlungsbetrag von 100 Mio. EUR auszuweisen. Das Disagio in Höhe von 10 Mio. EUR muss nicht als Rechnungsabgrenzungsposten aktiviert werden. Die sofortige Aufwandsverrechnung ist zulässig. Im **IFRS**-Abschluss ist die Verbindlichkeit mit ihren Anschaffungskosten anzusetzen. Sie ergeben sich aus dem **vereinnahmten Betrag** von 90 Mio. EUR.

## 8.2.2   Folgebewertung

### 8.2.2.1   Fortgeführte Anschaffungskosten

Zu den Folgestichtagen sind finanzielle Verbindlichkeiten gemäß IFRS 9.5.3.1 i. V. m. IFRS 9.4.2.1 in der Regel mit den fortgeführten (**amortisierten**) **Anschaffungskosten** zu bewerten. Die wichtigste Ausnahme betrifft Verbindlichkeiten aus derivativen Finanzinstrumenten; sie sind mit ihrem Zeitwert zu erfassen.

In dem Ausnahmefall gelten die Regelungen für aktive Finanzderivate analog und inklusive der besonderen Vorschriften für die Bilanzierung bei Sicherungsgeschäften. Insoweit wird auf Kapitel 4.5 verwiesen.

In den praktisch dominierenden Fällen bleibt es bei der Bilanzierung zu fortgeführten (amortisierten) Anschaffungskosten. Diese ergeben sich bei verzinslichen Schulden aus der Anwendung der **Effektivzinsmethode**.

> **!**
>
> **Beispiel**
>
> Die Penny AG erhält am 31.12.00 ein Darlehen von 100 Mio. EUR zu folgenden Konditionen ausgezahlt:

- Disagio 10 %,
- Zins (jährlich nachschüssig) 4,98 %,
- Rückzahlung 31.12.04.

Der Effektivzins beträgt 8 %. Bei Anschaffungskosten von 90 Mio. EUR ergeben sich die fortgeführten Anschaffungskosten wie folgt:

| | 00 | 01 | 02 | 03 | 04 |
|---|---|---|---|---|---|
| 1.1. | | 90,00 | 92,22 | 94,62 | 97,21 |
| Effektivverzinsung 8 % | | 7,20 | 7,38 | 7,57 | 7,77 |
| Zinszahlung | | −4,98 | −4,98 | −4,98 | −4,98 |
| 31.12. | 90,00 | 92,22 | 94,62 | 97,21 | 100,00 |

Seit 2005 erlaubte IAS 39, finanzielle Verbindlichkeiten wahlweise der erfolgswirksamen *fair-value*-Bewertung zu unterwerfen.

Ein Hauptnachteil dieser sog. *fair value option* soll an einem Beispiel verdeutlicht werden.

**Beispiel**

Unternehmen U rechnete nach internen Planungen kurz- bis mittelfristig mit einer Verschlechterung seiner Bonität. Es gelang ihm, einen größeren Finanzierungsbedarf noch durch Platzierung einer Festzins-Anleihe zu Konditionen erster Bonität zu decken. Die Verbindlichkeit aus der Anleihe wurde nach IAS 39 als Handelsverbindlichkeit gewillkürt. Einige Zeit nach der Anleihenplatzierung verschlechterte sich die Bonität von U. Neue Fremdmittel hätten nur mit einem erheblich höheren Zinssatz aufgenommen werden können. Das verschlechterte Rating senkte den Marktwert der Anleihe. U erzielte einen Gewinn aus der verschlechterten Bonität und buchte demzufolge: »per Verbindlichkeit an Ertrag (wegen gesunkener Bonität)«.

Derartige Fehlanreize sind ein gewichtiger Einwand gegen die *fair value option*. Ein weiterer Einwand betrifft die Übersichtlichkeit und Vergleichbarkeit von Abschlüssen. Sie leiden prinzipiell durch die Zulassung von Wahlrechten. Zweifel am Sinn der *fair value option* waren daher von vielen Seiten bereits in der Entwurfsphase vorgebracht, vom IASB aber zunächst ignoriert worden. Erst als sich die Europäische Zentralbank (EZB) und andere politisch gewichtige Instanzen gegen die Übernahme der *fair value option* in europäisches Recht aussprachen, hat der IASB zunächst für IAS 39 und später für IFRS 9 eine erneute Änderung beschlossen. Sie schränkt die Option erheblich ein. In der Praxis der Industrie- und Handelsunternehmen sind die restriktiven Voraussetzungen kaum je erfüllt, sodass die Option hier nicht von hoher Relevanz ist.

Eine Ausnahme stellen **strukturierte Verbindlichkeiten** dar, in die nicht als Eigenkapital zu qualifizierende Derivate eingebettet sind. Nach IFRS 9.4.3.5 kann hier durch Option zum *fair value* auf die separate Erfassung von Grundvertrag und eingebettetem Derivat verzichtet werden. Jedoch ist der auf **Bonitätsänderungen** zurückzuführende Teil der *fair-value*-Schwankungen außerhalb der GuV, nämlich als OCI (*other comprehensive income*) zu erfassen (IFRS 9.5.7.7). Anders als im vorgenannten Beispiel zu IAS 39 führt die Bonitätsverschlechterung also nach IFRS 9 nicht mehr zu einem GuV-Erfolg.

> **!**
>
> **Beispiel**
>
> Die X-AG begibt Anfang 01 an der Börse eine festverzinsliche Anleihe, deren Tilgungsbetrag von der Entwicklung des Goldpreises abhängt. Nach den Normalregeln von IFRS 9 wäre die Anleihe in einen Grundvertrag (festverzinsliche Anleihe mit fixem Tilgungsbetrag) und ein eingebettetes Derivat (Termingeschäft auf Gold) zu splitten.
> Durch Ausübung der *fair value option* kann dieser Trennungspflicht entgangen werden. Ein praktischer Vorteil erwächst hieraus dann, wenn der *fair value* des gesamten Instruments leicht feststellbar ist, etwa weil die Anleihe selbst an der Börse gehandelt wird. Bonitätsbedingte Wertänderungen, die darauf zurückzuführen sind, dass der Markt das Ausfallrisiko des Unternehmens anders einschätzt als bei Begebung der Anleihe bzw. als zum letzten Stichtag, sind aber als *other comprehensive income* außerhalb der GuV zu berücksichtigen.
>
> **Fortsetzung des Beispiels**
> Zwischen Anfang 01 und 31.12.01 sinkt der Goldpreis, erhöhen sich die marktüblichen Zinssätze und verschlechtert sich die Bonität der X-AG. Der Börsenkurs der Anleihe liegt daher am 31.12.01 weit unter dem Kurs bei Begebung. Die X-AG muss bei Bilanzierung zum *fair value* gemäß IFRS 9 wie folgt verfahren:
> * Rechnerische Bestimmung des Kurses, der sich bei Konstanz der Bonität aus der Veränderung der beiden anderen Variablen (Goldpreis und Marktzins) ergäbe; die Differenz zwischen dem so berechneten Kurs und dem Kurs bei Begebung der Anleihe ist GuV-wirksam.
> * Erfassung der noch darüber hinausgehenden bonitätsbedingten Wertänderung im *other comprehensive income*.

### 8.2.2.2   Fremdwährungsverbindlichkeiten sowie Anzahlungen in fremder Währung

**Monetäre Posten** in fremder Währung, d. h. sowohl monetäre Aktiva als auch Finanzverbindlichkeiten, sind nach IAS 21.23 bei der Folgebewertung zum Stichtagskurs anzusetzen. Umrechnungsdifferenzen werden sofort zu Aufwand oder Ertrag. Es gilt **kein Höchstwertprinzip**.

> **Beispiel** !
>
> Die Penny AG hat am 1.7.00 ein Darlehen von 10 Mio. USD mit zweijähriger Laufzeit aufgenommen. Der Wechselkurs beträgt 0,90 EUR/USD zum 1.7.00, 0,80 EUR/USD (alternativ 1 EUR/USD) zum 31.12.00 und 0,85 EUR/USD zum 31.12.01.
>
> Nach IFRS und HGB wird das Darlehen mit dem Kurs der Erstvalutierung, d. h. mit 9 Mio. EUR eingebucht.
>
> Bei der Folgebewertung ist nach § 256a HGB handelsrechtlich das Höchstwertprinzip so lange zu beachten, wie die Restlaufzeit mehr als ein Jahr beträgt. Eingetretene Kursänderungen sind daher zum 31.12.00 (Restlaufzeit 1,5 Jahre) nur insoweit zu berücksichtigen, als sie zu einem Ansatz über den Anschaffungskosten, d. h. zu Aufwand führen. Am 31.12.00 sind demnach im Grundfall nicht 8 Mio. EUR, sondern 9 Mio. EUR anzusetzen (im Alternativfall 10 Mio. EUR).
>
> Nach IFRS ist der **Stichtagskurs** auch dann anzusetzen, wenn er zu einem niedrigeren Wert führt. Zum 31.12.00 sind demzufolge im Grundfall 8 Mio. EUR anzusetzen (Ertrag 1 Mio. EUR) (im Alternativfall 10 Mio. EUR bzw. ein Aufwand von 1 Mio. EUR).
>
> Per 31.12.01 (Restlaufzeit 0,5 Jahre) ergibt sich nach HGB und IFRS gleichermaßen ein Wert von 8,5 Mio. EUR.

Verbindlichkeiten aus **erhaltenen Anzahlungen** gelten (ebenso wie Vermögenswerte aus geleisteten Anzahlungen) **nicht als monetäre Werte**. Sie werden daher nicht mit dem Bilanzstichtagskurs, sondern mit dem **historischen Kurs** bei Vereinnahmung der Anzahlung bilanziert. Kommt es zur Erfüllung der Sachleistung, für die die Anzahlung erbracht wurde, wird die gelieferte (oder bezogene) Sachleistung gemäß IFRIC 22 insoweit mit dem historischen Kurs des Anzahlungszeitpunkts umgerechnet. Bei 100 %iger Anzahlung bedeutet dies etwa:

- im Fall einer erhaltenen Anzahlung: Umsatzerlös nach Maßgabe des historischen Kurses,
- im Fall einer geleisteten Anzahlung für einen Vermögenswert: Anschaffungskosten nach Maßgabe des historischen Kurses.

## 8.3 *Notes*

Soweit nicht bereits auf Bilanzebene eine tiefere **Untergliederung** der Verbindlichkeiten vorgenommen wird, hat dies im Anhang zu geschehen. Ein festes Untergliederungsschema existiert hierfür nicht. Die Übernahme der handelsrechtlichen Untergliederung aus § 266 HGB stellt eine zulässige Möglichkeit dar.

Die wesentlichen Anhangvorschriften in Sachen Verbindlichkeiten ergeben sich aus IFRS 7. Neben allgemeinen Angaben zu Sicherungszusammenhängen sowie Bilanzierungs- und Bewertungsmethoden ist u. a. Folgendes gefordert:

- IFRS 7.39: Zur Darstellung des **Liquiditätsrisikos** Angaben zu den sich unter Berücksichtigung der Restlaufzeiten von Darlehen und der Zinszahlungen ergebenen Abflüssen.
- IFRS 7.40: Angaben zu **Zinsänderungsrisiken**.
- IFRS 7.14: Angaben zu für die Verbindlichkeiten **geleisteten Sicherheiten**.
- IFRS 7.25: Angaben zum beizulegenden Zeitwert (*fair value*) der Verbindlichkeiten, sofern der Buchwert den *fair value* nicht hinreichend **approximiert**.

Die Restlaufzeiten werden zweckmäßigerweise in einem Verbindlichkeitenspiegel dargestellt. Als *best practice* von Industrie- und Handelsunternehmen haben sich Schemata folgender Art herausgebildet:

| Restlaufzeit | bis zu 1 Jahr | | | 1 bis 2 Jahre | | | 3 bis 5 Jahre | | | über 5 Jahre | | | Summe | | |
|---|---|---|---|---|---|---|---|---|---|---|---|---|---|---|---|
| | Zins | | Tilg. | Zins | | Tilg. | Zins | | Tilg. | Zins | | Tilg. | Zins | | Tilg. |
| | fix | var. | | fix | var. | | fix | var. | | fix | var. | | fix | var. | |
| **Langfr. Verbindlichkeiten** | | | | | | | | | | | | | | | |
| Darlehen Banken | 16 | 15 | | 15 | 15 | 100 | 36 | 32 | 300 | 12 | 9 | 100 | 79 | 71 | 500 |
| Anleihen | 18 | | | 18 | | | 54 | | | 72 | | 300 | 162 | | 300 |
| Finanzierungsleasing | 14 | | | 15 | | 50 | 50 | | 170 | | | | 79 | | 220 |
| Übrige | 6 | | | 6 | | 100 | | | | | | | 12 | | 100 |
| **Kurzfr. Verbindlichkeiten** | | | | | | | | | | | | | | | |
| Kontokorrente Banken | | 16 | 200 | | | | | | | | | | | 216 | 200 |
| Darlehen Banken | | 3 | 50 | | | | | | | | | | | 3 | 50 |
| Finanzierungsleasing | 3 | | 50 | | | | | | | | | | 3 | | 50 |
| Lieferanten | | | 600 | | | | | | | | | | | | 600 |
| Übrige | | | 200 | | | | | | | | | | | | 200 |
| **Summe** | 57 | 34 | 1.100 | 54 | 15 | 250 | 140 | 32 | 470 | 84 | 09 | 400 | 335 | 290 | 2.220 |

Die Angabe von Zeitwerten ist im Allgemeinen bei Lieferantenverbindlichkeiten, denen normale Handelskreditbedingungen zugrunde liegen, sowie bei Kontokorrentverbindlichkeiten nicht notwendig, da der *fair value* hier im Wesentlichen dem Buchwert entspricht. Bei festverzinslichen langfristigen Verbindlichkeiten aus Darlehen, Anleihen usw. können sich Buch- und Marktwert jedoch in erheblichem Maße unterscheiden.

**Beispiel**  !

Die Penny AG hat in einer Hochzinsphase ein Darlehen von 1.000 EUR zu 10 % (jährlich nachschüssig) aufgenommen. Die Restlaufzeit per 31.12.00 beträgt vier Jahre. Das aktuelle Zinsniveau für vierjährige Darlehen beläuft sich auf 5 %. Die Abzinsung der zukünftigen Zins- und Tilgungszahlungen mit 5 % ergibt folgende Zeitwerte:

| | 00 | 01 | 02 | 03 | 04 |
|---|---|---|---|---|---|
| Buchwert 31.12. | 1.000,00 | 1.000,00 | 1.000,00 | 1.000,00 | 0 |
| Zeitwert 1.1. | | 1.177,30 | 1.136,17 | 1.092,97 | 1.047,62 |
| Marktverzinsung (5 % vom Marktwert) | | 58,87 | 56,80 | 54,65 | 52,38 |
| Zins + Tilgung | | −100,00 | −100,00 | −100,00 | −1.100,00 |
| Zeitwert 31.12. | 1.177,30 | 1.136,17 | 1.092,97 | 1.047,62 | 0 |

## 8.4   Zusammenfassung

Die Bilanzierung von Verbindlichkeiten nach IFRS weicht in der Praxis nur in wenigen Punkten vom Handelsrecht ab:

- Für die **Zugangsbewertung** ist nur der **vereinnahmte Betrag** maßgeblich. Weicht der vereinnahmte Betrag wegen eines Disagios vom Rückzahlungsbetrag ab, so ist nach HGB der Rückzahlungs- bzw. Erfüllungsbetrag auszuweisen. Die Differenz wird handelsrechtlich durch eine aktive Rechnungsabgrenzung aufgefangen (oder wahlweise sofort in den Aufwand gebucht). Nach IFRS 9 ist bei Darlehenszugang nur der vereinnahmte Betrag zu bilanzieren. Erst über die Laufzeit des Darlehens wird er durch Aufzinsung (Folgebewertung) schrittweise auf den Rückzahlungsbetrag erhöht.

- **Fremdwährungsverbindlichkeiten** sind nach IAS 21 auch dann mit dem **Stichtagskurs** umzurechnen, wenn dadurch die Anschaffungskosten unterschritten werden. Vorsichts- und Höchstwertprinzip spielen insofern keine Rolle. Für das Handelsrecht gilt dies nur bei einer Restlaufzeit von nicht mehr als einem Jahr. Sinkt etwa zwischen Zugangs- und Bilanzstichtag der Kurs des Dollars gegenüber dem Euro, so wird eine Dollarverbindlichkeit in der IFRS-Bilanz restlaufzeitunabhängig unter dem Zugangswert ausgewiesen. Nach HGB bleibt es bei einer Restlaufzeit von mehr als einem Jahr bei den ursprünglichen Anschaffungskosten, die nicht unterschritten werden dürfen.

- Für den Ausweis von Verbindlichkeiten in der IFRS-Bilanz gibt es nur wenige Vorschriften. Die **Untergliederung** des Postens kann im Wesentlichen in die *notes* verlagert werden. Hier sind zusätzlich **Laufzeit-, Risiko- und Zeitwertangaben** gefordert.

## 8.5 Fragen und Antworten

**Fragen**

**A.1** U hat am 31.12.01 ein Ratendarlehen über 500 TEUR aufgenommen. Je 100 TEUR sind zum Jahresende 02 bis 06 zu tilgen. Wie erfolgt der Ausweis des Darlehens bei einer Bilanzgliederung nach Fristigkeit?

**A.2** Wie unterscheidet sich die handelsrechtliche Bewertung von Verbindlichkeiten gegenüber der nach IFRS am Beispiel eines Darlehens, das mit 95 TEUR ausgezahlt, aber mit 100 TEUR (Nominal- bzw. Tilgungsbetrag) zurückzuzahlen ist?

**B.1** Welche finanziellen Verbindlichkeiten sind nicht zu fortgeführten Anschaffungskosten, sondern stets zum *fair value* zu bilanzieren?

**B.2** Welche Gemeinsamkeiten/Unterschiede zwischen HGB und IFRS gibt es bei Fremdwährungsdarlehen?

**C.1** U nimmt am 1.1.01 ein Darlehen mit zweijähriger Laufzeit auf, dessen Tilgungsbetrag von der Rohstoffpreisentwicklung abhängt. Er übt für das Darlehen die *fair-value*-Option aus. Nach den Preisverhältnissen vom 1.1.01 beträgt der Tilgungsbetrag 100. Das Darlehen wird mit bonitäts- und marktgerechten 10 % verzinst. Bis zum 31.12.01 treten zwei Änderungen auf:

1. Der Rohstoffpreis sinkt. Nach den Verhältnissen des Stichtags würde die Rückzahlung nicht 100, sondern nur 94 betragen. Berechnet mit 10 % ergäbe sich hieraus am Stichtag ein Barwert von 95.

2. Tatsächlich hat sich aber auch die Bonität der U verschlechtert. Nach den Stichtagsverhältnissen wäre ein Zins von 15 % angemessen. In der Kombination beider Effekte sinkt der *fair value* (= Barwert) des Darlehens von 100 auf 87,3. Wie ist die Wertänderung in Bilanz und GuV 01 zu behandeln?

**C.2** Die finanziellen Verbindlichkeiten der U bestehen im Wesentlichen aus Kreditoren, Kontokorrentkonten bei Banken und festverzinslichen Bankdarlehen. Wie ist mit der Anforderung, den *fair value* im Anhang offenzulegen (IFRS 7.25), umzugehen?

**Antworten**

**A.1** Bei einer Bilanzgliederung nach Fristigkeit ist das Darlehen in der Bilanz aufzusplitten. 100 TEUR (= nächste Rate) sind im kurzfristigen, 400 TEUR im langfristigen Bereich auszuweisen.

**A.2** Nach HGB sind Verbindlichkeiten mit dem Erfüllungsbetrag zu passivieren, im Beispiel also mit 100 TEUR. Da der Geldeingang tatsächlich nur 95 TEUR beträgt, entsteht eine buchhalterische Differenz von 5 TEUR. Dieses Disagio kann nach § 250 Abs. 3 HGB wahlweise sofort als (Zins-)Aufwand erfasst oder aktiv abgegrenzt und erst über die Darlehenslaufzeit aufwandswirksam aufgelöst werden. Nach IFRS ist der Vereinnahmungsbetrag, im Beispiel 95, zu passivieren. Im Zugangszeitpunkt entsteht also keine Differenz. Die 5 TEUR sind bis zum Tilgungstermin auf 100 TEUR aufzuzinsen.

**B.1** Verbindlichkeiten aus Finanzderivaten werden immer (auch bei *hedge accounting*) zum *fair value* angesetzt.

**B.2** **Identisch** ist die Behandlung kurzfristig (Restlaufzeit nicht mehr als ein Jahr) fälliger Fremdwährungsdarlehen. Sowohl nach HGB als auch nach IFRS erfolgt die Umrechnung zum Kurs des Bilanzstichtags.

Bei langfristigen Fremdwährungsdarlehen bestehen hingegen **Unterschiede**. Die Bewertung erfolgt nach HGB imparitätisch, bei steigendem Wert der ausländischen Währung also mit dem höheren Stichtagskurs (Höchstwertprinzip), bei sinkendem Wert hingegen mit den Anschaffungskosten (also dem Kurs bei Einbuchung des Darlehens). Nach IFRS werden demgegenüber auch langfristige Fremdwährungsdarlehen immer mit dem Stichtagskurs umgerechnet. Eine imparitätische Behandlung bzw. ein Höchstwertprinzip gibt es nicht.

**C.1** Da U die *fair-value*-Option ausgeübt hat, ist in der Bilanz der *fair value* der Verbindlichkeit zum Stichtag darzustellen. Anzusetzen sind also 87,3. Die Wertänderung um 12,7 entfällt jedoch nur mit einem Anteil von 5 auf den geänderten Rohstoffpreis, mit den verbleibenden 7,7 hingegen auf die Bonitätsverschlechterung. Nur der erste Effekt ist in der GuV zu erfassen, der zweite stellt hingegen erfolgsneutrales Ergebnis (*other comprehensive income*) dar.

**C.2** Die grundsätzlich gebotene Angabe des *fair value* (IFRS 7.25) ist nicht erforderlich, wenn der Buchwert der finanziellen Verbindlichkeiten und ihr *fair value* im Wesentlichen übereinstimmen (IFRS 7.29). Hiervon kann bei Kreditoren und Kontokorrenten regelmäßig ausgegangen werden. Angaben sind daher bei U höchstens zu den festverzinslichen Bankdarlehen notwendig, weil sich hier der *fair value* in Folge geänderter Marktzinsen und/oder geänderter Bonität von den fortgeführten Anschaffungskosten deutlich unterscheiden kann.

# 9 Tatsächliche und latente Steuern

## 9.1 Überblick und Vergleich zum Handelsrecht

IAS 12 regelt Ausweis, Ansatz und Bewertung von Steueransprüchen und Steuerschulden. Hierbei wird unterschieden zwischen

- **tatsächlichen** Steuererstattungsansprüchen und -schulden aus der Differenz von vorausgezahlter und veranlagter Steuer (*current taxes*) und
- **latenten** Ansprüchen und Schulden aus steuerlichen Verlustvorträgen oder temporären Bewertungsunterschieden zwischen IFRS-Bilanz und Steuerbilanz (*deferred taxes*).

In der Behandlung der tatsächlichen Steuern besteht weitgehende Übereinstimmung zum HGB. Bei den latenten Steuern gilt dies seit Änderung des HGB durch das BilMoG für die konzeptionelle Basis:

- Das sog. *timing*-Konzept des alten Handelsrechts begründete Latenzen über die GuV, indem es danach fragte, ob Ergebnisse steuerbilanziell in einer anderen Periode anfielen als handelsbilanziell (unterschiedliches *timing* von Ergebnissen).
- Das *temporary*-Konzept von IAS 12 und § 274 HGB ist hingegen **streng bilanzorientiert**. Es fragt danach, ob zeitlich befristete Ansatz- und Bewertungsunterschiede (sog. *temporary differences)* zwischen Steuer- und IFRS- bzw. HGB-Bilanz bestehen, deren Auflösung später zu Steuermehr- oder -minderbelastungen führen wird. Im Mittelpunkt steht nicht die zutreffende Periodisierung von Steueraufwand, sondern der richtige Ausweis des Nettovermögens unter Beachtung potenzieller Steuerlasten und Steuererstattungen.

Vor diesem konzeptionellen Hintergrund ergeben sich gleichwohl Unterschiede in der praktischen Bedeutung der latenten Steuern. In der deutschen Rechnungslegung ist diese geringer als in der internationalen:

- Außerhalb des Sonderproblems der Aufdeckung stiller Reserven bei der Erstkonsolidierung begründet die Mehrzahl temporärer Differenzen eine aktive Latenz, sei es, weil Drohverlustrückstellungen steuerlich nicht anerkannt werden (§ 5 Abs. 4a EStG) oder außerplanmäßige Abschreibungen in § 6 EStG steuerlich restriktiver geregelt sind als handelsbilanziell. Ein derartiger Überhang latenter Steuern ist nach § 274 HGB jedoch nur aktivierungsfähig, nicht aktivierungspflichtig.
- Die handelsrechtliche Praxis verzichtete regelmäßig auf eine Aktivierung, sodass als Faustregel galt und gilt: beinahe keine handelsrechtliche (Einzel-)Bilanz enthält latente Steuern.

In der internationalen Rechnungslegung hatten latente Steuern immer einen höheren Stellenwert.

- Dies liegt zum einen an der immer schon gegebenen Unabhängigkeit der IFRS-Abschlüsse von steuerrechtlichen Überlegungen.
- Zum anderen besteht im Gegensatz zum Handelsrecht eine generelle Ansatzpflicht für latente Steuern.
- Als Faustregel galt und gilt daher: beinahe keine IFRS-Bilanz ohne latente Steuern.

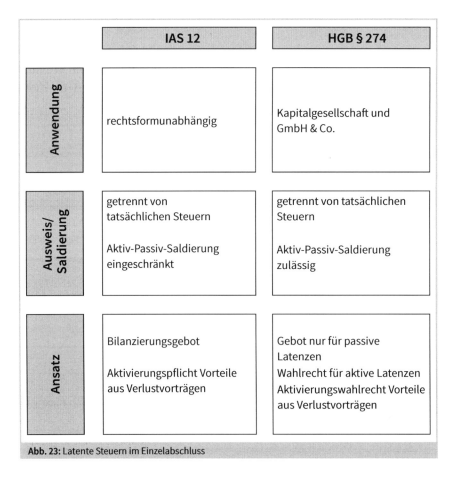

**Abb. 23:** Latente Steuern im Einzelabschluss

Etwas vereinfacht lässt sich für den Einzelabschluss sagen, dass IFRS und HGB nur hinsichtlich der Bewertung latenter Steuern übereinstimmen. Dagegen bestehen wesentliche Unterschiede in Anwenderkreis, Ausweis und Ansatz:
- Während die handelsrechtlichen Vorschriften über latente Steuern nur für Kapitalgesellschaften (und GmbH & Co.) gelten, sind die IFRS-Vorschriften **rechtsformunabhängig**.
- Die **Saldierung** aktiver und passiver latenter Steuern ist nach Handelsrecht allgemein zulässig, hingegen nach IFRS an **restriktive** Bedingungen geknüpft.

- Während das Handelsrecht nur den Ansatz passiver latenter Steuern vorschreibt, es dagegen bei **aktiven latenten Steuern**, die nicht konsolidierungsbedingt sind, bei einem Ansatzwahlrecht belässt, sehen die IFRS in beiden Fällen ein **Ansatzgebot** vor.
- Die zukünftigen Steuervorteile aus **Verlustvorträgen** sind nur nach IFRS bilanzierungspflichtig, nach Handelsrecht besteht ein Aktivierungswahlrecht.

---

**Tipp**

Latente Steuern stellen in der Praxis (neben Finanzinstrumenten) eine Hauptschwierigkeit der Umstellung von IFRS nach HGB dar. Ein Grund liegt darin, dass mit der Steuerbilanz ein drittes Rechenwerk zu berücksichtigen ist. Ein zweiter Grund ist die notwendige »Verfolgung« des Postens über mehrere Perioden. Drittens fehlt wegen der geringeren Bedeutung von Latenzen für die Handelsbilanz die Übung. Häufig wird deshalb bei der Erstaufbereitung (IFRS-Eröffnungsbilanz) externer Sachverstand (WP/StB) hinzugezogen, auch um organisatorische Vorkehrungen für die Folgezeit zu treffen, damit z. B. im Konzern die steuerlichen Verhältnisse aller konsolidierten Unternehmen zutreffend berücksichtigt werden.

---

## 9.2 Zweck latenter Steuern nach dem *temporary*-Konzept

Die IFRS-Bilanzierung latenter Steuern dient vornehmlich dem **zutreffenden Vermögensausweis**. Die richtige Periodisierung des Steueraufwands ist ein zumeist, aber nicht immer verwirklichter Nebenzweck.

---

**Beispiel**

Die vorausgezahlten Ertragsteuern der Tax Base GmbH entsprechen der veranlagten Steuer. Zwischen der IFRS-Bilanz und der Steuerbilanz besteht jedoch folgender Unterschied: aufgrund von Sonderabschreibungen in der Vergangenheit hat ein Gebäude in der Steuerbilanz einen Wert von 500 TEUR und in der IFRS-Bilanz einen Wert von 900 TEUR.
Der Ertragsteuersatz beträgt 40 %.
Die IFRS-Bilanz weist eine **latente Steuerschuld** von 160 TEUR (40 % von 400 TEUR) aus. Dies ist der Betrag, den die GmbH in zukünftigen Perioden **auf** die **Wertdifferenz** zahlen muss, weil die zukünftigen steuerlichen Abschreibungen hinter der IFRS-Abschreibung zurückbleiben und/oder der zukünftige steuerliche Veräußerungsgewinn höher ausfällt als der nach IFRS.
Auf den Punkt gebracht: würde das Gebäude morgen für 900 TEUR verkauft, ergäbe sich ein Abgangserfolg von 0 in der IFRS-Bilanz, aber dennoch eine Steuerzahlung von 160 TEUR. Diese »schwebende« Steuerlast legt der IFRS-Buchwert nicht offen. Um gleichwohl zu einem zutreffenden Vermögensausweis zu gelangen, die Netto-Vermögensposition nicht zu günstig zu beurteilen, muss die Steuerlast daher in anderer Weise, nämlich als separater Passivposten in Abzug gebracht werden.

---

Relevant für den Vermögensausweis sind nur solche bilanziellen Differenzen, die **befristeten Charakter** haben (*temporary differences*), d. h. sich spätestens bei Abgang des Bilanzpostens steuerlich auswirken. Sog. permanente Differenzen, die z. B. bei steuerfrei veräußerbaren Beteiligungen bestehen, lösen hingegen auch bei ihrem Abgang keine Steuerbe- oder -entlastungen aus und führen daher nicht zu latenten Steuern. Der Unterschied zwischen beiden Fällen ist in Abb. 24 bis Abb. 26 dargestellt.

Abb. 24 unterstellt eine steuerfreie Beteiligung mit einem IFRS-Buchwert von 10 und einem Steuerbuchwert von 5. Wegen der angenommenen Steuerfreiheit handelt es sich um eine permanente Differenz. Der Buchwertunterschied ist irrelevant. Wird die Beteiligung in Geld »getauscht«, entstehen keine Steuern. Der Vorgang ist – wie bei einem Aktivtausch buchhalterisch zu erwarten – vermögenswahrend.

Abb. 25 unterstellt bei im Übrigen gleichen Wertdifferenzen die Veräußerung einer Immobilie zum IFRS-Buchwert von 10. Der Aktivtausch wäre (bei falscher, weil Latenzen unterdrückender Ausgangsbilanz) nicht vermögenswahrend. Das Vermögen (Eigenkapital) würde sich durch die Veräußerung verringern. Ursächlich ist der niedrigere Steuerbuchwert (5). Steuerbilanziell liegt gerade kein reiner Aktivtausch vor, da dem angenommenen Erlös von 10 steuerbilanziell nur ein Buchwertabgang von 5 gegenübersteht. Auf die Differenz von 5 fallen bei einem Steuersatz von 40 % Steuerschulden von 2 an.

Diese Steuer ist in Abb. 26 bereits vor dem Aktivtausch berücksichtigt. Der angenommene Aktivtausch führt nunmehr sachgerecht zu keiner Veränderung des Vermögens. Auf der Aktivseite tritt Geld an die Stelle der Immobilien, auf der Passivseite eine tatsächliche Steuerschuld an die Stelle der latenten Schuld. Das Eigenkapital bleibt richtigerweise unverändert.

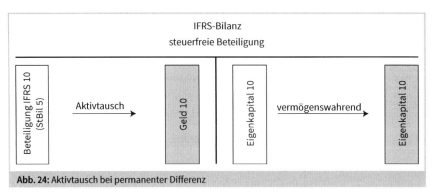

**Abb. 24:** Aktivtausch bei permanenter Differenz

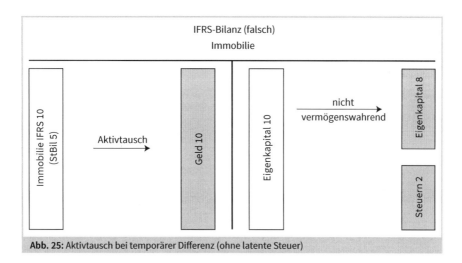

**Abb. 25:** Aktivtausch bei temporärer Differenz (ohne latente Steuer)

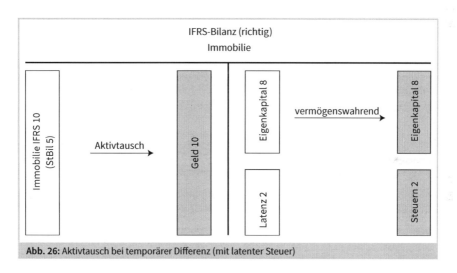

**Abb. 26:** Aktivtausch bei temporärer Differenz (mit latenter Steuer)

Erst die Berücksichtigung latenter Steuern nach IAS 12 ermöglicht bilanziell die zutreffende Darstellung der Vermögenslage durch Passivierung zukünftiger Steuerbelastungen und Aktivierung zukünftiger Steuerentlastungen. **Daneben** dient sie in der Regel der **zutreffenden Periodisierung** des Steueraufwands. Der Ansatz latenter Steuern soll insofern ein Periodisierungsproblem lösen, das durch die Diskrepanz zwischen Steuerbilanz und IFRS-Bilanz ausgelöst wird.

**Beispiel**

Ein genau am Bilanzstichtag fertiggestelltes Gebäude wird in der Steuerbilanz degressiv mit 10 % abgeschrieben, in der IFRS-Bilanz nur mit 1/360 von 2 %, also praktisch mit 0. Es entstehen folgende **Differenzen**:

Der Gebäudewert in der IFRS-**Bilanz** liegt über dem Ansatz der Steuerbilanz.

Die IFRS-Abschreibung des aktuellen Jahres ist niedriger als die steuerliche Abschreibung.

Das IFRS-**Ergebnis vor Steuern** des aktuellen Jahres liegt somit über dem Steuerbilanz-Ergebnis vor Steuern.

Aus den Differenzen ergibt sich folgendes **Problem**:

Die **Steuerquote**, d. h. das prozentuale Verhältnis von Steueraufwand zum Ergebnis vor Steuern, ist in der IFRS-Bilanz zunächst zu niedrig. Das IFRS-Ergebnis vor Steuern ist praktisch nicht mit Abschreibungen belastet, der tatsächliche Steueraufwand aber voll durch die degressive Abschreibung gemindert. Der Steueraufwand ist deshalb im Verhältnis zum IFRS-Ergebnis vor Steuern zu gering.

Im Gegenzug werden die Abschreibungen **späterer Jahre** in der IFRS-Bilanz höher und die Vor-Steuer-Ergebnisse der IFRS-GuV späterer Jahre zunächst niedriger ausfallen als in der entsprechenden Steuerbilanz. Damit entsteht in den späteren Jahren ein umgekehrtes Steuerquoten-Problem: das IFRS-Ergebnis späterer Jahre wird mit Abschreibungen belastet sein, die z. T. über die steuerliche Abschreibung hinausgehen. Der Steueraufwand späterer Jahre wird demzufolge im Verhältnis zum Ergebnis vor Steuern zu hoch ausfallen.

Die aktuelle und die spätere Verzerrung der Steuerquote werden vermieden und der Steueraufwand wird richtig periodisiert, wenn nach folgender **Lösung** verfahren wird:

- Das aktuelle Jahr wird in der IFRS-Rechnung mit einer Buchung »Steueraufwand an Passive latente Steuern« belastet.
- Die späteren Jahre werden durch die Buchung »Passive latente Steuern an Steueraufwand« entlastet.

Das bilanzorientierte *temporary*-Konzept von IAS 12 und das GuV-orientierte *timing*-Konzept des früheren HGB divergieren dann, wenn – wie z. B. bei einer Neubewertung von Sachanlagen – Bewertungs- und Ansatzunterschiede nicht über die GuV, sondern erfolgsneutral entstehen. Das IFRS-Konzept greift insofern weiter, als jede erfolgswirksam entstehende Differenz auch zu einer bilanziellen Differenz führt, aber nicht jede bilanzielle Differenz einen Unterschied zwischen steuerrechtlicher und IFRS-GuV voraussetzt. Das bilanzorientierte *temporary*-Konzept schließt, wie in Abb. 27 dargestellt, das GuV-orientierte *timing*-Konzept ein.

Im oben genannten Beispiel liegt der **Wert eines Aktivpostens** (Gebäude) in der IFRS-Bilanz **über dem steuerlichen Wert**. Der richtige Ausweis zukünftiger Steuerlasten (in der Regel auch die richtige Steuerperiodisierung) gelingt in diesem Fall durch Bildung eines Postens für **passive latente Steuern**.

Umgekehrt entsteht eine **aktive Steuerlatenz**, wenn der **Wert eines Passivpostens** in der IFRS-Bilanz **über dem steuerlichen Wert** liegt.

**Abb. 27:** *temporary*-Konzept und *timing*-Konzept

**Beispiel**                                                                                          !

Die Erdöl-GmbH hat Anfang 01 einen Anfang 02 zu erfüllenden Liefervertrag über 2 Mio. Liter für 6 Mio. EUR abgeschlossen.

Aufgrund gestiegener Preise droht per 31.12.01 ein Verlust von 4 Mio. EUR, der in der Steuerbilanz wegen des Verbots von Drohverlustrückstellungen nicht angesetzt werden darf.

Das IFRS-Ergebnis vor Steuern und vor Berücksichtigung des oben genannten Vorgangs beträgt in 01 8 Mio. EUR und in 02 4 Mio. EUR. Der Steuersatz ist 40 %.

Die tatsächliche Steuer beläuft sich

- in 01 auf 3,2 Mio. EUR (40 % von 8 Mio. EUR minus 0) und
- in 02 auf 0 EUR (40 % von 4 Mio. EUR minus 4 Mio. EUR).

In der IFRS-Bilanz ist der Drohverlust von 4 Mio. EUR bereits in 01 zu berücksichtigen. Das **IFRS-Ergebnis** vor Steuern beträgt demzufolge

- in 01 4 Mio. EUR (8 Mio. EUR minus 4 Mio. EUR) und
- in 02 ebenfalls 4 Mio. EUR (4 Mio. EUR minus 0).

Ohne Bildung eines Postens für aktive latente Steuern würde nicht nur das Vermögen zu niedrig ausgewiesen, weil die potenzielle Steuererstattung unberücksichtigt bliebe. Auch die **Steuerquote** der IFRS-Bilanz (Steuern/Ergebnis vor Steuern) wäre falsch. Sie würde

- in 01 80 % (3,2 Mio. EUR/4 Mio. EUR) betragen und
- in 02 0 %.

Zu sinnvolleren Ergebnissen (einem Steueraufwand von jeweils 40 % bzw. 1,6 Mio. EUR) führen folgende Buchungen:

**Buchungen 01:**

| Konto | Soll | Haben |
|---|---|---|
| Steueraufwand (GuV) | 3,2 Mio. | |
| Steuerschuld | | 3,2 Mio. |
| Aktive Steuerabgrenzung (Bilanz) | 1,6 Mio. | |
| Steueraufwand (Minderung) | | 1,6 Mio. |

**Buchungen 02:**

| Konto | Soll | Haben |
|---|---|---|
| Steueraufwand | 1,6 Mio. | |
| Aktive Steuerabgrenzung | | 1,6 Mio. |

Spiegelbildlich zum zuerst behandelten Fall entsteht aus einer Differenz in den Aktivposten eine aktive Latenz, wenn der IFRS-Buchwert unter dem steuerlichen Buchwert liegt. Ein Beispiel wäre eine außerplanmäßige Abschreibung auf Vorratsvermögen, die steuerlich nicht als Teilwertabschreibung anerkannt würde.

Zu einer passiven Steuerlatenz kommt es hingegen dann, wenn ein Passivposten in der IFRS-Bilanz mit einem niedrigeren Wert angesetzt ist als in der Steuerbilanz. Ein Beispiel wäre eine Fremdwährungsverbindlichkeit, die wegen günstiger Wechselkursentwicklung nur in der IFRS-Bilanz unter Anschaffungskosten ausgewiesen würde.

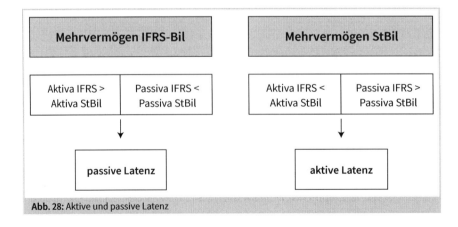

**Abb. 28:** Aktive und passive Latenz

## 9.3 Ausweis

Für die bilanzielle Darstellung der Steueransprüche und Steuerschulden sehen die IFRS Folgendes vor:

- **Tatsächliche** Steueransprüche und Steuerschulden sind als kurzfristige Vermögenswerte bzw. Schulden separat darzustellen (IAS 1.54).
- **Latente** Steueransprüche und Schulden sind von tatsächlichen Steueransprüchen und Schulden zu unterscheiden (IAS 12.68).
- **Latente** Steueransprüche und Steuerschulden dürfen nicht als kurzfristige Vermögenswerte oder Schulden ausgewiesen werden (IAS 1.56). In einer nach Fristigkeit gegliederten Bilanz zählen sie daher zu den **langfristigen Vermögenswerten bzw. Schulden**.
- **Tatsächliche** Steueransprüche und tatsächliche Steuerschulden sind zu **saldieren**, wenn sie aufrechenbar sind und eine Aufrechnung oder zeitgleiche Erledigung beabsichtigt ist (IAS 12.71).
- **Latente** Steueransprüche und Schulden sind zu **saldieren**, wenn die tatsächlichen Steuern aufrechenbar sind, diese gegenüber der gleichen Steuerbehörde bestehen und das gleiche Steuersubjekt betreffen (IAS 12.74).

Saldierungen sind jeweils nur innerhalb der tatsächlichen Steuern oder innerhalb der latenten Steuern vorzunehmen, nicht hingegen zwischen tatsächlichen Steuern und latenten Steuern. Bedingung für die Saldierung ist im Fall der latenten Steuern, dass die Ansprüche gegenüber der gleichen Steuerbehörde bestehen und das gleiche Steuersubjekt betreffen. Im Konzern ist daher eine Aufteilung der latenten Steuern nach den Gesellschaften (Steuersubjekten) erforderlich, um für die nach Gesellschaften separierten aktiven und passiven Latenzen jeweils eine Saldierung vorzunehmen. Für die Saldierung tatsächlicher Steuern ist die Aufrechnungsmöglichkeit gefordert, die gemäß § 226 AO i.V.m. § 395 BGB in der Regel ebenfalls voraussetzt, dass die gleiche Steuerbehörde die Verwaltungshoheit über die Steuern hat (sog. Kassenidentität). Zusätzlich fordert IAS 12.71 für tatsächliche Steuern, dass entweder der Ausgleich auf Nettobasis (Aufrechnung) beabsichtigt ist oder die Absicht besteht, gleichzeitig mit der Realisierung des betreffenden Vermögenswerts die dazugehörige Schuld abzulösen. Diese Zusatzbedingung wird in der Praxis nicht durchgängig beachtet.

**Beispiel** !

Die Tax Base GmbH hat per 31.12.01
- eine Forderung aus Körperschaftsteuerüberzahlung 00 von 100 TEUR und
- eine Schuld aus Körperschaftsteuer 01 von 150 TEUR.
- Daneben besteht eine Gewerbesteuerschuld aus 01 von 25 TEUR.

Der Körperschaftsteuererstattungsanspruch 00 und die Körperschaftsteuerschuld 01 sind aufrechenbar. Soweit jedoch eine **Aufrechnung nicht beabsichtigt** ist und auch nicht die Absicht besteht, bei Eingang der Überzahlung 00 eine Abschlagszahlung auf die Körperschaftsteuer 01 zu leisten, wäre die Saldierung unzulässig.

Eine Saldierung zwischen Körperschaftsteuer und Gewerbesteuer kommt ohnehin nicht infrage, da es an der Kassenidentität und damit an der **Aufrechnungsmöglichkeit** fehlt. Ein tatsächlicher Steueranspruch von 100 TEUR ist auf der Aktivseite im Umlaufvermögen auszuweisen, und zwar als gesonderter Posten. Eine tatsächliche Steuerschuld von 175 TEUR ist auf der Passivseite gesondert in den kurzfristigen Schulden darzustellen.

## 9.4   Ansatz

IAS 12 folgt dem Konzept der *temporary differences*. Zu latenten Steuern führen danach alle Wertunterschiede zwischen IFRS-Bilanz und Steuerbilanz, die sich im Zeitablauf steuerwirksam auflösen, unabhängig davon, wie diese Differenzen entstanden sind.

**!**

**Beispiel**

Die Tax Base GmbH hat zum 31.12.00 ihre unbebauten Grundstücke (Buchwert 10 Mio. EUR) von einem Sachverständigen neu auf 20 Mio. EUR taxieren lassen und übernimmt diese neue Bewertung gemäß der Alternativmethode aus IAS 16.31 ff. in die Bilanz. Außerdem hat die GmbH Ende Juni 00 einen Mainframe-Computer für 1 Mio. EUR erworben; in der Steuerbilanz wird er degressiv mit 0,3 Mio. EUR abgeschrieben, in der IFRS-Bilanz linear pro rata temporis mit 0,1 Mio. EUR. Der Steuersatz beträgt 30 %.

Im Fall des Computers liegt ein Ergebnisunterschied vor, der sich in der Zukunft umkehrt, somit eine *timing difference,* zugleich aber auch eine *temporary difference*. Der Bewertungsunterschied führt zu latenten Steuern.

Die Neubewertung der Grundstücke vollzieht sich hingegen nicht über die GuV. Es liegt nur eine *temporary difference* vor. Auch diese ist in 00 latenzierungspflichtig.

Zwischen dem IFRS-Ansatz und dem Steuerbilanzansatz ergibt sich insgesamt eine Differenz von 10,2 Mio. EUR. Die latente Steuerschuld beträgt 30 % hiervon, somit 3,06 Mio. EUR. Davon werden 0,06 Mio. EUR über die GuV, d. h. aufwandswirksam, eingebucht. 3 Mio. EUR werden wie die Neubewertung selbst gegen Eigenkapital eingebucht. Die Neubewertungsrücklage beträgt damit nicht 10 Mio. EUR, sondern 7 Mio. EUR.

Von der Regel, dass es nach IFRS auf den Entstehungsgrund der bilanziellen Differenzen nicht ankommt, besteht eine wesentliche Ausnahme: **temporäre Differenzen**, die erfolgsneutral bereits bei der **Zugangsbewertung** entstehen, werden nur berücksichtigt, soweit der Zugang durch einen Unternehmenszusammenschluss (*business combination*) erfolgt. Bei einfachen Zugängen ist hingegen keine Steuerlatenz zu bilden. Ein Grund ist, dass sich sonst der Zugangsbetrag selbst verändern würde.

**Beispiel** !

Gesellschafter A tätigt aus einem anderen Betriebsvermögen eine Einlage in seine Gesellschaft. Der Zeitwert des Einlagegegenstands beträgt geschätzte 200 +/– 25 (Schätzintervall), der bisherige Steuerbuchwert 100. Aufgrund steuerlicher Sondervorschriften wird die Einlage steuerbilanziell zum Buchwert von 100 vorgenommen, während in der IFRS-Bilanz ein Wert von 175 angesetzt werden soll, um das Eigenkapital in entsprechender Höhe zu stärken.

- Würde man die Differenz von 75 mit einer passiven latenten Steuer von 30 (= 40 % von 75) belegen, müsste der Zugangswert auf 205 (= 175 + 30) erhöht werden, um so die gewünschte Kapitalzuführung von 175 zu bewirken.
- Damit wäre aber die Differenz zur Steuerbilanz auf 105 gestiegen. Die latente Steuer wäre also im zweiten Schritt mit 42 (= 40 % von 105) anzusetzen. Dies würde wiederum den Zugangswert auf 217 (= 175 + 42) erhöhen.
- Bei unendlicher Wiederholung dieser Berechnungen ergäbe sich schließlich für die gewünschte Kapitalzuführung (Nettoeinlage) von 175 ein Bruttoeinlagebedarf von 225. Die darauf entfallende latente Steuer wäre 50 (= 40 % von 125), die Nettoeinlage wie geplant 175.

Die Sonderregelungen für erfolgsneutral entstehende Zugangsdifferenzen erübrigen solche Berechnungen.

Latente Steueransprüche sind nach IAS 12.34 auch für den Vortrag noch nicht genutzter **steuerlicher Verluste** zu bilanzieren. Vorausgesetzt wird die Wahrscheinlichkeit, dass zukünftig hinreichend positives steuerliches Einkommen zur Verfügung stehen wird, gegen das die Verlustvorträge verwendet werden können.

**Beispiel** !

Die Tax Base GmbH hat in ihrem Gründungsjahr einen geplanten Verlust von 10 Mio. EUR. Im aktuellen Jahr wurden davon 5 Mio. EUR verbraucht. Der verbleibende **Verlustvortrag** wird voraussichtlich im nächsten, spätestens im übernächsten Jahr aufgezehrt worden sein. Bei einem Steuersatz von 30 % waren im Gründungsjahr 3 Mio. EUR und im aktuellen Jahr noch 1,5 Mio. EUR als latente Steuern zu aktivieren. Die Bildung und Auflösung des Postens erfolgt GuV-wirksam.

Latente Steuern haben für die Handelsbilanz eine kleinere Bedeutung als für die IFRS-Bilanz. Soweit überhaupt Unterschiede zwischen Handels- und Steuerbilanz bestehen, etwa aus dem steuerlichen Verbot der Passivierung von Drohverlustrückstellungen, weist die Handelsbilanz regelmäßig höhere Schulden (oder niedrigere Vermögenswerte) als die Steuerbilanz aus. Die latente Steuer ist in diesen Fällen aktivisch. Sie braucht deshalb handelsrechtlich nicht angesetzt zu werden, da § 274 HGB für aktive latente Steuern lediglich ein Aktivierungswahlrecht vorsieht. IAS 12 sieht demgegenüber ein Aktivierungsgebot vor und führt auch in diesen Fällen zu latenten Steuern.

> **!**
>
> **Beispiel**
>
> Die Ironman Business Builder AG hat eine Wettkampfstätte für 100 Mio. EUR errichtet und an einen Fonds veräußert. Gleichzeitig hat sie sich für zehn Jahre als Generalmieter vertraglich verpflichtet. Aus der Anmietung droht ein Verlust von 40 Mio. EUR.
>
> Die Drohverlustrückstellung ist in der Steuerbilanz nicht rückstellungsfähig. Die *temporary difference* von 40 Mio. EUR führt bei einem 30-prozentigen Steuersatz zu einer aktiven latenten Steuer von 12 Mio. EUR. Für die Handelsbilanz besteht jedoch nur ein Aktivierungswahlrecht, das zudem mit einer Ausschüttungssperre verbunden ist. In der IFRS-Bilanz ist hingegen zwingend ein Ansatz der aktiven latenten Steuern geboten.

## 9.5   Bewertung

Die Höhe der latenten Steueransprüche oder Steuerschulden ergibt sich aus der Multiplikation der Bewertungsunterschiede mit dem **Steuersatz**. Da latente Steuern zukunftsgerichtet sind, wäre es folgerichtig, die erwarteten zukünftigen Steuersätze zu verwenden. Im Interesse der Zuverlässigkeit (*reliability*) lässt IAS 12.47 jedoch nur die Anwendung der zum Bilanzstichtag gültigen oder mit Rechtswirkung bereits angekündigten Steuersätze zu. Eine **Abzinsung** ist auch bei langfristigen Latenzen (z. B. aus Grund und Boden) gemäß IAS 12.53 nicht vorzunehmen.

Latente Steuern sind nach IAS 12 auf temporäre Differenzen zu bilden. Da jede *timing difference* (Periodisierungsunterschiede) auch *temporary difference* ist, aber nicht jede *temporary difference* auf *timing* zurückzuführen ist (z. B. Neubewertungsfälle), kommt es auf die Entstehungsursache der temporären Differenzen nicht an. Für die Ermittlung der Bilanzposten kann die GuV insofern ignoriert werden. Arbeitstechnisch ist deshalb wie folgt vorzugehen:

| | |
|---|---|
| | Differenzen zwischen IFRS-Bilanz und Steuerbilanz per 31.12. |
| × | Steuersatz |
| = | Steuerlatenz 31.12. |
| – | Steuerlatenz 1.1. |
| = | Steuerlatenz der Periode (aufzuteilen in GuV-wirksamen und erfolgsneutralen Teil) |

Für die Berechnung und Aufbereitung der latenten Steuern bietet sich (unter Einbeziehung von Steuersatzänderungen) folgendes Schema an. Es ist streng bilanzorientiert.

| | 00 | | | | 01 | | | |
|---|---|---|---|---|---|---|---|---|
| | IFRS | StB | Pos. Diff. | Neg. Diff. | IFRS | StB | Pos. Diff. | Neg. Diff. |
| *goodwill* (soweit Diff. wegen steuerl. Abschr.) | | | | | | | | |
| Sonstiges immaterielles AV | | | | | | | | |
| Grund und Boden | | | | | | | | |
| Gebäude | | | | | | | | |
| Maschinen | | | | | | | | |
| Sonstige Sachanlagen | | | | | | | | |
| Wertpapiere | | | | | | | | |
| Sonstiges Finanzvermögen | | | | | | | | |
| Teilgewinn langfristige Auftragsfertigung | | | | | | | | |
| Pensionsrückstellung | | | | | | | | |
| Drohverlustrückstellung | | | | | | | | |
| Sonstige Rückstellungen | | | | | | | | |
| **Saldo** | | | b1 … | b2 … | | | a1 … | a2 … |
| X Steuersatz | | | X % | X % | | | Y % | Y % |
| = Passive/aktive latente Steuern (ohne Verlustvortrag) | | | … | … | | | … | … |
| – Vorjahr | | | | | | | … | … |
| **= Veränderung** | | | | | | | … | … |
| **– Davon erfolgsneutral** | | | | | | | … | … |
| **= Ertrag/Aufwand** | | | | | | | c1 … | c2 … |
| Aufschlüsselung Veränderung | | | | | | | | |
| Wegen Umkehrung Diff. | + X % von (a – b) | | | | | | | |
| Wegen Steuersatz | (Y % – X %) von a | | | | | | | |
| **= Veränderung Steuerlatenz (wie oben)** | c … | | | | | | | |

**Tab. 13:** Steuerlatenzen

**!**

**Beispiel**

Der Ertragsteuersatz der Tax Base GmbH beträgt in 01 60 %. Zum Jahresende 01 ist es wahrscheinlich, dass er mit Wirkung ab 03 auf 40 % sinkt. Im Verlauf des Jahres 02 wird ein entsprechendes Gesetz beschlossen. Unter Berücksichtigung der nachfolgenden Differenzen zwischen Steuer- und IFRS-Bilanz und der Steuersatzänderungen ergeben sich die latenten Steuern zu den Stichtagen 01 und 02 wie folgt (aktive und passive Latenz vereinfacht saldiert):

| | 01 | | | 02 | | |
|---|---|---|---|---|---|---|
| | IFRS | StB | Diff. | IFRS | StB | Diff. |
| Grund und Boden | 20,0 | 10,0 | 10,0 | 20,0 | 10,0 | 10,0 |
| Maschinen | 0,5 | 0,7 | −0,2 | 0,4 | 0,5 | −0,1 |
| Teilgewinn langfristige Auftragsfertigung | 4,2 | 0 | 4,2 | 2,1 | 0 | 2,1 |
| Drohverlustrückstellung | −4,0 | 0 | −4,0 | −3,0 | 0 | −3,0 |
| **Saldo** | **20,7** | **10,7** | **10,0** | **19,5** | **10,5** | **9,0** |
| × Steuersatz % | | | 60 | | | 40 |
| = Passive latente Steuern | | | 6,0 | | | 3,6 |
| Vorjahr | | | | | | 6,0 |
| **Veränderung** | | | | | | **−2,4** |
| Davon | | | | | | |
| wegen Umkehrung Diff. | +60 % von (9,0 -10,0) | | | | | −0,6 |
| wegen Steuersatz | −20 % von 9,0 | | | | | −1,8 |
| **Latenter Steuerertrag** | | | | | | **−2,4** |

Der latente Steueraufwand oder Steuerertrag ergibt sich aus der Veränderung der aktiven und latenten Bilanzposten. Für Zwecke des Anhangs ist er wie im Beispiel nach Entstehung oder Umkehrung von Differenzen zur Steuerbilanz einerseits und nach Steuersatzänderungen andererseits aufzugliedern.

## 9.6  Unsichere Steuerpositionen – Betriebsprüfungsrisiko

Im Ausgangspunkt bilanziert ein Unternehmen tatsächliche Steuerschulden oder Steuerforderungen auf der Basis der **abgegebenen Steuererklärungen** oder (soweit schon vorliegend) der erhaltenen Steuerbescheide. Die Deklaration in der Steuererklärung unterliegt aber dem Risiko, dass das Finanzamt Aufwendungen z. T. nicht anerkennt oder Einnahmen höher ansetzt. Entsprechendes gilt auch dann noch, wenn ein mit der Steuererklärung konformer Bescheid ergangen ist, dieser aber – wie in Deutschland bei der Unternehmensbesteuerung üblich – dem **Vorbehalt der Nachprüfung** unterliegt. Hier kann insbesondere das Ergebnis einer späteren **Betriebsprüfung** noch zu anderen, höheren Einkünften führen.

Derartigen Fällen **unsicherer Besteuerung** widmet sich IFRIC 23 mit folgender Maßgabe:
- Soweit es überwiegend wahrscheinlich ist, dass die Finanzverwaltung Sachverhalte so anerkennt, wie sie deklariert wurden, sind tatsächliche und latente Steuern auf Basis der Erklärung zu bilanzieren.
- Soweit keine überwiegende Wahrscheinlichkeit besteht, sind tatsächliche und latente Steuern um den erwarteten Effekt der Unsicherheit anzupassen, wobei entweder auf das wahrscheinlichste Ergebnis abgestellt wird oder Szenario- bzw. Erwartungswertbetrachtungen angestellt werden.

Wo es nicht um permanente Differenzen (nicht abzugsfähige Betriebsausgaben usw.) geht, sondern »nur« um die Periodisierung des steuerlichen Einkommens, **gleichen sich die Effekte auf tatsächliche Steuern und latente Steuern in der Regel aus.**

---

**Praxis-Beispiel**

Die U-GmbH hat für die beabsichtigte Arrondierung des Betriebsgeländes ein Grundstück weit über Marktwert erworben (Marktwert 600 TEUR, Kaufpreis 1 Mio. EUR). Einige Zeit nach Erwerb wird der Plan zur Bebauung des Grundstücks erst einmal auf Eis gelegt. In der IFRS-Bilanz wird daher eine außerplanmäßige Abschreibung von 400 TEUR vorgenommen und in der Steuerbilanz eine Teilwertabschreibung gleicher Höhe. Latente und tatsächliche Steuern werden vorläufig auf dieser Basis berechnet.

Besteht nur eine geringe Wahrscheinlichkeit, dass die Teilwertabschreibung steuerlich anerkannt wird, führt dies bei einem Steuersatz von 30 % zu folgenden Änderungen gegenüber der vorläufigen Bilanzierung:
- Die tatsächliche Steuerschuld erhöht sich um 120 TEUR.
- Aus dem bisherigen Gleichklang zwischen IFRS- und Steuerbuchwert des Grundstücks wird ein steuerlicher Überhang von 400 TEUR. Diese temporäre Differenz führt zu einer aktiven latenten Steuer von 120 TEUR.,

**Buchungen:**

| Konto | Soll | Haben |
|---|---|---|
| Tatsächlicher Steueraufwand | 120 TEUR | |
| Tatsächliche Steuerschuld | | 120 TEUR |
| Aktive latente Steuer | 120 TEUR | |
| Latenter Steueraufwand | | 120 TEUR |

Der gesamte Steueraufwand bleibt unverändert. Lediglich eine Bilanzverlängerung wird bewirkt.

## 9.7 *Notes*

Die Anhangangaben zu Steuern sind in IAS 12.79 ff. geregelt. Sie betreffen zu einem großen Teil die **GuV**. Während der Unterschied zwischen tatsächlichen und latenten Steueransprüchen und Steuerschulden in der Bilanz selbst darzustellen ist, weist die GuV regelmäßig nur einen zusammengefassten Posten Steueraufwand oder Steuerertrag aus. Die **Unterscheidung zwischen tatsächlichen und latenten** Steueraufwendungen und Steuererträgen ist demzufolge in den Anhang verlagert. Die *notes* sehen deshalb (im Aufwandsfall) u. a. die getrennte Angabe folgender Posten vor:

- tatsächlicher Steueraufwand (davon periodenfremd),
- latenter Steueraufwand aus Entstehung bzw. Umkehrung temporärer Unterschiede,
- latenter Steueraufwand aus Änderungen der Steuersätze (vgl. letztes Beispiel),
- Minderung des tatsächlichen oder latenten Steueraufwands aufgrund der Nutzung von Verlustvorträgen,
- tatsächliche und latente Steuern aus Neubewertung und anderen Geschäftsvorfällen, die direkt gegen Eigenkapital gebucht wurden.

Abb. 29 zeigt den Zusammenhang der praktisch wichtigsten Größen:

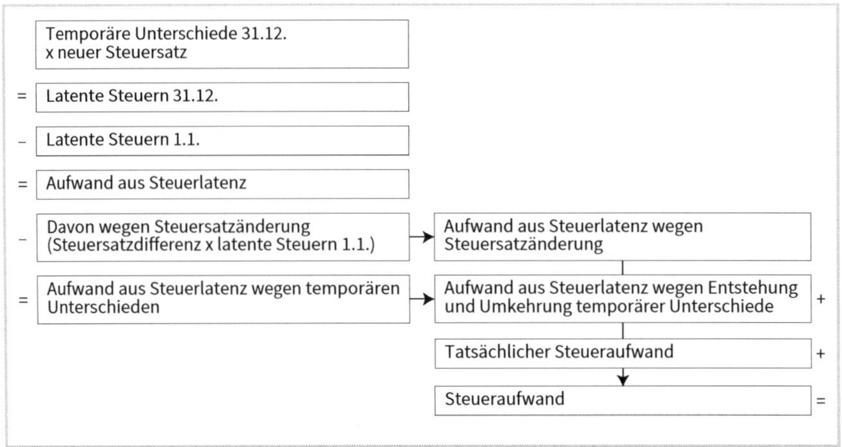

**Abb. 29:** Ertragsteuern nach IAS 12

Neben der Aufgliederung des Steueraufwands verlangt IAS 12.81(c) eine Erläuterung der Relation zwischen Steueraufwand und dem Ergebnis vor Ertragsteuern. Die **Überleitungsrechnung** (*tax reconciliation*) kann sich entweder am Steuersatz orientieren (effektiver Steuersatz vs. anzuwendender tariflicher Steuersatz) oder an absoluten Beträgen.

Folgendes Schema ist bei einem prozentualen Vorgehen zweckmäßig:

| | | | | |
|---|---|---|---|---|
| Gewerbesteuer (H = Hebesatz) | H × 3,5 % | = | … % | a … % |
| Körperschaftsteuer + SolZ | 15 % × 1,055 | = | 15,8 % | b … % |
| Anzuwendender Steuersatz (Tarif) (= a + b) | | | | … % |
| Effektiver Steuersatz (Steuer/Ergebnis vor Steuern) | | | | … % |
| | | | | |
| ÜBERLEITUNGSRECHNUNG | | | | |
| Anzuwendender Steuersatz | | | | … % |
| Steuerwirkung nicht abziehbare Betriebsausgaben usw. (nicht abziehbare BA/Ergebnis vor Steuern × anzuwendender Steuersatz) | | | | … % |
| Effektiver Steuersatz | | | | … % |

**Tab. 14:** Anzuwendender und effektiver Steuersatz

**Beispiel**                                                                                      !

Die Ironman Business Builder AG erzielt ein Ergebnis vor Ertragsteuern von 9 Mio. EUR. Darin als Aufwand enthalten sind steuerlich nicht abzugsfähige Strafen wegen Beschäftigung von Schwarzarbeitern in Höhe von 500 TEUR und Bestechungsgelder von ebenfalls 500 TEUR. Bei einem Gewerbesteuer-Hebesatz von 360 %, 15 % Körperschaftsteuer und 5,5 % SolZ errechnet sich der tarifliche (anzuwendende) Steuersatz wie folgt:

| | | | | |
|---|---|---|---|---|
| Gewerbesteuer | 3,6 × 3,5 % | = | 12,6 % | 12,6 % |
| Körperschaftsteuer + SolZ | 15 % × 1,055 | = | 15,8 % | 15,8 % |
| Anzuwendender Steuersatz | | | | 28,4 % |
| Effektiver Steuersatz | 2,84 Mio./9 Mio. | | = | 31,6 % |

Es ergibt sich folgende Überleitungsrechnung:

| ÜBERLEITUNGSRECHNUNG | | | |
|---|---|---|---|
| Anzuwendender Steuersatz | | | 28,4 % |
| Steuerwirkung Geldstrafen | 0,5 Mio./9 Mio. × 28,4 % = | | 1,6 % |
| Steuerwirkung Bestechung | | | 1,6 % |
| Effektiver Steuersatz | | | 31,6 % |

In der Praxis sind Abweichungen in der umgekehrten Richtung häufig spannender. Die Übertragsrechnung gibt (ansatzweise) Aufschluss, warum bestimmte Großkonzerne z. B. trotz eines nominellen Steuersatzes von (bisher) 40 % nur einen effektiven Steuersatz von 25 % oder weniger haben.

> **!**  **Beispiel**
>
> M ist die deutsche Muttergesellschaft eines Konzerns. Der kombinierte Ertragsteuersatz der M beträgt 40 %.
> Der Konzern erzielt ein Ergebnis vor Steuern von 20.000 TEUR, davon 15.000 TEUR im Inland. Hierin enthalten sind steuerfreie Beteiligungsveräußerungen (6.000 TEUR) und nicht abziehbare Betriebsausgaben in Höhe von 1.000 TEUR.
> Der Konzern hat 5.000 TEUR (von 20.000 TEUR) im Ausland erzielt und zahlt hierauf nur eine Steuer von 20 % (= 1.000 TEUR) statt 40 % (= 2.000 TEUR). Seine tatsächliche Steuerlast ist daher nicht 40 % von 20.000 TEUR = 8.000 TEUR, sondern
>
> | Im Inland: | 40 % × (15.000 – 6.000 + 1.000) | 4.000 |
> |---|---|---|
> | Im Ausland: | 20 % × 5.000 | 1.000 |
> | Somit in Summe: | | 5.000 (= 25 % von 20.000) |
>
> Die Steuerüberleitungsrechnung (wahlweise in absoluten Zahlen oder in Prozenten) ist wie folgt:
>
> | | TEUR | % |
> |---|---|---|
> | Erwarteter Steueraufwand (20.000 × 40 %) | 8.000 | 40 |
> | Veräußerung von steuerfreien Beteiligungen | –2.400 | –12 |
> | Abweichender Steuersatz ausländ. Tochterunternehmen | –1.000 | –5 |
> | Nicht abziehbare Betriebsausgaben | +400 | +2 |
> | Tatsächlicher Steueraufwand (5.000 / 20.000 = 25 %) | 5.000 | 25 |

## 9.8   Zusammenfassung

IAS 12 behandelt vor allem die Bilanzierung latenter Steuern. Latente Steuern ergeben sich bei **Verlustvorträgen** und bei **temporären Abweichungen** von steuerbilanziellen Werten. Weist etwa die IFRS-Bilanz höhere Gebäudebuchwerte aus, weil nur in der Steuerbilanz Sonderabschreibungen vorgenommen wurden oder nur in der IFRS-Bilanz eine Neubewertung durchgeführt wurde, so ergibt sich hieraus eine **passive Steuerlatenz**. Zukünftige Abschreibungen (Aufwand) in der IFRS-Bilanz werden höher, zukünftige Veräußerungsgewinne (Ertrag) niedriger sein als in der Steuerbilanz. Die zukünftigen Steuerzahlungen werden sich aber nicht nach dem niedrigeren zukünftigen IFRS-Gewinn, sondern nach dem höheren Steuerbilanzgewinn richten. Dieser zukünftige Belastungs-effekt muss in der IFRS-Bilanz passiviert werden, damit neben den aktuellen Steuerver-bindlichkeiten auch die latenten Verbindlichkeiten ausgewiesen werden.

Umgekehrt entstehen **aktive Latenzen** bspw. dann, wenn wegen einer steuerlich nicht anzuerkennenden außerplanmäßigen Abschreibung Vorratsvermögen in der Steuer-bilanz höher ausgewiesen wird als in der IFRS-Bilanz. Bei einer zukünftigen Veräuße-rung der Vorräte entsteht dann in der Steuerbilanz ein niedrigerer Gewinn als in der IFRS-Bilanz. Aus Sicht der IFRS-Bilanz entsteht ein Entlastungseffekt, der schon heute aktiviert werden muss. Derartige Entlastungseffekte ergeben sich auch bei **Verlust-vorträgen**. Das *start-up*-Unternehmen, das heute Verluste erzielt, (bei realistischer Einschätzung) aber zukünftig Gewinne erzielen wird, kann diese Gewinne steuerlich mit Verlusten verrechnen. Auch dieser Entlastungseffekt ist nach IFRS schon in den Verlustjahren als aktive latente Steuern zu berücksichtigen.

Auch das **Handelsrecht** kennt Regeln zur Steuerlatenz. Von IAS 12 unterscheiden sie sich wie folgt:
- Die handelsrechtlichen Regelungen gelten für Kapitalgesellschaften (und KapCo-Gesellschaften). Die IFRS-Regeln sind rechtsformunabhängig.
- Das Handelsrecht schreibt (mit bestimmten Ausnahmen für den Konzern) nur die Berücksichtigung passiver Latenzen vor. Für aktive latente Steuern besteht ein Wahlrecht. Nach IFRS bestehen keine Wahlrechte. Aktivierung und Passivierung erfolgen zwingend.

Das BilMoG hat zwar weitere Unterschiede zu den IFRS beseitigt, latente Steuern sind für die IFRS-Bilanz aber immer noch wichtiger als für die Handelsbilanz. Entsprechend umfangreich sind daher auch die *notes*. Insbesondere ist eine **Überleitungsrechnung** gefordert, die den tariflichen Steuersatz unter Berücksichtigung von Latenzen, nicht abziehbaren Ausgaben usw. in die effektive Steuerbelastung überführt.

## 9.9   Fragen und Antworten

**Fragen**

**A.1** Welche drei Hauptunterschiede bestehen im Einzelabschluss zwischen der Behandlung latenter Steuern nach HGB und nach IFRS?

**A.2** U bildet per 31.12.01 eine Drohverlustrückstellung von 100 TEUR in der IFRS-Bilanz. Steuerrechtlich ist die Rückstellung nicht zulässig (§ 5 Abs. 4a EStG). In 02 tritt der Verlust von 100 TEUR tatsächlich ein und wird nun auch steuerlich berück-sichtigt. Weitere Unterschiede zwischen IFRS- und Steuerbilanz gibt es nicht. Wel-che Buchungen sind bei einem Steuersatz von 30 % in 01 und 02 vorzunehmen?

**B.1** Was folgt aus dem *temporary*-Konzept für die Technik der Ermittlung der zu bilanzierenden Steuerlatenzen?

**B.2** U möchte durch eine Neubewertung von Immobilien (Buchwert bisher 1 Mio. EUR, Neuwert 6 Mio. EUR) das bilanzielle Eigenkapital um 5 Mio. EUR »liften«. Ist das Vorhaben in vollem Umfang erfolgversprechend?

**C.1** Erläutern Sie am Beispiel einer nur steuerlich zulässigen Sonderabschreibung, dass die Erfassung latenter Steuern zu einer Stabilisierung der Steueraufwandsquote führt (Prämissen: Ergebnis vor Abschreibung in allen Jahren 120 TEUR; Anschaffungskosten des Anlagegegenstands 100 TEUR am 31.12.00; Abschreibung nach IFRS je 20 TEUR in 01 bis 05; steuerliche Abschreibung 50 TEUR in 00, je 10 TEUR in 01 bis 05; Steuersatz: 30 %).

**C.2** Das IFRS-Ergebnis der U GmbH beträgt vor Steuern 100 TEUR, das zu versteuernde Einkommen demgegenüber nur 90 TEUR. Erklärend sind zwei Unterschiede:
1. Aus der Veräußerung einer Beteiligung wurde ein Gewinn von 40 TEUR erzielt. Dieser Gewinn ist steuerfrei.
2. Für ein schwebendes Termingeschäft wurde ein Drohverlust von 30 TEUR angesetzt. Steuerlich ist der Ansatz einer Drohverlustrückstellung unzulässig. Deshalb wurde bei einem Steuersatz von 30 % eine aktive latente Steuer von 9 TEUR gebildet. Wie sieht die Steuerüberleitungsrechnung (in absoluten Beträgen) aus?

**Antworten**

**A.1** Hauptunterschiede in der Behandlung latenter Steuern sind:
- Anwenderkreis: IFRS rechtsformunabhängig vs. HGB Kapitalgesellschaften und KapCo-Gesellschaften;
- Bilanzansatz: IFRS Passivierungs- und Aktivierungsgebot vs. HGB zwar Passivierungsgebot, aber Aktivierungswahlrecht;
- Ausweis: IFRS eingeschränkte Saldierung vs. HGB unbeschränkte Saldierungsmöglichkeit.

**A.2** Folgende Buchungen sind notwendig:

| Jahr | Konto | Soll | Haben |
|---|---|---|---|
| 01 | Aktive latente Steuer | 30 | |
| | Steuerertrag | | 30 |
| 02 | Steueraufwand | 30 | |
| | Aktive latente Steuer | | 30 |

**B.1** Nach dem *temporary*-Konzept ist für die Bilanzierung irrelevant, ob temporäre Differenzen (Unterschiede IFRS-Bilanz vs. Steuerbilanz) erfolgswirksam oder erfolgsneutral entstehen bzw. sich auflösen. Insoweit bedarf es für Zwecke der Bilanzierung nur einer Gegenüberstellung der Buchwerte in beiden Bilanzen, hingegen keines Blicks auf die GuV.

**B.2** Die Aufwertung der Immobilien um 5 Mio. TEUR bewirkt keine gleich große Erhöhung des Eigenkapitals. Mit der Aufwertung entsteht eine temporäre Differenz, die zu passiven latenten Steuern führt. Das Eigenkapital erhöht sich daher nur um den »Nettobetrag«, der nach Abzug der latenten Steuer verbleibt, also z. B. bei einem Steuersatz von 30 % nur um 5 Mio. EUR × (1 - 0,3) = 3,5 Mio. EUR.

**C.1** Die Ermittlung des tatsächlichen Steueraufwands sowie die Entwicklung des Ergebnisses nach Steuern ist wie folgt:

| | 00 (GE) | 00 (% Erg. vor Steuern) | 01 ff. (GE) | 01 ff. (% Erg. vor Steuern) |
|---|---|---|---|---|
| Ergebnis vor Steuern und Abschreibung | 120 | | 120 | |
| Abschreibung StBil | –50 | | –10 | |
| Zu verst. Einkommen | 70 | | 110 | |
| **Tats. Steuern (30 %)** | **21** | | **33** | |
| IFRS-Bilanz | | | | |
| Ergebnis vor Steuern und Abschreibung | 120 | | 120 | |
| Abschreibung IFRS | 0 | | –20 | |
| Zu verst. Einkommen | 120 | | 100 | |
| Ergebnis vor Steuern | | | | |
| Tats. Steuern (s. o.) | –21 | **17,5 %** | –33 | **33 %** |
| Latente Steuern (- Aufwand/+ Ertrag) | –15 | **12,5 %** | 3 | **–3 %** |
| Ergebnis nach Steuern | 84 | | 70 | |

Würde nur die tatsächliche Steuer berücksichtigt, ergäbe sich eine stark schwankende Steueraufwandsquote: 17,5 % in 00 und 33 % in 01 ff. Unter Einbeziehung der latenten Steuern beträgt die Steueraufwandsquote: 17,5 % + 12,5 % = 30 % in 00 und ist mit 33 % – 3 % = 30 % in der Folgeperiode genauso hoch.

**C.2** Der laufende Steueraufwand beträgt 30 % von 90 TEUR = 27 TEUR, der Ertrag aus der Aktivierung latenter Steuern 9 TEUR. Per Saldo ergibt sich ein effektiver Steueraufwand von 18 TEUR. Zu erwarten wäre bei einem Steuersatz von 30 % ein Steueraufwand von 30 % von 100 TEUR = 30 TEUR gewesen. Die Differenz von 30 – 18 = 12 TEUR zum effektiven Steueraufwand erklärt sich allein aus dem steuerfreien Veräußerungsgewinn. Die Überleitungsrechnung sieht daher wie folgt aus:

| | |
|---|---:|
| Ergebnis vor Steuern | 100 |
| Zu erwartender Steueraufwand | 30 |
| Steuerfreiheit des Gewinns aus Beteiligungsveräußerung | –12 |
| Effektiver Steueraufwand | 18 |

# 10 Gewinn- und Verlustrechnung

## 10.1 Ausweisvorschriften

### 10.1.1 Allgemeine Vorschriften

Hinsichtlich der GuV (*income statement*) bzw. des GuV-Teils der Gesamtergebnisrechnung bestehen zwei grundsätzliche Ausweisalternativen (vgl. Kapitel 2.5):
- geringe Gliederungstiefe der GuV, dafür umfangreiche Erläuterungen im Anhang,
- starke Untergliederung der GuV, dafür knappe Anhangangaben.

Die zweite Alternative dominiert in der IFRS-Praxis. Im Rahmen der zweiten Alternative wird der operative Bereich nach dem **Umsatzkostenverfahren** (*cost of sales method*) oder nach dem **Gesamtkostenverfahren** (*nature of expense method*) untergliedert. Beide Alternativen sieht auch das Handelsrecht in § 275 HGB vor. Zur konkreten IFRS-Gliederung in beiden Verfahrensvarianten wird auf »Gliederung der GuV« (Kapitel 2.5.3) verwiesen.

Neben dem operativen Bereich sind in der GuV der Finanzbereich und der Ertragsteuerbereich auszuweisen. Der Ausweis außerordentlicher Posten ist nicht erlaubt (IAS 1.87).

Die Bildung von Zwischensummen (z. B. für das Ergebnis vor Steuern, Zinsen und Abschreibungen = EBITDA) ist zulässig und wird in der Praxis intensiv bilanzpolitisch genutzt.

### 10.1.2 Bilanzkorrekturen sowie Änderungen von Bilanzierungs- und Bewertungsmethoden

IAS 8.15 bekräftigt, dass die Bilanzadressaten in der Lage sein müssen, »die Abschlüsse eines Unternehmens im Zeitablauf vergleichen zu können, um Tendenzen in der Vermögens-, Finanz- und Ertragslage sowie des Cashflows zu erkennen.« Aus dieser Forderung ergeben sich zwei konkrete Konsequenzen:
- Die **Berichtigung von Fehlern der Vorperioden** erfolgt anders als handelsrechtlich nicht über die GuV, sondern durch Anpassung der Vorträge nicht ausgeschütteter Ergebnisse (Gewinnvortrag und Gewinnrücklagen) und Anpassung der Vorjahresvergleichszahlen (IAS 8.42).
- **Bilanzierungs- und Bewertungsmethoden** sind grundsätzlich beizubehalten, d.h. stetig anzuwenden. Wenn Methoden (z.B. zur besseren Darstellung der Ertragslage) geändert werden, ist diese Änderung retrospektiv vorzunehmen. Die Vorträge nicht ausgeschütteter Ergebnisse (Gewinnvortrag usw.) und die Vorjahresvergleichszahlen sind demzufolge anzupassen (IAS 8.22).

Bei Fehlerkorrektur oder zulässiger (begründeter freiwilliger oder von einem neuen Standard geforderter pflichtweiser) Änderung der Rechnungslegungsmethode sind nicht nur die Vergleichsinformationen (Vorjahre) anzupassen (IAS 1.41). Mindestens in Fällen einer Umgliederung oder Korrektur der Bilanz ist nach IAS 1.40A ergänzend zu der sonst geforderten Darstellung für zwei Bilanzstichtage (aktuelles Jahr und Vorjahr) als drittes Element auch die **Eröffnungsbilanz des Vorjahres** anzugeben. Dies gilt auch dann, wenn die Darstellung nicht freiwillig, sondern als Folge neuer oder ergänzter, pflichtweise retrospektiv anzuwendender Standards geändert wird.

Nicht bei jeder retrospektiven Änderung einer Rechnungslegungsmethode oder jeder Fehlerkorrektur ist eine **dritte Bilanz** erforderlich. Betrifft die Änderung/Korrektur nicht (auch nicht mittelbar) die Bilanz, sondern z. B. Kapitalflussrechnung, Segmentrechnung oder den Anhang, ist keine dritte Bilanz erforderlich (IAS 1.40A).

Nicht als Korrektur von Fehlern gilt die **Revision von Schätzungen**. Sie ist gemäß IAS 8.36 in der Regel prospektiv und damit GuV-wirksam vorzunehmen.

> **!**
>
> **Beispiel**
>
> Die Geschäftsführung der in 01 neu gegründeten Speditions GmbH ist in der Einschätzung der Nutzungsdauern des Fuhrparks vorsichtig. Für ihre zehn Lkws (Anschaffungskosten jeweils 70 TEUR) nimmt sie eine Nutzungsdauer von sechs Jahren an. In 04 zeichnet sich ab, dass eine Gesamtnutzungsdauer von zehn Jahren realistischer ist.
> Die Lkws sind bis Ende 03 auf jeweils 35 TEUR abgeschrieben. Die Neueinschätzung der Nutzungsdauer führt nicht zu einem Eingriff in die Abschreibung der Vorjahre (jeweils 11.667 EUR p. a.). Vielmehr ist der Restbuchwert über die neu eingeschätzte Restnutzungsdauer zu verteilen. Hieraus ergibt sich in 04 ff. eine Jahresabschreibung von jeweils 35 TEUR / 7 = 5 TEUR.
> Die Neueinschätzung beeinflusst also nur die zukünftige (prospektive) Abschreibung, nicht die vergangene (retrospektive).

### 10.1.3   *Discontinued operations* und zur Veräußerung bestimmte Anlagen

Als *discontinued operations* (**aufgegebene Geschäftsbereiche**) definiert IFRS 5.32
* abgrenzbare und bedeutsame geografische oder sachliche Geschäftsbereiche,
* die das Unternehmen im Rahmen **eines** Plans entweder **veräußert** (insgesamt oder stückweise) oder
* durch **Einstellung** (*abandonment*) aufgibt.[14]

---

14   Ein mit Veräußerungsabsicht erworbenes Tochterunternehmen gilt auch ohne Geschäftsfeldqualität als *discontinued operation*; IFRS 5.32(c).

Aufgegebene Tätigkeiten sind in der GuV (sowie z. T. im Anhang) getrennt vom Ergebnis aus fortgeführten Bereichen (*continued operations*) auszuweisen.

Der Anwendungsbereich der Vorschrift wird in der amtlichen deutschen Übersetzung von IFRS 5.32 irreführend beschrieben. Die Rede ist nur von einem »veräußerten oder zur Veräußerung gehaltenen Geschäftsbereich«. Der englische Originaltext spricht jedoch von einem Geschäftsbereich »*that either has been disposed of, or is classified as held for sale*«, wobei der Begriff »*disposal*« auch Einstellungen umfasst.

Ein GuV-Unterschied zwischen einer Aufgabe durch Einstellung und durch Veräußerung ergibt sich gemäß IFRS 5.13 lediglich in zeitlicher Hinsicht: Geschäftsbereiche, die veräußert werden sollen, sind ab Veräußerungsbeschluss in der GuV bzw. Gesamtergebnisrechnung zu separieren, wobei zusätzlich das Vorjahr anzupassen ist. Geschäftsbereiche, die eingestellt werden, sind erst im Jahr des Vollzugs der Einstellung getrennt auszuweisen.

Ein Sonderausweis in der GuV ist nur dort zulässig und geboten, wo nicht eine punktuelle oder unbedeutende Tätigkeit aufgegeben wird, sondern ein ganzer Geschäftsbereich. Die Frage, ob eine aufgegebene Tätigkeit **Geschäftsfeldqualität** hat, ist jedoch Sache der Auslegung und des Einzelfalls. So muss die Aufgabe einer Produktlinie oder eines Standorts je für sich gesehen nicht die Voraussetzungen erfüllen, kann aber im Zusammenhang mit anderen Veränderungen, insbesondere dann, wenn die Änderungen wesentlich sind, als einzustellender Bereich gelten.

---

**Tipp**

Da es auf den Einzelfall ankommt, kann mit entsprechender Argumentation Bilanzpolitik gemacht werden:

- Ein Verlustbereich wird verkauft: Argumente für die Eigenständigkeit sind zu suchen, damit der Verlust das »nachhaltige Ergebnis« nicht mehr belastet.
- Ein Gewinnbereich wird verkauft: Argumente gegen die Eigenständigkeit sind zu suchen, damit der Gewinn das »nachhaltige Ergebnis« stützt.

---

**Beispiel**

Ein Unternehmen produziert unter einheitlicher Marke

- Körpercremes,
- Haarpflege- und Haartönungsmittel,
- Deos,
- Parfums und Duftwässer.

Die Deo-»Sparte« soll eingestellt werden.

**Alternative A: aus dem Verkauf wird ein Gewinn erwartet**
Der Deobereich wird weiter als fortzuführende Tätigkeit ausgewiesen mit dem Argument, dass es sich lediglich um eine dem fortzuführenden Parfum- und Duftwasserbereich ähnelnde Produktlinie handelt. In beiden Fällen dienen Duftstoffe als Rohstoffe. In beiden Fällen werden Spraybehälter als Primärverpackung benötigt. In beiden Fällen werden gleiche Vertriebswege genutzt.

**Alternative B: aus dem Verkauf wird ein Verlust erwartet**
Der Deobereich wird als einzustellender Bereich behandelt mit dem Argument gegenüber dem Duft- und Parfumbereich unterschiedlicher Endkunden (Geschlecht, Alter, Einkommen), unterschiedlicher Konkurrenzlagen (Deos gegen Eigenmarken des Handels, Parfums gegen Marken von Modefabrikanten) und unterschiedlicher Duftträgerrohstoffe (Duftwässer und Parfums alkoholbasiert, eigene Deoserie alkoholfrei).

In zeitlicher Hinsicht liegt erst dann eine separat zu erfassende *discontinued operation* vor, wenn das Unternehmen die Veräußerung beschlossen, mit der aktiven Vermarktung begonnen hat und einen Vollzug binnen zwölf Monaten erwartet (IFRS 5.6 ff.).

Sobald die Kriterien erfüllt sind, müssen die Vermögenswerte und Schulden sowie das Ergebnis des betroffenen Bereichs in **Bilanz und GuV** gesondert ausgewiesen werden (IFRS 5.38 und IFRS 5.35). Anzupassen sind in der GuV auch die Vergleichszahlen des Vorjahres (IFRS 5.34).

Ein Wahlrecht besteht hinsichtlich der Tiefe der GuV-Darstellung:
- Es reicht aus, wenn in der GuV nur das Ergebnis der *discontinued operations* in einer Zeile dargestellt wird.
- Die Aufschlüsselung in Erträge/Erlöse, Aufwendungen und Steuern kann alternativ in der GuV oder im Anhang erfolgen.

Nachfolgend das Muster für die ausführliche GuV-Darstellung:

|  | 02 | 01 |
|---|---|---|
| **I. Fortgeführte Bereiche** |  |  |
| Umsatzerlöse | ... | ... |
| – Betriebliche Aufwendungen | ... | ... |
| = Operatives Ergebnis | ... | ... |
| +/– Finanzergebnis | ... | ... |
| = Ergebnis vor Steuern | ... | ... |
| – Steuern | ... | ... |
| = Ergebnis aus fortgeführten Bereichen | ... | ... |

| | 02 | 01 |
|---|---|---|
| **II. Aufgegebene Bereiche** | | |
| Umsatzerlöse | … | … |
| – Betriebliche Aufwendungen | … | … |
| = Operatives Ergebnis | … | … |
| – Rückstellung für Abfindungen usw. | … | … |
| – Außerplanmäßige Abschreibung | … | … |
| = Ergebnis vor Steuern | … | … |
| +/- Steuern | … | … |
| **= Ergebnis aus aufgegebenen Bereichen** | … | … |
| Jahresergebnis (Summe I + II) | … | … |

**Tab. 15:** GuV – gesonderter Ausweis *discontinued operations*

Der gesonderte Ausweis in der **Bilanz** ist nicht nur bei zur Veräußerung bestimmten Geschäftsfeldern (*discontinued operations*), sondern auch bei einzelnen zur Veräußerung bestimmten Anlagen (*non-current assets held-for-sale*) oder bei Veräußerungsgruppen ohne Geschäftsfeldqualität (*disposal groups*) erforderlich. Jeweils am Ende der Aktivseite und der Passivseite (oder wahlweise als eigene Untergruppe der kurzfristigen Vermögenswerte/Schulden) wird ein Posten »zur Veräußerung gehaltene langfristige Vermögenswerte« bzw. Schulden im Zusammenhang mit zur Veräußerung gehaltenen langfristigen Vermögenswerten gebildet.

Als Folgeänderung zur Einführung von IFRIC 17 sind **Sachdividenden**, etwa in der Form von Abspaltungen nach § 123 Abs. 2 UmwG, Veräußerungen gleichgestellt (IFRS 5.5A). Zum Ausweis einer Ausschüttungsverbindlichkeit aus der Sachdividende kommt es erst mit Beschlussfassung der Gesellschafter. Der separate Ausweis des zur Ausschüttung vorgesehenen langfristigen Vermögens und dessen besondere Bewertung nach IFRS 5 erfolgt jedoch in der Regel schon mit der Entscheidung des Vorstands, den Gesellschaftern die Sachdividende vorzuschlagen.

Das in der GuV zu zeigende Ergebnis aus *discontinued operations* umfasst auch eine eventuelle außerplanmäßige Abschreibung. Sie ist angezeigt, wenn der Nettozeitwert des Geschäftsbereichs (*fair value less cost to sell*) unter dem Buchwert liegt. Dazu folgendes Beispiel:

**!**

**Beispiel**

Im November 01 genehmigt der Aufsichtsrat der Core Clothes AG den Plan des Vorstands, das Segment Sportbekleidung zu veräußern. Der Plan wird noch nicht bekannt gegeben, mit einer aktiven Vermarktung noch nicht begonnen.

Die Suche nach dem Käufer beginnt erst in 02. Zum Vertragsschluss kommt es im September 02. Der Erwerber zahlt für ein auf ihn übergehendes Buchvermögen von 70 Mio. EUR einen Veräußerungspreis von 65 Mio. EUR. Der AG entstehen Veräußerungskosten von 5 Mio. EUR. Der Vertrag wird am 31.1.03 vollzogen. Nicht übernommene Arbeitnehmer werden von der AG mit 30 Mio. EUR abgefunden.

Die außerplanmäßige Abschreibung gemäß IFRS 5.15 ff. berechnet sich aus dem Vergleich von Buchwert von 70 Mio. EUR zum Nettozeitwert von 60 Mio. EUR (65 Mio. EUR minus 5 Mio. EUR Veräußerungskosten).

Die Arbeitnehmerabfindung zählt zwar im weiteren Sinne auch zu den Veräußerungskosten, da sie inkremental durch die Veräußerung bedingt ist. Eine Doppelberücksichtigung von Aufwand (einerseits aus Rückstellungsbildung, andererseits aus außerplanmäßiger Abschreibung) wäre jedoch nicht sachgerecht. Der Rückstellungsbuchung ist der Vorrang zu geben.

Bei einem Gewinn nach Steuern aus den fortgeführten Geschäftsbereichen von 100 Mio. EUR in allen Jahren und einem operativen Ergebnis des aufgegebenen Geschäftsbereichs von 5 Mio. EUR in 01 und jeweils 5 Mio. EUR in 02 und 03 ergibt sich die nachfolgende GuV (in Mio. EUR). Das Jahr 01 ist hierbei rückwirkend angepasst, der Steuersatz mit 40 % angenommen.

| | 03 | 02 | 01 |
|---|---|---|---|
| **Fortgeführte Bereiche** | | | |
| … | … | … | … |
| Ergebnis aus fortgeführten Bereichen | 100 | 100 | 100 |
| **Aufgegebener Bereich** | | | |
| Umsatzerlöse | 5 | 30 | 40 |
| Betriebliche Aufwendungen | −10 | −35 | −35 |
| Operatives Ergebnis | −5 | −5 | 5 |
| Rückstellung Abfindung | | −30 | |
| Außerplanmäßige Abschreibung (60 – 70) | | −10 | |
| Ergebnis vor Steuern | −5 | −45 | 5 |
| Steuern | 2 | 18 | −2 |
| Ergebnis aus aufgegebenem Bereich | −3 | −27 | 3 |
| **Unternehmen gesamt** | **97** | **73** | **103** |

Die Voraussetzungen für eine außerplanmäßige Abschreibung (vgl. Kapitel 3.5) und eine Rückstellung (vgl. Kapitel 7) sind erstmals per 31.12.02 gegeben.

Die Aufgabe des Bereichs ist im vorstehenden Beispiel bereits in 02 über die außerplanmäßige Abschreibung (daneben durch die Rückstellung für Abfindungen) berücksichtigt. Ergibt sich umgekehrt ein Gewinn, so ist dieser gesondert und erst im Jahr der Realisierung auszuweisen.

**Beispiel**                                                                   !

Das letzte Beispiel wird dahingehend variiert, dass der Veräußerungspreis nicht 65 Mio. EUR, sondern 125 Mio. EUR beträgt. Eine außerplanmäßige Abschreibung in 02 ist nicht mehr erforderlich. Die Arbeitnehmerabfindung wird gesondert in 02 zurückgestellt, obwohl der Überschuss von Nettozeitwert (120 Mio. EUR) zum Buchwert (70 Mio. EUR), also der Betrag von 50 Mio. EUR, die Abfindungslast überkompensiert. In 03 wird demzufolge ein nicht um die Abfindungslast geschmälerter Ertrag aus Segmentveräußerung in Höhe von 50 Mio. EUR (minus 40% Steuern) ausgewiesen.

| | 03 | 02 | 01 |
|---|---|---|---|
| **Fortgeführte Bereiche** | | | |
| … | … | … | … |
| Ergebnis aus fortgeführten Bereichen | 100 | 100 | 100 |
| **Aufgegebener Bereich** | | | |
| Umsatzerlöse | 5 | 30 | 40 |
| Rückstellung Abfindung | | –30 | |
| Betriebliche Aufwendungen | –10 | –35 | –35 |
| Ergebnis vor Steuern | –5 | –35 | 5 |
| Steuern | 2 | 14 | –2 |
| Ergebnis aus aufgegebenem Bereich | –3 | –21 | 3 |
| Ertrag aus Veräußerung Segment (nach Steuern von 20) | 30 | | |
| **Unternehmen gesamt** | 127 | 79 | 103 |

IFRS 5.5 ff. ersetzt die allgemeinen Bewertungsvorschriften durch das oben beschriebene **spezielle Niederstwertprinzip**: Langlebige, zum Verkauf bestimmte Vermögenswerte sind mit Nettozeitwert (*fair value less costs to sell*), maximal jedoch mit ihrem Buchwert vor Umklassifizierung anzusetzen. Einer planmäßigen Abschreibung unterliegen sie nach der Umklassifizierung nicht mehr.

Zum Ganzen folgendes Beispiel:

**!**   **Beispiel**

Die Home Office AG hat zahlreichen Verwaltungsmitarbeitern Heim-Arbeitsplätze eingerichtet und beschließt nun, das zu groß gewordene Verwaltungsgebäude zu veräußern, um in gemietete Räume zu ziehen. Der Buchwert des Gebäudes beträgt 1 Mio. EUR, die Jahresabschreibung 50 TEUR. Der Zeitwert (*fair value*) des Gebäudes beträgt ebenfalls 1 Mio. EUR. Für die Räumung des Gebäudes und seine Veräußerung werden voraussichtlich 100 TEUR anfallen. Die Veräußerung wird sehr wahrscheinlich innerhalb der nächsten zwölf Monate geschehen.
- Das Gebäude gilt als veräußerbar (*held-for-sale*), jedoch nicht als *discontinued operation*.
- Mit dieser Qualifizierung geht ein separater Ausweis in der Bilanz einher.
- Mit der Qualifizierung werden außerdem die normalen Abschreibungen ausgesetzt. Das Gebäude ist mit *fair value* minus durch die Veräußerung veranlasste Kosten, also mit 900 TEUR anzusetzen. Die Differenz von 100 TEUR ist aufwandswirksam zu verbuchen.

## 10.2   Erlösrealisierung

### 10.2.1   Realisationsprinzip

Das **Periodisierungsprinzip** stellt den wichtigsten Pfeiler des Bilanzrechts dar. Erst dadurch, dass »Aufwendungen und Erträge … unabhängig von den Zeitpunkten der entsprechenden Zahlungen im Jahresabschluss zu berücksichtigen« sind (§ 252 Abs. 1 Nr. 5 HGB) bzw. Geschäftsvorfälle zu erfassen sind, »wenn sie auftreten und nicht, wenn … bezahlt wird« (F.22 Framework 1989), wird aus der Einnahmen-Ausgaben-Rechnung eine Bilanz- und Erfolgsrechnung. Geregelt wird damit freilich nur die Aufgabenstellung der doppelten Buchführung, nicht schon deren Lösung. Die Frage, wann ein Geschäftsvorfall auftritt, wann Aufwand zu Aufwand und wann Ertrag zu Ertrag wird, bleibt noch offen.

Für die Beantwortung dieser Frage gibt auch das handelsrechtliche Vorsichtsprinzip aus § 252 Abs. 1 Nr. 4 HGB wenig her: Risiken und Verluste sollen bereits dann berücksichtigt werden, wenn sie vorhersehbar sind, Gewinne nur dann, »wenn sie am Abschlussstichtag realisiert sind«. Damit wird nur deutlich gemacht, dass eine Gewinnchance nicht ausreicht. Aber der Übergang zwischen Gewinnchance und realisiertem Gewinn bleibt unklar.

**!**   **Beispiel**

Die Möbelzentrum GmbH tätigt an Silvester folgende Geschäfte und Auslieferungen:
- Boutiqueware wird gegen bar verkauft. Die Käufer haben ein vierzehntägiges Rückgaberecht, das erfahrungsgemäß in etwa 5 % der Fälle ausgeübt wird.

- Eine Regalwand wird an den Kunden Lehmann ausgeliefert. Vereinbart ist Anlieferung ohne Aufbau gegen Barzahlung. Lehmann bezahlt bar. Er bemerkt beim Auspacken, dass die Schrauben fehlen, und besorgt sie sich zwei Tage später im Möbelhaus.
- Der Kunde Schmitz erhält einen Schlafzimmerschrank. Vereinbart sind Aufstellung und Montage. Schmitz, der den Kaufpreis vorab gezahlt hatte, findet die unangekündigte Anlieferung an Silvester unmöglich und besteht darauf, dass zwar der Schrank da bleibt, die Aufstellung aber erst nach Neujahr erfolgt.

**Beurteilung nach HGB und IFRS**

- Handelsrechtlich wird beim **Kauf mit Rückgaberecht** eine Gewinnrealisierung teils generell für unzulässig gehalten, teils zwischen vertretbaren und nicht vertretbaren Vermögenswerten differenziert, teils eine Umsatzrealisierung nur in Höhe der Kosten, nicht in Höhe des Gewinnanteils als zulässig erachtet. Nach IFRS 15.B23 ist darauf abzustellen, ob die Wahrscheinlichkeit einer Rückgabe mit hoher Zuverlässigkeit eingeschätzt werden kann. Diese Voraussetzung ist im Beispiel gegeben. 95 % des Umsatzes und Gewinns können deshalb nach IFRS 15 als realisiert gelten.
- Die Regalwand wird ohne Schrauben, also **nur zum Teil** geliefert. Handelsrechtlich muss der noch ausstehende Teil von völlig untergeordneter Bedeutung sein, um eine Gewinnrealisierung anzunehmen. Das Beispiel dürfte diesbezüglich einen Grenzfall darstellen. Nach IFRS 15 wird es ebenfalls darauf ankommen, ob man den noch ausstehenden Teil als wesentlich beurteilt.
- Der Schlafzimmerschrank wurde zur »Unzeit« geliefert und deshalb auf Wunsch des Kunden nicht sofort montiert. Wenn Aufstellung und **Montage** einen wesentlichen Vertragsbestandteil darstellen, tatsächlich aber noch nicht geleistet sind, sind handelsrechtlich Umsatz und Gewinn noch nicht realisiert. Nach IFRS 15.22 ff. kommt es darauf an, ob eine einheitliche Leistungsverpflichtung oder zwei eigenständige (erstens Möbellieferung und zweitens Montage) vorliegen. Ist Letzteres der Fall, kann der im Gesamtpreis enthaltene Anteil für die Lieferung schon realisiert werden.

Die Zahl solcher »Grenzbeispiele« lässt sich beinahe beliebig vermehren und führt zu folgendem Schluss: das Realisationsprinzip ist (notwendigerweise) abstrakt. Für die Lösung konkreter Zweifelsfälle gibt ein abstraktes Prinzip aber wenig her. Als abstrakter Grundsatz sorgt das Realisationsprinzip eher für spannende Literaturbeiträge als für praktische Lösungen.

Hilfreicher als das HGB ist hier IFRS 15, der zwar auch nicht alle Zweifelsfälle abhandeln kann, aber anders als § 252 HGB konkrete Regelungen enthält, die in vielen Fällen zu eindeutigen Lösungen führen, in anderen wenigstens eine konkrete und geordnete Auseinandersetzung mit den Umständen des Einzelfalls erzwingen.

## 10.2.2 Anforderungen von IFRS 15 im Überblick

In systematischer Reihenfolge verlangt die Anwendung von IFRS 15 die Beantwortung folgender Fragen:

1. **Anwendungsbereich**: Betrifft der potenzielle Ertrag einen Erlös gegenüber Kunden im Anwendungsbereich von IFRS 15? Dies ist insbesondere bei Erträgen aus Nutzungsüberlassung (Leasing) nicht der Fall, da hier IFRS 16 Vorrang hat (IFRS 15.5).

2. **Vertrag mit Substanz**: Existiert ein wirksamer Vertrag und hat dieser wirtschaftlichen Gehalt? Am wirtschaftlichen Gehalt fehlt es etwa, wenn in der bilanzpolitischen Absicht, Umsätze aufzublähen, zwei Erdölgesellschaften sich Öl gleicher Sorte gegenseitig abkaufen.

3. **Leistungsinhalt, Mehrkomponentengeschäft**: Welche Leistungsverpflichtungen begründet der Vertrag? Hier stellt sich insbesondere das Problem des Mehrkomponentengeschäfts, bei dem mehrere unterscheidbare und deshalb separat auf den Realisationszeitpunkt zu würdigende Leistungen vorliegen.

4. **Transaktionspreis**: Welchen Transaktionspreis begründet der Vertrag? Die Antwort hierauf ist nicht in allen Fällen einfach, z. B. dann nicht, wenn bedeutende Teile des Entgelts erfolgsabhängig oder in sonstiger Weise variabel sind.

5. **Aufteilung Entgelt**: Wie ist der Transaktionspreis bei mehreren Leistungsverpflichtungen (Mehrkomponentengeschäft) auf die einzelnen Komponenten aufzuteilen?

6. **Realisationszeitpunkt**: Zu welchem Zeitpunkt oder in welchem Zeitraum ist die jeweilige Leistungsverpflichtung erfüllt, also der Umsatz zu realisieren?

Die beiden ersten Punkte werden nachfolgend ausgeklammert, die anderen in ihrem Kern dargestellt.

### 10.2.3   Mehrkomponentengeschäfte

Der Vertrag setzt den Rahmen für die Bilanzierung, ist aber noch nicht das Bilanzierungsobjekt. Das Unternehmen hat seine Leistungsverpflichtungen zu identifizieren. Dabei gilt: ein Vertrag oder die Summe der zusammengefassten Verträge kann **mehrere eigenständige Leistungsverpflichtungen** umfassen, die je eigenen Regelungen hinsichtlich des Realisationszeitpunkts unterliegen. Angesprochen ist damit die Problematik der **Mehrkomponentengeschäfte**. Hierzu folgendes Grundbeispiel:

**!**  **Beispiel**

Mobilfunkunternehmen M veräußert Handys vom Typ X für 240 EUR. Schließt der Käufer gleichzeitig einen zweijährigen Mobilfunkvertrag mit monatlicher Zahlung von 25 EUR ab, erhält er das Handy für 60 EUR. Kunden, die einen zweijährigen Mobilfunkvertrag ohne Erwerb eines Handys abschließen, zahlen 20 EUR pro Monat.

**Beurteilung**

1. Bei Abschluss eines kombinierten Vertrags liegen zwei unterscheidbare Leistungsverpflichtungen – Handy-Lieferung und Nutzung des Mobilnetzes – vor (IFRS 15.26 ff.).
2. Deshalb ist das Gesamtentgelt (Transaktionspreis) von 60 EUR + 24 × 25 EUR = 660 EUR aufzuteilen (IFRS 15.73).
3. Für die Verteilung dieses Betrags sind nach IFRS 15.74 die relativen Einzelveräußerungspreise maßgeblich. Die Summe der Einzelveräußerungspreise beträgt 240 EUR + 24 × 20 EUR = 720 EUR, der Anteil des Handys 240 / 720 = 33,3 %, der Anteil der Netznutzung somit 66,7 %.
4. Angewandt auf den tatsächlichen Transaktionspreis von 660 EUR sind 220 EUR dem Handyverkauf zuzuordnen (Umsatz sofort) und 440 EUR der Netznutzung (Verteilung auf 24 Monate).

Die Frage, ob unterscheidbare Leistungen vorliegen, ist nicht in allen Fällen so einfach wie im vorstehenden Beispiel. Unterscheidbarkeit bzw. **Eigenständigkeit der Leistungen** sind gegeben, wenn beide der folgenden Kriterien erfüllt werden (IFRS 15.27):

- **Abstrakte Eigenständigkeit** (IFRS 15.27(a)): Der Kunde kann aus einem Leistungsgegenstand unabhängig von anderen Vertragsleistungen Nutzen ziehen, indem er ihn verwendet, verbraucht, über seinem Schrottwert hinaus verkauft usw.
- **Konkrete Eigenständigkeit im Vertragskontext** (IFRS 15.27(b)): Die Leistungsverpflichtung ist unterscheidbar von anderen aus dem Vertrag resultierenden Leistungsverpflichtungen, nicht lediglich deren unselbstständiger Bestandteil.

Der zweite Punkt stellt darauf ab, ob es dem Kunden gerade darauf ankommt, alle Leistungen aus einer Hand zu beziehen (dann einheitliche Leistung) oder nicht. Ein subjektives Moment, die Motivlage des Kunden, erlangt damit Bedeutung:

**Beispiel**                                                                                              **!**

U verkauft Waschmaschinen, die lokale Wettbewerber im Schnitt zu einem Abholpreis von 500 EUR anbieten, für 750 EUR, dies aber als *full service* inkl. Anlieferung, Installation und Mitnahme des Altgeräts. Der Kunde kann die Zusatzleistungen auch abwählen, muss dann aber immer noch 675 EUR für die Waschmaschine zahlen. Ein vornehmlich älterer Kundenkreis entscheidet sich fast ausschließlich für die *full-service*-Variante. Abholverkäufe finden nur in unwesentlichem Umfang statt.

**Beurteilung**

Liefer-, Installations- und Abholdienste sind leicht verfügbar. Die abstrakte Eigenständigkeit ist also gegeben.
Waschmaschinenverkauf, Anlieferung, Installation und Mitnahme der Altmaschine sind jedoch komplementäre Leistungen. Unter dem Aspekt der konkreten Eigenständigkeit ist daher zu prüfen, ob der *full service*, der »Kauf aus einer Hand«, gerade ein herausragendes Motiv für den Vertragsschluss ist. Preis und Abnehmerkreis indizieren eine solche Sachlage. Daher sind die abstrakt unterscheidbaren Einzelleistungen konkret als Inputfaktoren eines Leistungsbündels anzusehen. Der Erlös von 750 EUR ist nicht aufzuteilen, sondern mit Erbringung der Installationsleistung und Mitnahme des Altgeräts zu realisieren.

271

Anders als im vorstehenden Beispiel sind Fälle zu würdigen, bei denen – dokumentiert durch eine relevante Quote der Verkäufe ohne Service und belegt durch die Preisgestaltung (fremdübliche Aufschläge für die Nebenleistungen) – der *full service* kein überragendes Interesse der Kundschaft ist. Hier liegen eigenständige Leistungen vor, die je eigenen Realisationszeitpunkten unterliegen können.

### 10.2.4   Variabler Transaktionspreis

Die Bestimmung des Transaktionspreises kann dort Probleme bereiten, wo Entgelte vertragsgemäß wesentlich vor oder nach der Leistungserfüllung erbracht werden (implizites Kreditgeschäft) oder Entgelte ganz bzw. in wesentlichen Teilen variabel sind.

Den Fall des **impliziten Kreditgeschäfts** kennt auch das Handels- und Steuerbilanzrecht. Wenn etwa ein Unternehmen eine Maschine heute kauft, aber erst in zwölf Monaten bezahlen muss, dann ist der Kaufpreis aus Sicht beider Parteien in einen Barwert einerseits (Umsatz beim Lieferanten; Anschaffungskosten beim Besteller) und einen Kreditanteil andererseits (Zinsertrag beim Lieferanten, Zinsaufwand beim Besteller) zu splitten.

Zu **variablen Kaufpreisen** existiert keine einheitliche und klare Auffassung im Handelsrecht. IFRS 15.50 ff. enthält hingegen umfangreiche Regelungen zu diesem Problem. Im Kern geht es darum, dass ein variabler Transaktionspreis bzw. ein variabler Preisbestandteil nur dann schon als Umsatz erfasst werden darf, wenn eine spätere »Stornierung« des so gebuchten Umsatzes hoch unwahrscheinlich ist (IFRS 15.56).

**!**

**Beispiel**

Contractor C erneuert die Heizungsanlage vom Kunden K und erhält hierfür neben einer fixen Vergütung von 1 Mio. EUR eine Vergütung von 50 TEUR für je 5 % Reduktion der Heizkosten, die im ersten Betriebsjahr der Neuanlage unter Berücksichtigung einer rechnerischen Anpassung an ein klimatisches Normaljahr im Vergleich zur Altanlage erzielt werden. C rechnet nach Erfahrungen mit ähnlichen Anlagen und Gebäuden mit Folgendem:

| Reduktion Verbrauch um | Variables Entgelt | Wahrscheinlichkeit | Erwartungswert |
|---:|---:|---:|---:|
| 5 % | 50 | 5 % | 2,5 |
| 10 % | 100 | 80 % | 80,0 |
| 15 % | 150 | 5 % | 7,5 |
| 20 % | 200 | 5 % | 10,0 |
| 25 % | 250 | 5 % | **12,5** |
| | | 100 % | 112,5 |

C bezieht nicht 112,5 TEUR (den Erwartungswert) in den Transaktionspreis ein, sondern 100 TEUR, weil nur mit einer Wahrscheinlichkeit von 5 % ein schlechteres Ergebnis und damit eine (signifikante) Stornierung von Erlösen denkbar ist.

## 10.2.5 Lieferung unter Einräumung von Rückgaberechten

Nach IFRS 15.51 sind auch aus Rückgaberechten des Kunden resultierende Unsicherheiten über den endgültig beim Unternehmen verbleibenden Transaktionspreis variable Vergütungen. Für deren Behandlung gelten gemäß IFRS 15.55 aber die besonderen Vorschriften der IFRS 15.B20 ff. Danach ist hauptsächlich wie folgt zu differenzieren:

1. **Kürzung Umsatz**: Veräußerungen an Endnutzer oder Handelsintermediäre im Massengeschäft unter Einräumung eines Rückgaberechts zum ursprünglichen Preis und nur binnen einer kurzen Frist. Hier ist in der Regel ein Umsatz mit Lieferung auszuweisen, aber in Höhe der geschätzten Retourenquote zu kürzen (Beispiel: **Versand bzw. Internethandel**).

2. **Kein Umsatz**: Veräußerungen einzelner, keine Portfoliobetrachtung erlaubender Gegenstände an **Handelsintermediäre** unter Einräumung eines Rückgaberechts zum ursprünglichen Preis. Regelmäßig kommt mangels verlässlicher Schätzung der Rückgabequote keine Umsatzrealisierung vor Ablauf der Rückgabefrist infrage.

3. **Umdeutung in Leasing**: Veräußerungen langlebiger Güter an Nutzer unter Einräumung eines Rückgaberechts, wobei der Gegenstand vom Käufer bis zur Rückgabe genutzt wird, Rücknahmeobjekt also nicht ein neuwertiger, sondern ein Gebrauchtgegenstand ist und der Rücknahmepreis dementsprechend signifikant unter dem ursprünglichen Verkaufspreis liegt. Hier ist häufig ein verdecktes Leasing gegeben.

## 10.2.6 Zeitpunktbezogene vs. zeitraumbezogene Leistungen

Umsätze sind nach Maßgabe der Erfüllung der Leistungsverpflichtungen zu realisieren (IFRS 15.31). Hierbei ist gemäß IFRS 15.38 – wie im HGB – zwischen zeitpunktbezogenen und zeitraumbezogenen Leistungen zu unterscheiden.

- Bei **zeitpunktbezogenen Leistungen** wird der Umsatz im Erfüllungszeitpunkt realisiert, bei Lieferung von Waren etwa mit der Übertragung des wirtschaftlichen Eigentums.

- **Zeitraumbezogene Leistungen** sind nach Leistungsfortschritt zu realisieren, wobei dieser häufig dem Zeitablauf entspricht, so etwa bei Lizenzierung einer Marke auf fünf Jahre oder bei einem Mobilfunkvertrag über 24 Monate. In anderen Fällen (so etwa bei den nachfolgend behandelten Fertigungsaufträgen) ist eine andere angemessene Methode zur Bestimmung des Leistungsfortschritts anzuwenden.

Vom HGB unterscheiden sich die Realisationsregeln des IFRS 15 vor allem dadurch, dass sie **bestimmte Fertigungsaufträge** nicht als Zeitpunkt-, sondern **als Zeitraumleistungen** betrachten, mit der Folge, dass Umsatz nicht erst bei Fertigstellung, sondern schon begleitend zum Fertigungsfortschritt auszuweisen ist. Betroffen sind nach IFRS 15.35(c) Fertigungsfälle, in denen das leistungserbringende Unternehmen aus rechtlichen oder tatsächlichen Gründen keine alternative Verkaufs- bzw. Verwendungsmöglichkeit für den in Herstellung befindlichen Vermögenswert hat. Zunächst ein Beispiel zu den rechtlichen Gründen:

> **!** **Beispiel**
>
> Bauunternehmer B errichtet auf eigenem Grundstück ein Wohnhaus, um es in Form von Eigentumswohnungen zu veräußern. Schon vor Baubeginn veräußert er die Eigentumswohnung Nr. 6 im zweiten Stock links, Gartenseite, notariell an den Käufer K. Die Wohnung unterscheidet sich in Größe, Ausstattung, Raumaufteilung usw. nicht von den Wohnungen Nr. 4 und Nr. 2 im gleichen Gebäude. Gleichwohl ist sie kundenspezifisch i. S. v. IFRS 15.35(c), da der Kaufvertrag B zur Übereignung der konkret lokalisierten Wohnung Nr. 6 (zweiter Stock links, Gartenseite) verpflichtet, also B selbst dann aus rechtlichen Gründen gehindert ist, die Wohnung an einen anderen zu verkaufen, wenn er eine gleichwertig andere Wohnung anbietet.

Kein substanzielles rechtliches Hindernis liegt nach IFRS 15.B7 vor, wenn der versprochene Vermögenswert austauschbar ist, also an einen anderen gegeben werden könnte und ohne Vertragsbruch dem eigentlichen Kunden der gleichartige Vermögenswert geliefert werden könnte.

Aus tatsächlichen Gründen (*practical limitations*) scheidet eine alternative Nutzung nach IFRS 15.B8 aus, wenn der Vermögenswert nach **spezifischen Vorgaben des Kunden** erstellt wird und ohne signifikante ökonomische Einbußen (in der Form von Preisabschlägen oder kostenintensiven Anpassungsarbeiten) nicht an einen anderen Kunden verkauft werden könnte. Das erforderliche Signifikanzurteil ist naturgemäß ermessensbehaftet, wie folgendes Beispiel aus dem Schiffsbau zeigt:

> **!** **Beispiel**
>
> Schiffsbauer F produziert für das Touristikunternehmen T ein Kreuzfahrtschiff nach spezifischen Kundenvorgaben.

Um die Erlöse aus einer zeitraumbezogenen Leistung den einzelnen Berichtsperioden zuordnen zu können, ist gemäß IFRS 15.39 zu jedem Bilanzstichtag (oder Stichtag einer Zwischenberichtsperiode) der **Leistungsfortschritt bzw. Fertigstellungsgrad** (*progress towards complete satisfaction of that performance obligation*) zu ermitteln. Für jede Leistungsverpflichtung ist eine einzige Methode anzuwenden. Diese ist auf ähnliche Leistungsverpflichtungen und unter ähnlichen Umständen konsistent anzuwenden (IFRS 15.40).

Zur Ermittlung des Leistungsfortschritts kommen Einsatz- und Leistungsverfahren, d. h. input- und outputorientierte Verfahren, in Betracht:

- Bei **inputorientierten Verfahren** wird der Fertigstellungsgrad durch das Verhältnis des bis zum Stichtag bereits erfolgten Faktoreinsatzes zum erwarteten gesamten Faktoreinsatz gemessen.
- Bei **outputorientierten Verfahren** wird hingegen der dem Kunden bereits durch Erfüllung der Leistungsverpflichtung zugeflossene Nutzen zum Gesamtnutzen (in Form von Gütern und sonstigen Leistungen) aus der Leistungsverpflichtung ins Verhältnis gesetzt.

Wichtigstes Inputverfahren ist die *cost-to-cost*-Methode. Sie bestimmt den Leistungsfortschritt nach dem Verhältnis der bis zum Stichtag angefallenen Auftragskosten zu den geschätzten gesamten Auftragskosten. Andere Inputverfahren bemessen den Faktoreinsatz nicht in Geld, sondern an einem Mengenmaßstab (geleistete Bemühungen bzw. *efforts expended*), also etwa bei lohnintensiver Tätigkeit an der Zahl der geleisteten Arbeitsstunden (im Verhältnis zur geschätzten Gesamtzahl) oder bei anlageintensiver Tätigkeit an der Zahl der Maschinenstunden.

Outputverfahren können bei einem zu erbringenden Gesamtwerk (z. B. Brückenbau) auf physische Teilleistungen (z. B. Brückenpfeiler) oder auf vertraglich festgelegte *milestones* abstellen, bei einer Summe von nacheinander erbrachten Einzelleistungen (z. B. zehn Einfamilienhäuser) auf die Zahl der bereits fertiggestellten Einheiten (*units produced*).

Abb. 30 zeigt die Bandbreite der Methoden.

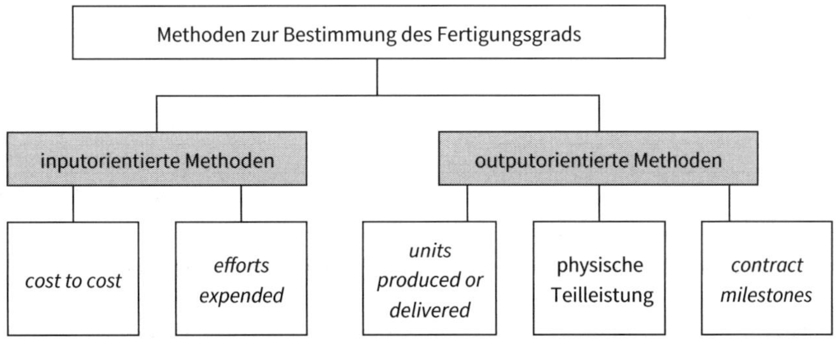

**Abb. 30:** Verfahren zur Bestimmung des Fertigungsgrads

275

Outputorientierte Verfahren bemessen den Auftragsfortschritt am **Verhältnis der erreichten Leistung zur Gesamtleistung**. Bei einer über den gesamten Auftrag gleich bleibenden Leistungsart, z.B. Asphaltierung einer bestimmten Straßenkilometerzahl, ist die Anwendung der Methode auf den ersten Blick einfach (im Beispiel: bereits asphaltierte Kilometer/Gesamtkilometer). In vielen Fällen fehlt es jedoch bei einer zweiten Betrachtung an einfachen, annähernd **linearen Beziehungen**. Bei einem **Tunnelbau** ist etwa das Verhältnis der bereits gebohrten Kilometer zu den Gesamtkilometern dann kein verlässlicher Indikator, wenn wegen unterschiedlicher Gesteinsschichten mit unterschiedlicher Vortriebsgeschwindigkeit zu rechnen ist. In derartigen Fällen muss die einfache **Mengenbetrachtung gewichtet** werden. Geeignete Gewichtungsfaktoren können u. a. die Kosten oder die Arbeitsstunden sein, also typische Inputfaktoren. Die Grenzen zu den inputorientierten Verfahren verwischen sich dann.

Ohne Blick auf die in Kosten gewichtete Inputseite kommt auch die *milestones*-Methode nicht aus.

> **Beispiel**
>
> Die S-GmbH hat einen Festpreisauftrag zur Entwicklung einer kundenspezifischen Software angenommen. Der Auftrag definiert 100 logisch aufeinander aufbauende Funktionalitätserfordernisse. Am Bilanzstichtag sind 80 % der Funktionalitäten programmiert. Die S-GmbH entschließt sich daher, 80 % des vereinbarten Festpreises als Erlös auszuweisen, und setzt in der Gewinnermittlung die bisher angefallenen Kosten (hauptsächlich Löhne) dagegen.
> Der in IT-Angelegenheiten naive Wirtschaftsprüfer WP fragt nach, wie viele Stunden noch anfallen werden, um die restlichen 20 % zu programmieren. Die Antwort ist: »ungefähr genauso viele Stunden wie für die 80 %«.
> Der WP ist nach dieser Auskunft nicht bereit, einem technisch interpretierten Fertigungsgrad von 80 % auch bilanziell zu folgen. Er sieht bilanziell vielmehr nur einen »naiven« Fertigungsgrad von 50 % als angemessen an.

Da auch die Outputverfahren die Kostenseite nicht unbeachtet lassen können, ist ein direkter Kostenansatz *(cost-to-cost*-Methode) häufig vorzuziehen und dominiert daher in der Praxis. Im einfachsten Fall ergibt sich folgendes *Berechnungsschema für die cost-to-cost*-Methode:

| | 01 | 02 | 03 |
|---|---|---|---|
| a) Kosten der Periode | ... | ... | ... |
| b) Kosten kumuliert | ... | ... | ... |
| c) Dito in % der geschätzten Gesamtkosten | ... % | ... % | ... % |
| d) Festpreis | ... | ... | ... |

|  | 01 | 02 | 03 |
|---|---|---|---|
| e) Umsatz kumuliert (= d × c) | ... | ... | ... |
| f) Dito Vorjahr | ... | ... | ... |
| g) Umsatz der Periode (= e – f) | ... | ... | ... |
| h) Ertrag der Periode (= g – a) | ... | ... | ... |

**Beispiel**   !

Die Groß-Anlagen GmbH errichtet für ihren Kunden eine Fertigbeton-Misch-und-Verladean-lage zum Festpreis von 12 Mio. EUR und zu Kosten von 8 Mio. EUR, die zu je 2 Mio. EUR in 01 und 03 sowie zu 4 Mio. EUR in 02 anfallen.

|  | 01 | 02 | 03 |
|---|---|---|---|
| a) Kosten der Periode | 2 | 4 | 2 |
| b) Kosten kumuliert | 2 | 6 | 8 |
| c) Dito in % der geschätzten Gesamtkosten | 25 % | 75 % | 100 % |
| d) Festpreis | 12 | 12 | 12 |
| e) Umsatz kumuliert (= d × c) | 3 | 9 | 12 |
| f) Dito Vorjahr | 0 | 3 | 9 |
| g) Umsatz der Periode (= e – f) | 3 | 6 | 3 |
| h) Ertrag der Periode (= g – a) | 1 | 2 | 1 |

Auch bei Festpreisverträgen kann es durch nachträgliche **Erweiterungen des Auftragsumfangs** zu Änderungen auf der Erlösseite kommen. Sie sind mit den korrespondierenden Änderungen auf den Kostenseiten (sowie sonstigen Kostenänderungen aus fortlaufender **Aktualisierung der Kalkulation**) entsprechend zu berücksichtigen:

**Beispiel**   !

Die Skyscraper GmbH hat in 01 von der New-Age AG den Auftrag zur Erstellung eines Büro-hochhauses gegen einen Festpreis von 100 Mio. EUR erhalten. Ursprünglich ging die GmbH von Kosten von 90 Mio. EUR aus. Wegen Schwierigkeiten bei den Gründungsarbeiten ist diese Schätzung zum Bilanzstichtag auf 95,0 Mio. EUR korrigiert worden (davon 19,0 in 01). Einen Ausgleich kann die GmbH in 02 dadurch erreichen, dass die Erweiterung des Büro-hochhauses um ein Penthouse für den New-Age-Vorstand zu einem Preis von 10 Mio. EUR bei geschätzten Kosten von 4 Mio. EUR vereinbart wird. Bei Kosten von 40,4 in 02 und 39,6 + 1,0 in 03 wird das Gebäude in 03 fertiggestellt. Die zusätzlichen 1,0 Mio. EUR in 03 fallen in der Endphase zur Fristeinhaltung an (Schnellbaukosten).

Zu jedem Stichtag sind die Gesamterlöse, die Gesamtkosten und aus der Relation der angefallenen Kosten der Fertigstellungsgrad zu ermitteln. Auf dieser Basis ergeben sich Periodenerlös, Periodenkosten und Periodengewinn wie folgt:

| | 01 | 02 | 03 |
|---|---|---|---|
| Ursprünglicher Erlös | 100 | 100 | 100 |
| + Erweiterung | 0 | 10 | 10 |
| = Gesamter Erlös | 100 | 110 | 110 |
| – Gesamte Kosten | 95 | 99 | 100 |
| = Gesamter Gewinn | 5 | 11 | 10 |
| | | | |
| Kosten bis Stichtag | 19 | 59,4 | 100 |
| Fertigstellungsgrad (= kumulierte Stichtagskosten/ geschätzte Gesamtkosten) | 20 % | 60 % | 100 % |
| | | | |
| Kumulierter Erlös (Gesamterlös x % Fertigstellung) | 20 | 66 | 110 |
| – Davon in Vorjahren | 0 | 20 | 66 |
| = Periodenerlös | 20 | 46 | 44 |
| | | | |
| Kumulierte Kosten (s. o.) | 19 | 59,4 | 100 |
| – Davon in Vorjahren | 0 | 19 | 59,4 |
| = Periodenkosten | 19 | 40,4 | 40,6 |
| | | | |
| Periodengewinn | 1 | 5,6 | 3,4 |

## 10.3   *Notes*

Die wesentlichen Angabepflichten zur GuV sind:
- IAS 1.97 ff.: Aufschlüsselung der Aufwendungen (Umsatzkostenverfahren oder Gesamtkostenverfahren, soweit nicht bereits in GuV),
- IAS 12.79 ff.: Aufschlüsselung des Steueraufwands (vgl. Kapitel 9.6),
- IAS 8: Erläuterung von Bilanzkorrekturen, Methodenänderungen,
- IFRS 15.110 ff.: u.a. Beschreibung der wesentlichen Arten von Leistungsverpflichtungen und der darauf angewandten Realisationsmethoden (zeitpunkt- vs. zeitraumbezogen, bei Zeitraumbezug input- vs. outputorientiert usw.),
- IFRS 5: Erläuterung *discontinued operations*.

Soweit komplexe Geschäftsmodelle Anwendung finden, können die Angaben nach IFRS 15 sehr umfangreich sein.[15]

---

**Beispiel**                                                                    **!**

Wir erzielen Erlöse

1. aus der **Veräußerung** von Spielautomaten und der **Fertigung** und Lieferung von Lotteriesystemen,
2. aus dem **Betreiben von Casino-Spielen und Spielautomaten** sowie
3. aus der **Platzierung** von allein stehenden und vernetzten Spielautomaten.

- Ad a): Erlöse aus der **Veräußerung** von Spielautomaten, Lotteriesystemausstattungen usw. werden im Allgemeinen bei Auslieferung an den Kunden realisiert, Erlöse aus kundenspezifischer **Fertigung** von Lotteriesystemen nach Maßgabe des inputorientiert beurteilten Fertigungsfortschritts.

- Ad b): In Übereinstimmung mit der Branchenpraxis werden Erlöse aus dem **Betreiben von Casino-Spielen und Spielautomaten** als Nettobetrag aus Wetteinsatz der Spieler und Auszahlung an diese ausgewiesen. Erlöse werden zusätzlich um die den Vielspielern gewährten Rabatte und die allen Spielern gewährten Gratisgetränke und -speisen gekürzt. Als Kürzungsbetrag wird der im Einzelhandel erzielbare Verkaufspreis der Getränke und Speisen angesetzt.

- Ad c): Wir **platzieren Spielautomaten** in Casinos nach einem breiten Spektrum von Preis- und Vertragsgestaltungen, darunter (c1) **Einzelverträge** zu *flat fees* oder mit Gewinnpartizipation, (c2) Verträge über elektronisch **vernetzte Automaten**, bei denen sich der Jackpot aus den Einzahlungen aller vernetzten Automaten aufbaut, (c3) hybride bzw. **strukturierte Verträge**, die gleichzeitig ein Veräußerungs- und ein laufendes Entgelt beinhalten.

  - (c1): Die Erlöse aus **Einzelverträgen** werden bei einer *flat fee* pro rata, bei einer Gewinnbeteiligung auf Basis unseres Anteils an den Nettoeinnahmen (Spieleinsätze minus Spielgewinne) realisiert.

  - (c2): Abhängig vom jeweiligen Bundesstaatenrecht führen die Casinos aus den Nettoeinnahmen der vernetzten Automaten in der Regel einen Prozentanteil an einen Trust ab, der hieraus den Jackpot finanziert. Die Abwicklung von Zahlungs- und Anlagenverkehr wird in der Regel von uns gegen eine von den Cashflows abhängige Gebühr übernommen. Diese Gebühren werden nach Maßgabe der geschätzten Einbringlichkeit als Erlös realisiert. Soweit die anteiligen Nettoeinnahmen uns selbst zustehen, werden diese ohne Abzug der Jackpotdotierung oder Jackpotauszahlung realisiert. Die den Jackpot betreffenden Beträge werden als Aufwand erfasst.

  - (c3): Soweit strukturierte Verträge insgesamt den Charakter eines *operating-lease*-Vertrags haben, wird die Gesamtvergütung verteilt über die Laufzeit realisiert; soweit nach den Regeln für Mehrkomponentengeschäfte eine Aufteilung in Veräußerung und eine Serviceleistung möglich und geboten ist, wird der Veräußerungserlös (in Höhe des *fair value*) mit Auslieferung realisiert, der Serviceerlös mit Erbringung der Dienstleistung.

---

15   In Anlehnung an einen Geschäftsbericht der International Game Technology Inc., Reno (Nevada).

## 10.4 Zusammenfassung

Die **GuV** nach IFRS unterscheidet sich nicht wesentlich vom HGB. Wie im Handelsrecht kann zwischen zwei Formaten gewählt werden,

- dem **Umsatzkostenverfahren** (*cost of sales method*) und
- dem **Gesamtkostenverfahren** (*nature of expense method*).

Besondere Regelungen bestehen für die **Abgrenzung des nachhaltigen Ergebnisses**. Ist die Entscheidung für die Einstellung oder den Verkauf eines Geschäftsbereichs gefallen, ist die zuvor einheitliche GuV in zwei Teil-GuVs zu splitten. Im ersten Teilbereich wird der Gewinn der fortzuführenden Geschäfte ausgewiesen, im zweiten Teilbereich der Gewinn der *discontinued operations*. Aus der Summe ergibt sich der Unternehmensgewinn.

In den Grundsätzen der **Erlösrealisierung** bestehen vor allem folgende wichtige Unterschiede im Vergleich zum Handelsrecht:
- explizite Regelungen zu Mehrkomponentengeschäften, bei denen mehrere unterscheidbare und deshalb separat auf den Realisationszeitpunkt zu würdigende Leistungen vorliegen;
- explizite Regelungen, ob und in welchem Umfang variable (erfolgsabhängige) Teile des Entgelts bereits zu Umsatz führen;
- explizite Regeln zu Erlösrealisierungen bei Lieferungen mit Einräumung eines Rückgaberechts;
- Erfassung des Umsatzes nach Leistungsfortschritt bei kundenspezifischen Fertigungsaufträgen.

Insbesondere bei komplexen Geschäftsmodellen bestehen umfangreiche Angabepflichten für den Anhang.

## 10.5 Fragen und Antworten

**Fragen**

**A.1** Die L AG erzielt Erlöse hauptsächlich aus Leasingverträgen, wobei das wirtschaftliche Eigentum an den Leasingobjekten in der Regel bei der L AG bleibt (*operating lease*). Hat die L AG für die Erlösrealisierung IFRS 15 anzuwenden?

**A.2** Welche Grundunterscheidung trifft IFRS 15 hinsichtlich der Art der Leistungsverpflichtung und daraus abgeleitet der Art der Umsatzrealisation?

**B.1** Was ist ein Mehrkomponentengeschäft und wie ist der Erlös aus einem solchen Geschäft zu realisieren?

**B.2** Wie unterscheidet sich die Umsatzrealisation nach IFRS 15 bei kundenspezifischer Fertigung einer Anlage konzeptionell und in den Konsequenzen vom HGB?

**C.1** Unter welcher Voraussetzung bzw. in welchem Maß sind variable Entgeltbestandteile nach IFRS 15 zu realisieren?

**C.2** Zeitraumbezogene Leistungen sind nach Leistungsfortschritt zu realisieren. Auf welche beiden Arten kann der Leistungsfortschritt nach IFRS 15 bestimmt werden?

**Antworten**

**A.1** Auf Erlöse aus Leasingverträgen ist nicht der allgemeine Erlösstandard IFRS 15, sondern der spezielle Leasingstandard IFRS 16 anzuwenden.

**A.2** IFRS 15 unterscheidet zeitpunktbezogene Leistungen – Umsatzrealisation im Zeitpunkt der Erfüllung der Leistungsverpflichtung – und zeitraumbezogene Leistungen – Umsatzrealisation nach Leistungs- bzw. Fertigungsfortschritt.

**B.1** Ein Mehrkomponentengeschäft liegt vor, wenn auf einheitlicher vertraglicher Grundlage mehrere eigenständige Leistungen erbracht werden. Für Zwecke der Erlösrealisierung ist dann das insgesamt erzielte Entgelt (Transaktionspreis) auf die Komponenten aufzuteilen und für jede Komponente eigenständig, d. h. häufig zu unterschiedlichen Zeitpunkten/Zeiträumen zu realisieren.

**B.2** Konzeptionell interpretiert IFRS 15 die Fertigung einer kundenspezifischen Anlage nicht wie das HGB als zeitpunktbezogene Leistung, sondern als zeitraumbezogene Leistung. Hieraus folgt: während nach HGB der Umsatz erst mit Fertigstellung/Abnahme realisiert wird, ist er nach IFRS schon begleitend zum Fertigungsfortschritt auszuweisen.

**C.1** Variable Entgeltbestandteile dürfen nur dann bzw. in dem Umfang schon als Erlös realisiert werden, wie eine »Stornierung« (Umkehr) des so gebuchten Umsatzes hoch unwahrscheinlich ist.

**C.2** IFRS 15 unterscheidet zwischen input- und outputorientierter Bestimmung des Leistungsfortschritts. Inputorientiert wird auf das Verhältnis von schon getätigtem Aufwand/Stunden/Kosten usw. zum insgesamt erwarteten abgestellt (z. B. *cost-to-cost*-Verfahren). Outputorientiert kommt es darauf an, welche Teile der Leistung schon erbracht sind (z. B. *milestones*-Verfahren).

# 11 Weitere Abschlussbestandteile

## 11.1 Eigenkapitalveränderungsrechnung (im Verhältnis zur Gesamtergebnisrechnung)

IAS 1.106 ff. sieht als besonderen Bestandteil des Jahresabschlusses eine **Eigenkapitalveränderungsrechnung** (*statement of changes in equity*) vor, die mindestens Folgendes zeigt:

- das **Gesamtergebnis** (als Summe aus GuV-Ergebnis und ohne Berührung der GuV des direkt im Eigenkapital erfassten sonstigen Ergebnisses (*other comprehensive income* – OCI),
- die Wirkung der **Änderungen von Bilanzierungs- und Bewertungsmethoden** sowie der **Berichtigung von Fehlern**.
- die **Transaktionen mit Eigenkapitalgebern** (Einlagen, Entnahmen, Ausschüttungen).

Die Angaben zur Entwicklung einzelner Eigenkapitalkategorien und als deren Bestandteil die Angaben zu den Komponenten des sonstigen Ergebnisses (der Gesamtergebnisrechnung) können wahlweise im Anhang geleistet werden (IAS 1.106A).

Die nachfolgende Darstellung der Eigenkapitalveränderungsrechnung sieht eine Aufschlüsselung in der Eigenkapitalveränderungsrechnung selbst vor:

| | Gez. Kap. | Kap. RL | Neubew. RL | RL Zeitbew. | Akkum. Gewinn | Summe |
|---|---|---|---|---|---|---|
| Saldo 1.1.01 | | | | | | |
| +/– Änderung Bilanzierungs- und Bewertungsmethoden sowie Bilanzkorrektur | | | | | | |
| = Angepasster Saldo 1.1.01 | | | | | | |
| Ergebnis aus Zeitbewertung bestimmter Finanzinstrumente | | | | | | |
| +/– Überschuss/Fehlbetrag aus Neubewertung von ... (z.B. Grundstücken) | | | | | | |
| = Sonstiges Gesamtergebnis (OCI) | | | | | | |
| + Periodenergebnis | | | | | | |
| = Gesamtergebnis | | | | | | |
| – Dividenden | | | | | | |
| + Kapitalerhöhung | | | | | | |

|  | Gez. Kap. | Kap. RL | Neubew. RL | RL Zeitbew. | Akkum. Gewinn | Summe |
|---|---|---|---|---|---|---|
| + Angepasster Saldo 1.1.01 (s. o.) |  |  |  |  |  |  |
| = Saldo 31.12.01 |  |  |  |  |  |  |

**Tab. 16:** Eigenkapitalveränderungsrechnung im Einzelabschluss

**!**

**Beispiel**

1. Die Equity GmbH verfügt per 1.1.01 über ein gezeichnetes Kapital von 100 TEUR sowie Gewinnrücklagen und einen Gewinnvortrag von je 50 TEUR.
2. In 01 wird ein grundlegender Fehler der Vorjahre korrigiert (bisher buchmäßig bilanzierte, tatsächlich aber unterschlagene Vorräte 10 TEUR; keine Steuerwirkung).
3. Bei erfolgsneutral zum Zeitwert erfassten Wertpapieren liegt der Zeitwert per 1.1. um 10 TEUR und per 31.12. noch um 8 TEUR über den Anschaffungskosten (jeweils nach latenten Steuern).
4. Grund und Boden wird neu bewertet (Zuschreibung 30 TEUR).
5. Die GuV der Periode weist ein Ergebnis von 74 TEUR aus.
6. Eine Dividende von 10 TEUR (auf das Vorjahresergebnis) wird ausgeschüttet.
7. In 01 wird außerdem das Kapital um 20 TEUR nominal bei einem Agio von 15 TEUR erhöht.

Der Steuersatz beträgt 40 %.

|  | Gez. Kap. | Kap. RL | Neubew. RL | RL Zeitbew. | Akkum. Gewinn | Summe |
|---|---|---|---|---|---|---|
| Saldo 1.1.01 (1 und 3) | 100 |  |  | 10 | 100 | 210 |
| – Bilanzkorrektur (2) |  |  |  |  | -10 | -10 |
| = Angepasster Saldo 1.1.01 | 100 |  |  | 10 | 90 | 200 |
| Ergebnis aus erfolgsneutraler Zeitbewertung Wertpapiere (nach Steuer) (1 und 3) |  |  |  | –2 |  | –2 |
| + Überschuss aus Neubewertung von Grund und Boden (nach Steuern) (4) |  |  | 18 |  |  | 18 |
| = Sonstiges Gesamtergebnis |  |  | 18 | -2 |  | 16 |
| + Periodenergebnis (5) |  |  |  |  | 74 | 74 |
| = Gesamtergebnis |  |  | 18 | -2 | 74 | 90 |
| – Dividende (6) |  |  |  |  | –10 | –10 |
| + Kapitalerhöhung (7) | 20 | 15 |  |  |  | 35 |

|  | Gez. Kap. | Kap. RL | Neubew. RL | RL Zeitbew. | Akkum. Gewinn | Summe |
|---|---|---|---|---|---|---|
| + Angepasster Saldo 1.1.01 | 100 |  |  | 10 | 90 | 200 |
| = Saldo 31.12.01 | 120 | 15 | 18 | 8 | 154 | 315 |

Nach § 297 Abs. 1 HGB ist ein ähnlicher »Eigenkapitalspiegel« auch für den handels-rechtlichen Konzernabschluss vorgeschrieben.

Im **Konzernabschluss** (nach HGB oder IFRS) ist auch der Minderheitenanteil (**nicht beherrschende Anteile**) als Eigenkapital zu berücksichtigen. Das vorstehende Schema ist dann wie folgt zu variieren:

|  | Gez. Kap. und Kap. RL | RL Währ., Zeit- und Neubew. | Akkum. Gewinn | Summe Mehrheits-ges. | Nicht beherr. Anteile | Summe |
|---|---|---|---|---|---|---|
| Saldo 1.1.01 |  |  |  |  |  |  |
| +/– Änderung Bilanzierungs- und Bewertungsmethoden sowie Bilanzkorrektur |  |  |  |  |  |  |
| = Angepasster Saldo 1.1.01 |  |  |  |  |  |  |
| Ergebnis aus erfolgsneutra-ler Zeitbewertung bestimmter Finanzinstru-mente |  |  |  |  |  |  |
| +/– Überschuss/Fehlbetrag aus Neubewertung von … (z. B. Grundstücken) |  |  |  |  |  |  |
| = Sonstiges Gesamtergebnis (OCI) |  |  |  |  |  |  |
| + Periodenergebnis |  |  |  |  |  |  |
| = Gesamtergebnis |  |  |  |  |  |  |
| – Dividenden |  |  |  |  |  |  |
| + Kapitalerhöhung |  |  |  |  |  |  |
| + Angepasster Saldo 1.1.01 (s. o.) |  |  |  |  |  |  |
| = Saldo 31.12.01 |  |  |  |  |  |  |

**Tab. 17:** Eigenkapitalveränderungsrechnung im Konzernabschluss

## 11.2 Kapitalflussrechnung

IAS 1.10 und IAS 1.111 verlangen von allen Unternehmen die Aufstellung einer Kapitalflussrechnung. Der Bilanzadressat soll die Fähigkeit des Unternehmens beurteilen können, Zahlungsmittel und Zahlungsmitteläquivalente zu erwirtschaften. Während § 297 Abs. 1 HGB die Aufstellung einer Kapitalflussrechnung nur für den Konzernabschluss fordert, gelten die IFRS-Vorschriften ebenso für den Einzelabschluss.

Der Aufbau der Kapitalflussrechnung ist im Einzelnen in IAS 7 erläutert. Gegenüber dem Deutschen Rechnungslegungsstandard Nr. 22 (DRS 22) besteht in Inhalt und Aufbau der Kapitalflussrechnung weitgehende Übereinstimmung. Die Kapitalflussrechnung ist nach der Entstehung der Geldflüsse in drei Bereiche gegliedert:

- Cashflow aus **laufender Geschäftstätigkeit**,
- Cashflow aus **Investitionstätigkeit** (Anschaffung und Veräußerung von Anlagevermögen),
- Cashflow aus **Finanzierungstätigkeit** (Darlehensaufnahmen und -tilgungen, Kapitaleinlagen und Dividenden).

Aus der Summe der drei Bereiche ergibt sich der **Netto-Cashflow**, d. h. die Veränderung des Bestands an Zahlungsmitteln (Zahlungsmittel- oder Finanzmittelfonds).

Da das Rechnungswesen sich auf Erträge und Aufwendungen konzentriert und somit unmittelbar keine Aufzeichnungen über die sachliche und zeitliche Abgrenzung von Einzahlungen und Auszahlungen liefert, wird der Cashflow aus laufender Geschäftstätigkeit (operativer Cashflow) überwiegend nach der indirekten Methode ermittelt. Ausgangspunkt ist der Jahresüberschuss (oder eine Vor-Steuer-Größe). Die Ausgangsgröße wird um nicht zahlungswirksame Aufwendungen und Erträge, insbesondere Abschreibungen sowie Veränderungen des *working capital*, korrigiert. Abb. 31 zeigt, aus welchen Quellen sich die Teilbereiche der Cashflow-Rechnung im Wesentlichen speisen.

Wie Zahlungsmittel werden in der Cashflow-Rechnung **Zahlungsmitteläquivalente** behandelt. Als solche gelten nur unwesentlichen Wertschwankungsrisiken unterliegende Finanzinvestitionen mit einer Restlaufzeit von in der Regel nicht mehr als drei Monaten (IAS 7.7). Dem Zahlungsmittelbereich zugeordnet werden können als Negativposten ebenfalls Kontokorrentverbindlichkeiten gegenüber Kreditinstituten (IAS 7.8).

Im operativen Bereich der Cashflow-Rechnung gesondert anzugeben sind Ertragsteuern und Zinsen. **Zinsen** können gemäß IAS 7.33 alternativ auch im Finanzierungs- bzw. Investitionsbereich zugeordnet werden.

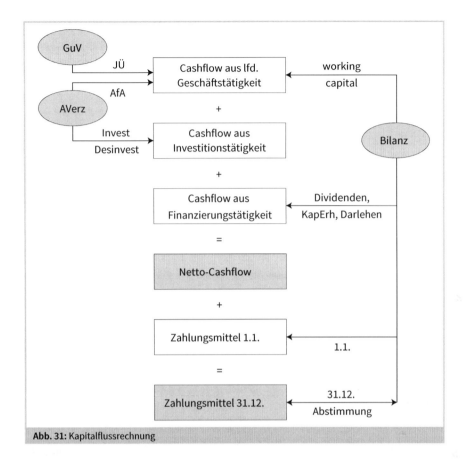

**Abb. 31:** Kapitalflussrechnung

Die gewählte Methode für die Bestimmung des Zahlungsmittelfonds ist anzugeben. Soweit sich die Zusammensetzung nicht unmittelbar aus der Bilanz ergibt, ist eine Überleitungsrechnung zu den Bilanzposten vorzunehmen.

Beispiele für den Aufbau einer Cashflow-Rechnung sind im Anhang zu IAS 7 angeführt. Nachfolgend ein vereinfachter Fall:

**Beispiel**                                                                                              !

Die Cash AG erzielt einen Gewinn vor Steuern von 3.000 TEUR. Darin enthalten sind:

- Abschreibungen von 420 TEUR,
- Finanzerträge von 300 TEUR (davon vereinnahmt: 250 TEUR),
- Zinsaufwand von 500 TEUR (Zinszahlung 350 TEUR + 150 TEUR aus Aufzinsung Zero-Bond).

- Die Vorräte wurden um 1.100 TEUR erhöht, Forderungen aus Lieferungen und Leistungen inkl. sonstige Forderungen und Verbindlichkeiten aus Lieferungen und Leistungen sind unverändert.
- Der Steueraufwand beträgt 1.500 TEUR, die Steuerzahlungen 1.800 TEUR.
- Aus einer Kapitalerhöhung wurden 80 TEUR vereinnahmt und an Dividenden 30 TEUR gezahlt. Darlehen wurden mit 50 TEUR getilgt, neue Darlehen nicht aufgenommen.
- In die Sachanlagen wurden 1.000 TEUR investiert, davon 550 TEUR per Leasing. Alte Anlagen mit einem Buchwert von 30 TEUR wurden für 50 TEUR veräußert.
- Der Vortrag an Zahlungsmitteln beträgt 180 TEUR.

| | |
|---|---:|
| Periodengewinn vor Steuern (1) | 3.000 |
| Abschreibungen (2) | 420 |
| Gewinn aus Abgang Anlagevermögen (8) | –20 |
| Finanzerträge (3) | –300 |
| Zinsaufwendungen (4) | 500 |
| Betriebsergebnis vor Änderung Nettoumlaufvermögen | 3.600 |
| Erhöhung Vorräte (5) | –1.100 |
| Cashflow aus betrieblicher Tätigkeit | 2.500 |
| Vereinnahmte Zinsen und Dividenden (3) | 250 |
| Gezahlte Zinsen (4) | –350 |
| Gezahlte Ertragsteuern (6) | 1.800 |
| I) Cashflow aus laufender Geschäftstätigkeit | 600 |
| Erwerb von Sachanlagen (8) | –450 |
| Verkaufserlöse Sachanlagen (8) | 50 |
| II) Cashflow aus Investitionstätigkeit | –400 |
| Erlöse aus Kapitalerhöhung (7) | 80 |
| Tilgung Darlehen (7) | –50 |
| Gezahlte Dividende (7) | –30 |
| III) Cashflow aus Finanzierungstätigkeit | 0 |
| Nettozunahme Zahlungsmittel (Summe I + II + III) | 200 |
| Zahlungsmittel 1.1. (9) | 180 |
| Zahlungsmittel 31.12. | 380 |

## 11.3 *Notes* – Aufbau und Funktion des Anhangs

Der Jahresabschluss (ob nach IFRS, HGB oder anderen Regeln) besteht **primär** aus bestimmten **Rechenwerken** (Bilanz, GuV, Kapitalflussrechnung, Eigenkapitalveränderungsrechnung). Diese Rechenwerke enthalten

- Größen, die nach bestimmten Ansatz- und Bewertungsmethoden zustande gekommen sind,
- dabei in bestimmter Weise zu Posten aggregiert wurden und
- insgesamt die Verhältnisse (Lage usw.) des Unternehmens nur unter einschränkenden Prämissen (z. B. Stichtagsprinzip, Beschränkung auf in Geldeinheiten messbare Größen, *going-concern*-Prinzip) wiedergeben.

Aus diesen Eigenschaften und Grenzen der buchhalterischen Abbildung der Unternehmenswirklichkeit ergibt sich die Hauptfunktion des Anhangs. Er soll die anderen Abschlussbestandteile erläutern, entlasten und ergänzen, indem er insbesondere Antworten auf folgende Fragen gibt:

- **Wie** sind die Zahlen der Rechenwerke zustande gekommen? (Methoden und ggf. Prämissen; IAS 1.112(a)).
- **Was** enthalten die Zahlen in den Rechenwerken? (Erläuterung bzw. Disaggregierung der Posten; IAS 1.112(c)).
- **Was** enthalten die Zahlen der Rechenwerke demgegenüber **(noch) nicht**? (Ereignisse nach dem Stichtag, Eventualverbindlichkeiten, nicht quantifizierbare oder monetär nicht quantifizierbare Größen; IAS 1.112(b)).

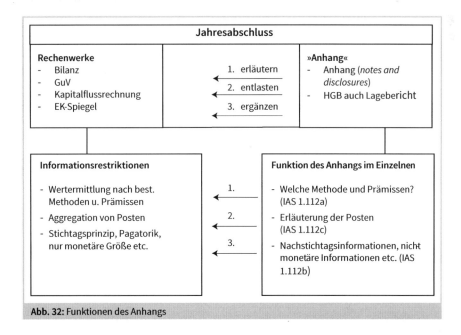

**Abb. 32:** Funktionen des Anhangs

Hinweise auf die Gliederung und notwendige Inhalte des Anhangs finden sich in IAS 1.114 und den einzelnen Standards. Der folgende Vorschlag folgt einem in der Praxis gebräuchlichen Aufbau.

---

**Anhang 1 bis 4: Bilanzierungs- und Bewertungsmethoden**

1. Grundlagen (Anwendung/Beachtung aller IFRS)
2. Konsolidierungskreis und -methoden*
3. Währungsumrechnung
4. Bilanzierungs- und Bewertungsmethoden
   a) Ertrags- und Aufwandsrealisierung
   b) Leasing
   c) Herstellungskosten
   d) …

**Anhang 5 bis 14: Erläuterungen zur GuV**

5. Erlöse aus … (Kerngeschäft)
6. Andere Erlöse
7. Sonstige betriebliche Erträge
8. …
13. Steuern
14. Ergebnis je Aktie**

**Anhang 15 bis 29: Erläuterungen zur Bilanz**

15. Anlagevermögen, Anlagenspiegel
16. Immaterielle Vermögenswerte
17. Finanzanlagen
18. …

**Anhang 30 bis 35: Sonstige Angaben**

30. Ereignisse nach dem Bilanzstichtag
31. Sonstige Verpflichtungen (Bestellobligo usw.)
32. Risikosteuerung, Finanzderivate
33. Segmentbericht**
34. Beziehungen zu nahestehenden Unternehmen
35. Vorstand und Aufsichtsrat (Mitglieder und Bezüge)

---

\*    nur im Konzern
\**   nur börsennotierte Unternehmen (IAS 33 und 14)

**Abb. 33:** Aufbau des Anhangs (Vorschlag)

Eine Erweiterung des Gliederungsvorschlags um *notes* zur Kapitalflussrechnung und zur Eigenkapitalveränderungsrechnung ist in der Praxis nicht die Regel. Die Erläuterungen sind teils so kurz, dass sie unter den entsprechenden Rechenwerken angebracht werden können. Falls längere Angaben erforderlich sind, können diese in anderen Abschnitten vorgenommen werden, etwa hinsichtlich der Eigenkapitalveränderungsrechnung bei der Erläuterung der Bilanzposition Eigenkapital.

Die **Bezeichnung** *notes* (Anmerkungen) ist durchaus wörtlich zu verstehen. Jeder in den *notes* erläuterte Posten der Bilanz, der GuV und der Kapitalflussrechnung muss gemäß IAS 1.113 mit einem Querverweis zum Anhang versehen werden. Werden bspw. die aktiven und passiven latenten Steuern in Ziffer 24 des Anhangs erläutert, findet der Bilanzleser sowohl auf der Aktivseite der Bilanz als auch auf der Passivseite der Bilanz in einer zusätzlich zu den Text- und Zahlenspalten eingefügten Spalte »Anhang« die Ziffer 24.

> **Tipp**                                                                                                                     **!**
>
> Im HGB sind die Anhangangaben in einem besonderen Abschnitt (§§ 284–288 HGB) geregelt. Auch inhaltlich und in der Bilanzierungspraxis führt der Anhang in gewisser Weise ein separates Dasein. Die Praxis »bilanziert deshalb erst einmal«, bevor man sich »noch um den Anhang kümmern muss«.
>
> Im IFRS-System sind die *notes* und *disclosures* dort behandelt, wo auch die Bilanzierungs- und Bewertungsfragen geregelt sind. Auch inhaltlich besteht ein engerer Zusammenhang zwischen *notes* und Bilanz als nach HGB. Für die Untergliederung der Vorräte bspw. ist der HGB-Anhang weniger relevant, weil die Untergliederung schon in der Handelsbilanz selbst vollzogen wird. Die IFRS-Bilanz zeigt demgegenüber nur den Hauptposten. Seine Aufschlüsselung ist Sache des IFRS-Anhangs.
>
> Für die praktische Jahresabschlusserstellung folgt daraus: eine Arbeitsteilung der Art »erst Bilanz, dann Anhang« oder »Meier Anlagevermögen, Müller Anhang« macht wenig Sinn. Der IFRS-Anhang will ernst genommen werden. Er muss integral mit dem jeweiligen Bilanzposten bearbeitet werden.

Bilanzierungsentscheidungen verlangen vielfach die **Ausübung von Ermessen** (*management judgement*). Zwei Hauptformen des Ermessens werden mit Angabepflichten belegt:

- Anwendung der Regeln: Viele Regeln enthalten **unbestimmte Rechtsbegriffe**. Bei der Zurechnung eines Leasinggegenstands hat der Leasinggeber zu entscheiden, ob die Vertragsdauer den »*major part*« der Nutzungsdauer abdeckt. Beim Factoring von Forderungen kommt es darauf an, ob »*substantially all of the risks*« auf den Factor übergehen. IAS 1.117 schreibt die Offenlegung der wichtigsten (»*most significant*«) dieser Entscheidungen im Anhang vor. Das Anliegen, dem Bilanzadressaten zu zeigen, wo der Abschluss besonders ermessensbehaftet ist, erscheint ehrenwert. Dass die Regel aber selbst einen hoch ermessensbehafteten Begriff – »*most significant*« – verwenden muss, zeigt die praktische Schwierigkeit der Umsetzung.

- **Vornahme von Schätzungen**: Die Bemessung der Rückstellungen, die Bestimmung des *fair value* einer nicht börsennotierten Aktie, die Ermittlung des niedrigeren Stichtagswerts (*recoverable amount*) von Anlagegütern und viele andere Fragen verlangen zukunftsgerichtete und damit unsichere Schätzungen. IAS 1.125. schreibt vor, Kernquellen (*key sources*) solcher Unsicherheit offenzulegen. Art und Umfang der Information sollen den Umständen angepasst sein. Bei so viel Unbestimmtheit der Regeln selbst verwundert es nicht, wenn sich auch die Berichtspraxis häufig mit pauschalen Hinweisen auf die Unsicherheit der etwa bei der Beurteilung von Nutzungsdauern, Werthaltigkeiten usw. zugrunde gelegten Annahmen begnügt.

## 11.4   Besondere Berichtspflichten für kapitalmarktorientierte Unternehmen

### 11.4.1   Überblick

Das IFRS-Regelwerk enthält drei Standards, die – mit für Industrie- und Handelsunternehmen irrelevanten Ausnahmen – nur von **kapitalmarktorientierten Unternehmen** zu beachten sind:
- IFRS 8 verlangt eine Segmentberichterstattung, in der Umsatz, Ergebnis und andere Größen nach Geschäftsfeldern und/oder Regionen aufgegliedert sind.
- IAS 33 schreibt die Angabe des Gewinns pro Aktie vor.
- IAS 34 gibt Regeln für den Inhalt eines Zwischenberichts (Halbjahres- oder Quartalsabschluss) vor.

### 11.4.2   Segmentberichterstattung

Nach dem *Conceptual Framework* soll der Abschluss die Beurteilung der Entwicklung der Vermögens-, Finanz- und Ertragslage ermöglichen. Bei Unternehmen, die unterschiedliche Produkte und Dienstleistungen anbieten und/oder in ganz unterschiedlichen Ländern tätig sind, ist eine solche Beurteilung schwierig, wenn nur hoch aggregierte, das Gesamtunternehmen betreffende Daten vorliegen. Der Segmentbericht soll hier für Abhilfe sorgen, indem er Informationen zur Entwicklung in den unterschiedlichen Geschäftsbereichen (zusammengehörige Produkte oder Dienstleistungen) und/oder regionalen Tätigkeitsgebieten gibt.

Hierbei ist den Vorschriften von IFRS 8 zu folgen. Zu berichten ist über die »**operativen Segmente**«. Diese sind in der Regel entweder
- **sachlich** auf der Basis von Produktlinien, Kundengruppen usw. definiert oder
- **geografisch** (z. B. bei einem Ein-Produkt-Unternehmen, das in verschiedenen Ländern und Währungsräumen tätig ist).

Entscheidend für die Definition des Segments (sowie die Messung der Ergebnisse des Segments) ist die interne Steuerung. Es gelten die Komponenten eines Unternehmens als operative Segmente, deren Leistung durch die oberste Führungsebene des Unternehmens regelmäßig beurteilt wird. Diese Orientierung am internen Berichtswesen des Unternehmens (*management approach*) hat zwei Vorteile:

- Für das Unternehmen ist sie praktikabel und kostengünstig, weil Daten nicht allein für die externe Rechnungslegung generiert werden müssen.
- Für die Abschlussadressaten steigt der Informationsgehalt. Sie werden aus der Perspektive des Managements (*through the eyes of the management*) informiert und erfahren, nach welchen Gesichtspunkten das Unternehmen gesteuert wird.

Intern unterschiedene Segmente können für die externe Berichterstattung zusammengefasst werden, wenn sie in allen wesentlichen Faktoren (Produktart, Produktionsverfahren, Kundentyp, Vertriebsweg) ähnlich sind (IFRS 8.12).

> **Beispiel**
> Die börsennotierte X-AG produziert und vertreibt ohne Zwischenhändler Krankenhausbetten. Die im Geschäft mit privaten Krankenhäusern erzielten Margen sind deutlich niedriger als die gegenüber öffentlichen Einrichtungen.
> Der Margenunterschied ist ein bisher gut gehütetes Geheimnis. Die X-AG befürchtet bei Bekanntwerden einen Margendruck der öffentlichen Kunden. Die X-AG erwägt daher mit der Begründung, sie sei ein überdies nur in Deutschland tätiges Ein-Produkt-Unternehmen, keinen Segmentbericht zu erstellen.
>
> **Beurteilung**
> Wenn die Erfolge im Geschäft mit privaten und öffentlichen Kunden im internen Reporting unterschieden werden, liegen zwei operative Segmente vor. In der externen Berichterstattung kann nur dann auf eine entsprechende Segmentierung verzichtet werden, wenn die beiden Segmente aufgrund hinreichender Ähnlichkeit in allen wesentlichen Faktoren zusammengefasst werden dürfen. Nach IFRS 8.12 Satz 2 sind unterschiedliche Margen jedoch ein Beleg gegen hinreichende Ähnlichkeit.
> Eine Zusammenfassung der beiden Segmente ist daher nicht erlaubt.

**Kleinere Segmente**, die weniger als 10 % zu Erlös, Ergebnis und Aktivvermögen beitragen, sind nicht berichtspflichtig, es sei denn, durch die Weglassung mehrerer solcher kleineren Segmente würde der im Segmentbericht insgesamt noch erfasste Umsatz auf unter 75 % des Konzernumsatzes sinken (IFRS 8.13 ff.).

Ergänzend zu den Segmentangaben sind als »**Unternehmensgesamtangaben**« (*entity wide disclosures*) noch anzugeben (soweit nicht schon in der Segmentierung enthalten):

- die Verteilung des Anlagevermögens sowie des Umsatzes auf Inland und Ausland (IFRS 8.33);

- die Höhe der mit Hauptkunden (Kunden, auf die jeweils mindestens 10 % des Unternehmensumsatzes entfallen) getätigten Umsätze (IFRS 8.34); die Identität der Kunden ist dabei nicht offenzulegen.

### 11.4.3   Ergebnis je Aktie

Das Kurs-Gewinn-Verhältnis (KGV) gilt als eine wichtige **Kennzahl zur Bewertung von Aktien**. Ein im Unternehmens- oder Branchenvergleich niedriges Kurs-Gewinn-Verhältnis soll (unter sonst gleichen Bedingungen) indizieren, dass eine Aktie billig ist.

Das KGV lässt sich wiederum aus dem Ergebnis je Aktie (*earnings per share* – EPS) ableiten. Es besteht folgender Zusammenhang:

$$\frac{Kurs}{Aktie} \; : \; \frac{Ergebnis}{Aktie} \; = \; KGV \; bzw. \; EPS$$

Das Ergebnis je Aktie wird so zu einem Bindeglied zwischen Rechnungslegung und Unternehmensbewertung.

Die Berechnung des EPS versteht sich nur dann von selbst, wenn sich die Zahl der im Umlauf befindlichen (nicht von der Gesellschaft selbst gehaltenen) Aktien im Geschäftsjahr nicht geändert hat. In anderen Fällen sind theoretisch verschiedene Berechnungsmodi denkbar. Hier soll IAS 33 die Berechnung normieren, um die Vergleichbarkeit der Kennzahl zwischen Unternehmen sicherzustellen.

Eine zweite Zielsetzung von IAS 33 betrifft die Offenlegung von **Verwässerungseffekten**. Der Wert der Anteile der bisherigen Gesellschafter wird verwässert, wenn an neue Gesellschafter Aktien unter ihrem Marktwert ausgegeben werden. Zu einer Ausgabe unter Marktpreis kann es z. B. bei Gewährung von Mitarbeiteroptionen kommen, aber z. B. auch durch Wandelanleihen, die mit einem niedrigen Zins ausgestattet sind, dafür dem Inhaber eine günstige Wandlung in Aktien erlauben.

Mit der Verwässerung der Anteile ist regelmäßig eine Verwässerung des Ergebnisses je Aktie (EPS) verbunden: das Gesamtergebnis verteilt sich auf eine größere Aktienzahl. Geht mit der Erhöhung der Aktienzahl keine mindestens gleich hohe Steigerung des Ergebnisses einher, sinkt das Ergebnis je Aktie. IAS 33 verlangt, schon die potenzielle Verwässerung zu erfassen. Neben dem Ergebnis je Aktie (*basic earnings per share*) ist deshalb ein verwässertes Ergebnis je Aktie (*diluted earnings per share*) zu berechnen. Bei dieser Berechnung wird unterstellt, dass alle zum Stichtag noch ausstehenden

Options- oder Wandlungsrechte schon zum Jahresanfang ausgeübt worden wären (*if-converted*-Methode). Diese Fiktion wirkt bei Wandelanleihen nicht nur auf den Nenner der EPS-Kennzahl (die *shares*), sondern auch auf den Zähler (die *earnings*): wenn sich die Wandelanleihe schon zum Jahresanfang durch Wandlung erledigt hätte, wären hierfür keine Zinsaufwendungen mehr entstanden. Das Ergebnis vor Steuern wäre also entsprechend höher ausgefallen. Bei steuerlicher Abzugsfähigkeit von Zinsen wäre allerdings auch der Steueraufwand gestiegen, sodass das Ergebnis nach Steuern (*earnings*) nur in Höhe der fiktiven Nettoentlastung gestiegen wäre.

**Beispiel**

Zum 1.1. und 31.12. setzt sich das Grundkapital aus 11 Mio. Aktien zusammen. Zu beiden Stichtagen werden jeweils 1 Mio. Aktien von der Gesellschaft selbst gehalten (eigene Aktien). Die Zahl der im Umlauf befindlichen Aktien beträgt daher 11 Mio. - 1 Mio. = 10 Mio. Bei einem Jahresergebnis von 20 Mio. EUR berechnet sich der *basic EPS* wie folgt:

$$basic\ EPS = \frac{20\ \text{Mio. EUR}}{10\ \text{Mio. Aktien}} = 2\ \text{EUR/Aktie}$$

Während des Jahres sind 1,5 Mio. EUR Zinsaufwand auf eine Wandelanleihe über nominal 80 Mio. EUR entstanden. Bei einem Steuersatz von 33 % beträgt die Wirkung auf das Ergebnis nach Steuern (1 - 0,33) × 1,5 Mio. EUR = 1 Mio. EUR. Die Inhaber der Anleihe können (allerdings frühestens in zwei Jahren) je 100 EUR Nominalbetrag eine Wandlung in fünf Aktien verlangen. Für die Berechnung des *diluted EPS* ist eine Wandlung schon zum Jahresanfang zu unterstellen. Die Zahl der Aktien hätte sich hierdurch um 80 Mio. × 5 / 100 = 4 Mio. erhöht. In dieser Fiktion wäre der Gewinn nach Steuern durch den Fortfall der Zinsen um 1 Mio. EUR gestiegen. Der *diluted EPS* berechnet sich daher wie folgt:

$$diluted\ EPS = \frac{20\ \text{Mio. EUR} + 1\ \text{Mio. EUR}}{10\ \text{Mio. Aktien} + 4\ \text{Mio. Aktien}} = 1,50\ \text{EUR/Aktie}$$

Im Vergleich der in diesem und dem vorangehenden Kapitel behandelten Bereiche ergibt sich ein deutliches Missverhältnis im Regelungsvolumen. Der umfassenderen und relevanteren Frage der Segmentberichterstattung widmet der IASB nur etwa halb so viel Regelungstext wie der viel eingegrenzteren Frage nach dem Ergebnis pro Aktie, ein deutlicher Hinweis auf eine gewisse Überreglementierung des letztgenannten Bereichs.

### 11.4.4   Zwischenberichterstattung

Der Nutzen von **Quartals- oder Halbjahresabschlüssen** (Zwischenberichterstattung) ist umstritten.

- Einerseits sinkt die Halbwertzeit von Jahresabschlussinformationen in einer dynamischen und globalen Wirtschaft. Dem entgegenwirken soll eine unterjährige Berichterstattung.
- Andererseits verstärkt dies den Zwang des Managements, sich mit kurzfristigen Erfolgen zu beweisen. Dies kann zu Lasten der Schaffung oder Stärkung langfristiger Erfolgsfaktoren gehen, im schlimmsten Fall auch zur Manipulation des Zwischenabschlusses verführen.

In der Diskussion um das Für und Wider haben sich einstweilen die Befürworter einer Zwischenberichterstattung durchgesetzt. In Umsetzung der Transparenz-Richtlinie der EU sind Inlandsemittenten zur Erstellung eines Halbjahresfinanzberichts verpflichtet (§ 115 WpHG). Entsprechende Anforderungen ausländischer Börsen verpflichten überdies zu Quartalsberichten.

Das Verhältnis der Börsen- und Gesetzesvorschriften zu IAS 34 ist arbeitsteilig:
- Die Börsen- und Gesetzesvorschriften regeln das »Ob«, also die Frage, wer einen Zwischenabschluss zu erstellen hat, enthalten aber keine Regelungen zu dessen Inhalt.
- Umgekehrt regelt IAS 34 nur das »Wie«, also den Inhalt eines freiwilligen oder pflichtweise erstellten Zwischenabschlusses, schreibt selbst aber keine Zwischenberichterstattung vor (IAS 34.1).

Die Zwischenberichterstattung will den Adressatenkreis möglichst aktuell über die Unternehmensentwicklung informieren. Ausgangspunkt ist der letzte reguläre Jahresabschluss, der durch den Zwischenbericht ein »Update« erhält. In der **Abwägung zwischen Aktualität und Richtigkeit** der Information wird der Aktualität eine größere Rolle beigemessen als im Jahresabschluss. Zum Ausdruck kommt dies u. a. in folgenden Regelungen von IAS 34:
- Rückstellungen für Pensionen, Rechtsstreitigkeiten etc. können per vereinfachter Fortschreibung bewertet werden. Die Einbeziehung externer Experten zur Wertfindung ist nicht erforderlich (IAS 34.B9).
- Für das Vorratsvermögen ist keine Inventur notwendig. Die Bewertung kann aufgrund geschätzter Gewinnmargen erfolgen (IAS 34.B25 f.).
- Anhangangaben sind nur zu ausgewählten Sachverhalten notwendig (IAS 34.16). Die Auswahl erfolgt unter der Annahme, dass dem Leser des Zwischenberichts auch der vorhergehende vollständige Jahresabschluss nach IFRS bekannt ist (IAS 34.15). Wichtig sind daher nur solche Anhangangaben, die wesentliche Veränderungen aufzeigen.

**Beispiel**

Das Produktionsunternehmen U hatte in den letzten Jahren eine stetige Umsatzentwicklung, wobei der Umsatz fast ausschließlich mit fremden Dritten getätigt wurde. Im ersten Halbjahr 01 nehmen die Fremdumsätze um ⅓ ab. Kompensiert wird dies, indem nahestehende Personen Teile ihrer Waren-, Material- und Anlagenbeschaffung nicht mehr unmittelbar tätigen, sondern die entsprechenden Einkäufe unter Zwischenschaltung von U erfolgen. Im Anhang des betreffenden Zwischenabschlusses ist auf diese Geschäfte mit *related parties* speziell einzugehen, weil dieser Sachverhalt im letzten Jahresabschluss nicht vorgelegen hat.

In der Konzeption der Zwischenberichterstattung werden zwei Ansätze unterschieden:

- IAS 34 folgt dem **diskreten Ansatz**. Er betont die Eigenständigkeit der Zwischenberichtsperiode (IAS 34.28 Satz 1). GuV und Bilanz sind abgesehen von den dargestellten Vereinfachungen so zu erstellen, als ob ein Jahresabschluss vorläge. Dies bedeutet: keine Glättung saisonaler Effekte, keine Abgrenzung von ungleichmäßig verteilten Aufwendungen oder Erträgen.
- Die amerikanischen Vorschriften zur Zwischenberichterstattung folgen demgegenüber z. T. dem sog. **integrativen Ansatz**. Danach soll der Zwischenabschluss im Interesse der Prognosefunktion geglättete Ergebnisse liefern, die eine Hochrechnung auf das Jahresergebnis ermöglichen.

Idealtypisch lässt sich der Unterschied der beiden Ansätze an folgendem Beispiel darstellen:

**Beispiel**

Die Produktionsmaschinen werden jeweils im auftragsschwachen ersten Quartal umfangreich gewartet und instand gesetzt. Die Kosten sind in Relation zum Jahresergebnis erheblich. Die Aufwendungen erfüllen nicht die Voraussetzungen einer Aktivierung als nachträgliche Anschaffungs- oder Herstellungskosten.

**1. Diskreter Ansatz (IAS 34)**
Die Aufwendungen sind voll dem ersten Quartal zu belasten. Eine Abgrenzungsbuchung zur späteren anteiligen Belastung der anderen Quartale ist nicht zulässig. Das Ergebnis des ersten Quartals liefert daher keine gute Prognosebasis für das Ergebnis des Gesamtjahres.

**2. Integrativer Ansatz**
Zum Ende des ersten Quartals ist ein aktiver Abgrenzungsposten in Höhe von ¾ der Instandhaltungsaufwendungen zu bilden und in den Folgequartalen aufwandswirksam aufzulösen.

Nach dem in IAS 34 verfolgten diskreten Ansatz kann die Häufigkeit der Zwischenberichterstattung die erfolgsmäßige Abbildung ein und desselben Sachverhalts im Jahresabschluss beeinflussen.

> **!**
>
> **Beispiel**
>
> Unternehmen M hält 100 % an T. Beim Erwerb von T wurde ein *goodwill* von 100 aufgedeckt und bisher nicht abgeschrieben. Wegen eines überraschend schlechten ersten Halbjahres wird der *goodwill* per 30.6. als nicht mehr werthaltig eingeschätzt. Nach einer ebenso überraschenden Erholung im zweiten Halbjahr wird an dieser Einschätzung per 31.12. nicht mehr festgehalten.
>
> **Variante 1: M erstellt Halbjahresberichte**
> Zum 30.6. liegt die Indikation einer Wertminderung des *goodwill* vor. Eine deshalb durchgeführte Bewertung führt zu einem erzielbaren Betrag (*recoverable amount*) von 0. M nimmt eine *goodwill*-Abschreibung von 100 vor.
> Bis zum Jahresende ist der Grund für die Wertminderungsabschreibung zwar entfallen. Im Jahresabschluss des M entsteht gleichwohl ein Aufwand von 100, da der *goodwill* wegen des Wertaufholungsverbots (IAS 36.124 i. V. m. IFRIC 10) im zweiten Halbjahr nicht zugeschrieben werden darf.
>
> **Variante 2: M erstellt keine Zwischenberichte**
> M bucht keinen Aufwand und keine Minderung des *goodwill*, da zum Bewertungsstichtag (31.12.) keine Wertminderung vorliegt.

## 11.5   Zusammenfassung

IAS 1 sieht verschiedene Angaben zur Eigenkapitalentwicklung vor, deren Zusammenfassung in einer **Eigenkapitalveränderungsrechnung** zweckmäßig und üblich ist. Die Veränderungsrechnung zeigt für jede Kategorie des Eigenkapitals die Entwicklung vom Eröffnungsbilanzwert zum Schlussbilanzwert. Neben Kapitaltransaktionen (Änderungen im gezeichneten Kapital und den Kapitalrücklagen) und der Entwicklung der Gewinnposten (Minderung durch Ausschüttung, Erhöhung durch Jahresergebnis) sind auch die Bewegungen in den Neubewertungsrücklagen (z. B. *revaluation* von Grundstücken) und den Zeitbewertungsrücklagen (Finanzinstrumente) zu zeigen.

Jedes Unternehmen hat außerdem eine **Kapitalflussrechnung** aufzustellen. Der Aufbau ist in IAS 7 beschrieben. Hierbei sind der operative Cashflow und die Cashflows aus Investitionstätigkeit sowie aus Finanzierungstätigkeit jeweils gesondert darzustellen. In der Summe der drei Bereiche ergibt sich die gesamte Änderung der liquiden Finanzmittel in der Periode.

Zu jedem der vier Rechenwerke des IFRS-Abschlusses – Bilanz, GuV, Eigenkapitalveränderungsrechnung, Kapitalflussrechnung – sind Erläuterungen (***notes and disclosures***) notwendig. Der Anhang enthält neben der Erläuterung von Bilanzierungs- und Bewertungsmethoden und der Aufschlüsselung von Posten der vier Rechenwerke u. a. Angaben zu Ereignissen nach dem Bilanzstichtag, zur Risikosteuerung und zu Beziehungen zu nahestehenden Unternehmen und Personen.

Zusätzlichen Berichtsvorschriften unterliegen börsennotierte Unternehmen. Von ihnen wird zum einen die Angabe des **Ergebnisses pro Aktie**, zum andern eine Aufschlüsselung der Umsätze, Ergebnisse usw. nach **Segmenten** verlangt. Bei diesen beiden Bereichen ergibt sich ein deutliches Missverhältnis im Regelungsvolumen: der umfassenderen und relevanteren Frage der Segmentberichterstattung widmet der IASB nur etwa halb so viel Regelungstext wie der viel eingegrenzteren Frage nach dem Ergebnis pro Aktie, ein deutlicher Hinweis auf eine gewisse Überreglementierung des letztgenannten Bereichs. Börsennotierte Unternehmen unterliegen außerdem nach Gesetz (WpHG) der Pflicht zur **Zwischenberichterstattung**. Das Gesetz verzichtet auf Vorgaben für deren Inhalt. Sie ergeben sich aus IAS 34.

## 11.6   Fragen und Antworten

**Fragen**

**A.1** Werden ein Eigenkapitalspiegel (eine Eigenkapitalveränderungsrechnung) und eine Kapitalflussrechnung auch nach HGB verlangt?

**A.2** Nach welchen drei Ursachen der Entstehung von Cashflows (Geldflüssen) differenziert die Kapitalflussrechnung?

**B.1** Die Eigenkapitalveränderungsrechnung zeigt in ihren Spalten die verschiedenen Kategorien des Eigenkapitals (gezeichnetes Kapital, Kapitalrücklage, Gewinnrücklagen usw.) und in den Zeilen die Änderungen (Bewegungen) der Periode. Welche drei Arten von Bewegungen gibt es?

**B.2** Wie ist der operative Cashflow (Cashflow aus laufender Geschäftstätigkeit) nach der indirekten Methode in den Grundzügen zu ermitteln?

**C.1** Die Aufgabe des Anhangs lässt sich schlagwortartig mit drei Fragen charakterisieren: »Wie? Was? Was (noch) nicht?« – Was ist damit gemeint?

**C.2** Welchen besonderen Berichtspflichten unterliegen kapitalmarktorientierte (börsennotierte) Unternehmen?

**Antworten**

**A.1** Eigenkapitalspiegel (Eigenkapitalveränderungsrechnung) und Kapitalflussrechnung werden auch nach HGB verlangt, aber nur für den Konzernabschluss, nicht für den Einzelabschluss.

**A.2** Die Kapitalflussrechnung unterscheidet:

- Cashflow aus laufender Geschäftstätigkeit (operativer Cashflow),
- Cashflow aus Investitionstätigkeit (Anschaffung und Veräußerung von Anlagevermögen),
- Cashflow aus Finanzierungstätigkeit (Darlehensaufnahmen und -tilgungen, Kapitaleinlagen und Dividenden).

**B.1** Die drei Arten von Bewegungen/Änderungen des Eigenkapitals sind:

- das Gesamtergebnis (GuV-Ergebnis plus sonstiges Gesamtergebnis),
- Transaktionen mit Eigentümern (Einlagen, Entnahmen, Ausschüttungen),
- Effekte aus Fehlerkorrekturen und Methodenänderungen.

**B.2** Nach der indirekten Methode ergibt sich der operative Cashflow vereinfacht wie folgt:

|   | Jahresüberschuss (oder eine Vor-Steuer-Größe) |
|---|---|
| + | Nicht zahlungswirksame Aufwendungen (z. B. Abschreibungen, Zuführung Rückstellungen) |
| – | Nicht zahlungswirksame Erträge (z. B. Auflösung Rückstellungen, Erhöhung Debitoren) |

**C.1** Der Anhang soll Folgendes erklären:

- Wie die Zahlen der Rechenwerke zustande kommen (Bilanzierungs- und Bewertungsmethoden; IAS 1.112(a)).
- Was die Zahlen in den Rechenwerken enthalten (Erläuterung bzw. Disaggregierung der Posten).
- Was die Rechenwerke demgegenüber (noch) nicht enthalten (Ereignisse nach dem Stichtag, Eventualverbindlichkeiten, nicht quantifizierbare oder monetär nicht quantifizierbare Größen).

**C.2** Kapitalmarktorientierte/börsennotierte Unternehmen haben

- einen Segmentbericht zu erstellen, in dem Umsatz, Ergebnis und andere Größen nach Geschäftsfeldern und/oder Regionen aufgegliedert sind (IFRS 8),
- den Gewinn pro Aktie anzugeben (IAS 33),
- eine (durch Gesetz oder Börsenordnung verlangte) Zwischenberichterstattung nach bestimmten Vorgaben zu erstellen (IAS 34).

# 12 Konzernabschluss

## 12.1 Überblick

In den angelsächsischen Ländern kommt dem Konzernabschluss traditionell eine größere Bedeutung zu als dem Einzelabschluss. Dies aus gutem Grund. Nicht nur bei Großunternehmen, die einige hundert Unternehmen konsolidieren, sind die Einzelabschlüsse häufig von geringem Informationsnutzen.

---

**Beispiel**                                                                      **!**

Die Firework Holding GmbH hält eine 100%ige Beteiligung an der Firework GmbH.

- Für 18 Mio. EUR p. a. verpachtet die Holding das Anlagevermögen an die Betriebs-GmbH (kapitalistische Betriebsaufspaltung).
- Die Firework GmbH macht einen Jahresumsatz von 90 Mio. EUR.
- Sie ist an der Toy GmbH mit 100% beteiligt. Der Jahresumsatz von 20 Mio. EUR der Toy GmbH geht je zur Hälfte an die Firework GmbH und an Fremde.
- Firework GmbH und Toy GmbH beziehen ihre Waren und Vorprodukte zu 40 Mio. EUR bzw. zu 10 Mio. EUR von der Far East Ltd., einer ebenfalls 100%igen Tochter der Firework Holding GmbH. Die Far East Ltd. tätigt keine Umsätze mit Konzernfremden.

Die Umsätze der genannten Unternehmen addieren sich auf

18 + 90 + 20 + 40 + 10 = 178 Mio. EUR (**Summenumsatz**).

Davon betreffen jedoch 78 Mio. EUR (18 + 10 + 40 + 10) Innenumsätze, die in einer Konzernbilanz gegen die entsprechenden Aufwendungen zu saldieren wären.

Der konsolidierte Umsatz (**Außenumsatz**) beläuft sich demnach nur auf 100 Mio. EUR.

Soweit die konzerninternen Umsätze z. B. aus steuerlichen Gründen einen Gewinnaufschlag enthalten und/oder konzerninterne Dividenden bzw. Beteiligungserträge angefallen sind, wird auch die Summe der Gewinne aus den Einzelbilanzen vom Konzerngewinn abweichen (**Zwischenergebniseliminierung**).

Die konzerninternen Leistungsbeziehungen werden sich z. T. in Darlehens- bzw. Verrechnungskonten widerspiegeln. Ohne Bereinigung dieser konzerninternen Forderungen und Schulden (**Schuldenkonsolidierung**) sowie eine zusätzliche Bereinigung der konzerninternen Beteiligungsansätze (**Kapitalkonsolidierung**) wird auch eine aufaddierte Bilanz (Summenbilanz) keine Aussagekraft haben.

---

Auch in mittelständischen Firmengruppen können, wie das Beispiel zeigt, entscheidungsnützliche Informationen für Gesellschafter, Gläubiger und Geschäftsführung vielfach nur noch über die Konzernbilanz dargestellt werden.

Der Grundsatz, neben (oder an Stelle) der Abbildung rechtlicher Einheiten im Einzelabschluss über den Konzernabschluss wirtschaftliche Einheiten darzustellen, bedarf in seiner Umsetzung vielfältiger Konkretisierung. Insbesondere geht es um folgende **Grundfragen**:

- **Wer** soll bilanzieren (Konzerndefinition; größenabhängige und rechtsformabhängige Befreiungen)?
- **Wen** soll er bilanzieren (Konsolidierungskreis; einzubeziehende Unternehmen)?
- **(Ab) wann** soll bilanziert werden (Konzernbilanzstichtag; Erstkonsolidierungszeitpunkt bei Erwerb Tochterunternehmen)?
- **Was** soll konsolidiert werden (Aufwand und Ertrag; Forderungen und Verbindlichkeiten; Beteiligungsbuchwert bei Obergesellschaft und Eigenkapital bei Untergesellschaft)?
- **Wie** soll konsolidiert werden (Zwischenergebniseliminierung; Methoden der Kapitalkonsolidierung; Firmenwert aus Konsolidierung)?

Die IFRS-Regelungen hierzu sind im Wesentlichen in IFRS 10 und IFRS 3 enthalten. Daneben sind IAS 28 und IFRS 11 für die Einbeziehung von assoziierten Unternehmen und Gemeinschaftsunternehmen von Bedeutung sowie IFRS 12 für konzernspezifische Anhangangaben.

Die IFRS-Vorschriften entsprechen im Großen und Ganzen dem Handelsrecht. Die nachfolgende Darstellung konzentriert sich auf wesentliche Abweichungen. Im Vordergrund steht die Konsolidierung von Tochterunternehmen. Daneben wird die *Equity*-Konsolidierung von assoziierten Unternehmen und Gemeinschaftsunternehmen behandelt.

Die IFRS-Vorschriften zur Konsolidierung von Tochterunternehmen haben sich im Zeitablauf mehrfach verändert. Seit 2005 ist etwa nur noch die **vollständige Neubewertung** (Aufdeckung stiller Reserven auch für die Minderheiten – *non-controlling interests*) zulässig, außerdem der *goodwill nur noch außerplanmäßig abschreibbar*.

In 2010 sind weitere Änderungen in Kraft getreten:
- Der auf die Minderheiten entfallende Anteil am *goodwill* kann wahlweise aktiviert werden (sog. *full-goodwill*-Methode).
- **Kontrollwahrende Änderungen der Beteiligungsquote** (z. B. von 51 % auf 80 % oder von 90 % auf 51 %) sind als Transaktion zwischen Eigenkapitalgebern für den Konzernabschluss irrelevant. Sie können nach heutigem Recht nicht mehr zur Aufdeckung von *goodwill* und stillen Reserven noch zu einem Ertrag oder Aufwand führen.
- **Kontrolländernde Anpassungen der Beteiligungsquote** (z. B. von 20 % auf 51 % oder von 60 % auf 10 %) sind zwingend erfolgswirksam zu behandeln. Vorherige Regelungen zur erfolgsneutralen Überführung schon zuvor vorhandener Anteile in die Vollkonsolidierung bzw. nachher noch vorhandener Anteile in die Bewertung einfacher oder assoziierter Anteile entfallen.

Mit Wirkung ab 2013 (in der EU ab 2014) wurden die zuvor in IAS 27/SIC-12 und IAS 31 enthaltenen Regelungen zur Konsolidierung von Tochterunternehmen und Gemeinschaftsunternehmen durch IFRS 10 und IFRS 11 ersetzt. Bedeutsam sind vor allem zwei Änderungen:

- Die zuvor nach »normalen« Unternehmen (IAS 27) und Zweckgesellschaften (SIC-12) unterscheidenden Kriterien für ein Mutter-Tochter-Verhältnis werden in IFRS 10 auf eine einheitliche konzeptionelle Basis gestellt.
- Das Wahlrecht zur Quotenkonsolidierung von Gemeinschaftsunternehmen (IAS 31) ist entfallen. Zulässig ist nur noch die *equity*-Konsolidierung (IFRS 11 i. V. m. IAS 28).

## 12.2 Aufstellungspflicht und Konsolidierungskreis

### 12.2.1 Überblick

Ein Konzernabschluss setzt nach IFRS 10 **mindestens ein Mutter-Tochter-Verhältnis** voraus. Dieses Verhältnis findet seinen Ausdruck in einer **Beherrschung**, die insbesondere (aber nicht nur) bei einer Stimmrechtsmehrheit gegeben ist. Liegt ein Mutter-Tochter-Verhältnis vor und ist somit die Konzernabschlusspflicht begründet, sind in diesen Konzernabschluss auch assoziierte Unternehmen (maßgeblicher Einfluss) und Gemeinschaftsunternehmen (*joint ventures*) einzubeziehen.

> **Tipp**
>
> Hält die Obergesellschaft keine Anteile an Tochterunternehmen, sondern ist sie **nur** an assoziierten Unternehmen beteiligt, liegt kein Konzern vor. Es besteht in diesen Fällen auch keine Konzernabschlusspflicht. Assoziierte Unternehmen sind zwar in einem ohnehin bestehenden Konzernabschluss mit zu konsolidieren, begründen selbst aber keine Konzernbilanzierungspflicht.

Wegen der traditionellen Bedeutung des Konzernabschlusses für den angelsächsischen Rechtskreis ist die Konzernabschlusspflicht nach IFRS größen- und rechtsformunabhängig. Das HGB beschränkt sich auf große Kapitalgesellschaften (und GmbH & Co. KGs) und fordert die Überschreitung bestimmter Schwellenwerte für Bilanzsumme und Arbeitnehmerzahl.

Für deutsche Unternehmen, die gemäß § 315e HGB ihren Konzernabschluss freiwillig oder pflichtweise nach IFRS erstellen, gilt:

- Das **HGB** bestimmt, **ob** ein Konzernabschluss zu erstellen ist (Konzernabschlusspflicht).
- Die **IFRS** regeln, **wie** der Konzernabschluss auszusehen hat, d. h., IFRS 10 entscheidet über den Konsolidierungskreis, IAS 12 über die latenten Steuern, IAS 36 über die außerplanmäßige Abschreibung usw. Lediglich die Lageberichtsvorschriften und einige wenige sonstige Vorschriften des Handelsrechts (z. B. Währung und Sprache des Abschlusses) hat auch der IFRS-Anwender zu beachten.

Diese Arbeitsteilung ist in der Abb. 34 wiedergegeben.

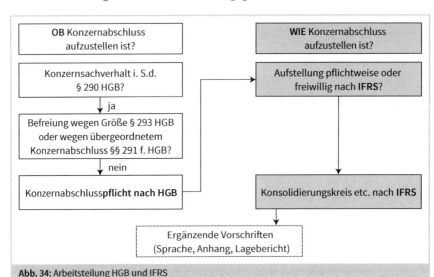

**Abb. 34:** Arbeitsteilung HGB und IFRS

Zur Arbeitsteilung noch folgendes Beispiel:

**!**

**Beispiel**

In der Schneeeifel liegt die Konzernzentrale, von der aus der publizitätsscheue Anton Schmitz sein ganz Europa umspannendes Netz von Handelsfilialen leitet. Das Wahlrecht, die Konzernbilanz nach IFRS statt nach HGB zu erstellen, scheint ihm wie gerufen. Das IFRS-Regelwerk schreibt Sprache und Währung, in der der Abschluss zu erstellen ist, nicht vor. Daher verfällt Anton Schmitz auf die Idee, den Abschluss in Sanskrit zu erstellen und als Währung den Fidji-Dollar (FJD) zu verwenden.

**Beurteilung**
Der Plan kann nicht gelingen. Zwar kann Schmitz einen voll IFRS-konformen (und damit uneingeschränkt testierbaren) Abschluss in Sanskrit und FJD erstellen. Dieser Abschluss würde aber zur Erfüllung inländischer Publizitätspflichten nicht genügen. Ein IFRS-Konzernabschluss erfüllt diese Pflichten nur dann, wenn § 315e HGB beachtet wird, d. h. u. a., dass der Abschluss in deutscher Sprache und in Euro zu erstellen ist.

Nach dem **Weltabschlussprinzip** sind grundsätzlich sämtliche Tochterunternehmen, assoziierten Unternehmen und Gemeinschaftsunternehmen in den Konzernabschluss einzubeziehen, unabhängig von ihrem Sitz und ihrem jeweiligen Landesrecht. Das Handelsrecht sieht Ausnahmen z. B. bei unverhältnismäßigen Informationsbeschaffungskosten oder untergeordneter Bedeutung vor, die als Einbeziehungswahlrechte formuliert sind. Nach IFRS 10 bestehen keine besonderen Einbeziehungswahlrechte. Aus dem *materiality-Grundsatz* kann sich jedoch ein solches Wahlrecht ergeben.

> **Beispiel**
>
> Die BASF hat in ihrem IFRS-Konzernabschluss 2018 über 300 Tochter-, Gemeinschafts- und assoziierte Unternehmen wegen Unwesentlichkeit nicht konsolidiert.

Im mehrstufigen Konzern (Mutterunternehmen – Tochterunternehmen – Enkelunternehmen) stellt sich die Frage, ob der Konzernabschluss des Mutterunternehmens das Tochterunternehmen von der Aufstellung eines (Teil-)Konzernabschlusses befreit. § 291 HGB und IFRS 10.4 gewähren die Freistellung im Interesse der Minderheiten nur dann, wenn die Minderheitsgesellschafter einverstanden sind.

> **Beispiel**
>
> Die MU-GmbH ist zu je 100 % an der TU1-GmbH und der TU2-GmbH beteiligt. Die Tochterunternehmen halten wiederum 60 % an der EU1- bzw. der EU2-GmbH. Die anderen 40 % werden von X bzw. Y gehalten.
>
> HGB und IFRS betonen das Informationsinteresse der konzernfremden Gesellschafter. In einem Gesamtkonzernabschluss gehen die spezifischen Sachverhalte und Konsolidierungen aus dem Verhältnis TU1-EU1 zahlenmäßig leicht unter, liegen möglicherweise sogar unter der *materiality*-Schwelle für den Gesamtkonzern. Die zusätzliche Aufstellung eines Teilkonzernabschlusses TU1-EU1 im Interesse von X und von TU2-EU2 im Interesse von Y ist daher nur dann entbehrlich, wenn X und Y dem nicht widersprechen und TU1 bzw. TU2 nicht selbst börsennotiert sind.

Die den Teilkonzern betreffenden Vorschriften von IFRS 10 sind jedoch für den deutschen Anwender ohne Rechtsverbindlichkeit. Wie oben dargestellt, ergibt sich die **Pflicht** zur Aufstellung eines Konzernabschlusses (damit z. B. auch die Befreiung von dieser Pflicht bei einem Teilkonzern) ausschließlich aus den handelsrechtlichen Regelungen.

## 12.2.2 Kontrolle als Grundlage des Konzernbegriffs

### 12.2.2.1 Einheitliches Kontrollkonzept

Ein Konzern und damit auch eine Konzernabschlusspflicht entstehen durch das Vorliegen einer Mutter-Tochter-Beziehung. IFRS 10.A definiert dementsprechend den Konzern (*group*) als »ein Mutterunternehmen und seine Tochterunternehmen« (»*a parent and its subsidiaries*«). Damit stellt sich die Frage, wann eine Mutter-Tochter-Beziehung anzunehmen ist. Nach der Definition in IFRS 10.A setzt eine Mutter-Tochter-Beziehung eine **Beherrschung** (Kontrolle) voraus. Die Beherrschung ergibt sich gemäß IFRS 10.7 aus der kumulativen Erfüllung von drei Voraussetzungen: Ein Investor beherrscht ein Beteiligungsunternehmen (*investee*), wenn er

- die **Verfügungsgewalt** (*power*) über das Beteiligungsunternehmen hat und
- **Risiken und/oder Chancen** aus Verlusten/Erträgen aus seinem Engagement in dem Beteiligungsunternehmen ausgesetzt ist (*variable returns*), wobei
- **zwischen beidem eine Verbindung** besteht, d. h. der Investor die Verfügungsgewalt nutzen kann, um die Chancen und Risiken zu beeinflussen (*linkage between power and returns*).

Diese einheitlich für alle Arten von Unternehmen geltende Definition von Kontrolle unterscheidet sich vom früheren Recht. Nach diesem standen zwei Konsolidierungskonzepte nebeneinander:
- »Normale« Unternehmen wurden gemäß IAS 27 nach dem Kriterium der Entscheidungsgewalt/Macht (*power*) dann als Tochterunternehmen qualifiziert, wenn ein übergeordnetes Unternehmen insbesondere durch Stimm- bzw. Organbesetzungsrechte die Fähigkeit hatte, die Geschäfts- und Finanzpolitik des untergeordneten Unternehmens zu bestimmen.
- Zweckgesellschaften (*special purpose entities* – SPEs) wurden hingegen gemäß SIC-12 dann vollkonsolidiert, wenn der Investor die Mehrheit der Chancen und Risiken trug.

Dieses Nebeneinander zweier Konzepte wird in IFRS 10 (**theoretisch**) durch ein **einheitliches Konsolidierungskonzept** ersetzt. Gleichwohl bestehen in der praktischen Anwendung der Kontrollkriterien weiterhin Unterschiede zwischen »normalen« Unternehmen und in IFRS 12 als *structured entities* bezeichneten »Zweckgesellschaften«:
- Bei **breit operierenden Unternehmen** können die relevanten Aktivitäten in der Regel nur über **Stimmrechte** oder äquivalente Instrumente (etwa Beherrschungsverträge) bestimmt werden. Die amerikanische Praxis spricht demzufolge von *voting interest entities* oder *voting control entities*. Regelmäßig ist mit dem Stimmrecht auch eine Beteiligung am Kapital und den Ergebnissen verbunden und damit eine Variabilität der Rückflüsse. Ebenso regelmäßig werden über die Stimmrechte oder über stimmrechtsähnliche Instrumente die Rückflüsse beeinflusst (IFRS 10.B11 und IFRS 10.B16).
- Bei **Unternehmen mit enger Zwecksetzung**, etwa Leasingobjekt- oder ABS-Gesellschaften, ist es hingegen möglich und üblich, die Aktivitäten in weitem Maße durch schuld- oder gesellschaftsrechtliche Regelungen im Vorhinein zu bestimmen (sog. Autopilot), sodass sich die Entscheidungsspielräume der Exekutivorgane oder der Gesellschafter häufig auf Administratives (z. B. Besorgen der Buchhaltung, Feststellung des Jahresabschlusses usw.) beschränken. Den Stimmrechten kommt bei diesen *non-voting entities* keine überragende Bedeutung zu. Entscheidungsgewalt wird vielmehr über die Festlegung von Struktur und Zweck der Einheit (*purpose and design*) und spezielle Beziehungen (etwa als Finanzier, einziger Kunde usw.) ausgeübt. Dabei besteht die begründete Vermutung, dass bei hoher Teilhabe eines Investors an den Risiken und Chancen dieser auch die

Entscheidungsgewalt über Gründungsverträge oder in sonstiger Weise zu seinen Gunsten geregelt hat (IFRS 10.B17).

Die Unterschiedlichkeit von normalen und Zweckgesellschaften lebt damit zwar nicht konzeptionell, aber in der praktischen Anwendung von IFRS 10. Aus praktischer Sicht bedeutet dies etwa:

- Bestehen in einem »normalen« Unternehmen klare Stimmrechtsmehrheiten, ist damit die Kontrollfrage regelmäßig schon beantwortet. Einer detaillierten Untersuchung von Zweck und Struktur des Unternehmens, Risiko-Chancen-Verteilung, besonderen Beziehungen usw. bedarf es dann in der Regel nicht.
- Umgekehrt sind bei einem strukturierten Unternehmen (Zweckgesellschaften) die Stimmrechte regelmäßig von geringem Interesse und deshalb die anderen genannten Faktoren eingehend zu untersuchen.

Dieser praktischen Differenzierung folgend behandelt auch die nachfolgende Darstellung beide Unternehmenstypen getrennt.


## 12.2.2.2 Kontrolle durch Stimmrechtsmehrheit oder ähnliche Rechte (*voting interest entities*)

Unternehmen mit einem breiten Spektrum von Aktivitäten können in der Regel nur über Stimmrechte oder ähnliche Rechte beherrscht werden. Folgende Grundfälle führen regelmäßig zur Beherrschung durch den Investor:

- Der Investor hält selbst oder über einen für ihn Handelnden (*agent*) die (für die relevanten Entscheidungen notwendige) **Mehrheit der Stimmrechte** in der Gesellschafterversammlung oder bezüglich des sonst für die Beherrschung der Gesellschaft maßgeblichen Organs.
- Der Investor hat aufgrund von Vereinbarungen mit anderen Gesellschaftern (**Stimmrechtsbindungsverträge**) eine entsprechende Mehrheit.
- Der Investor kann aufgrund eines **Beherrschungsvertrags** die Geschäfte der untergeordneten Gesellschaft bestimmen.
- Der Investor hat aus Call-Optionen oder anderen Vereinbarungen **potenzielle Stimmrechte**, die allein oder i. V. m. anderen Rechten eine Beherrschung ermöglichen.
- Der Investor hat eine **nachhaltige Präsenzmehrheit**.

Hinsichtlich der Beherrschung durch Stimmrechte gilt: Die Mehrheitsbeteiligung des Tochterunternehmens am Enkelunternehmen ist im Normalfall voll und nicht mit durchgerechneter Anteilsquote zu berücksichtigen. Im Einzelfall kann eine andere Beurteilung möglich sein, wenn die indirekte Kontrollmöglichkeit über das andere Tochterunternehmen eingeschränkt ist. Hierzu folgendes Beispiel:

> **Beispiel**
>
> Die M AG ist
> - zu 30 % an der T2 und
> - zu 60 % an der T1 beteiligt.
> - T1 hält wiederum 30 % der Anteile an der T2.
>
> Im Normalfall sind der M AG nicht 30 % + 0,6 × 30 % = 48 %, sondern 30 % + 1 × 30 % = 60 % der Stimmrechte an der T2 zuzurechnen. T2 ist Tochterunternehmen, weil M über 30 % der Stimmrechte direkt und über weitere 30 % indirekt, also insgesamt über 60 % der Stimmrechte verfügt.
>
> **Variante**
>
> Werden die anderen 40 % an der T1 jedoch von E gehalten und ist durch den Gesellschaftsvertrag von T1 oder in sonstiger Weise gesichert, dass abweichend von den sonstigen geschäftspolitischen Maßnahmen der T1 alle Entscheidungen der T1 in Bezug auf die Beteiligung an der T2 ein Einvernehmen von M und E voraussetzen, so reicht die Kontrolle von M auf T1 nicht auf T2 durch. T1 ist zwar Tochterunternehmen von M, da für alle sonstigen geschäftspolitischen Maßnahmen der T1 normale Mehrheitsregeln gelten. M kann jedoch nur im Einvernehmen mit E die Stimmrechte der T1 in der Gesellschafterversammlung der T2 ausüben.
>
> M beherrscht somit nur die eigenen Anteile an der T2, während sie die von T1 und T2 gehaltenen Anteile nicht beherrscht. T2 ist nicht Tochterunternehmen der M.

Bei mehr als der Hälfte der Stimmrechte eines Unternehmens ist in der Regel eine Beherrschung anzunehmen (**Kontrollvermutung**). Eine Ausnahme kann z. B. gegeben sein

- in der Insolvenz des Tochterunternehmens mit Übergang aller wesentlichen Verfügungsrechte auf den Insolvenzverwalter,
- im Fall eines Entherrschungsvertrags zwischen Mutter- und Tochterunternehmen,
- in Fällen, in denen der Gesellschaftsvertrag alle wesentlichen Entscheidungen an ein über der Anteilsquote liegendes Quorum (z. B. 75 %) bindet,
- in Fällen, in denen nach ausländischem Recht Produktion, Preise, Zusammensetzung der Geschäftsführung usw. in erheblichem Maße durch staatliche Behörden und Vorschriften beschränkt sind.

Die Entscheidungsgewalt (*power*) liegt regelmäßig dann beim Investor, wenn er über eine Stimmrechtsmehrheit in der Gesellschafterversammlung verfügt oder ähnliche, z. B. auf andere Organe (Geschäftsführung, Aufsichtsrat) bezogene Mehrheitsrechte hat (IFRS 10.B15 und IFRS 10.B16). Zu den sich hieraus bei **divergierender Organmehrheit** ergebenden Problemen folgendes Beispiel:

> **Beispiel**
>
> A und B halten je 50 % der Anteile und Stimmrechte am Unternehmen T.
> Die Satzung sieht ein dreiköpfiges Aufsichtsgremium und ein dreiköpfiges Geschäftsführungsgremium vor.

A ist als Kapitalgeber von größerer Bedeutung (Stellung von Sicherheiten für Banken usw.). B bringt das größere operative Know-how ein. Der Gesellschaftsvertrag sieht demgemäß vor, dass

- B die Mehrheit der Geschäftsführer stellt,
- A jedoch die Mehrheit im Aufsichtsrat erhält.

Die entsprechenden Entsendungs- und Abberufungsrechte sind in der Satzung verankert.

**Beurteilung**
Bei oberflächlicher Auslegung von IFRS 10 besteht eine Mutter-Tochter-Beziehung sowohl zwischen A und T als auch zwischen B und T (erste Alternative).

Bei genauer Lektüre stellt der Standard aber nicht auf irgendeine Organmehrheit ab, sondern auf die Mehrheit in dem Organ mit den größten Machtbefugnissen. Man wird daher würdigen müssen, welche Rechte die Geschäftsführung hat und welche Rechte dem Aufsichtsrat, z. B. im Rahmen genehmigungsbedürftiger Geschäfte, zustehen. Je nach Würdigung wird ein Tochterunternehmen von A oder von B oder ein Gemeinschaftsunternehmen i. S. v. IFRS 11 vorliegen. Bedürfen etwa alle wesentlichen Entscheidungen der Geschäftsführung der vorherigen Zustimmung des Aufsichtsorgans, so kommt es eher auf die Mehrheitsverhältnisse im Aufsichtsorgan an. Umgekehrt sind die Mehrheitsverhältnisse im Aufsichtsorgan von geringer Bedeutung, wenn das Aufsichtsorgan (z. B. bei einem fakultativen Aufsichtsrat) weitgehend einflusslos ist.

Widersprüche in der Anwendung der Kriterien von IFRS 10 lassen sich vermeiden, wenn den Kriterien nur eine Indizienwirkung zugesprochen wird, die nicht von der Notwendigkeit einer Gesamtwürdigung enthebt.

Besitzt ein Unternehmen zwar nicht die Mehrheit der Stimmrechte, verfügt es aber über potenzielle Stimmrechte, z. B. **aus Aktienoptionen und Bezugsrechten**, deren Ausübung die Stimmrechte über 50 % bringen würde, so sind diese gemäß IFRS 10.B47 in die Gesamtwürdigung einzubeziehen. Dabei kann grob zwischen drei Fällen unterschieden werden:

- Der Optionsausübungspreis ist (nach den Wertverhältnissen des Stichtags) sehr ungünstig. Die Ausübung ist deshalb unwahrscheinlich. Die potenziellen Stimmrechte sind bei der Beurteilung der Konsolidierungspflicht nicht zu berücksichtigen.
- Der Optionsausübungspreis ist nicht ungünstig. Die Optionen stehen aber in gleicher Relation und zu gleichen Konditionen auch anderen Gesellschaftern zu. Die Ausübung durch alle ist wahrscheinlich und wird an den Stimmrechtsverhältnissen nichts ändern. Für die Beurteilung der Konsolidierungspflicht sind die potenziellen Stimmrechte daher irrelevant.
- Der Optionsausübungspreis ist nicht ungünstig. Die Optionen stehen anderen Gesellschaftern nicht in gleicher Relation und/oder nicht zu ähnlich guten Konditionen zur Verfügung. Die Ausübung der eigenen Optionsrechte ist wahrscheinlich und würde das Stimmrechtsverhältnis über die 50 %-Grenze verändern. In diesem Szenario liegt ein Kontrollverhältnis schon zum Stichtag vor.

Die Optionsrechte beeinflussen die Frage, ob ein Unternehmen zu konsolidieren ist, nicht hingegen die Quote, die dem Mehrheitsgesellschafter und dem Minderheitsgesellschafter im Rahmen der Konsolidierungsbuchungen zuzurechnen ist (IFRS 10.B89).

Die Berücksichtigung der Optionsrechte nur beim Kontrollkriterium führt zu gewöhnungsbedürftigen Ergebnissen, wenn die Option auf 100 % der Anteile gerichtet ist.

> **!**
> **Beispiel**
>
> Alle Anteile an T werden noch von X gehalten. M hat aber ein günstiges, kurzfristig ausübbares Optionsrecht auf diese Anteile.
>
> **Beurteilung**
>
> | Gesell-schafter | Anteile an TU | *Call option M* Stillhalter X | Summe zur Beurteilung Kontrolle | Konsolidierung |
> |---|---|---|---|---|
> | M | 0 % | +100 % | = 100 % | Vollkonsolidierung mit 100 % Minderheitenausweis |
> | X | 100 % | −100 %* | = 0 % | *equity*-Konsolidierung mit 100 % Eigenkapitalanteil |

Kontrolle ohne Stimmrechtsmehrheit kann auch die Folge faktischer Verhältnisse sein (*de facto control*). Wichtigster Anwendungsfall ist eine nachhaltige und stabile **Präsenzmehrheit** (IFRS 10.B43):

> **!**
> **Beispiel**
>
> MU hält 45 % bzw. 4,5 Mio. Aktien der börsennotierten TU. Die restlichen Anteile werden von einer Vielzahl von Kleinaktionären gehalten. Von diesen 5,5 Mio. stimmberechtigten Aktien sind auf den Hauptversammlungen nur jeweils etwa 1,5 Mio. vertreten. MU hat daher eine robuste Präsenzmehrheit von 4,5 Mio./6 Mio. = 75 % und ist daher Mutterunternehmen der TU.

### 12.2.2.3 Nicht über Stimmrechte gesteuerte Unternehmen (*structured entities*)

Ohne den Begriff der *special purpose entities* (SIC-12) bzw. der *structured entities* (IFRS 12) zu verwenden, unterscheidet IFRS 10.B16 ff. gleichwohl zwischen Unternehmen, die aufgrund ihres breiten Aktivitätsspektrums fortlaufender Entscheidungen bedürfen und deshalb in der Regel nur über Stimmrechte oder vergleichbare Rechte kontrolliert werden können, und solchen Unternehmen, die wegen ihres engen, meist im Gründungsakt prädeterminierten Aktivitätsspektrums (**Autopilot**) wenig fortlaufender Entscheidungen bedürfen und deshalb in der Regel nicht (allein) über Stimmrechte u. Ä. beherrscht werden können.

Vor allem wenn ein Unternehmen der zweiten Kategorie zuzurechnen ist, soll die Beurteilung der Beherrschung folgende Faktoren berücksichtigen:

- **Zweck und Struktur** des Unternehmens,
- **praktische Fähigkeit** des Investors, die relevanten Aktivitäten zu bestimmen,
- **spezielle Beziehungen** zwischen den beiden Unternehmen,
- das Ausmaß, in dem der Investor Ergebnisvariabilitäten (**Risiken und Chancen**) aus dem untergeordneten Unternehmen ausgesetzt ist.

Gefordert ist eine auf diesen Faktoren beruhende Gesamtbeurteilung. Ähnlich verlangte schon SIC-12.9 »eine Beurteilung unter Berücksichtigung sämtlicher relevanter Faktoren«. In der Auslegungs- und Anwendungspraxis wurde dies jedoch weitergehend vernachlässigt. Von vier Faktoren – Geschäftstätigkeit entsprechend den Bedürfnissen des Berichtsunternehmens, in wirtschaftlicher Betrachtung Entscheidungsmacht, Mehrheit der Chancen, Mehrheit der Risiken – wurden nur die beiden letzten berücksichtigt. Der nachvollziehbare Grund hierfür war die (scheinbar) unterschiedliche Trennschärfe der Anforderungen. Im Vergleich zu dem quantifizierbaren Kriterium der Risiko- und Chancenmehrheit (> 50%) erschienen die beiden anderen Faktoren (stärker) ermessensbehaftet. Die Praxis folgte daher den klareren Faktoren.

Die in IFRS 10 genannten Faktoren sind demgegenüber alle in ähnlichem Maße ermessensbehaftet. Auch für Risiken und Chancen wird nicht mehr eine quantitative Schwelle (> 50%) formuliert, sondern lediglich die Vermutung, dass Kontrolle umso eher vorliegt, je stärker die Beteiligung an Risiken und Chancen ist. Weder widerlegt damit ein unter 50% liegender Anteil an Risiken und Chancen die Beherrschungsvermutung noch bestätigt ein über 50% liegender Anteil diese. Bestenfalls lässt sich sagen: bei einem Risiko-Chancen-Anteil von unter 50% müssen die anderen Faktoren umso deutlicher Kontrolle indizieren, um in der Gesamtwürdigung eine Beherrschung anzunehmen; umgekehrt müssen bei einem Anteil von mehr als 50% die anderen Faktoren umso deutlicher gegen eine Kontrolle sprechen, um in der Gesamtwürdigung eine Beherrschung zu verneinen. Der Verzicht auf eine harte Risiko-Chancen-Grenze (*bright lines*) zwingt damit dazu, die schon in SIC-12 programmatisch vorgesehene Gesamtwürdigung nach IFRS 10 tatsächlich vorzunehmen.

Typische Anwendungsfälle strukturierter Unternehmen sind wie folgt:

- **ABS-Gesellschaften** (*asset-backed securities*): Sie kaufen Forderungen vom Sponsor an und refinanzieren sich durch die Ausgabe von durch diese Forderungen besicherten Wertpapieren an externe Investoren. Der Forderungsverkauf durch den Sponsor selbst unterliegt im Wesentlichen den Regeln von IAS 39 bzw. IFRS 9. Nach ihnen ist zu entscheiden, ob die Forderungen aus der Einzelbilanz des Sponsors abgehen. Ob sie, einen Abgang aus der Einzelbilanz unterstellt, im Konzernabschluss verbleiben, entscheidet sich nach IFRS 10.

- **Leasingobjektgesellschaften**: Im typischen Fall wird für die Leasinggegenstände eine GmbH & Co KG als Leasingobjektgesellschaft gegründet. Komplementär der Leasingobjektgesellschaft ist z. B. ein eigens dafür gegründetes Tochterunternehmen des externen Leasinggebers. Die Kommanditistenstellung übernimmt der Sponsor, der durch Garantien, eine hohe Haftsumme usw. auch die wesentlichen Risiken behält. Überlässt die externe Leasinggesellschaft die Leasinggegenstände im *finance lease* der Objektgesellschaft, diese aber im *operating lease* dem Sponsor, so sind die Leasingobjekte und Leasingverbindlichkeiten im Einzelabschluss des Sponsors nur als Nutzungsrecht (*right-of-use*) und im Konzernabschluss nur unter den Voraussetzungen von IFRS 10 zu zeigen.
- **Spezialfonds**: Das Investmentrecht kennt neben Publikumsfonds mit breitem Anlegerkreis sog. Spezialfonds mit begrenztem Anlegerkreis. Der Anleger hat kein ideelles (Bruchteils-)Eigentum an den Wertpapieren, sondern lediglich einen Auszahlungsanspruch in Höhe seines Anteils am Sondervermögen des Fonds. Die Anteilsscheine am Fonds sind Wertpapiere. Handelsrechtlich wird hieraus gefolgert, dass das Bilanzierungsobjekt die Anteilsscheine sind. § 290 Abs. 2 Nr. 4 Satz 2 HGB erlaubt die gleiche Behandlung im Konzernabschluss. IFRS 10 verlangt hingegen ggf. eine Konsolidierung. Durch die Struktur eines Schirmfonds (*umbrella fund*) kann die Konsolidierungspflicht dann nicht umgangen werden, wenn eine Mehrheit an einem haftungsmäßig abgekapselten Subfonds besteht.

Die Involvierung des Berichtsunternehmens (*reporting entity*) in den **Gründungsakt** und damit in **Zweck und Gestaltung** (*purpose and design*) des untergeordneten Unternehmens ist ein möglicher Indikator (*may indicate*) für Beherrschung (IFRS 10.B51). Der Indikator ist umso stärker, wenn gesellschafts- und/oder schuldrechtlich die gewöhnlichen Tätigkeiten des untergeordneten Unternehmens weitgehend vorherbestimmt sind (sog. Autopilot) und die Entscheidungsgewalt für ungewöhnliche Fälle beim Berichtsunternehmen liegt. In diesem Fall gelten nur noch die ungewöhnlichen Tätigkeiten als relevante Aktivitäten und können dem Berichtsunternehmen Kontrolle geben (IFRS 10.53).

Als Anwendungsbeispiel für eine strukturierte Einheit, deren gewöhnliche Tätigkeiten vorherbestimmt sind, während für ungewöhnliche Entscheidungen Entscheidungsgewalt gebraucht wird, führt IFRS 10.B53 folgende ABS-Konstruktion an:

**Beispiel**                                                                                                   **!**

Ein strukturiertes Unternehmen hat den alleinigen Zweck, Forderungen des Investors gegenüber Kunden/Kreditnehmern anzukaufen, die Zahlungen bei Fälligkeit zu vereinnahmen
und an den Investor weiterzureichen. Eine Put-Vereinbarung mit dem Investor als Stillhalter
erlaubt eine Rückübertragung notleidend gewordener Forderungen an den Investor.
Relevante Aktivität ist das Forderungsmanagement bei (drohendem) Ausfall. Das Forderungsmanagement der voll werthaltigen Forderungen ist vorherbestimmt. Die Entscheidungsmacht liegt somit beim Investor, da dieser die nicht vorherbestimmte Aktivität,
nämlich das Management der notleidenden Forderungen, bestimmt.

Dabei ist es im Beispiel unerheblich, dass das Management der notleidenden Forderungen auf Ebene des Investors, also außerhalb der rechtlichen Grenzen des strukturierten Unternehmens (*outside the legal boundaries of the investee*), stattfindet. Die
Bedingungen der Put-Vereinbarungen sind vielmehr als integraler Bestandteil der
Gründung des strukturierten Unternehmens anzusehen.

Überträgt man diesen Gedanken auf **Leasingobjektgesellschaften**, so wird in vielen
Fällen die Entscheidungsmacht beim Leasingnehmer liegen, weil dieser über Gestal-
tungsrechte wie Untervermietungsrechte, Vertragsverlängerungsoptionen und/oder
Erwerbsoptionen die Geschicke des Leasingobjekts bestimmt.

Bei der Beurteilung, ob der Investor genügend Rechte hat, soll auch die **praktische
Fähigkeit** (*practical ability*) zur Bestimmung der relevanten Aktivitäten von Bedeutung
sein (IFRS 10.B18). Als Anwendungsfälle der praktischen Fähigkeit werden genannt:
* die Fähigkeit des Investors, auch ohne entsprechendes vertragliches Recht die
  Schlüsselposition des Managements zu bestimmen oder
* das Beteiligungsunternehmen zu Transaktionen bzw. deren Unterlassung zu ver-
  anlassen oder
* den Nominierungsprozess des Exekutivorgans zu bestimmen.
* Überdies kann die praktische Fähigkeit durch Personalunion auf Geschäftsfüh-
  rungsebene gegeben sein oder dadurch, dass im entscheidenden Organ des *investee* nahestehende Personen des Investors sitzen.

All diesen Fällen ist gemein, dass es an den nach IFRS 10.10 f. und IFRS 10.B9 geforderten Rechten (*power arises from rights*) fehlt. M. E. haben deshalb die praktischen
Fähigkeiten bzw. die für sie genannten Beispiele »nur« eine Funktion im Rahmen der
Abrundung einer Gesamtwürdigung. Allein führen sie nicht zu einem Beherrschungs-
verhältnis.

Vorstehender Befund gilt z. T. auch für die in IFRS 10.B19 als weiterer Kontrollindikator
genannten **speziellen Beziehungen** (*special relationships*). Solche speziellen Bezie-

hungen (die amtliche Übersetzung spricht von »besonderen Verhältnissen«) können vermuten lassen, dass der Investor mehr als ein passives Interesse am untergeordneten Unternehmen hat. Als Anwendungsbeispiele werden hier genannt:

- Das Management des *investee* besteht aus (früheren) Arbeitnehmern des Investors.
- Der *investee* hängt finanziell, technologisch, personell usw. vom Investor ab.

Praktische Bedeutung hat der zweite Punkt z. B. im Rahmen von Outsourcing-Projekten.

**Beispiel**

Im Rahmen eines Management Buy Out wird für eine der vielen vom Investor vertriebenen Produktgruppen eine Vertriebsgesellschaft V gegründet, deren Anteile ausschließlich die zuvor bei U für diesen Vertrieb zuständigen Manager übernehmen.
V vertreibt ausschließlich die vom Investor hergestellten Produkte unter dessen Marke. Der Vertriebsvertrag und der Lizenzvertrag über die Marke sind jährlich kündbar.

**Beurteilung**
Über die Kündigung der Verträge kann der Investor der Vertriebsgesellschaft jederzeit die Existenzgrundlage entziehen. Dieses Drohpotenzial reicht aus, auch ohne gesellschaftsrechtliche Legitimation die Entscheidungen auf Ebene der Vertriebsgesellschaft zu beherrschen.

Die Mehrheit der Chancen und Risiken ist abweichend von der herrschenden Auslegung von SIC-12 nach IFRS 10 kein Faktor mehr, der allein über die Konsolidierung einer strukturierten Einheit entscheidet. Vielmehr gilt nun: ein **hoher Anteil an den Chancen und Risiken** ist ein Indikator (nicht mehr und nicht weniger) für eine Beherrschung (IFRS 10.B20). Der Indikator ist umso bedeutsamer, je stärker der Risiko-Chancen-Anteil über einem eventuellen Stimmrechtsanteil liegt (IFRS 10.B21). Dabei kommt es nicht allein auf gesellschaftsrechtliche Chancen (Dividenden, Liquidationserlöse) und Risiken (Verlust des eingesetzten Kapitals, Inanspruchnahme aus unbeschränkter Haftung eines Komplementärs usw.) an. Auch schuldrechtlich erwartete Vorteile aus nachrangigen Darlehen, Genussrechten usw. kommen infrage, ebenso z. B. Wertsteigerungschancen aus Leasingobjekten, die dem Sponsor aufgrund entsprechender Vertragsregelungen zustehen.

Entsprechendes gilt für das Risiko. Bei ABS-Transaktionen kann z. B. den externen Investoren ein Rendite- oder Delkredere-Schutz garantiert sein, sodass diese stets vorrangig und unabhängig vom Forderungsausfall bedient werden und somit das Forderungsausfallrisiko beim Sponsor verbleibt. Bei der typischen Leasingobjektgesellschaft kann sich die Risikotragung z. B. aus First-loss-Garantien im Rahmen des Leasingvertrags ergeben.

Die Änderung des Risiko-Chancen-Kriteriums von einer digitalen Betrachtung in der Anwendung des bisherigen Rechts, d.h. von SIC-12 (Risikomehrheit ja oder nein?) zu einem qualitativen bzw. tendenziellen Indikator (je höher der Risiko-Chancen-Anteil, umso eher Kontrolle) wird im Schrifttum nicht unbedingt begrüßt. Befürchtet wird möglicherweise ein Verlust an Objektivierung. Bei näherer Betrachtung wird in vielen Fällen aber nur eine offenere (ehrlichere) Subjektivität an die Stelle der bisherigen Scheinobjektivität gesetzt.

**Beispiel**     **!**

Die mit geringem Eigenkapital ausgestattete irische Zweckgesellschaft S investiert in 2005 ff. in US-Hypothekendarlehen, Kreditkartendarlehen usw. und refinanziert sich über die Ausgabe kurzfristiger Wertpapiere (*commercial papers*).
Falls die Refinanzierung stockt, kann sie auf eine Kreditzusage (Fazilität) der sponsernden Bank in Höhe von 10 Mrd. EUR zurückgreifen.

**Früheres Recht**

Die Kreditzusage war in der herrschenden Auslegung von SIC-12 wahrscheinlichkeitsgewichtet in die Betrachtung der Risiko-Chancen-Verteilung einzubeziehen. Hatte die Inanspruchnahme der Zusage nur eine Wahrscheinlichkeit von 1/10.000, führte sie nicht zur Konsolidierung bei der Bank. Anders konnte das Urteil ausfallen, wenn die Wahrscheinlichkeit mit 1/100 angesetzt wurde.
Die Wahrscheinlichkeitsannahme lässt sich aber ex ante nicht beweisen. Das gewollte Ergebnis konnte also bei Berechnung wahrscheinlichkeitsgewichteter Werte durch entsprechende Prämissensetzung erzielt werden. Die Berechnung führte nur zu scheinobjektiven Resultaten.

Die Konsolidierung strukturierter Einheiten kann nicht durch eine sog. **zellulare Struktur** umgangen werden (IFRS 10.B76 ff.).

**Beispiel**     **!**

**Sachverhalt**

Die Bank X finanziert verschiedene Immobilien der Leasingobjektgesellschaft SE-KG, deren einzige Komplementärin sie zugleich ist. Kommanditisten mit einer geringen, jeweils gleich hohen Einlage sind A, B, C, D und E.
- A mietet die Immobilie A im *operating lease* an, B die Immobilie B usw.
- Nach den Verträgen mit der Bank bürgt jeder Kommanditist für diejenigen Schulden der SE-KG, welche die von ihm angemieteten Immobilien betreffen, also sachlich ihm »zuzurechnen« sind.

Andere Schulden relevanter Größenordnung hat die SE-KG nicht.

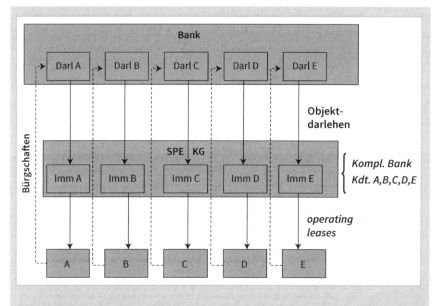

**Beurteilung**

Auch wenn keiner der Kommanditisten die Mehrheit der Risiken und Chancen an der SE-KG hat, können **konsolidierungspflichtige** SEs vorliegen. Aus Sicht der relevanten Schulden, Eingangs- und Ausgangsgeschäfte ist die SE-KG nur eine formale Hülle über fünf wirtschaftlich selbstständige Einheiten. Jede dieser Einheiten stellt eine SE dar und ist auf die Konsolidierungspflicht beim jeweiligen Kommanditisten zu prüfen.

## 12.3 Abschlussstichtag und Erstkonsolidierungszeitpunkt

Das Handelsrecht sah in der Vergangenheit bei abweichenden Geschäftsjahren der Konzernunternehmen verschiedene Wahlrechte für den Konzernstichtag vor (z. B. Stichtag der meisten Unternehmen). Seit der Neufassung des § 299 HGB durch das TransPuG ist nur noch der Stichtag des Mutterunternehmens als Konzernbilanzstichtag zugelassen. Diese Regelung entspricht IFRS 10.B92.

Sofern der Abschlussstichtag eines einbezogenen Unternehmens nicht mehr als **drei Monate vor oder nach** dem Konzernabschlussstichtag liegt, kann die Einbeziehung nach IFRS 10.B93 ggf. ohne Erstellung eines Zwischenabschlusses erfolgen. Wesentliche Geschäftsvorfälle innerhalb der Drei-Monatsfrist sind jedoch korrigierend zu berücksichtigen. Die Regelung in § 299 Abs. 2 Satz 2 HGB unterscheidet sich von dieser IFRS-Vorschrift nur dadurch, dass der abweichende Abschlussstichtag nur bis zu drei Monate **vor** dem Konzernabschlussstichtag, jedoch nicht nach dem Konzernabschlussstichtag liegen darf.

> **Tipp**                                                                                          **!**
>
> Abweichende Geschäftsjahre innerhalb eines Konzerns sind für die Erstellung des Konzern-
> abschlusses lästig bis ärgerlich. Im Rahmen einer Umstellungsplanung sollte daher kritisch
> überlegt werden, ob zwingende Gründe für die Beibehaltung abweichender Stichtage spre-
> chen. Falls nicht, tut das Unternehmen sich (und dem Abschlussprüfer) mit der Stichtagsver-
> einheitlichung einen großen Gefallen.

Zeitpunkt der Erstkonsolidierung eines Tochterunternehmens ist gemäß IFRS 3.8 der
**Erwerbsstichtag** bzw. Tag der Erlangung der Kontrolle. Das BilMoG hat sich dem in
§ 301 Abs. 2 Satz 1 HGB angepasst. Das frühere Wahlrecht, erstmalig auf den ersten
Abschlussstichtag nach Erwerb zu konsolidieren, ist entfallen.

> **Beispiel**                                                                                       **!**
>
> Die MU-AG hat am 1.2.00 100 % der Anteile an der TU-GmbH (Eigenkapital 100 TEUR) für
> 1 Mio. EUR erworben. Die TU-GmbH erwirtschaftet von Februar bis Dezember 00 einen Ge-
> winn von 400 TEUR. Sie hat keine stillen Reserven in ihrem Vermögen. Die Konsolidierungs-
> buchungen lauten wie folgt:
>
> Buchungen IFRS + HGB i. d. F. BilMoG:
>
> | Konto | Soll | Haben |
> |---|---|---|
> | Firmenwert | 900 TEUR | |
> | Nettovermögen TU | 100 TEUR | |
> | Beteiligungsbuchwert | | 1.000 TEUR |
>
> Buchungen HGB a. F.:
>
> | Konto | Soll | Haben |
> |---|---|---|
> | Firmenwert | 500 TEUR | |
> | Nettovermögen TU | 500 TEUR | |
> | Beteiligungsbuchwert | | 1.000 TEUR |

## 12.4   Kapitalkonsolidierung

### 12.4.1   Überblick

Der Zugang eines Tochterunternehmens in der Konzernbilanz ist gemäß IFRS 3.4 ff.
nach der **Erwerbsmethode** (*acquisition method*) darzustellen. Bei einem Anteilser-
werb (*share deal*) wird der Beteiligungsansatz im Einzelabschluss des Mutterunter-

nehmens durch die zum *fair value* bewerteten Vermögenswerte und Schulden des Tochterunternehmens sowie eventuell durch einen *goodwill* ersetzt.

Eine Fortführung der Buchwerte (*pooling-of-interests*-Methode) ist auch dann nicht zulässig, wenn gleichwertige Unternehmen ohne Zahlung von Barbeträgen auf eine neue Gesellschaft verschmolzen werden (*merger under equals*), im rechtlichen Sinne also keiner der beiden Unternehmen Erwerber ist.

Nach Maßgabe der sog. **Einzelerwerbsfiktion** wird so bilanziert, als ob das Mutterunternehmen nicht eine Beteiligung gekauft (tatsächlich: *share deal*), sondern einzelne Vermögenswerte und Schulden erworben hätte (fiktiv: *asset deal*).

> **! Beispiel**
>
> Die MU-AG steht vor dem Erwerb der schuldenfreien TU-GmbH. Über den Kaufpreis von 1 Mio. EUR (Buchwert Aktiva 100 TEUR + 400 TEUR stille Reserven + 500 TEUR Firmenwert) besteht bereits Einigkeit. Unklar ist noch, ob die Transaktion als *share deal* (Erwerb der Anteile) oder als *asset deal* (Erwerb der bilanzierten und nicht bilanzierten Vermögenswerte) vonstatten gehen soll.
> Die Bilanzierung im Einzelabschluss hängt von der Form der Transaktion ab. Beim *share deal* wäre eine Beteiligung von 1 Mio. EUR auszuweisen. Beim *asset deal* wären ein Firmenwert und diverse Aktiva in Höhe von jeweils 0,5 Mio. EUR anzusetzen.
> In den **Konzernabschluss** werden auf jeden Fall 0,5 Mio. EUR Firmenwert und 0,5 Mio. EUR diverse Aktiva eingehen: bei einem *asset deal* durch die Übernahme der Zahlen aus dem Einzelabschluss, bei einem *share deal* über die Einzelerwerbsfiktion der Erwerbsmethode.

Technisch wird die Erwerbsmethode dadurch umgesetzt, dass der Beteiligungsansatz in der Obergesellschaft gegen das (neu, d.h. zum *fair value* bewertete) Eigenkapital der Untergesellschaft zum Erstkonsolidierungszeitpunkt verrechnet wird. Ein Differenzbetrag wird als **Firmenwert und stille Reserven** aufgedeckt.

Ein Unterschied zwischen IFRS und HGB ergibt sich nach wie vor in Fällen, in denen der Kaufpreis hinter dem Zeitwert des übernommenen Vermögens zurückbleibt (**negativer Unterschiedsbetrag**). IFRS 3.34 sieht die ertragswirksame Verbuchung der Differenz zum Erstkonsolidierungszeitpunkt vor (*lucky buy* oder *bargain purchase*), § 309 Abs. 2 HGB die Auflösung im Rahmen der Folgekonsolidierung nach Eintritt bestimmter Ereignisse.

> **! Beispiel**
>
> Die MU-AG hat am 31.12.00 im *share deal* die schuldenfreie TU-GmbH zu einem Kaufpreis von 0,1 Mio. EUR erworben, der dem buchmäßigen Eigenkapital der TU entspricht; stille Reserven von 0,4 Mio. EUR wurden nicht vergütet. Aktivvermögen und Eigenkapital der MU belaufen sich auf 8,1 Mio. EUR. Der Konzernabschluss nach IFRS und HGB ergibt sich wie folgt:

| | MU | TU | Summe | Umbuchungen | | Konzern | |
| --- | --- | --- | --- | --- | --- | --- | --- |
| | | | | S | H | IFRS | HGB |
| Beteiligung | 0,1 | | 0,1 | | 0,1 | 0 | 0 |
| Diverses | 8,0 | 0,1 | 8,1 | 0,4 | | 8,5 | 8,5 |
| Summe | 8,1 | 0,1 | 8,2 | | | 8,5 | 8,5 |
| EK | 8,1 | 0,1 | 8,2 | 0,1 | | 8,1 | 8,1 |
| Gewinn | | | | | 0,4 | 0,4 | |
| Neg. UB | | | | | | | 0,4 |
| Summe | 8,1 | 0,1 | 8,2 | 0,5 | 0,5 | 8,5 | 8,5 |

## 12.4.2   Erstkonsolidierung

### 12.4.2.1   Systematik der Erstkonsolidierung

In zeitlich und logisch gestaffelter Betrachtung stellen sich folgende Aufgaben bei der Erstkonsolidierung:

- Der **Erwerber** ist zu bestimmen.
- Der **Erwerbszeitpunkt** (= Stichtag der Erstkonsolidierung) ist festzulegen, um u. a. gekaufte Ergebnisse des erworbenen Unternehmens (bis zum Stichtag angefallen, daher Teil der Erstkonsolidierung) von nach dem Unternehmenszusammenschluss anfallenden Ergebnissen abzugrenzen.
- Die **Anschaffungskosten** des Erwerbs sind zu ermitteln. Bei schon vor der Kontrollerlangung bestehenden Anteilen sind als Quasi-Anschaffungskosten auch die Zeitwerte der Altanteile zu berücksichtigen.
- Die Aufteilung der Anschaffungskosten (**Kaufpreisallokation**) ist vorzunehmen:
  1. In diesem Zusammenhang sind die beizulegenden Zeitwerte der Vermögenswerte und Schulden zu bestimmen, d. h. stille Reserven und stille Lasten aufdecken.
  2. Die latenten Steuern sind zu berechnen. Sie erfahren durch die Aufdeckung der stillen Reserven und stillen Lasten eine Änderung gegenüber dem Ansatz beim Erwerber.
  3. Schließlich ist der *goodwill* als Unterschiedsbetrag von Anschaffungskosten (inkl. Zeitwert eventueller Altanteile) einerseits und Zeitwert des Nettovermögens nach latenten Steuern andererseits zu bestimmen.

Diesen Fragen **vorgelagert** ist zu klären, ob das erworbene Vermögen **überhaupt ein Unternehmen** repräsentiert.

## 12.4.2.2   Unternehmensqualität des Erwerbsobjekts

Die Regelungen zur *business combination* gelangen nur dann zur Anwendung, wenn das **Erwerbsobjekt ein Unternehmen** (*business*) und nicht lediglich eine Gruppe von Vermögenswerten ist (IFRS 3.3). Für diese Beurteilung ist weder auf die rechtliche Form des Erwerbsobjekts noch auf seine Verwendung beim Erwerber abzustellen.

> **!**
>
> **Beispiel**
>
> U benötigt zur Arrondierung seines Betriebsareals bestimmte brachliegende Grundstücke des Nachbarn A. Der Nachbar hält diese aus steuerlichen Gründen in einer A-GmbH, die keine Schulden und außer den Grundstücken keine Vermögenswerte hat.
> U erwirbt die GmbH-Anteile. Wegen des Arrondierungsinteresses wird ein Preis von 10 Mio. EUR gezahlt, obwohl der Zeitwert der Grundstücke (und damit der GmbH) nur 3 Mio. EUR beträgt. Der steuerliche Buchwert der Grundstücke beträgt 0,5 Mio. EUR. Würde der Vorgang als eine *business combination* gewertet, hätte U die Grundstücke mit ihrem *fair value* von 3 Mio. EUR anzusetzen, eine latente Steuer von 1 Mio. EUR (40 % von 2,5 Mio.) wäre zu passivieren und in Höhe der Differenz zum Kaufpreis ein *goodwill* von 8 Mio. EUR (10 Mio. EUR – 3 Mio. EUR Grundstück + 1 Mio. EUR latente Steuer) auszuweisen. Das erworbene Vermögen (brachliegende Grundstücke) repräsentiert jedoch kein *business*. Als erworben gelten deshalb die Grundstücke. Sie sind bei U mit ihren Anschaffungskosten von 10 Mio. EUR anzusetzen. Eine Steuerlatenz ist wegen der Sondervorschrift von IAS 12.22(c) (Buchwertdifferenz entsteht bei Zugangsbewertung außerhalb einer *business combination*) nicht zu bilden.

Inhaltliche Kriterien für die Abgrenzung von *business* und einfachem Vermögen sind in IFRS 3B5. ff. enthalten. Danach besteht ein *business* im Allgemeinen aus

- **Input-Faktoren** (z. B. Anlagevermögen, Know-how, Angestellte) und
- **Prozessen**, in denen diese Faktoren eingesetzt werden, um daraus schon jetzt oder in absehbarer Zukunft
- **Leistungen** (*outputs*) zu produzieren, die zu Erlösen führen.

Dabei kommt es nicht darauf an, wie der Erwerber mit erworbenem Vermögen und Prozessen umgehen wird.

- Kein *business* liegt daher vor, wenn das Zielobjekt auf absehbare Zeit keine Erlöse erwirtschaftet.
- Umgekehrt ist es unschädlich, wenn der Erwerber es stilllegt und keine Erlöse mehr hieraus generieren wird.

> **!**
>
> **Beispiel**
>
> Im Rahmen eines Re- bzw. Insourcing-Programms erwirbt U die Mehrheit an der vor einigen Jahren outgesourcten und an das Bereichsmanagement veräußerten IT-GmbH zurück. Einziger Kunde von IT ist U.

Entscheidend ist der abstrakte Zustand von IT vor Rückerwerb. Beliefert IT U zu im Wesentlichen marktüblichen Preisen, ist IT ein *business*. Ist U einziger Kunde und IT nur deshalb überlebensfähig, weil U es durch überhöhte Preise subventioniert, fehlt es an einem eigenständigen Erlösstrom. IT ist kein *business*.

**Beispiel**   !

U erwirbt 100 % der Anteile an der Z-GmbH. Das Zielobjekt Z hat ein aussichtsreiches biotechnisches Patent, aber sonst kein relevantes Vermögen. Ob es irgendwann zur Vermarktung des Patents durch Nutzung zur Produktion eines Medikaments kommen wird, ist völlig ungewiss. Relevante Vorbereitungshandlungen (Entwicklung eines Produktions- und Vertriebskonzepts) sind jedenfalls noch nicht getätigt worden.

Das Zielobjekt ist eine Gesellschaft mit einem einzigen relevanten Vermögenswert in der Entwicklungsphase (*development stage entity*) und noch kein *business*.

U tätigt mit dem Anteilskauf daher einen Erwerb von patentiertem Know-how, hingegen keinen Unternehmenserwerb.

Für den Umgang mit Zweifelsfällen erlaubt IFRS 3.B7A optional die Vornahme eines **Konzentrationstests**. Wenn der Wert des Bruttovermögens des Erwerbsobjekts sich auf einen einzigen Vermögenswert (oder eine einzige Gruppe ähnlicher Vermögenswerte) konzentriert (so oft bei Start-up-Unternehmen oder bei vermögensverwaltenden Grundstücksgesellschaften), besteht die Vermutung, dass kein *business* vorliegt. Der Erwerber muss aber nicht nach Maßgabe des Konzentrationstests vorgehen, sondern kann eine Gesamtwürdigung aller Umstände (Input, Prozesse, Output) vornehmen und hiermit ggf. doch eine Qualifizierung als *business* begründen.

### 12.4.2.3   Bestimmung des Erwerbers (*reverse acquisition*)

Formelle und wirtschaftliche Seiten eines Unternehmenserwerbs können auseinanderfallen. Das Unternehmen, das formell erworben wurde, kann in wirtschaftlicher Betrachtung tatsächlich der Erwerber sein. In diesem Fall des **umgekehrten Unternehmenserwerbs** (*reverse acquisition*) ist hinsichtlich der Bestimmung des *goodwill* und der aufzulösenden stillen Reserven dem wirtschaftlichen Sachverhalt zu folgen (IFRS 3.B19).

**Beispiel**   !

Die börsennotierte Online AG O erwirbt sämtliche Anteile der Verlags GmbH V. Die Transaktion wird als Kapitalerhöhung gegen Einlage in der Weise durchgeführt, dass die Gesellschafter der V neue Aktien der O erhalten. Nach der Kapitalerhöhung erhalten die Gesellschafter der V die Mehrheit an der O AG.

- O ist nur formell Erwerber.
- In wirtschaftlicher Betrachtung erfolgt der Erwerb durch V.
- Gemäß IFRS 3.B19 liegt daher ein umgekehrter Unternehmenserwerb vor, bei dem die V GmbH als Erwerber zu identifizieren ist.

Beträgt bspw. (unter Vernachlässigung stiller Reserven) der Unternehmenswert der O 100 bei einem buchmäßigen Eigenkapital von 50 und der Unternehmenswert der V 200 bei einem buchmäßigen Eigenkapital von 120, so ist wie folgt zu verfahren:

- Die Buchwerte der V und nicht der O sind fortzuführen.
- Der als stille Reserven und *goodwill* aufzudeckende Unterschiedsbetrag beträgt nicht 80 (200 ./. 120; nach Maßgabe der Werte von V), sondern 50 (100 ./. 50; nach Maßgabe der Werte von O).

### 12.4.2.4 Bestimmung des Erwerbszeitpunkts/ Erstkonsolidierungszeitpunkts

Die Bestimmung des **Erwerbszeitpunkts** ist von mehrfacher Bedeutung:

- Der Erwerbszeitpunkt grenzt die **mitgekauften alten Gewinne** von **selbst erwirtschafteten neuen Gewinnen** ab. Die alten Gewinne gehen in die Erstkonsolidierung ein. Die ab dem Tag des Unternehmenserwerbs entstehenden Gewinne sind Bestandteil der GuV des Konzerns.
- Auf den Erwerbszeitpunkt werden die **Anschaffungskosten und beizulegenden Zeitwerte** bestimmt und dementsprechend die erworbenen Vermögenswerte einschließlich stiller Reserven sowie der *goodwill* in der Erwerberbilanz angesetzt und fortgeschrieben.
- Bei Erwerb durch **Anteilstausch** ergeben sich die Anschaffungskosten aus dem Wert, den die hingegebenen Anteile zum Erwerbsstichtag haben.

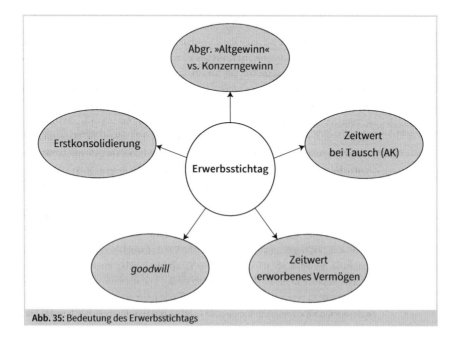

**Abb. 35:** Bedeutung des Erwerbsstichtags

Als Erwerbszeitpunkt (*acquisition date*) definiert IFRS 3.8 den Tag, an dem die **Beherr-schung** über das erworbene Unternehmen tatsächlich auf den Erwerber übergeht. Zur Beurteilung, ob die Beherrschung tatsächlich übertragen wurde, ist der wirt-schaftliche Gehalt des Unternehmenserwerbs heranzuziehen. Danach ist es insbeson-dere nicht notwendig, dass eine Transaktion rechtlich abgeschlossen ist (IFRS 3.8). Die Bestimmungen bleiben allerdings in dieser Hinsicht allgemein. Eine praxisorientierte Konkretisierung hat folgende **Fallunterscheidungen** vorzunehmen:

- vertragliche Rückwirkungen, bei denen die Parteien bspw. in der notariellen Urkunde vom 15.1. vereinbaren, dass das Eigentum am 1.1. übergegangen ist;
- Genehmigungsvorbehalte, insbesondere gesellschaftsrechtlicher (z.B. bei vin-kulierten Namensaktien) oder kartellrechtlicher Art, als Voraussetzung für die Rechtswirksamkeit des Unternehmens- oder Anteilserwerbs.

Im Fall **vertraglicher Rückwirkungen** ist der frühere vereinbarte Übergangszeitpunkt nur dann heranzuziehen, wenn die Zeitdifferenz unwesentlich ist und/oder zu diesem Zeitpunkt tatsächlich Besitz, Kontrolle, Fruchtziehungsrecht usw. übergegangen sind.

Im Fall der gesellschafts- oder kartellrechtlichen **Genehmigungsvorbehalte** kommt es auf den Inhalt der Vereinbarungen für den Schwebezeitraum an. Ist der Veräußerer gehalten, im Schwebezeitraum (quasi-)treuhänderisch zu handeln, wesentliche Inves-titions-, Personalentscheidungen usw. nicht oder nur nach Initiative des Erwerbers zu treffen, so ist ein Übergang bereits vor dem Genehmigungsdatum anzunehmen.

---

**Beispiel**   !

**Sachverhalt**

Die M AG erwirbt mit notarieller Urkunde vom 10.8.01 100% der Anteile an der T GmbH von der A AG. Die Urkunde sieht Folgendes vor:

- Übergang von Besitz, Nutzen und Lasten zum 1.8.01. Alle Ergebnisse bis zum 31.7.01 stehen noch der A AG zu (Ende Juli 01 haben M und A abgestimmte Ad-hoc-Meldungen über den bevorstehenden Verkauf veröffentlicht).
- Rechtswirksamkeit der Anteilsübertragung mit kartellrechtlicher Genehmigung (diese erfolgt im November 01).
- Im Zwischenzeitraum bis zur kartellrechtlichen Genehmigung hat die A AG die Geschäfte der T GmbH mit der Sorgfalt eines ordentlichen Kaufmanns im Interesse der M AG so zu führen, dass das Anlagevermögen in einem ordentlichen und betriebsbereiten Zustand verbleibt. Größere Investitionen, Neueinstellungen, Entlassungen usw. sollen ebenso wie Änderungen von Produktionsverfahren, der Abschluss von Risikogeschäften, die Umschuldung von Darlehen usw. unterbleiben oder nur nach vorheriger Zustimmung der M AG vorgenommen werden dürfen. Die M AG hat insoweit das Initiativrecht. Hin-sichtlich der im Fall eines Fehlschlagens des Erwerbs bei der A verbleibenden Risiken stellt M Sicherheiten.

**Beurteilung**

Die A AG verliert spätestens am 10.8.01 die Kontrolle über die T GmbH, da sie im Zeitraum bis zur kartellrechtlichen Genehmigung nur formell die Geschicke der T GmbH bestimmen kann, tatsächlich aber wie ein uneigennütziger Treuhänder die Geschäfte im Interesse der M AG führen muss. Schon vor der rechtlichen Wirksamkeit der Anteilsübertragung geht daher bei wirtschaftlicher Betrachtung die Kontrolle auf die M AG über.

Möglicherweise ist der Kontrollübergang sogar bereits auf den 1.8.01 erfolgt. Zu diesem Zeitpunkt bestanden im Hinblick auf die öffentliche Bekanntmachung (Ad-hoc-Meldung) bereits faktische Verpflichtungen. In analoger Anwendung des Rechtsgedankens aus IAS 37.14(a) und IAS 37.72(b) sowie nach dem Grundsatz *substance over form* wird daher nicht auf die Rechtsverbindlichkeit der Anteilsübertragungsverpflichtung durch Beurkundung, sondern auf die frühere faktische Einigung abgestellt werden können. Unter dem Gesichtspunkt der *materiality* ist dies mindestens bei einem verhältnismäßig kurzen Zeitraum zwischen früher vereinbartem Übergang und Beurkundung vertretbar.

§ 101 BGB sieht (dispositiv) vor, dass bei der Veräußerung eines Gesellschaftsanteils im Verlauf eines Geschäftsjahres die **bis zur Veräußerung erwirtschafteten Gewinne** noch dem Veräußerer zustehen. In Kaufverträgen wird häufig hiervon abgewichen. Derartige vertragliche Gewinnaufteilungsabreden berühren für sich allein den Erwerbsstichtag nicht. Wird etwa bei einem zum Jahresende geschlossenen Kaufvertrag über eine Kapitalgesellschaft vereinbart, dass der Gewinn schon ab Jahresanfang dem Erwerber zusteht, so beeinflusst dies nur die Höhe des erworbenen Vermögens, nicht hingegen den Erwerbsstichtag. Erwerbs- und Erstkonsolidierungszeitpunkt bleibt das Jahresende. Die bis dahin entstandenen Gewinne (bzw. der Vermögenszuwachs, in dem sie sich bilanziell niedergeschlagen haben) sind Teil der Erstkonsolidierung und nicht der Konzern-GuV.

## 12.4.2.5 Bestimmung der Anschaffungskosten sowie des Werts eventuell schon vorhandener Anteile

Zur Ermittlung des *goodwill* (oder negativen Unterschiedsbetrags) sind die Anschaffungskosten dem Zeitwert des erworbenen Nettovermögens gegenüberzustellen. **Anschaffungsnebenkosten** (Notargebühren, Grunderwerbsteuern, Beratungskosten für eine dem Kauf vorgeschaltete Due Diligence usw.) sind nicht zu aktivieren, sondern unmittelbar als **Aufwand** zu buchen (IFRS 3.53). Nicht als Aufwand zu behandeln, sondern gegen Eigenkapital zu kürzen, sind bei einem Erwerb durch Sacheinlage gegen Kapitalerhöhung die Kosten für die Registrierung und die Ausgabe von Eigenkapital (Emissionskosten, Honorare).

Wird der Erwerb (teilweise) durch den **Tausch von Anteilen** oder anderen Vermögenswerten abgewickelt, bestimmt der Wert des Hingegebenen die Anschaffungskosten für das Erworbene. Bei Ausgabe eigener börsengängiger Wertpapiere ist der Börsenkurs maßgebend, es sei denn, außergewöhnliche Kursschwankungen oder ein enger Markt machen den Börsenkurs der Wertpapiere zu einem unzuverlässigen Indikator (IFRS 3.33). Im Fall außergewöhnlicher Kursschwankungen sind die Preise während einer angemessenen Zeit vor oder nach der Veröffentlichung der Bedingungen des Unternehmenserwerbs zu berücksichtigen. Im Fall eines unzuverlässigen (engen) Markts oder bei fehlender Börsennotierung ist der Wert der ausgegebenen Anteile zu schätzen. Hierbei kommt auch eine **umgekehrte Wertermittlung** infrage. Sind die vom Erwerber hingegebenen Anteile nicht börsennotiert, die erworbenen Anteile hingegen börsennotiert und ist deshalb deren Wert klarer zu ermitteln, determiniert der letztgenannte Wert den Kaufpreis.

**Beispiel**

Die börsennotierte M AG erwirbt mit notarieller Urkunde vom 10.8.01 100 % der Anteile an der T GmbH von der A AG. Die Urkunde sieht Folgendes vor:

- Übergang von Besitz, Nutzen und Lasten zum 1.8.01. Alle Ergebnisse bis zum 31.7.01 stehen noch der A AG zu. Am 20.7.01 haben M und A abgestimmte Ad-hoc-Meldungen über den bevorstehenden Verkauf veröffentlicht.
- Rechtswirksamkeit der Anteilsübertragung mit kartellrechtlicher Genehmigung (diese erfolgt am 20.11.01).
- Im Zeitraum bis zur kartellrechtlichen Genehmigung hat die A AG die Geschäfte der T GmbH mit der Sorgfalt eines ordentlichen Kaufmanns im Interesse der M AG und bei allen wesentlichen Entscheidungen nur mit vorheriger Zustimmungen der M AG zu führen.

Der Kaufpreis wird durch Hingabe von 1 Mio. M-Aktien entrichtet. Die M-Aktie notiert wie folgt:

| | |
|---|---|
| – | am 17.7. mit 47 |
| – | am 18.7. mit 48 |
| – | am 19.7. mit 50 |
| – | am 20.7. (Ad-hoc-Meldung) mit 60 (u. a., weil nach Investoren- und Analystenmeinung der Erwerb der T GmbH die strategischen Aussichten der M AG entscheidend verbessert) |
| – | am 1.8. (Rückwirkungsdatum) mit 55 (der ersten Euphorie folgt erste Ernüchterung) |
| – | am 10.8. (Vertrag) mit 58 (erneute Euphorie) |
| – | am 20.11. (Rechtswirksamkeit) mit 40 (allgemeine Baisse) |

Die Anschaffungskosten sind grundsätzlich auf den Transaktionstag, d. h. den Tag des Übergangs der Kontrolle, zu bestimmen. Wegen des treuhandähnlichen Verhältnisses bis zur kartellrechtlichen Genehmigung ist dies m. E. spätestens der 10.8. Auch der 1.8. ist m. E. vertretbar.

Wird als Transaktionstag der 10.8. bestimmt, stellt sich noch die Frage, ob als Anschaffungskosten und damit als Grundlage für die *goodwill*-Ermittlung usw. nach dem Kurs dieses Tages 58 Mio. anzusetzen sind oder ob der Kurs vom 19.7. (letzter Kurs vor Ad-hoc-Veröffentlichung) ein besserer Indikator ist und somit 50 Mio. anzusetzen sind.

**Beide Lösungen sind vertretbar:**
Für die 58 Mio. spricht, dass schon vor der Ad-hoc-Mitteilung eine Kurstendenz nach oben festzustellen war (Kursentwicklung 17. bis 19.7.). Eine positive Entwicklung des gesamten Aktienmarkts (oder der Branche) in der Zeit zwischen Mitte Juli und 10.8. würde diese Argumentation zusätzlich stützen.
Für die 50 Mio. spricht, dass dies der letzte von dem Erwerb noch nicht beeinflusste Kurs war. In diesem Fall ist die Abweichung von 8 Mio. anzugeben und zu begründen.
Wird als Transaktionstag der 1.8. bestimmt, kann entsprechend zwischen 55 Mio. EUR und 50 Mio. EUR gewählt werden.

Wie das Beispiel zeigt, verlangt die Anschaffungskostenbestimmung bei der Hingabe von eigenen Anteilen eine Einzelfall- und Gesamtwürdigung und ist damit z. T. eine Angelegenheit der Findung und Prononcierung von Argumenten.

Der Erwerber kann am erworbenen Unternehmen bereits **vor Erlangung der Beherrschung beteiligt** sein, etwa 20 % der Anteile schon seit längerem halten und nun 31 % oder mehr hinzuerwerben. Bei einer solchen *business combination achieved in stages* (sukzessiver Unternehmenserwerb) wird ein tauschähnliches Geschäft fingiert. Es wird unterstellt, dass der Erwerber für den Unternehmenserwerb neben dem Barbetrag (für die neu erworbenen Anteile) die Altanteile (im Beispiel 20 %) mit ihrem *fair value* hingibt. Die Differenz zum bisherigen Buchwert der Altanteile ist Ertrag (oder Aufwand).

Ein Vertrag über einen Anteils- oder Unternehmenserwerb kann **bedingte Kaufpreiselemente** (*contingent considerations*) enthalten, die insbesondere vorsehen, dass der Kaufpreis angepasst wird, wenn
- das erworbene Unternehmen in einem bestimmten Zeitraum nach dem Erwerb bestimmte Erfolgsziele unter- oder überschreitet (*earn-out-Modelle*),
- die als Kaufpreis(-bestandteil) **hingegebenen Anteile** innerhalb einer bestimmten Frist bestimmte Kurswerte unterschreiten.

Fraglich ist, ob bei der Einbeziehung bedingter Kaufpreisbestandteile in die Konsolidierung
- auf den nach Beseitigung der Unsicherheit tatsächlichen gezahlten/nicht gezahlten Wert abzustellen ist oder

- der *fair value* zum Erstkonsolidierungszeitpunkt maßgeblich ist und Abweichungen des tatsächlichen Verlaufs von diesem Wert die Konsolidierung nicht mehr betreffen.

Dem ersten Ansatz folgte IFRS 3 rev. 2004. Ungewisse Anschaffungskosten waren im Erwerbszeitpunkt nach der für wahrscheinlich gehaltenen Entwicklung zu berücksichtigen. Bei einer späteren Revision der ursprünglichen Annahmen waren die Anschaffungskosten anzupassen (IFRS 3.33 f. rev. 2004).

Seit 2008 folgt IFRS 3 aber dem zweiten Ansatz: gewährte Garantien sind im Rahmen der Erstkonsolidierung mit ihrem *fair value im Erstkonsolidierungszeitpunkt* anzusetzen (IFRS 3.39). Der so bestimmte Wert der Garantie ist Bestandteil der Anschaffungskosten. Die davon abweichende spätere tatsächliche Entwicklung führt hingegen

- bei *earn-out*-Klauseln zu Ertrag oder Aufwand (IFRS 3.58(b)),
- bei Kursgarantien immer dann zu Ertrag oder Aufwand, wenn die Garantie auf Geldzahlungen lautet und deshalb als finanzielle Schuld zu qualifizieren ist; dann nicht immer zu Ertrag oder Aufwand, wenn die Garantie durch Ausgabe weiterer Aktien erfüllt wird und deshalb ggf. als Eigenkapitalinstrument gilt (IFRS 3.58(a)).

Abweichend von den vorstehenden Regeln führt eine Revision der Erwartungen binnen zwölf Monaten nach dem Erwerbsstichtag auch nach neuem Recht zur Anpassung der Anschaffungskosten (und des *goodwill*; IFRS 3.45).

### 12.4.2.6 Ansatz und Bewertung des Vermögens (Kaufpreisallokation)

Die Anschaffungskosten des Erwerbs (sowie der Zeitwert eventueller Altanteile) sind vorrangig auf die **identifizierbaren Vermögenswerte und Schulden** des erworbenen Unternehmens zu verteilen (IFRS 3.32). Nur ein **verbleibender Unterschiedsbetrag** ist als *goodwill* anzusetzen bzw. als negativer Unterschiedsbetrag erfolgswirksam zu vereinnahmen. Für den Ansatz und die Bewertung der Einzelposten sind die Bilanzierungs- und Bewertungsmethoden beim Veräußerer unwichtig. Das erworbene Vermögen ist hinsichtlich seiner Bilanzierungsfähigkeit und Bewertung neu zu beurteilen. Hierbei kommt es ggf. auch zum Ansatz von Vermögenswerten und Schulden, die beim Veräußerer nicht bilanziert waren.

Betroffen sind vor allem immaterielle Vermögenswerte, die aus Sicht des erworbenen Unternehmens **originär** (hergestellt) sind, aus Sicht der Erstkonsolidierung aber als **angeschafft** gelten. Zwar kommt nach IAS 38 unter Umständen eine Aktivierung auch schon beim erworbenen Unternehmen infrage, allerdings können die Kosten des erworbenen Unternehmens in der Forschungsphase angefallen sein und deshalb einem Aktivierungsverbot unterlegen haben. Beim Unternehmenserwerb (= Anschaffung) ist dieses Verbot nicht mehr relevant. Darüber hinaus kann es zu einer

Neubeurteilung beim Erwerber kommen. Das Management des neuen Unternehmens kann die Wahrscheinlichkeit eines zukünftigen Nutzens neu und mutiger beurteilen. Es kann durch die Kombination mit anderen Produktionsfaktoren (Synergien) einen Nutzen erstmalig konkretisieren.

Schließlich enthält IAS 38.63 ein spezielles Aktivierungsverbot für originäre Marken, Kundenlisten und ähnliche Werte. Durch eine *business combination* werden sie zu derivativen Werten: das spezielle Aktivierungsverbot greift nicht mehr.

> **Beispiel**
>
> Die Loktor AG erwirbt die Mehrheit an der Elle GmbH. Die Elle GmbH verfügt u. a. über die weltweit bekannte Parfummarke E 611.
> Aus Sicht der Elle GmbH ist die Marke originär (selbst erstellt) und wegen des dafür geltenden Bilanzierungsverbots nicht aktivierungsfähig.
> Mit dem Erwerb der Mehrheit an der Elle GmbH gelten die Vermögenswerte der Elle GmbH als durch die Loktor AG erworben (Einzelerwerbsfiktion). Aus der originären Marke (einzelbilanzielle Perspektive der Elle GmbH) wird damit ein derivativer Vermögenswert (konzernbilanzielle Perspektive der Loktor AG). Die Marke ist daher im Rahmen der Erstkonsolidierung mit ihrem *fair value* anzusetzen.

Für den Ansatz immaterieller Vermögenswerte bei einem Unternehmenserwerb kommt es nach IAS 38.34 und IFRS 3 nur darauf an, dass sie
* auf einer vertraglichen oder rechtlichen Grundlage beruhen (sog. *legal criterion*) oder
* durch Verkauf, Übertragung, Lizenzierung, Verpachtung, Tausch usw. vom Unternehmen separiert werden können (sog. *separability criterion*).

Wahrscheinlichkeit des Nutzens und Zuverlässigkeit der Messung sind in solchen Fällen nicht mehr diskussionsfähig. Die Wahrscheinlichkeit ist lediglich als Bewertungsparameter zu berücksichtigen: je niedriger die Nutzenwahrscheinlichkeit, umso niedriger der anzusetzende *fair value*.

Praktisch bedeutet dies eine Aufwertung kurzfristig zu Aufwand werdender Einzelvermögenswerte zulasten des nur noch außerplanmäßig abschreibbaren *goodwill*. Damit entsteht in der Praxis vermehrt die Frage, welche Vorteile als aktivierbare Einzelvermögenswerte infrage kommen (vgl. Kapitel 3.2.2).

### 12.4.2.7   *Goodwill* und negativer Unterschiedsbetrag

Bei der Erstkonsolidierung entsteht ein *goodwill* oder negativer Unterschiedsbetrag in Höhe der positiven oder negativen Differenz von Anschaffungskosten (inkl. des Zeitwerts eventueller Altanteile) und Zeitwert der erworbenen, identifizierbaren Vermögenswerte und Schulden.

Der negative oder positive Unterschiedsbetrag stellt eine rechnerische Saldogröße dar. Da es nicht um die Differenz von Anschaffungskosten und Buchwerten geht, sondern um die Differenz von Anschaffungskosten und Zeitwerten, kann ein negativer Unterschiedsbetrag auch dann entstehen, wenn der Kaufpreis über dem Buchwert liegt

### 12.4.2.8   Nicht beherrschende Anteile (Minderheiten)

IFRS 3 verlangt im Rahmen der Erstkonsolidierung eine **vollständige Neubewertung** des erworbenen Vermögens auch dann, wenn weniger als 100 % eines Unternehmens erworben werden. Stille Reserven und Lasten sind also nicht nur in Höhe des Anteils des Erwerbers aufzudecken, sondern zu 100 %.

Im Normalfall (stille Reserven höher als stille Lasten) führt die vollständige Neubewertung zu einem höheren Ansatz des Nettovermögens und einem höheren Wert der nicht beherrschenden Anteile als eine nur beteiligungsproportionale Neubewertung. Bei der Folgekonsolidierung ergeben sich entsprechend höhere Abschreibungen auf das Anlagevermögen und ein niedrigerer (weil stärker durch Abschreibungen usw. belasteter) Gewinnanteil der nicht beherrschenden Gesellschafter (Minderheitsgesellschafter).

Nach bis 2008 geltendem IFRS 3 waren die Minderheitsgesellschafter des Tochterunternehmens zwar an den stillen Reserven, aber nicht am *goodwill* beteiligt. Mit der sog. **Einheitstheorie**, wonach der Konzern als einheitlich durch verschiedene Eigenkapitalgebergruppen (Gesellschafter des Mutterunternehmens, nicht beherrschende Gesellschafter von Tochterunternehmen) finanziert gilt, vertrug sich diese »Diskriminierung« des Minderheitenanteils nicht. Sie entsprach eher der Interessentheorie. Nach ihr ist der nicht beherrschende Anteil weniger Eigenkapital als bilanzieller Ausgleichsposten dafür, dass Vermögen und Schulden der Tochterunternehmen auch dann zu 100 % konsolidiert werden, wenn das Interesse (der Anteil) des Mutterunternehmens weniger als 100 % beträgt.

Die Konzernrechnungslegung nach IFRS hat sich in den letzten Jahren jedoch immer stärker der Einheitstheorie zugewandt.

Seit 2005 gilt etwa:
- Der nicht beherrschende Anteil ist **im Eigenkapital** auszuweisen.
- Die **stillen Reserven** sind bei der Erstkonsolidierung auch für die nicht beherrschenden Anteile aufzudecken.

Andererseits wurde der Minderheitenanteil noch nicht in jeder Hinsicht dem Anteil der Gesellschafter des Mutterunternehmens gleichgestellt. Das bis 2009 geltende Recht sah etwa vor, dass Minderheitenanteile in der Bilanz nicht mit einem **negativen Wert** ausgewiesen werden dürfen. Ab 2010 entfiel diese Ungleichbehandlung.

Zur vollen Gleichbehandlung fehlt dann nur noch die Berücksichtigung des Anteils der nicht beherrschenden Gesellschafter am *goodwill*.

Der in 2005 vorgelegte Änderungsentwurf ED IFRS 3 sah ohne Wenn und Aber den Wechsel zu dieser sog. *full-goodwill*-Methode vor. Als deren Nachteil gilt jedoch die mangelnde Objektivierung des *goodwill*. Er ist nicht mehr pagatorisch als Unterschied zwischen (vom Mehrheitsgesellschafter gezahltem) Kaufpreis und anteiligem Nettovermögen zu bestimmen, sondern auf Basis einer Unternehmensbewertung. Im *Board* des IASB war die in ED IFRS 3 vorgeschlagene Lösung daher umstritten. Als Kompromiss sieht die seit 2010 geltende Neufassung von IFRS 3 ein Wahlrecht zur Anwendung der *full-goodwill*-Methode vor. Der nicht beherrschende Anteil kann nach IFRS 3.19 entweder

- zum Anteil am Zeitwert des Nettovermögens und damit ohne den Wert von geschäftswertbildenden Faktoren wie Synergien, eingespielter Organisation etc. oder
- zum Zeitwert des Anteils am Unternehmen und damit unter Einschluss des *goodwill*

erfasst werden.

> **!**
>
> **Beispiel**
>
> MU erwirbt für einen Kaufpreis von 90 60 % an TU, deren Nettovermögen zu Buch- und Zeitwerten 100 beträgt.
> Nach früher pflichtweise und nunmehr wahlweise anzuwendender Methode ergeben sich folgende Erstkonsolidierungsbeträge:
>
> | | |
> |---|---:|
> | *goodwill* (90 – 0,6 × 100) | 30 |
> | Nettovermögen TU | 100 |
> | Nicht beherrschender Anteil (0,4 × 100) | (–)40 |
> | **Summe (= Kaufpreis für 60 %)** | **90** |
>
> Wird stattdessen zukünftig wahlweise nach der *full-goodwill*-Methode verfahren gilt, im einfachsten Fall, d. h. bei Hochrechnung des Kaufpreises von 90 für 60 % auf einen Gesamtunternehmenswert von 90 / 0,6 = 150:

| | |
|---|---|
| *full-goodwill* (90 / 0,6 – 100) | 50 |
| Nettovermögen TU | 100 |
| Nicht beherrschender Anteil [0,4 × (50 + 100)] | (–)60 |
| **Summe (= Kaufpreis für 60 %)** | **90** |

Der *goodwill* fällt um 4 / 6 = 20 höher aus. Damit einher geht eine Erhöhung des nicht beherrschenden Anteils um 20.

Im vorstehenden Beispiel blieben **Kontrollprämien** unberücksichtigt. Hierunter versteht man den gegenüber dem anteiligen Unternehmenswert gezahlten Aufschlag für die Erlangung der Kontrollmehrheit. Inhaltlich geht es um die unterschiedliche Qualität einer 50,01 %igen Beteiligung gegenüber einer 49,99 %igen. Wer die Mehrheit hat und damit die Geschäftspolitik bestimmen kann, ist eher in der Lage, Synergien aus dem Erwerb zu ziehen, und wird hierfür einen höheren Preis zahlen. Kontrollprämien in der Größenordnung von je nach Land und Branche um die 10 Prozentpunkte sind empirisch belegt.

**Beispiel** !

Im Erwerbspreis von 90 ist eine Kontrollprämie von 10 enthalten. Die (durch eine DCF-Bewertung zu bestätigende) Hochrechnung auf den Gesamtunternehmenswert wäre nicht 90 / 0,6 = 150, sondern 80 / 0,6 = 133. Der *goodwill* wäre wie folgt zu ermitteln und aufzuteilen:

| | |
|---|---|
| *goodwill* gesamt (133 – 100) | 33 |
| Davon MU (wie bisher; 90 - 0,6 × 100) | 30 |
| Bleiben für nicht beherrschenden Anteil | 3 |

### 12.4.3 Folgekonsolidierung

#### 12.4.3.1 Gegenstand und Technik

Während die Erstkonsolidierung (mit Ausnahme des negativen Unterschiedsbetrags) ein erfolgsneutraler Anschaffungsvorgang ist, wird die **Folgekonsolidierung erfolgswirksam**. Die aufgedeckten stillen Reserven und stillen Lasten sind plan- und außerplanmäßig, der *goodwill* nur außerplanmäßig fortzuschreiben. Hierdurch entstehen
• Aufwendungen für planmäßige Abschreibungen (stille Reserven im Anlagevermögen),

- Aufwendungen für Material (stille Reserven in Vorräten),
- Aufwendungen aus der außerplanmäßigen Abschreibung von als *goodwill*, Sachanlagen oder immaterielle Anlagen aufgedeckten stillen Reserven und
- Erträge aus der Auflösung der anlässlich der Erstkonsolidierung passivierten stillen Lasten.

Abschreibungen erfolgen nach den allgemeinen Regeln. Im Fall der Aufdeckung von stillen Reserven auf Sachanlagevermögen erfolgt die Auflösung z. B. planmäßig über die Restnutzungsdauer und außerplanmäßig im Fall des *impairment*.

### 12.4.3.2   Nicht beherrschende Anteile

Wird von der *full-goodwill*-Methode kein Gebrauch gemacht, ergibt sich der Minderheitenanteil zum Erstkonsolidierungszeitpunkt als Anteil am Reinvermögen zu diesem Zeitpunkt. Im Erstkonsolidierungszeitpunkt werden daher auch die auf die nicht beherrschenden Anteile entfallenden **stillen Reserven** aufgedeckt. Sie sind dann für die Folgekonsolidierungen fortzuschreiben, also z. B. bei abnutzbarem Anlagevermögen anteilig dem Anteil der nicht beherrschenden Gesellschafter am Ergebnis zu belasten.

Zu den Folgekonsolidierungszeitpunkten ermittelt sich der nicht beherrschende Anteil somit wie folgt:
- anteiliges Reinvermögen zum Erstkonsolidierungszeitpunkt,
- zuzüglich Anteil der nicht beherrschenden Gesellschafter an den nachfolgenden Eigenkapitaländerungen,
- einschließlich anteiliger Auflösung stiller Reserven.

Fortschreibungen können sich aus Gewinnthesaurierung, Gewinnausschüttungen, aber auch aus effektiven Kapitalzuführungen oder Kapitalherabsetzungen ergeben. Nachfolgend ein Beispiel, das verschiedene Eigenkapitaländerungen kombiniert:

**!**

**Beispiel**

Am 1.1.01 erwirbt M 80 % der Anteile an T für einen Kaufpreis von 800. Das buchmäßige Eigenkapital von T beträgt zu diesem Zeitpunkt 600, anteilig also 480. Die stillen Reserven betragen 200. Davon entfallen 160 = 80 % auf M und 40 = 20 % auf den Minderheitsgesellschafter MG. Die stillen Reserven werden über eine Nutzungsdauer von zehn Jahren aufgelöst. Von der *full-goodwill*-Methode wurde kein Gebrauch gemacht.
In 01 bis 02 erwirtschaftet T je einen Gewinn von 100. Davon entfallen je 20 auf MG.

Der Gewinnanteil von MG im Konzern ist jedoch jeweils um 1/10 der auf ihn entfallenden stillen Reserven zu vermindern und beträgt dann jeweils 20 – 4 = 16.

In 02 schüttet T die Hälfte des Gewinns 01, somit 50 aus. Auf MG entfallen davon 10.

In 02 wird außerdem eine Kapitalerhöhung gegen Bareinlage von 150 geleistet, wovon 30 auf MG entfallen.

Nachfolgend die beiden Methoden zur Bestimmung des Minderheitenanteils 31.12.02 sowie die Konsolidierungstabelle (vereinfacht nur für den 31.12.01):

| Fortschreibung nicht beherrschender Anteil auf Basis Einzelbilanz | |
|---|---:|
| Eigenkapital der T per 1.1.01 | 600 |
| + Gewinn 01 | 100 |
| + Gewinn 02 | 100 |
| – Ausschüttung für 01 | –50 |
| + Kapitalerhöhung 02 | +150 |
| = Eigenkapital der T per 31.12.02 | 900 |
| + Stille Reserven 1.1.01 | +200 |
| – Auflösung stille Reserven 01 | –20 |
| – Auflösung stille Reserven 02 | –20 |
| = Eigenkapital II der T per 31.12.02 | 1.060 |
| **Davon 20 % für nicht beherrschende Gesellschafter** | **212** |

| Fortschreibung nicht beherrschender Anteil auf Basis Konzernbilanz | | | |
|---|---:|---:|---:|
| | 01 | 02 | 02 kumuliert |
| Anteiliges Reinvermögen im Erstkonsolidierungszeitpunkt (inkl. stille Reserven) | 160 | 160 | 160 |
| + Gewinnanteil (nach Auflösung anteiliger stiller Reserven) | 16 | 16 | 32 |
| – Ausschüttungen (kumuliert) | | –10 | –10 |
| +/– Änderungen wegen effektiver Kapitalerhöhungen und -herabsetzungen | | 30 | 30 |
| **Nicht beherrschender Anteil** | **176** | | **212** |

| Konsolidierungstabelle | | | | | | | | |
|---|---|---|---|---|---|---|---|---|
| **31.12.01** | | | | **Konsolidierung** | | | | |
| | **M** | **T** | **Summe** | **S** | | **H** | | **Konzern** |
| AKTIVA | | | | | | | | |
| *goodwill* | | | | 160 | 1) | 8 | 2) | 152 |
| Beteiligung | 800 | | 800 | | | 800 | 1) | |
| Diverses | 4.700 | 700 | 5.400 | 160 | 1) | 16 | 3a) | 5.580 |
| | | | | 40 | 1) | 4 | 3b) | |
| Summe | 5.000 | 700 | 6.200 | | | | | 5.732 |
| PASSIVA | | | | | | | | |
| Eigenkapital | 5.000 | 600 | 5.600 | 480 | 1) | | | 5.000 |
| | | | | 120 | 1) | | | |
| **Nettogewinn** | **500** | **100** | **600** | 48 | 6) | 4 | 7) | **556** |
| **Nicht beherrschender Anteil** | | | | 4 | 5) | 120 | 1) | 176 |
| | | | | | | 40 | 1) | |
| | | | | | | 20 | 4) | |
| Summe | 5.500 | 700 | 6.200 | | | | | 5.732 |
| GuV | | | | | | | | |
| Erträge | 1.200 | 460 | 1.660 | | | | | 1.660 |
| Abschreib. *goodwill* | | | | 8 | 2) | | | 8 |
| Übr. Abschreib. | | 60 | 60 | 20 | 3) | | | 80 |
| Übr. Aufwendungen | 700 | 300 | 1.000 | | | | | 1.000 |
| Gewinn | 500 | 100 | 600 | | | | | 572 |
| **Anteil nicht beherr-schende Gesellschafter** | | | | 20 | 4) | 4 | 5) | 16 |
| Nettogewinn | 500 | 100 | 600 | 4 | 7) | 48 | 6) | 556 |
| | | | | 1.064 | | 1.064 | | |

1) = Erstkonsolidierungsbuchung
2) = Außerplanmäßige Abschreibung *goodwill*
3) = Abschreibung stille Reserven (3a für T, 3b für Minderheitsgesellschafter)
4) = Gewinnanteil Minderheitsgesellschafter laut Einzelbilanz T
5) = Reduzierung Gewinnanteil Minderheitsgesellschafter durch Abschreibung stille Reserven
6) und 7) = Folgekonsolidierungserfolg

Der Ausweis des nicht beherrschenden Anteils erfolgt gemäß IAS 1 separat innerhalb des Eigenkapitals.

### 12.4.3.3 Währungsumrechnung

Die Notwendigkeit einer Währungsumrechnung ergibt sich vor allem in zwei Fällen:
- einzel- und konzernbilanziell für Vermögenswerte und Schulden in ausländischer Währung (z. B. Dollarforderungen, -verbindlichkeit oder -bankguthaben),
- nur konzernbilanziell für die Umrechnung ausländischer, in einer Fremdwährung operierender und bilanzierender Tochterunternehmen in die Berichtswährung des Konzerns.

Für den ersten Komplex, also die **Umrechnung einzelner Vermögenswerte oder Schulden**, hält IAS 21 Folgendes fest:
- In Fremdwährung angeschaffte bzw. begründete Vermögenswerte und Schulden sind bei der **Erstverbuchung** mit dem Kurs des Zugangstages einzubuchen (IAS 21.21).
- Bei **nicht monetären Vermögenswerten** (z. B. Sachanlagen, immaterielle Anlagen, Vorräte) **und Schulden** bleibt diese Umrechnung **auch für die Folgestichtage** maßgeblich (IAS 21.23(b)).
- **Monetäre Vermögenswerte und Schulden** (z. B. Bankguthaben, Forderungen, Verbindlichkeiten) sind hingegen mit dem jeweiligen **Stichtagskurs** umzurechnen. Die Differenz zum vorherigen Umrechnungskurs ist Aufwand oder Ertrag (IAS 21.23(a)).

Die **Umrechnung von Abschlüssen ausländischer Tochterunternehmen** hängt nach der funktionalen Theorie davon ab, ob das Tochterunternehmen verlängerter Arm der Mutter ist und funktional die gleiche Währung wie diese hat oder **bei Selbstständigkeit** des Tochterunternehmens auch in funktionaler Sicht eine eigene Währung aufweist. Die Entscheidung ist hoch ermessensbehaftet und fällt fast immer zugunsten der zweiten Alternative aus, da sie technisch einfacher ist und entstehende **Differenzen zunächst erfolgsneutral** verbucht werden. Derartige Differenzen ergeben sich aus der Verwendung unterschiedlicher Umrechnungskurse:
- Das zu konsolidierende Eigenkapital wird mit den Entstehungskursen umgerechnet,
- die Vermögenswerte und Schulden mit dem Stichtagskurs,
- die Erträge und Aufwendungen mit Entstehungs- bzw. Monats- oder Jahresdurchschnittskursen.

Buchhalterisch, etwa aus Sicht der Summen- und Saldenliste, bedeutet dies: in Fremdwährung entspricht die Summe der Sollsalden (Vermögenswerte und Aufwendungen) der Summe der Habensalden (Eigenkapital, Schulden und Erträge). Da die Salden jedoch nicht mit einem einheitlichen Faktor, sondern mit unterschiedlichen in die Berichtswährung (Euro) umgerechnet werden, geht die Summe der beiden Salden in der Berichtswährung nicht mehr auf. Die entstehende Differenz ist erfolgsneutral in eine Währungsumrechnungsrücklage einzustellen (IAS 21.39(c)). Diese Rücklage wird erst bei Veräußerung (IAS 21.48) oder Verlust der Beherrschung über das Tochterunternehmen (IAS 21.48A) erfolgswirksam aufgelöst.

**!**  **Beispiel**

TU ist eine selbstständige amerikanische Tochtergesellschaft. Die Kurse sind wie folgt:

* bis 1.1.01: 1,20 EUR/USD,
* 31.12.01: 1,40 EUR/USD,
* Jahresdurchschnitt: 1,30 EUR/USD.

Vereinfacht wird angenommen, dass der Wechselkurs bis zum 01.01.01 konstant war, es also in der Bilanz 01.01.01 keine Währungsdifferenz gibt. (Bei einer realistischen Annahme würde das Währungsdifferenzkonto bereits per 01.01.01 einen Saldo ausweisen. Im Gegenzug würde das Eigenkapital per 01.01.01 andere Einstandskurse ausweisen.)
Die Währungsumrechnung ist auf den 01.01. und 31.12. vorzunehmen.

| Bilanz 1.1.01 | | | | | |
|---|---|---|---|---|---|
| | USD | EUR | | USD | EUR |
| Maschinen | 150 | 180 | Gez. Kapital | 200 | 240 |
| Forderungen | 90 | 108 | Rücklagen | 40 | 48 |
| | 240 | 288 | | 240 | 288 |

| Bilanz 31.12.01 | | | | | |
|---|---|---|---|---|---|
| | **USD** | **EUR** | | **USD** | **EUR** |
| Maschinen (1,40) | 100 | 140 | Gez. Kapital (1,20 !) | 200 | 240 |
| Forderungen (1,40) | 165 | 231 | Rücklagen (1,20 !) | 40 | 48 |
| | | | JÜ (1,30 !) | 25 | 32,5 |
| | | | | 265 | 320,5 |
| | | | WUD | | 50,5 |
| | 265 | 371 | | 265 | 371 |

| Die Währungsumrechnungsdifferenz (WUD) erklärt sich inhaltlich wie folgt: | |
|---|---|
| EK Jahresanfang × (neuer Stichtagskurs – alter Stichtagskurs) = 240 × 0,2 | 48 |
| JÜ × (Stichtagskurs – Durchschnittskurs) = 25 × 0,1 | 2,5 |
| Dividende × (Entstehungskurs - Auszahlungskurs) | 0 |
| WUD | 50,5 |

Soll die ansonsten nur bis zum Abgang des Tochterunternehmens gegebene Erfolgsneutralität der Währungsumrechnungsdifferenzen auch für den Abgang selbst sichergestellt sein, muss die Investition in das Tochterunternehmen durch gegenläufige Währungsgeschäfte abgesichert werden. Mit den Voraussetzungen dieser besonderen Form des *hedge accounting* befasst sich IFRIC 16.

Im HGB waren bis 2009 keine Vorschriften zur Umrechnung der Abschlüsse ausländischer Tochterunternehmen enthalten. Das BilMoG beseitigte dieses Defizit. Der neu eingefügte § 308a HGB sieht wie die (herrschende Praxis der) IFRS folgende Umrechnungen vor:
- Eigenkapital zu historischen Kursen,
- Vermögenswerte und Schulden zu Stichtagskursen,
- Erträge und Aufwendungen zu Transaktionskursen (bzw. unter Wesentlichkeitsvorbehalt zu Durchschnittskursen).

### 12.4.3.4  Zuerwerb und Veräußerung von Anteilen

IFRS 3 und IAS 27 enthielten mit einer Ausnahme in der bis 2009 geltenden Fassung keine klaren Regeln, die Zuerwerb oder Veräußerung eines Teils der Anteile betreffen.

Mit der Revision von IFRS 3 und IAS 27 sowie mit Ersatz von IAS 27 durch IFRS 10 ist es hier zu Regelungen gekommen. Im Einzelnen gilt seit 2010:

- Bei **Aufwärtskonsolidierung** (z. B. zu 20 % werden 31 % hinzuerworben) gelten die Altanteile (im Beispiel 20 %) mit ihrem *fair value* als für die Mehrheitsbeteiligung eingetauscht. Die Differenz zum bisherigen Buchwert ist Ertrag (oder Aufwand; IFRS 3.42).
- Bei **Abwärtskonsolidierung** (z. B. von 51 % werden 30 % veräußert) sind die verbleibenden Anteile als Finanzinstrumente oder Anteile an assoziierten Unternehmen mit ihrem *fair value* einzubuchen. Die Differenz zum bisherigen rechnerischen Anteil am konsolidierten Vermögen (inkl. *goodwill*) ist Ertrag (oder Aufwand) (IFRS 10.B98).
- **Aufstockungen** (z. B. zu bisher 51 % werden 30 % hinzuerworben) sind ein erfolgsneutraler Vorgang zwischen Mehrheits- und Minderheitsgesellschafter (IFRS 10. B96).
- Entsprechendes gilt für **Abstockungen** (z. B. von 81 % werden 30 % veräußert; IFRS 10.B96).

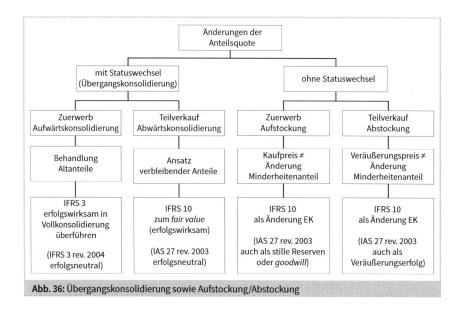

**Abb. 36:** Übergangskonsolidierung sowie Aufstockung/Abstockung

Zur Aufstockung folgendes Beispiel:

**Beispiel**

MU war bisher mit 60 % an TU beteiligt. Der nicht beherrschende Anteil beträgt aktuell 40 Mio. EUR.
MU erwirbt diesen Anteil für 70 Mio. EUR.

Nach bis 2009 geltendem Recht konnte die Differenz von 30 Mio. EUR zum Buchwert des Minderheitenanteils wahlweise als *goodwill* erfasst werden.

| Konto | Soll | Haben |
|---|---|---|
| Minderheitenanteil | 40 Mio. | |
| *goodwill* | 30 Mio. | |
| Geld | | 70 Mio. |

Nach ab 2010 anzuwendendem Recht führt sie zu einer Kürzung des Eigenkapitals:

| Konto | Soll | Haben |
|---|---|---|
| Nicht beherrschender Anteil | 40 Mio. | |
| Konzerneigenkapital | 30 Mio. | |
| Geld | | 70 Mio. |

## 12.5   Weitere Vorschriften

Aufgabe des Konzernabschlusses ist es, die Vermögens-, Finanz- und Ertragslage der einbezogenen Unternehmen so darzustellen, als ob diese Unternehmen insgesamt ein einziges Unternehmen wären (Einheitstheorie). Diesem Einheitsgedanken folgend sind

- **konzerninterne Umsätze, Erträge und Forderungen**
- gegen die entsprechenden Aufwendungen und Schulden zu konsolidieren,
- da die wirtschaftliche Einheit Konzern keine Umsätze mit sich selbst tätigt und keine Forderungen gegen sich selbst haben kann (IFRS 10.B86).

Aus konzerninternen Umsätzen kann auch kein Gewinn realisiert werden. Diese sog. **Zwischengewinne** sind zu eliminieren.

**Tipp**                                                                                    !

Ein zu eliminierender Zwischengewinn entsteht nicht, wenn die konzerninternen Lieferungen noch vor dem Stichtag nach außen weiterveräußert sind. In diesem Fall neutralisiert sich der Gewinnaufschlag des konzernintern liefernden Unternehmens durch einen entsprechend höheren Materialaufwand des weiterveräußernden Konzernunternehmens. Soweit die konzerninterne Lieferung aber in den Stichtagsbestand des anderen Konzernunternehmens eingeht, entsteht in dessen Einzelabschluss noch kein Materialaufwand. Der Gewinnaufschlag des ersten Unternehmens wird in diesem Fall nicht automatisch neutralisiert. Es empfiehlt sich deshalb Zurückhaltung mit konzerninternen Lieferungen in zeitlicher Nähe zum Bilanzstichtag. Durch diese Zurückhaltung lassen sich konzerninterne Stichtagsbestände eventuell so niedrig halten, dass der Zwischengewinn nicht mehr von materieller Bedeutung ist. Auf die doch oft recht mühsame Zwischengewinneliminierung kann dann verzichtet werden.

Die Grundsätze der Konsolidierung konzerninterner Erträge, Aufwendungen, Forderungen usw. gelten sowohl für den IFRS-Abschluss als auch für den HGB-Abschluss. Der in § 304 Abs. 2 HGB ausdrücklich geregelte Verzicht auf Zwischenergebniseliminierung wegen untergeordneter Bedeutung ist nach IFRS auch ohne ausdrückliche Betonung möglich (*materiality*).

**!** **Beispiel**

Die Toy-Toy AG kauft unmittelbar vor dem Bilanzstichtag zum fremdüblichen Preis von 6 Mio. EUR Karnevalsartikel von ihrer Tochter, der Mardigras Ltd. Die Mardigras stellt die Artikel teils selbst her, teils bezieht sie sie in identischer Form, Verpackung usw. von externen chinesischen Unternehmen. Die Fremdbezüge verkauft die Mardigras mit 33 % Spanne, ihre eigenen Erzeugnisse mit 50 % Spanne (jeweils von oben gerechnet) an die Toy-Toy. Die Feststellung, wie viel von den 6 Mio. EUR aus Produktion und wie viel aus Fremdbezug stammen, wäre mit hohem Aufwand verbunden. Das Verhältnis schwankte in der Vergangenheit je nach Lieferfähigkeit der Chinesen zwischen 80 zu 20 und 40 zu 60. Der Konzerngewinn vor Eliminierung beträgt 20 Mio. EUR.

Die Eliminierung des Zwischenergebnisses ist offensichtlich von materieller Bedeutung für den Konzernabschluss und muss deshalb durchgeführt werden. Angenommen, dabei würde ein Verhältnis von 50 zu 50 zwischen Waren- und Erzeugnislieferung ermittelt, dann würde sich ein zu eliminierender Gewinn von 33 % × 3 Mio. EUR + 50 % × 3 Mio. EUR = 2,5 Mio. EUR ergeben. Die Konsolidierungsbuchungen würden wie folgt zu einer Erfolgsreduzierung von 2,5 Mio. EUR führen:

| Konto | Soll | Haben |
|---|---|---|
| Umsatz (GuV) | 6 Mio. | |
| Bestandsänderung (GuV) | | 1,5 Mio. |
| Materialaufwand (GuV) | | 2,0 Mio. |
| Vorratsvermögen (Bil) | | 2,5 Mio. |

Sowohl für die handelsrechtliche Konzernrechnungslegung als auch nach IFRS bestimmen sich der Ansatz, die Höhe und der Ausweis grundsätzlich entsprechend dem Recht des Einzelabschlusses. Konzernspezifische Vorschriften sind nur dort notwendig und vorgesehen, wo es, wie etwa bei der Festlegung des Konsolidierungskreises oder bei der Eliminierung konzerninterner Transaktionen, um Fragen geht, die sich nur im Konzernabschluss stellen. Für die allgemeinen Fragen, was, wie und wo zu bilanzieren ist, gelten die allgemeinen Vorschriften. Für den Vergleich von IFRS und HGB bedeutet dies, dass

- die meisten Unterschiede zwischen handelsrechtlicher und IFRS-Konzernbilanz nicht aus den konzernspezifischen Vorschriften herrühren,
- sondern sich aus den allgemeinen Bilanzvorschriften ergeben.

Die unterschiedliche Aktivierung von Entwicklungskosten, die unterschiedliche Bilanzierung von Wertpapieren, die unterschiedliche Gewinnrealisierung bei langfristigen Fertigungsaufträgen usw., mit anderen Worten: alle Unterschiede zwischen Handelsrecht und IFRS, die in den vorstehenden Kapiteln behandelt wurden, gelten gleichermaßen für den Einzelabschluss wie für den Konzernabschluss.

## 12.6   Latente Steuern im Konzernabschluss

Wie im Einzelabschluss sind auch im Konzernabschluss latente Steuern zu aktivieren oder zu passivieren, wenn sich Steuerbilanzwerte und IFRS-Konzernbilanzwerte unterscheiden und dieser Unterschied nicht permanenter, sondern vorübergehender Natur ist. Insoweit fließen die aktiven und passiven latenten Steuern der IFRS-Einzelbilanzen auch in die Konzernbilanz ein. In der Konzernbilanz ergeben sich jedoch zunächst zwei **Erweiterungen**:

- Durch **Anpassung an konzerneinheitliche Ansatz- und Bewertungsmethoden** können sich die Unterschiede zum Steuerbilanzwert gegenüber der IFRS-Einzelbilanz erhöhen (zusätzliche latente Steuern) oder vermindern (Reduzierung der latenten Steuern).
- Durch die weiteren **Konsolidierungsmaßnahmen**, insbesondere die **Zwischenergebniseliminierung**, können sich die Differenzen zwischen IFRS- und Steuerwerten weiter erhöhen (zusätzliche latente Steuern) oder weiter verringern (Reduzierung der latenten Steuern).

Zwei Grundfälle aus beiden Gruppen behandelt das nachfolgende Beispiel.

---

**Beispiel**   !

In den Konzernabschluss von M wird T einbezogen. Die IFRS-Bilanz von T weist u. a. folgende Positionen bzw. Werte aus:

- T hat **Abschreibungen** auf Sachanlagen in der Steuerbilanz und nach IAS 16 auch in der IFRS-Bilanz I degressiv vorgenommen. Wegen Übereinstimmung der Buchwerte der Sachanlagen in beiden Rechenwerken sind keine latenten Steuern in der IFRS-Bilanz I anzusetzen.
- T hat außerdem eine **Drohverlustrückstellung** aus einem Mietvertrag mit M in der IFRS-Bilanz I gebildet. Wegen § 5 Abs. 4a EStG ist die Drohverlustrückstellung in der Steuerbilanz nicht zu berücksichtigen. In der IFRS-Bilanz I sind daher aktive latente Steuern anzusetzen.

**Beurteilung im Konzern**

- Im Rahmen der Konsolidierung werden, da im M-Konzern nur lineare Abschreibungen vorgenommen werden, die Buchwerte der Sachanlagen angepasst. Diese Bewertungsvereinheitlichung in der Überleitung von der IFRS-Bilanz I zur IFRS-Bilanz II führt zur erstmaligen Entstehung eines Unterschiedsbetrags. Eine passive latente Steuer ist in der IFRS-Bilanz II zu bilden.

- Die Drohverlustrückstellung betrifft ein konzerninternes Schuldverhältnis. Da der Konzern keine Schulden gegenüber sich selbst haben kann (Einheitstheorie), ist die Rückstellung in die Konzernbilanz nicht zu übernehmen. Damit löst sich auch die bisherige Differenz zum Steuerbilanzwert auf. Im Rahmen der Konsolidierungsbuchungen ist auch der entsprechende Ansatz aktiver latenter Steuern aufzulösen.

**!   Tipp**

Unterschiede der ersten Art – Anpassung an konzerneinheitliche Methoden – sind aus verfahrensökonomischen Gründen bereits in der IFRS-Bilanz II zu berücksichtigen; Unterschiede der zweiten Art – konzerninterne Konsolidierung, Zwischenergebniseliminierung – werden praxisgerecht unmittelbar im Zusammenhang mit der entsprechenden Konsolidierungsbuchung, d. h. durch Ergänzung dieser Buchung um eine Steuerbuchung, berücksichtigt.

Die bisher dargestellten latenten Steuern betreffen sog. *inside basis differences*. Die Perspektive ist die der Tochtergesellschaft. Es geht um den Unterschied zwischen IFRS- und Steuerbilanzwert des Vermögens der Tochtergesellschaft. Daneben gibt es (nur im Konzern) *outside basis differences*. Die Perspektive ist hier vorrangig auf das Mutterunternehmen gerichtet. Wenn das Mutterunternehmen morgen die Tochter veräußern würde, ginge steuerbilanziell der Beteiligungsbuchwert in der Bilanz des Mutterunternehmens ab, konzernbilanziell aber das nach IFRS neu bewertete Nettovermögen der Tochter. Der Unterschied zwischen beiden Abgangswerten führt zu Steuerbe- oder -entlastungen und ist daher ggf. zu latenzieren.

Zusammenfassend können damit drei Arten von temporären Differenzen entstehen:
- aus der Perspektive des Tochterunternehmens (TU) als *inside basis differences I* zwischen den IFRS- und Steuerbuchwerten der Bilanz dieses Unternehmens,
- aus der Sicht des vom Anteilseigner neu bewerteten Tochterunternehmens als *inside basis differences II* auf durch die Kaufpreisallokation aufgedeckte stille Reserven,
- aus dem Blickwinkel des Anteilseigners als *outside basis differences* zwischen dem Ansatz des Nettovermögens der Tochter in der Konzernbilanz des Anteilseigners und dem Buchwert der Beteiligung in dessen Steuerbilanz.

Zum systematischen Zusammenwirken der drei Differenzarten das folgende Beispiel.

**!   Beispiel**

Die M AG erwirbt am 1.1.01 100 % an TU für einen Preis von 210. TU ist schuldenfrei. Die Aktiva haben einen Wert von 150 in der IFRS-Bilanz von TU (IFRS I) und von 100 in der Steuerbilanz. Bei stillen Reserven von 25 beträgt ihr Zeitwert 175. Die Aktiva werden über eine durchschnittliche Restnutzungsdauer von zehn Jahren abgeschrieben.

TU (eine GmbH) erzielt in 01 vor Steuern einen Gewinn von 50 in der IFRS-Bilanz (I). Darin bereits berücksichtigt ist die Abschreibung von 15 (= 150 / 10). Der Steuerbilanzgewinn ist 55, da nur mit Abschreibungen von 10 (100 / 10) belastet. Der Steuersatz beträgt 40 %.

In der Steuerbilanz der M wird die Beteiligung an TU zu Anschaffungskosten ausgewiesen. Dividenden und Gewinne aus Anteilsveräußerungen sind wegen § 8b KStG nur mit 5 % zu versteuern, d. h., der Steuersatz darauf beträgt 5 % × 40 % = 2 %.

Ausschüttungen für die nächsten Jahre sind geplant.

Die Latenzen ermitteln sich wie folgt:

| | 1.1.01 | | 31.12.01 |
|---|---|---|---|
| *inside basis difference I* | | | |
| Aktiva IFRS | 150 | | 135 |
| Aktiva Steuerbilanz | −100 | | −90 |
| *inside basis difference I* | 50 | | 45 |
| | × 40 % | | × 40 % |
| Passive latente Steuer | **20** | | **18** |
| | | | |
| **Konsolidierung /** *inside basis difference II* | | | |
| Kaufpreis | 210 | Ergebnis vor Steuer | 50 |
| Aktiva laut IFRS I | −150 | Tatsächliche Steuer darauf | −22 |
| Passive latente Steuer darauf | | Steuerertrag aus Auflös. pass. Latenz I | 2 |
| (*inside basis I*) | 20 | Ergebnis TU gemäß IFRS I | 30 |
| Stille Reserven in Aktiva | −25 | Auflösung stiller Reserven | −2,5 |
| Passive latente Steuer darauf | | Steuerertrag aus Auflös. pass. Latenz II | 1 |
| (*inside basis II*) | 10 | Ergebnis aus TU gemäß IFRS II | 28,5 |
| *goodwill* | 65 | TU-Nettovermögen in Konzern 1.1. | 210 |
| | | TU-Nettovermögen in Konzern 31.12. | 238,5 |
| | | | |
| *outside basis difference* | | | |
| TU-Nettovermögen in Konzern | 210 | | 240,5 |
| Beteiligung in Steuerbilanz | −210 | | −210 |

| outside basis difference | 0 | | 28,5 |
|---|---|---|---|
| | × 2 % | | × 2 % |
| Latente Steuer III | 0 | | 0,57 |
| | | | |
| **Passive latente Steuern** | | | |
| auf *inside basis difference I* | 20 | | 18 |
| auf *inside basis difference II* | 10 | | 9 |
| auf *inside basis difference* | 30 | | 27 |
| auf *outside basis difference* | 0 | | 0,57 |
| Gesamt | 30 | | 27,57 |

**Tab. 18**: TU und MU

Die Steuerlatenz auf *outside basis differences* hängt wesentlich von der **Rechtsform** des Investors und der des Beteiligungsunternehmens ab. Im Einzelnen ist wie folgt zu differenzieren:

- **Beide Kapitalgesellschaften**: Die laufenden und einmaligen Ergebnisse aus dem Tochterunternehmen sind wegen § 8b KStG nur mit 5 % steuerpflichtig und insoweit nur mit 1,5 % (5 % × 30 %) belastet. Soweit in der absehbaren Zukunft weder Ausschüttungen noch Anteilsveräußerungen geplant sind, kann gemäß IAS 12.39 ganz auf den Ansatz latenter Steuern auf *outside basis differences* verzichtet werden. In anderen Fällen kann ein Nichtansatz aus *materiality*-Gründen infrage kommen.

- **Investor Personengesellschaft, Tochterunternehmen Kapitalgesellschaft**: Beim Investor kommt als Steuerart nur die **Gewerbesteuer** in Betracht. Eine Steuerbefreiung der Dividenden ist hier regelmäßig durch § 9 GewStG gegeben. Latente Steuern ergeben sich in der Regel auch dann nicht, wenn sich die Steuerbefreiung nicht auf Veräußerungsgewinne erstreckt. Nach IAS 12.39 ff. sind latente Steuern nicht anzusetzen, wenn der Investor den Zeitpunkt der Umkehr temporärer Differenzen kontrollieren kann und die Umkehr in der näheren Zukunft nicht wahrscheinlich ist. Aufgrund der Steuerbefreiung der Dividenden – insoweit permanente bzw. *non-taxable* Differenzen – kommt es auf die Kontrolle der Dividendenpolitik nicht mehr an. Die Umkehrfrage stellt sich nur noch für den Veräußerungsgewinn und kann dort leicht beantwortet werden: der Investor kontrolliert den Veräußerungs- und damit Umkehrzeitpunkt. Es entstehen dann insgesamt keine latenten Steuern.

- **Beide Personengesellschaften**: Die Ergebnisse des assoziierten Personenunternehmens sind nach Maßgabe von § 15 EStG im Rahmen der sog. Spiegelbildmethode beim Investor unabhängig von der Ausschüttung zu berücksichtigen und zudem eventuelle Abschreibungen auf Firmenwerte und stille Reserven (Ergänzungsbilanz) vorzunehmen. Wegen der Gewerbesteuerfreistellung nach § 9 GewStG ergibt sich trotz dieser Ähnlichkeit zur Konsolidierungsmethode bei Investoren in der Rechtsform des Personenunternehmens eine permanente Differenz zur IFRS-Bilanz. Latente Steuern sind insoweit nicht zu bilden.
- **Investor Kapitalgesellschaft, Tochterunternehmen Personengesellschaft**: Bei der Kapitalgesellschaft fällt Körperschaftsteuer auf das nach der Spiegelbildmethode unter Einbeziehung der Ergänzungsbilanzen ermittelte steuerliche Ergebnis der Tochtergesellschaft an. In dem Maße, in dem sich z. B. die Abschreibungsdauern des *goodwill* und der stillen Reserven nach IFRS einerseits und nach Steuerbilanz andererseits unterscheiden, kommt es zu Abweichungen zwischen dem konzernbilanziellen Nettovermögen der Tochtergesellschaft und dem steuerlichen Spiegelbildwert. Auf die Abweichungen sind latente Steuern zu bilden, es sei denn, mit einer Gewinnausschüttung wird mittelfristig nicht gerechnet.

## 12.7 *Equity*-Methode für assoziierte Unternehmen und Gemeinschaftsunternehmen

Nach IAS 28 und IFRS 11 müssen **assoziierte Unternehmen und Gemeinschaftsunternehmen** *at equity* konsolidiert werden. Das vor dem Ersatz von IAS 31 durch IFRS 11 noch bestehende Wahlrecht, Gemeinschaftsunternehmen quotal zu konsolidieren, ist entfallen.

Die Problematik stiller Reserven zunächst außen vor gelassen, gleicht die *equity*-Methode der steuerlichen **Spiegelbildmethode**. Beide Methoden führen dazu, dass spiegelbildlich zur Änderung des Eigenkapitals in der Bilanz des assoziierten Unternehmens oder Gemeinschaftsunternehmens auch der Beteiligungsansatz in der Konzernbilanz um Gewinne/Verluste und Ausschüttungen fortgeschrieben wird. Ausgehend von der Ersterfassung zu Anschaffungskosten

- **erhöht** sich der Beteiligungsansatz **um anteilige Gewinne** und
- **vermindert** er sich **um anteilige Verluste und erhaltene Dividenden**.

Eine Unterscheidung zwischen verschiedenen Rechtsformen oder zwischen Mehr- und Minderheitsbeteiligungen findet nicht statt. Die Ergebnisse der Untergesellschaft fließen unabhängig davon in das Ergebnis des Konzerns ein.

Während eine Fortschreibung des *equity*-Ansatzes um Gewinne immer erfolgt, unterliegt die Fortschreibung um Verluste bestimmten Einschränkungen.

> **!** **Beispiel**
>
> Die M-GmbH beteiligt sich Ende 01 mit einer Einlage von 250 TEUR (entsprechend 25 %) an der Gründung der P-OHG.
> - Die P-OHG erzielt in 02 einen Gewinn von 200 TEUR.
> - In 03 wird ein ausgeglichenes Ergebnis erzielt und die Hälfte des Gewinns aus 02 ausgeschüttet.
> - In 04 erleidet die P-OHG einen Verlust von 1.200 TEUR. Der Verlustanteil der M-GmbH beträgt demzufolge 300 TEUR.
>
> Die M-GmbH erfasst ihre Beteiligung im Konzernabschluss *at equity* wie folgt:
>
> | Jahr | Beschreibung | TEUR |
> |---|---|---|
> | 31.12.01 | zu Anschaffungskosten | 250 |
> | | Gewinn 02 (200 × 25 %) | 50 |
> | 31.12.02 | *at equity* | 300 |
> | | Dividende für 02 (100 × 25 %) | −25 |
> | 31.12.03 | *at equity* | 275 |
> | | Verlust bis zum Bilanzansatz | −275 |
> | 31.12.04 | *at equity* | 0 |
> | 31.12.04 | Überschießender Verlust (ggf. als Rückstellung berücksichtigen) | 25 |

Probleme bereitet im Beispiel nur die Berücksichtigung von Verlusten, die über den vorherigen Buchwert des Investments hinausgehen. Unstrittig ist, dass der Beteiligungsansatz selbst nicht negativ werden kann. Zu klären bleibt jedoch, ob der **überschießende Verlust** als Rückstellung bei der Obergesellschaft zu berücksichtigen ist. Nach IAS 28.39 hängt die Antwort davon ab, ob der Obergesellschaft aufgrund des Verlusts Verpflichtungen gegenüber dem assoziierten Unternehmen oder Dritten entstehen. In dem Maße, in dem dies der Fall ist, ist der überschießende Verlust als Rückstellung anzusetzen. Zur Anwendung kommt dieser Grundsatz insbesondere bei gesellschaftsvertraglich unbeschränkter Haftung (z. B. als Komplementär) oder auch bei schuldrechtlichen Verpflichtungen (Garantien, Bürgschaften).

**Beispiel**

Die M-GmbH hat sich in 01 jeweils mit einer Einlage von 100 TEUR als Kommanditistin an der Gründung der T-KG und als persönlich haftender Gesellschafter an der Gründung der T-OHG beteiligt. Der anteilig auf die M-GmbH entfallende Verlust des Jahres 01 beträgt jeweils 150 TEUR.

Bei *equity*-Bewertung sind beide Beteiligungen zum 31.12.01 mit 0 EUR anzusetzen (100 TEUR Anschaffungskosten minus 150 TEUR Verlust, jedoch mindestens 0). Der überschießende Verlust von 50 TEUR ist nur im OHG-Fall durch eine Rückstellung zu berücksichtigen.

Nach IAS 28.38 ist eine erweiterte Verlustberücksichtigung außerdem durch Verrechnung gegen sonstige Investments (Darlehen usw.) im Beteiligungsunternehmen vorgesehen.

Bei den bisherigen Beispielen zur *equity*-Bewertung wurde unterstellt, dass Anschaffungskosten und anteiliges Eigenkapital zum Erstverbuchungszeitpunkt identisch sind. Dies ist nur bei Beteiligung als Gründungsgesellschafter die Regel. Werden Anteile an bestehenden Gesellschaften erworben, kann es bedingt durch **stille Reserven und einen Firmenwert** zu einem Unterschiedsbetrag zwischen Anschaffungskosten und anteiligem Eigenkapital kommen. Dieser Unterschiedsbetrag ist in den Folgeperioden fortzuschreiben.

**Tipp**

Steuerlich stellt sich ein ähnliches Problem, wenn ein Anteil an einer Personengesellschaft über Buchwert erworben wird. Der Mehrbetrag wird in der Regel über eine sog. Ergänzungsbilanz dargestellt und in der Folgezeit abgeschrieben. Die *equity*-Methode führt (rechtsformunabhängig) zu einer vergleichbaren Lösung. Eine steuerliche Ergänzungsbilanz kann deshalb in der Regel zugleich für den *equity*-Ansatz verwertet werden.

Der Unterschiedsbetrag zwischen erworbenem Eigenkapital und entrichtetem Kaufpreis wird zunächst in einer **Nebenrechnung** festgehalten und aufgeteilt und sodann in den Folgeperioden abgeschrieben.

**Beispiel**

Die Venture AG erwirbt von B zum 1.1.01 einen 20 %igen Anteil an der Start-Up KG bei folgenden Bedingungen:

- Anschaffungskosten: 450 TEUR,
- Buchwert Eigenkapital der KG (100 %): 500 TEUR,
- Kapitalanteil B (vorher)/Venture AG (nachher): 100 TEUR (= 500 × 20 %),
- stille Reserven im immateriellen Anlagevermögen der KG (100 %): 750 TEUR, bei Restnutzungsdauer (ND) von fünf Jahren,

- Jahresüberschuss 01 der KG (100 %): 600 TEUR,
- Vorabausschüttung in 01 (100 %): 100 TEUR,
- Nutzungsdauer (ND) Firmenwert: zehn Jahre.

Steuerlich würde der Mehrbetrag von 450 - 100 = 350 TEUR (im Personengesellschaftsfall) in einer Ergänzungsbilanz aufgedeckt, den stillen Reserven und dem Firmenwert zugeordnet und in der Folgezeit abgeschrieben. Nach der *equity*-Methode wird (rechtsformunabhängig) analog verfahren:

| Jahr | Beschreibung | Betrag (TEUR) |
|---|---|---|
| 1.1.01 | **Zugangsbewertung** zu Anschaffungskosten | 450 |
| | **Fortschreibung um Dividenden und Gewinnanteil** | |
| | – (Vorab-)Ausschüttung in 01 (anteilig) | –20 |
| | + Gewinnanteil 01 | 120 |
| | **= Zwischensumme** | **550** |
| | **Fortschreibung Unterschiedsbetrag** | |
| | – Abschreibung stille Reserven (1/ND) | –30 |
| | – Keine Abschreibung Firmenwert (*impairment only*) | 0 |
| 31.12.01 | = *at equity* | 520 |
| | | |
| | Erläuterung bezüglich Unterschiedsbetrag: | |
| | Anschaffungskosten | 450 |
| | – Anteilig erworbenes Eigenkapital (Buchwert) | –100 |
| | = Unterschiedsbetrag I | 350 |
| | – Anteilige stille Reserven (ND = fünf Jahre) | –150 |
| | = Anteiliger Firmenwert | 200 |

## 12.8   Zusammenfassung

Nach EU-Verordnung und § 315e HGB ist der IFRS-Abschluss als befreiender Konzern-abschluss anerkannt. Die Zulassung als befreiender Einzelabschluss würde starke Anpassungen im Steuerrecht (Maßgeblichkeit der Handels- für die Steuerbilanz) und im Gesellschaftsrecht (Ausschüttung, gesetzliche Rücklagen usw.) bedingen. Mit der Vornahme solcher Anpassungen ist kurzfristig kaum zu rechnen. Aus diesen externen Gründen, aber auch beim internen Reporting in einer einheitlichen »Sprache« im grenzüberschreitenden mittelständischen Unternehmen, kommt dem Konzernabschluss innerhalb der IFRS-Rechnungslegung eine größere Bedeutung zu als dem Einzelabschluss.

Bei der Aufstellung eines Konzernabschlusses geht es vor allem um folgende Fragen:
- **Was** soll bilanziert werden (Konsolidierungskreis)?
- **Wann** soll bilanziert werden (Konzernbilanzstichtag)?
- **Wie** soll konsolidiert werden (Methoden der Kapitalkonsolidierung, Firmenwert aus Kapitalkonsolidierung)?

Die Antworten in IFRS 10 und IFRS 3 unterscheiden sich nur partiell vom Handelsrecht:
- **Explizite Konsolidierungswahlrechte** (wie in § 296 HGB) bestehen nicht. Der Konsolidierungskreis ist daher in wenigen Fällen weiter als nach HGB.
- Auch den **Minderheiten** kann ein Anteil am *goodwill* zugerechnet werden.
- Ein aufgedeckter *goodwill* darf **nur außerplanmäßig**, hingegen nicht planmäßig abgeschrieben werden.
- Ein negativer Unterschiedsbetrag ist nicht zu passivieren, sondern unmittelbar **ertragswirksam** zu vereinnahmen.
- Die **Währungsumrechnung** erfolgt (in der Theorie) nicht einheitlich, sondern in Abhängigkeit vom Grad der Selbstständigkeit des Tochterunternehmens erfolgsneutral oder erfolgswirksam.

Die meisten Unterschiede zwischen IFRS und HGB sind jedoch nicht konzernspezifischer, sondern allgemeiner Natur. Alle Unterschiede, die in den vorhergehenden Kapiteln behandelt wurden, gelten gleichermaßen für den Einzel- wie für den Konzernabschluss. Die Beherrschung dieser allgemeinen Unterschiede ist das entscheidende Rüstzeug auch für den Konzernabschluss.

## 12.9   Fragen und Antworten

**Fragen**

**A.1** Welche Bedeutung haben bei einem nicht kapitalmarktorientierten Konzern mit deutscher Mutter die IFRS und das HGB für die Pflicht, einen Konzernabschluss aufzustellen?

**A.2** Was besagt die sog. Einzelerwerbsfiktion für den Fall der Mehrheitserlangung durch einen Anteilskauf (*share deal*)?

**A.3** M beteiligt sich Anfang 01 mit 200 TEUR (= 20 %) an der Gründung der AU. Die AU erzielt in 01 und 02 ein Ergebnis von jeweils 100 TEUR (anteilig für M jeweils

20 TEUR). In 02 wird außerdem eine Dividende für 01 beschlossen und ausge-schüttet. Der Anteil von M an dieser Ausschüttung beträgt 15 TEUR. Welchen Wert hat der Anteil an der AU nach der *equity*-Methode zum 31.12.02?

**B.1** Nach ausdrücklicher Bestimmung von § 296 Abs. 2 HGB kann im handelsrecht-lichen Konzernabschluss auf die Einbeziehung (Konsolidierung) unwesentlicher Tochterunternehmen verzichtet werden. Gibt es ein solches Einbeziehungswahl-recht auch in IFRS 10 oder sonst in den IFRS?

**B.2** Was ist unter dem Begriff »Präsenzmehrheit an einer AG« zu verstehen?

**B.3** Was unterscheidet eine Erstkonsolidierung nach der *full-goodwill*-Methode (Wahlrecht nach IFRS) von der Erstkonsolidierung nach HGB?

**C.1** Warum ist es einem publizitätsfeindlichen Konzern mit nicht börsennotierter deutscher Mutter nicht möglich, den Konzernabschluss in einer exotischen Spra-che und einer exotischen Währung aufzustellen, damit möglichst wenige ihn ver-stehen?

**C.2** Warum ist bei sog. strukturierten Einheiten (Leasingobjektgesellschaften, ABS-Gesellschaften usw.) für die Beurteilung der Beherrschung häufig irrelevant, wer die Organe (Geschäftsführung, Gesellschafterversammlung) dominiert?

**C.3** MU hielt bisher schon 60 % an TU. Der nicht beherrschende Anteil von 40 % ist im Konzernabschluss mit 800 TEUR im Eigenkapital bilanziert. Nun erwirbt MU die weiteren 40 % gegen einen Kaufpreis von 1.200 TEUR (der Mehrbetrag von 400 TEUR entfällt je zur Hälfte auf anteilige stille Reserven sowie auf den *goodwill*). Welche Folgen hat die Transaktion für die stillen Reserven, für den *goodwill* und das Eigenkapital im Konzernabschluss?

**Antworten**

**A.1** Ob der Konzern überhaupt zur Aufstellung eines Konzernabschlusses gesetzlich verpflichtet ist, ergibt sich allein aus dem HGB (§§ 290 ff. HGB). Wenn eine gesetz-liche Pflicht besteht, kann diese wahlweise durch einen HGB- oder IFRS-Konzern-abschluss erfüllt werden. Für den zweiten Fall ist das IFRS-Regelwerk bedeutsam.

**A.2** Nach der Einzelerwerbsfiktion wird so bilanziert, als ob das Mutterunternehmen nicht eine Beteiligung gekauft hätte (rechtlich: *share deal*), sondern einzelne Ver-mögenswerte und Schulden erworben hätte (wirtschaftlich: *asset deal*).

**A.3** Nach der *equity*-Methode sind die Anschaffungskosten um Gewinnanteile zu erhöhen und um Dividenden zu vermindern. Andere Fortschreibungseffekte (insbesondere Abschreibung stiller Reserven) spielen im Beispiel keine Rolle. Der *equity*-Ansatz entwickelt sich daher wie folgt:

| Anschaffungskosten | 200 |
|---|---|
| Anteil am Jahresergebnis 01 | 20 |
| Ausschüttung für 01 in 02 | −15 |
| Anteil am Jahresergebnis 02 | 20 |
| = *equity*-Wert 31.12.02 | 225 |

**B.1** IFRS 10 enthält keine Einbeziehungswahlrechte. Die Nichteinbeziehung unwesentlicher Tochterunternehmen lässt sich aber aus dem allgemeinen, vor allem in IAS 8 festgehaltenen Wesentlichkeitsgrundsatz begründen.

**B.2** »Normale« AGs werden durch den beherrscht, der die Mehrheit (also mehr als 50 %) der Stimmrechte in der Hauptversammlung hat. Auch ohne eine formale Stimmrechtsmehrheit kann ein Gesellschafter eine AG beherrschen, wenn (insbesondere bei breiter Streuung der übrigen Anteile) die Hauptversammlung dauerhaft schwach besucht ist und der Gesellschafter deshalb dauerhaft die Mehrheit der tatsächlich präsenten Stimmen hat.

**B.3** Bei der *full-goodwill*-Methode werden die nicht beherrschenden Anteile (Minderheitenanteile) mit ihrem *fair value* erfasst, d. h. nicht nur mit dem Anteil an den stillen Reserven, sondern auch mit dem Anteil am *goodwill*. Nach HGB ist der *goodwill* immer nur für den Mehrheitserwerber aufzudecken.

**C.1** Die nach HGB bestehende Konzernabschlusspflicht kann zwar durch einen IFRS-Konzernabschluss erfüllt werden. Die Tatsache, dass die IFRS weder Sprache noch Währung vorschreiben, erlaubt aber kein Ausweichen auf exotische Größen. Der IFRS-Konzernabschluss befreit nach § 315e HGB vielmehr nur dann von der sonst gebotenen Aufstellung eines HGB-Konzernabschlusses, wenn einige handelsrechtliche Vorschriften, u. a. § 244 HGB (Deutsch als Sprache, Euro als Währung) beachtet werden.

**C.2** Strukturierte Einheiten werden häufig durch einen Autopiloten gesteuert, d. h., in den Gründungsdokumenten und langfristigen Verträgen sind die meisten Dinge schon vorprogrammiert, ohne dass die Geschäftsführung oder die Gesellschafterversammlung hier noch eingreifen kann und muss. Entscheidend sind dann andere Dinge als die Organmehrheit (z. B. Risiko-Chancen-Tragung usw.).

**C.3** Die Aufstockung ist als Transaktion unter Eigenkapitalgebern zu behandeln und daher kein Erwerb zusätzlichen Vermögens. Zusätzliche stille Reserven und *goodwill* werden nicht aufgedeckt. Der Mehrbetrag von 400 TEUR verringert vielmehr das Eigenkapital.

# 13  Einführung von IFRS

## 13.1  Einführungsplanung

Die alten Germanen hatten den weisen Brauch, jede wichtige Entscheidung zweimal zu bedenken: einmal im nüchternen Zustand, damit es nicht an Vernunft mangelte, ein zweites Mal im trunkenen Zustand, um die nötige Phantasie, Entschlussfreude und Durchsetzungskraft zu finden. Manches um die Jahrtausendwende zu unrühmlichen Schlagzeilen gelangte Unternehmen hatte diese gute Regel auf den Kopf gestellt. Erst wurden (über-)mutig Phantasien aufgebaut, dann von realitätsverlustigen Finanzvorständen in der Wirtschaftspresse verkündet, »dass man kein typischer Buchhalter sei und Kommunikation für wichtiger halte, als das HGB auswendig zu lernen«, um später doch durch die Ereignisse und Investoren zum Blick in die eigenen Bücher und Bilanzen gezwungen zu werden. Shareholder value, Investor Relations und vergleichbare Konzepte sind dadurch in Verruf geraten. Aber nicht die Konzepte sind falsch, sondern der vernunftfreie Umgang mit ihnen.

Was den (rationalen) Anteilseigner interessiert, ist die Fähigkeit des Unternehmens, zukünftig positive Ergebnisse bzw. Cashflows zu erzielen. Die objektivste Beurteilungsgrundlage hierfür bleiben die tatsächlichen Zahlen der Gegenwart und Vergangenheit, sofern sie

- tatsachengetreu,
- relevant und
- (im Interesse der Trendbeurteilung) vergleichbar sind.

Damit sind die Kriterien genannt, die das IFRS-Regelwerk im *Conceptual Framework* in den Mittelpunkt stellt. Der Nutzen für die Entscheidung (*decision usefulness*) und nicht ein gläubigerschutzorientiertes Vorsichtsprinzip soll diese Rechnungslegung bestimmen.

Die Rechnungslegung nach IFRS befindet sich europaweit und global auf dem Vormarsch. Dies hat die EU und den deutschen Gesetzgeber veranlasst, IFRS ab 2005 für Konzernbilanzen börsennotierter Unternehmen vorzuschreiben und für andere Unternehmen zuzulassen.

Der Übergang auf die IFRS-Rechnungslegung ist jedoch **keine kleine Aufgabe**. Er will wohl bedacht, akribisch geplant und mutig umgesetzt sein. Die nachfolgenden Überlegungen sollen hierfür eine Leitlinie liefern, die auf den Einzelfall anzupassen ist.

| IFRS-Einführungsplanung | |
| --- | --- |
| **Phase** | **Inhalt/Aufgaben/Fragen/Beispiel** |
| 1. Problemformulierung und Grundentscheidung | Feststellung kommunikativer Defizite im Rechnungswesen, Strukturierung und vorläufige Beurteilung Handlungsalternativen, Grundentscheidung (soweit nicht ohnehin wegen Börsennotierung verpflichtet) |
| 1.1. Problemformulierung | Problemerkennung und Problembeschreibung, Außenkommunikation: z. B. Eigenkapitalquote schwach, Gewinn schwankend wegen langfristiger Fertigung; Innenkommunikation: z. B. Quartalsberichte ausländischer Tochterunternehmen verzögert/uneinheitlich; erfolgsorientierte Vergütungssysteme Inland/Ausland |
| 1.2. Handlungsalternativen | 1. Weiter so? – oder – Internationalisierung? <br> 2. HGB oder IFRS als führende FiBu? |
| 1.3. Beurteilung der Alternativen | Vorläufige Abschätzung Kosten sowie Wirkung auf Kreditgeber, Gesellschafter/Aktionäre, Aufsichtsrat, Konzernreporting und Konzernsteuerung |
| 1.4. Grundentscheidung | Z. B. IFRS ab 20xx als führende FiBu |
| 2. Projektinitiierung und -planung | Planung sachlich, personell, zeitlich, budgetmäßig, was, von wem, wann, mit welchem Aufwand zu tun ist: <br> 1. Sachlich (Welche Aufgabenfelder?) <br> 2. Personell (Wer macht was?) <br> 3. Zeitlich (In welcher Abfolge und bis wann?) <br> 4. Budgetmäßig (Welche Kosten?) |
| 2.1. Feststellung Know-how | Vorhandenes internes Know-how, Berücksichtigung bei (ohnehin) geplanten Neueinstellungen, externes Know-how |
| 2.2. (Erste) Projektgruppe | Leiter, Mitglieder, Anbindung an Geschäftsführung, Berichtspflichten (Wer an wen?) Einbeziehung EDV? |
| 2.3. Aufgabengliederung | 1. (Vorläufige) Abweichungsanalyse IFRS-HGB nach z. B. Anlagevermögen + Leasing, Finanzvermögen + Forderungen + Verbindlichkeiten + Rückstellungen, Vorratsvermögen + Umsatzrealisierung; GuV nach UKV oder GKV; latente Steuern in Bilanz+ GuV, Konsolidierungskreis und Konsolidierungsmethode <br> 2. Bedarfsfeststellung <br> Datenbedarf intern (z. B. Kostenrechnung) und extern (z. B. Pensionsgutachter, Grundstücksgutachter), Vereinheitlichungsbedarf (Bilanzierungsrichtlinie inkl. *notes*), Schulungsbedarf <br> 3. Arbeitsbilanz und Bilanz |
| 2.4. Personelle Planung | Personelle Zuordnung Aufgabenfelder, Berichtspflichten, sonstige Verantwortlichkeiten |

| IFRS-Einführungsplanung | |
| --- | --- |
| **Phase** | **Inhalt/Aufgaben/Fragen/Beispiel** |
| 2.5. Zeitliche Planung | Wann und in welcher Abfolge, was? |
| | 1.  Erstschulung (Projektmitglieder) <br> 2.  Vorläufige Abweichungsanalyse (vorvorletzte Bilanz vor Einführung) <br> 3.  Veranlassung interne und externe Datenzuführung <br> 4.  Zweitschulung (Projektmitglieder) <br> 5.  IFRS-Arbeitsbilanz (auf vorletzten Stichtag vor Einführung) <br> 6.  Drittschulung (Projektmitglieder) <br> 7.  Vorläufige Bilanzierungsrichtlinie <br> 8.  IFRS-Bilanz (auf vorletzten Stichtag vor Einführung) <br> 9.  Endgültige Bilanzierungsrichtlinie <br> 10. Validierung IFRS-Bilanz (auf vorletzten Stichtag vor Einführung) <br> 11. Validierung Bilanzierungsrichtlinie <br> 12. Ggf. Korrekturen zu Bilanzierungsrichtlinie <br> 13. Schulung sonstige Anwender <br> 14. Kommunikation nach außen <br> 15. Implementierung IFRS-Bilanz und IFRS-gestütztes Konzernreporting |
| 3. Realisation | Umsetzung Planung, Erarbeitung IFRS-Arbeitsbilanz, Bilanzierungsrichtlinie, Aufstellung IFRS-Bilanz |
| 4. Validierung | Bewertung Bilanzierungsrichtlinie und IFRS-Bilanz, ggf. Korrekturen |
| 5. Implementierung | IFRS-Abschluss (letzter Stichtag), IFRS-gestütztes Konzernreporting |

Im Fall eines nicht börsennotierten Unternehmens, das nicht zur IFRS-Rechnungslegung verpflichtet ist, wird die Grundlage der ersten Umstellungsüberlegungen eine Unzufriedenheit mit der handelsrechtlichen Rechnungslegung sein. Dieses Unbehagen ist als Problem zu definieren. Bezogen auf die **Außenkommunikation** wäre nicht nur die Skepsis potenzieller oder tatsächlicher ausländischer Investoren gegenüber dem HGB, sondern auch folgender Fall prädestiniert:

**Beispiel**     !

Ein Anlagenbauer betreibt sein Gewerbe im Bergischen Land mit guter Anbindung zur Autobahn A 4 und guter Eisenbahnverbindung nach Köln. Aufgrund der auftragsbezogenen Fertigung sind die Gewinne schwankend. Die Eigenkapitalquote ist eher schwach. Das Unternehmen verfügt allerdings über erhebliche stille Reserven, insbesondere in den Grundstücken und Vorratsgrundstücken, die mit 10 EUR/qm zu Buche stehen, deren Verkehrswert aber mehr als 100 EUR/qm beträgt. Den Kundenberater der Bank vor Ort, der das Unternehmen seit langem kennt, beunruhigen geringe Eigenkapitalquote und schwankende Ergebnisse nicht. Der einmal jährlich zur Bilanzbesprechung aus der Kreis-

> stadt anreisende Bezirksleiter hat schon Bemerkungen der Art getan, dass ihn eigentlich nur »die eine Zahl da ganz unten« und die Eigenkapitalquote interessieren. Einer bei den Bilanzbesprechungen jeweils vorgelegten betriebswirtschaftlichen Nebenrechnung, die den geglätteten Ergebnisverlauf bei Ertragsrealisierung nach Leistungsfortschritt zeigt, bringt er immerhin noch ein kurzes schwaches Interesse entgegen. In der Hauptstelle Köln, die bei größeren Kreditentscheidungen zustimmen muss, werden die Bilanz- und GuV-Zahlen in ein EDV-Programm gefüttert, das hieraus verschiedene Bilanzkennzahlen und Ergebnistrends ermittelt. Die Informationen über die stillen Reserven und die betriebswirtschaftlichen Erfolge spielen dabei keine Rolle mehr. Das Kredit-Scoring-System produziert unerfreuliche Bonitätswerte. Die daraus resultierenden Rückfragen sind dem Bezirksleiter lästig, können von ihm ohne erneutes Nachfragen beim Anlagenbauer nicht beantwortet werden und sorgen für Unmut hinsichtlich dieses Kreditengagements.

Problembehaftet kann das Rechnungswesen auch hinsichtlich der **Innenkommunikation** sein. Zu denken wäre etwa an einen mittelständischen Konzern, der ausländische Vertriebs- und Produktionsaktivitäten über rechtlich selbstständige Tochterunternehmen abwickelt und aus den verschiedensten Ländern unterschiedliche Formate von Quartals- und Jahresberichten in unterschiedlichsten Sprachen erhält. Die Auswertung und Umsetzung in interne Controllingsysteme werden unter diesen Umständen fehlerträchtig und zeitaufwendig sein. Die Fehler und die Verzögerungen können dazu führen, dass Fehlentwicklungen nicht rechtzeitig erkannt und Gegenmaßnahmen nicht rechtzeitig eingeleitet werden.

Ein Unbehagen mit dem handelsrechtlichen Rechnungswesen vorausgesetzt, stellt sich die Frage nach den **Handlungsalternativen**:
- Weiter so oder Internationalisierung der Rechnungslegung?
- Falls IFRS: HGB oder IFRS als führende FiBu?

Die Frage, ob weiter so verfahren oder der Weg zur Internationalisierung beschritten werden soll, ist eine **Kosten-Nutzen-Entscheidung** und damit eine Sache des Einzelfalls.

Wichtig ist, in welcher Form die Internationalisierung vollzogen werden soll. Solange die Einzelbilanzen weiter nach nationalem Recht zu erstellen sind, stellt sich die Frage, ob die Geschäftsvorfälle in der **Buchhaltung primär**
- nach IFRS erfasst werden sollen (mit anschließender Überleitung auf HGB) oder
- umgekehrt das HGB (Landesrecht) die Grundlage der FiBu sein soll (mit anschließender Überleitung nach IFRS).

Abb. 37 illustriert diese Möglichkeiten.

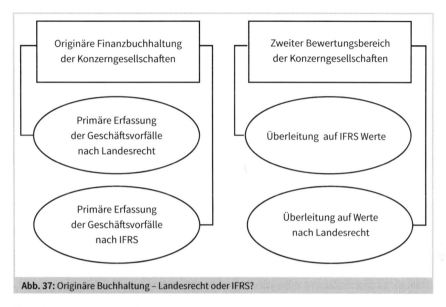

**Abb. 37:** Originäre Buchhaltung – Landesrecht oder IFRS?

Vorteile einer **originären Buchhaltung nach Landesrecht** sind:
- geringerer Anpassungsbedarf der Systemlandschaft,
- geringerer Umstellungsbedarf bei Fibu-Mitarbeitern,
- Zentralisierung IFRS-Fachwissen,
- rasche und flexible Lösung zur IFRS-Einführung,
- geringerer Aufwand zur Ableitung der Steuerbilanz.

Entscheidender Nachteil im internationalen Konzern ist, dass der Konzern weiter in »unterschiedlichen Sprachwelten« lebt. Für Zwecke des unterjährigen Konzernreportings muss jede Landesgesellschaft ihre Zahlen auf IFRS überleiten, bei monatlichem Reporting also zwölf Mal pro Jahr.

Die Führung der **originären Buchhaltung in IFRS** kommt mit einer Überleitung auf das Landesrecht pro Jahr aus. Sie hat überdies folgende Vorzüge:
- einheitliche Vorgabe eines IFRS-Kontenplans und IFRS-Abschlussschemas für alle Konzerngesellschaften,
- einheitliche Grundlagen und Lösungen für das konzernweite Controlling,
- Echtzeitzugriff auf die IFRS-Daten der Tochtergesellschaft.

Im grenzüberschreitenden Konzern wird daher regelmäßig die Entscheidung zugunsten einer primären IFRS-Buchführung ausfallen. HGB (bzw. das jeweilige Landesrecht der Tochtergesellschaften) wird zum zweiten Bewertungsbereich. Die gängigen EDV-

Lösungen erlauben die Verwaltung zweier Bewertungsbereiche, zweier Kontenzuordnungspläne usw.

Fällt nach den vorgenannten Überlegungen die Grundentscheidung zur Einführung von IFRS (als primäre Buchführung) aus, so ist damit die Projektvorphase abgeschlossen.

Es beginnen die eigentlichen Aufgaben, zunächst die **Projektinitiierung und Projektplanung**. Ein Projektteam ist zu bilden und die IFRS-Bilanzierung sachlich, personell, zeitlich und budgetmäßig zu planen.
- **Sachlich** geht es darum, welche Aufgabenfelder zu erledigen sind.
- **Personell** interessiert, wer was erledigen soll.
- **Zeitlich** ist zu planen, in welcher Abfolge und bis wann Aufgaben zu erledigen sind.
- **Budgetmäßig** sind die Kosten zu planen.

Die Planung beginnt in einem kleineren Projektkreis mit der Feststellung des vorhandenen internen und externen Know-hows. Das Projektteam sollte eine enge Anbindung an die Geschäftsführung haben. Berichtspflichten müssen festgelegt werden. Die EDV-Abteilung sollte im Hinblick auf das interne Konzernreporting und die FiBu einbezogen werden.

Nach Etablierung des Projektteams kann eine **vorläufige IFRS-Abweichungsanalyse** auf Basis der vorliegenden HGB-Abschlüsse sinnvoll sein.

Aus der **vorläufigen Abweichungsanalyse** ergeben sich Aufgabenfelder (z. B. bestimmte Bilanzposten), daneben bereits Bedarfsfeststellungen. Zu denken ist zunächst an den **Datenbedarf**, der sich etwa extern aus der notwendigen Neubewertung der Pensionsrückstellungen oder der gewünschten Neubewertung von Grundstücken ergeben kann. Der Vereinheitlichungsbedarf gibt der Planung die zentrale Aufgabe vor. Unter dem Vereinheitlichungsaspekt ist (in der Planungsphase zunächst als Aufgabenstellung) die Erstellung von **Bilanzierungsrichtlinien** geboten. Die Ausübung von echten und faktischen IFRS-Wahlrechten muss geregelt sein, damit Mutterunternehmen und Tochterunternehmen diesbezüglich nicht unterschiedlich verfahren. Andererseits erfordert das abweichende IFRS-Gliederungsschema Erläuterungen zur Kontenzuordnung, die ebenfalls in einer Bilanzierungsrichtlinie enthalten sein sollten.

Aus personeller Sicht sind die vorstehenden Aufgabenfelder und deren weitere Untergliederungen ebenso wie die Verantwortlichkeiten (z. B. Berichtspflichten) den Mitgliedern oder Untergruppen des Projektteams zuzuordnen.

Aus zeitlicher Sicht ist schließlich die Abfolge zu planen. Z. B. folgendes Ablaufschema kommt infrage:

Die beiden folgenden Tabellen enthalten ein grobes Ablaufschema sowie die zugehörige Kostenkalkulation.

| Arbeitspakete | Abfolge | | | | |
|---|---|---|---|---|---|
| | 01 | | | | 02 |
| | Q1 | Q2 | Q3 | Q4 | Q1 |
| Vorarbeiten (Planung, Abweichungsanalyse etc.) | ■ | | | | |
| Projektmanagement | ■ | ■ | ■ | ■ | ■ |
| IFRS-*Accounting-Manual* | | | ■ | | |
| Schulung Projektteam | | ■ | ■ | | |
| IFRS-Eröffnungsbilanz 1.1.01 | ■ | | | | |
| IFRS-Quartalsabschlüsse 01 | | | | | ■ |
| IFRS-Konzernabschluss 01 | | | | | |
| Umstrukturierung FiBu für 02 | | | ■ | ■ | |
| Schulung allgemein | | | ■ | | |

**Tab. 19:** Projektablauf

| Arbeitspakete | | | |
|---|---|---|---|
| | Stunden (h) | EUR/h | Kosten |
| Vorarbeiten (Planung, Abweichungsanalyse etc.) | | | |
| Projektmanagement | | | |
| IFRS-*Accounting-Manual* | | | |
| Schulung Projektteam | | | |
| IFRS-Eröffnungsbilanz 1.1.01 | | | |
| IFRS-Quartalsberichte 01 | | | |
| IFRS-Bilanz 01 | | | |
| Umstrukturierung FiBu für 02 | | | |
| Schulung allgemein | | | |

**Tab. 20:** Projektkosten

Soll erstmalig ein IFRS-Abschluss aufgestellt werden, so verlangt IFRS 1 grundsätzlich eine **retrospektive Anwendung** aller IFRS-Vorschriften. Der IFRS-Abschluss ist so aufzustellen, als ob schon immer gemäß den jetzigen IFRS verfahren worden wäre. Jede

Anpassung aus dem Übergang zu IFRS ist als eine **Anpassung der Eröffnungsbilanz-
werte** der nicht ausgeschütteten Ergebnisse (Gewinnrücklagen und Gewinnvorträge)
der ersten Periode zu behandeln, die nach IFRS dargestellt werden soll.

**Beispiel**

Ein Unternehmen beschließt, im Sommer 01 mit Wirkung ab Geschäftsjahr 03 IFRS-Abschlüsse aufzustellen. Wesentliche Abweichungen zum handelsrechtlichen Abschluss ergeben sich bei den Gebäuden (höhere Abschreibungen in der Handelsbilanz), den Wertpapieren (in der Handelsbilanz nicht zu den höheren Stichtagszeitwerten) und den langfristigen
Fertigungsaufträgen (in der Handelsbilanz nach Herstellungskosten, ohne anteilige Umsatz-
und Gewinnrealisierung). Der IFRS-Abschluss 03 braucht einen Vorjahresvergleich, u. a. also
eine IFRS-GuV 02. Um in dieser Vergleichs-GuV 02 Bestandsveränderungen, Änderungen von
Wertberichtigungen und Rückstellungen etc. zutreffend zu erfassen, sind IFRS-Eröffnungsbilanzwerte auf den Periodenanfang, d. h. den 1.1.02, notwendig.

Es ist also erforderlich, aus dem handelsrechtlichen Abschluss per 31.12.01 die IFRS-Eröffnungsbilanzwerte per 1.1.02 abzuleiten. Die Gebäude sind so zu erfassen, als ob in der Vergangenheit nach der längeren Nutzungsdauer abgeschrieben worden wäre. Die Wertpapiere
sind zu den höheren Stichtagszeitwerten zu erfassen. Bei den Fertigungsaufträgen ist der
anteilig bis zum 31.12.01 entstandene Gewinn zu erfassen. Latente Steuern ergeben sich in
allen drei Fällen. Der Saldo aus den Wertänderungen bei den drei Positionen und den latenten Steuern ist per 1.1.02 gegen Gewinnrücklagen oder Gewinnvortrag zu buchen.

Mit den geänderten Eröffnungsbilanzwerten gehen Abweichungen zwischen handelsrechtlicher
GuV und IFRS-GuV 02 einher. Die IFRS-GuV enthält höhere Gebäudeabschreibungen, geringere
Erträge aus der Abwicklung des Auftragsbestands per 1.1.02 (hingegen höhere aus Neuzugän-
gen). Eventuelle Kursgewinne bei den Wertpapieren werden in der handelsrechtlichen GuV überhaupt nicht und in der IFRS-GuV nur hinsichtlich der Steigerung gegenüber dem 1.1.02 wirksam.
Die IFRS-Bilanz per 31.12.01/1.1.02 stellt schon keine Übungsbilanz mehr dar, sondern eine
»echte« Bilanz.

Abb. 38 verdeutlicht noch einmal den zeitlichen Zusammenhang der Eröffnungsbilanz.

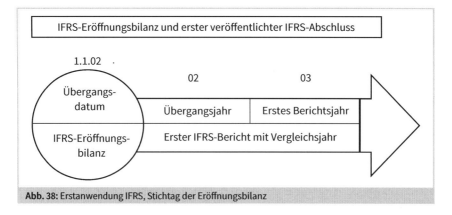

**Abb. 38:** Erstanwendung IFRS, Stichtag der Eröffnungsbilanz

## 13.2 Umstrukturierung der Finanzbuchhaltung

Das deutsche Recht verlangt weiterhin die Erstellung und Hinterlegung von HGB-Einzelabschlüssen. Für die nächsten Jahre muss sich daher der IFRS-Anwender darauf einstellen, **zwei getrennte Bewertungsbereiche** in den Büchern zu führen:

- einen Bewertungsbereich mit HGB-Zahlen und
- einen weiteren Bewertungsbereich mit IFRS-Zahlen.

Diese »doppelte« Buchführung bedeutet nicht, dass jeder Vorgang zweifach zu buchen ist. Eine effiziente Organisation der Buchhaltung muss sich vielmehr den Umstand zunutze machen, dass Geldkonto Geldkonto bleibt und Kreditorenkonto Kreditorenkonto. Daher können viele Buchungen für beide Bewertungsbereiche gleichermaßen gelten.

Zunächst ist aber eine Entscheidung über die führende Bewertung zu treffen. Sollen die Geschäftsvorfälle primär nach IFRS erfasst und für den Einzelabschluss nach HGB überführt werden oder soll umgekehrt das HGB den führenden Bewertungsbereich bilden. In Kapitel 13.1 wurden die beiden Möglichkeiten und wesentliche Vor- und Nachteile illustriert. Bei der Entscheidung über den führenden Bewertungsbereich ist insbesondere Folgendes zu bedenken: In gängigen IT-Systemen erlaubt nur die führende Bewertung uneingeschränkten Online-Zugriff und durchgängige Abstimmbarkeit mit anderen Modulen, insbesondere Controlling (CO), Sales and Distribution (SD), Lagerwirtschaft etc. Der zweite Bewertungsbereich ist hingegen in der Verknüpfung mit anderen Modulen und in der Reporting- und Auswertungsfunktionalität beschränkt. Im grenzüberschreitenden Konzern wird auch deshalb die Entscheidung regelmäßig zugunsten von IFRS als führendem Bewertungsbereich ausfallen.

Für die konkrete Generierung des zweiten Bewertungsbereichs gibt es zwei in Abb. 39 und Abb. 40 dargestellte Lösungen:

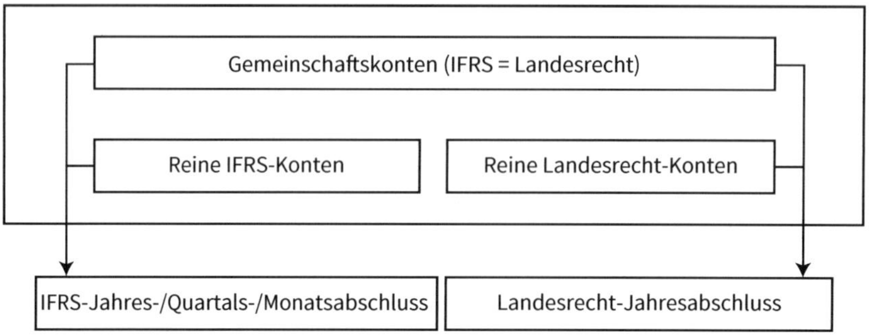

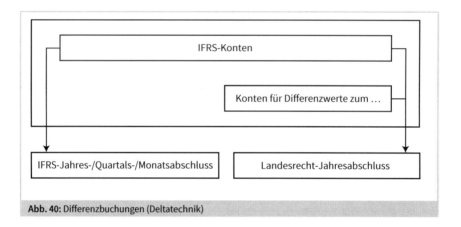

**Abb. 39:** Parallelbuchungen[16]

**Abb. 40:** Differenzbuchungen (Deltatechnik)

- Neben den gemeinsamen Konten (z. B. Geldkonten) werden reine IFRS-Konten [z. B. Forderung aus (»unfertigen«) Fertigungsaufträgen] und reine HGB-Konten (z. B. Instandhaltungsrückstellungen) definiert. Aus Gemeinschaftskonten und reinen IFRS-Konten wird der IFRS-Abschluss, aus Gemeinschaftskonten und reinen HGB-Konten der HGB-Abschluss erzeugt (**Paralleltechnik**).
- Neben den IFRS-Konten werden Konten für Differenzen gegenüber dem HGB geführt (**Deltatechnik**).

In beiden Fällen besteht für **automatisierte Verknüpfungen** insbesondere bei der unterschiedlichen Behandlung von Massenvorgängen (Fakturierungen usw.) ein Bedarf. Bei einem mittelständischen Unternehmen können etwa die Parallel- oder Differenzbuchungen in Sachen Bewertung von Wertpapieren noch manuell veranlasst werden. Ist das Unternehmen hingegen (z. B. als Bauunternehmen oder als Soft-

---

16   In Anlehnung an Kirsch, BB 2002, S. 2219.

warehersteller) überwiegend mit Auftragsfertigung beschäftigt, müssen die unterschiedlichen Umsatzrealisierungen automatisiert verarbeitet werden.

Nachteil der Deltatechnik ist die geringere Nachvollziehbarkeit der Buchungen. Die Buchungen sprechen nicht für sich selbst. Nur mithilfe ergänzender Unterlagen und der Erstbuchung ist die Richtigkeit der jeweiligen Buchung feststellbar. Die Deltatechnik ist daher fehleranfälliger und nur bei wenigen Ansatz- und Bewertungsunterschieden zu empfehlen.

Insbesondere bei intensiver Nutzung von Zusatzmodulen bzw. Nebenbüchern ist daher zur Paralleltechnik zu raten. Vorbereitend sind die Konten der Bewertungsbereiche in entsprechenden Kontenklassen zusammenzufassen, z. B. in der Weise, dass

- alle IFRS-Konten (auch die erforderlichenfalls neu angelegten) eine führende »1« erhalten,
- alle Gemeinschaftskonten (z. B. Geldkonten) eine führende »0« und
- alle HGB-Konten eine führende »2«.

Jeder Bewertungsbereich erhält sein eigenes Saldovortragskonto. Abb. 41 und Abb. 42 veranschaulichen das Vorgehen.

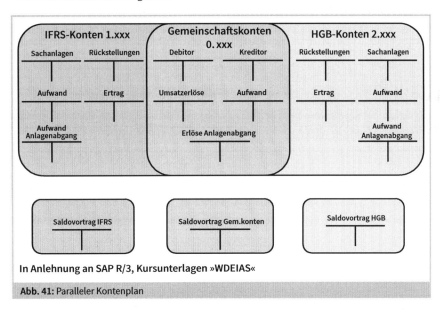

In Anlehnung an SAP R/3, Kursunterlagen »WDEIAS«

**Abb. 41:** Paralleler Kontenplan

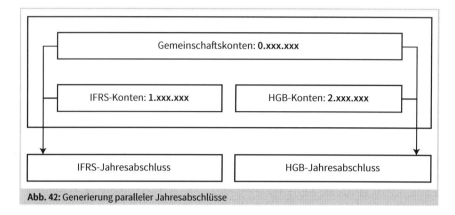

**Abb. 42:** Generierung paralleler Jahresabschlüsse

Für die Buchung zwischen den Kontenklassen sind folgende **Buchungsregeln** zu beachten:

- Zulässig sind Buchungen von IFRS-Konto an IFRS-Konto oder von HGB-Konto an HGB-Konto.
- Zulässig sind weiterhin Buchungen Gemeinschaftskonto an IFRS-Konto und umgekehrt.
- Zulässig sind schließlich auch Buchungen von Gemeinschaftskonto an HGB-Konto und umgekehrt.
- Nicht zulässig sind hingegen Buchungen von HGB-Konto an IFRS-Konto und umgekehrt.

Die **automatische Generierung des zweiten Buchungsbereichs** ist dann effizient möglich, wenn entsprechende Nebenbücher verwendet werden, deren Eingabemasken nur die Erfassung bestimmter Daten verlangen, die automatisch in hinterlegte Buchungssätze einfließen. Ein geläufiges Beispiel ist die Anlagenbuchhaltung (vgl. Abb. 43).

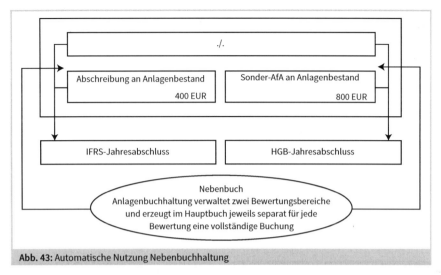

**Abb. 43:** Automatische Nutzung Nebenbuchhaltung

Bei einem umfangreichen Wertpapierbestand können mit der Nutzung eines Moduls Wertpapierverwaltung entsprechende Effekte erzielt werden. Der für die Eingabe zuständige Mitarbeiter gibt Anschaffungskosten, Stichtagswerte und Klassifizierung (z. B. erfolgsneutrale *fair-value*-Bewertung nach IFRS und Finanzanlage nach HGB) ein. Das Modul generiert bei einem über den Anschaffungskosten liegenden Stichtagswert

- für IFRS den Buchungssatz: »per Finanzinstrument an erfolgsneutrales Ergebnis«,
- für HGB keinen Buchungssatz.

Durch entsprechende Zuordnung der Konten des gemeinsamen und des ersten und zweiten Bewertungsbereichs im Customizing können parallel für den ersten und den zweiten Bewertungsbereich Bilanzen und Gewinn- und Verlustrechnungen generiert werden.

## 13.3 Eröffnungsbilanz nach IFRS 1

IFRS 1 »*First Time Adoption of International Financial Reporting Standards*« behandelt den Übergang vom bisherigen Rechnungslegungsrecht (z. B. HGB) in die Welt des internationalen Standards. IFRS 1 enthält zwei Hauptregelungen:

- In der IFRS-Eröffnungsbilanz ist regelmäßig so zu bilanzieren und zu bewerten, als ob immer schon nach IFRS verfahren worden wäre (Grundsatz der **retrospektiven Anwendung**).
- Dabei entstehende Differenzen zur letzten Schlussbilanz nach HGB sind **erfolgsneutral gegen Gewinnrücklagen** zu buchen.

Der Standard ist gemäß IFRS 1.2 anzuwenden auf

- den erstmaligen IFRS-Jahres- oder Konzernabschluss,
- den Zwischenbericht gemäß IAS 34, sofern das Unternehmen diesen (freiwillig oder verpflichtend) schon im erstmaligen IFRS-Berichtsjahr erstattet.

Ob ein Unternehmen **Erstanwender** ist, hängt davon ab, ob bisherige, über die interne Verwendung hinausgehende Bilanzen als IFRS-konform deklariert wurden:

> **!   Beispiel**
>
> Die Blendwerk AG plant nun die echte Anwendung von IFRS. Die bisherigen Jahresabschlüsse waren eine »IFRS-light«-Version, mit einigen Anlehnungen an IFRS, aber auch mit gravierenden Abweichungen. Gleichwohl sind die an Banken, Gesellschafter usw. ausgereichten Bilanzen als IFRS-Abschlüsse überschrieben und enthalten im Anhang eine ausdrückliche Bestätigung der Übereinstimmung mit den IFRS.
> Das Unternehmen ist kein Erstanwender. Es muss notwendige Bereinigungen nach IAS 8 als »Fehlerkorrekturen« durchführen und kenntlich machen.

Der erstmalig vorgestellte IFRS-Abschluss muss Vorjahresvergleichszahlen enthalten. Dies erfordert u. a. die Erstellung von **zwei Gewinn- und Verlustrechnungen** und damit nach den Gesetzen der Doppik zwingend die Erstellung von **drei Bilanzen**, die sämtlichen IFRS-Vorgaben zu genügen haben.

> **!   Beispiel**
>
> Soll zum 31.12.02 erstmals eine IFRS-Bilanz erstellt und veröffentlicht werden, bedarf es der Darstellung der Gewinn- und Verlustzahlen für die Geschäftsjahre 01 und 02. Deshalb muss eine IFRS-Eröffnungsbilanz zum 1.1.01, zeitlich identisch mit der HGB-Schlussbilanz zum 31.12.00 erstellt werden. In der Periode 01 muss zweigleisig verfahren werden: es bedarf eines »normalen« HGB-Abschlusses und eines nach IFRS, letzterer als »Vorrat« für den Vorjahresvergleich im erstmaligen Abschluss zum 31.12.02.

Dreh- und Angelpunkt des Übergangsprozederes stellt die IFRS-Eröffnungsbilanz dar, weil sich in ihr alle nach IFRS 1 zu beachtenden Ansatz- und Bewertungsregeln niederschlagen.

Inhaltlich sind für die Erstellung der IFRS-Eröffnungsbilanz nach IFRS 1.10 folgende Regeln (zu den Ausnahmen siehe unten) beachtlich:

- Alle nach IFRS **ansatzpflichtigen Vermögenswerte und Schulden** sind anzusetzen. Zu Abweichungen gegenüber dem HGB kommt es z. B. bei Finanzderivaten mit einem positiven *fair value*.
- Nach IFRS **nicht bilanzierungsfähige Posten** sind wegzulassen. Betroffen sind z. B. Rückstellungen für unterlassene Instandhaltung.

- Alle **Bewertungen** sind so vorzunehmen, als ob immer schon nach IFRS bilanziert worden wäre. Dies betrifft z. B.
  - über den Anschaffungskosten notierende Anteile,
  - mit anteiligem Gewinn auszuweisende Fertigungsaufträge,
  - mit anderem Diskontierungszins berechnete Pensionsrückstellungen.

In der Regel entsteht mit der Abweichung von IFRS zu HGB zugleich eine Differenz von IFRS zur Steuerbilanz, die nach den allgemeinen Regeln von IAS 12 zu einer **Steuerlatenz** führt.

---

**Beispiel**  !

Die nach IAS 19 berechnete Altersversorgungsverpflichtung zum Stichtag der IFRS-Eröffnungsbilanz beträgt 200, der bisherige HGB-Ansatz beträgt 150. Der Steuersatz ist 40 %.

| Konto | Soll | Haben |
|-------|------|-------|
| Gewinnrücklage | 50 | |
| Pensionsrückstellung | | 50 |
| Aktive Steuerabgrenzung | 20 | |
| Gewinnrücklage | | 20 |

---

IFRS 1.18 i. V. m. IFRS 1.C ff. sowie IFRS 14 sehen verschiedene **Wahlrechte** (*exemptions*) vor. Danach müssen die IFRS-Standards in bestimmten Fällen nicht retrospektiv angewandt werden. Die Regelungen von IFRS 14 sind branchenspezifisch. Sie betreffen nur Unternehmen, die netzgebundene Leistungen anbieten (z. B. Telekommunikationsunternehmen und Stromversorger), und gestatten diesen, bestimmte Abgrenzungsposten nach nationalem Bilanzrecht beim Übergang auf die IFRS beizubehalten. Am bedeutendsten unter den nicht branchenspezifischen Erleichterungen sind die Wahlrechte im Zusammenhang mit Sachanlagevermögen sowie Unternehmenszusammenschlüssen.

**Sachanlagevermögen** kann in der IFRS-Eröffnungsbilanz
- entweder auf der Basis der fortgeführten IFRS-Anschaffungs-/Herstellungskosten oder
- zum *fair value* bilanziert werden.

Die Fortführung eines HGB-Buchwerts ist nicht ausdrücklich erlaubt, nach allgemeinen Grundsätzen aber dann zulässig, wenn der HGB-Wert im Wesentlichen dem IFRS-Wert entspricht.

Das Wahlrecht kann für jeden Inventarposten des Sachanlagevermögens unterschied-lich ausgeübt werden. Dadurch unterscheidet sich die Neubewertung im Rahmen der IFRS-Eröffnungsbilanz von der allgemein nach IAS 16 zulässigen Neubewertung, die nur gruppenweise erfolgen darf. Überdies ist die Neubewertung nach IFRS 1 auch nicht in eine besondere Neubewertungsrücklage einzustellen, sondern lediglich im Anhang des ersten IFRS-Abschlusses erkennbar.

> **!**
>
> **Beispiel**
>
> Die Fisch & Stäbchen GmbH besitzt ein Grundstück an der Binnenalster mit erheblichen stillen Reserven in Grund und Boden. Daneben besitzt sie ein Fabrikareal in Wiesmoor, bei dem in geringerem Maße ebenfalls stille Reserven vorliegen mögen, deren Ermittlung jedoch aus verschiedenen Gründen sehr aufwendig wäre. Zur Erhöhung des Eigenkapitalausweises beschränkt sich die Gesellschaft in der IFRS-Eröffnungsbilanz auf den Ansatz des *fair value* für das Grundstück an der Binnenalster.

Auch für **Unternehmenszusammenschlüsse** gewährt IFRS 1 ein Wahlrecht.
* Entweder wird IFRS 3 in vollem Umfang rückwirkend angewandt oder
* bisherige *goodwill*-Ermittlung und Konsolidierungsverfahren nach bisherigem Recht werden (mit kleinen Ausnahmen) beibehalten.

Die Möglichkeit, den HGB-*goodwill* weiterzuführen, unterliegt einer Ausnahme: bei Unternehmenserwerben differenziert die HGB-Praxis nicht immer ausreichend zwi-schen *goodwill* und anderen erworbenen immateriellen Vermögenswerten. Der Mar-kenname des erworbenen Unternehmens, sein Kundenstamm und andere immateri-elle Werte werden in der Praxis häufig unter dem *goodwill* subsumiert. IFRS 3 i.V.m. IAS 38 sehen hingegen einen Vorrang der immateriellen Einzelwerte vor. Nur ein nach Aktivierung der Einzelwerte noch verbleibender Kaufpreisüberschuss stellt *goodwill* dar. Dieser Unterschied zwischen IFRS und HGB ist im Rahmen des erleichterten Über-gangs auf IFRS z.T. durch Anpassungen zu berücksichtigen. Die Anpassungen betref-fen allerdings nur solche immateriellen Vermögenswerte, die auch schon das erwor-bene Unternehmen in seiner (fiktiven) IFRS-Einzelbilanz hätte aktivieren müssen; in erster Linie handelt es sich dabei um **Entwicklungskosten**. Hingegen sind immateri-elle Werte, die nur bei einem Unternehmenserwerb aufzudecken sind (z.B. Kundenlis-ten), beim erleichterten Übergang auf IFRS nicht zu berücksichtigen.

Im Übrigen ist bei Inanspruchnahme der Übergangserleichterung für den *goodwill* zwingend ein *impairment*-Test durchzuführen. Zur Ermittlung des *goodwill* aus Unter-nehmensakquisitionen kann danach folgendes Rechenschema dienen:

|   | In der HGB-Schlussbilanz 31.12.01 ausgewiesener *goodwill* |
|---|---|
| – | Darin enthaltene immaterielle Einzelwerte* |
| + | Eventuelle latente Steuer darauf |
| = | IFRS-*goodwill* vor *impairment* |
| – | Eventuelles *impairment* |
| = | *goodwill* in IFRS-Eröffnungsbilanz 1.1.02 |

\* Jedoch nur insoweit, als die immateriellen Werte auch schon in einer IFRS-Bilanz des erworbenen Unternehmens ansatzfähig gewesen wären.

Zur Anwendung des Schemas folgendes Beispiel:

**Beispiel**

U hat am 1.1.01 das schuldenfreie Unternehmen Z mit einem Eigenkapital von 800 TEUR für einen Kaufpreis von 2 Mio. EUR erworben. Das Sach- und Finanzvermögen enthielt keine stillen Reserven. Jedoch verfügte das Unternehmen über einen wertvollen Kundenstamm (Wert 0,5 Mio. EUR) sowie selbst entwickelte Patente (Entwicklungskosten 0,2 Mio. EUR, Wert 0,5 Mio. EUR). In der HGB-Konzernbilanz des Erwerbers wurden diese immateriellen Werte unter dem *goodwill* subsumiert. Der *goodwill* wurde über die Dauer von zehn Jahren abgeschrieben. Nach IFRS 3 ist er nicht planmäßig abschreibbar.

Nachfolgend zunächst die Berechnungen nach HGB und nach IFRS retrospektiv bei einem Steuersatz von 30 % (in TEUR):

|   |   | HGB | IFRS retrospektiv |
|---|---|---|---|
|   | Kaufpreis | 2.000 | 2.000 |
| – | Diverses Vermögen | –800 | –800 |
| – | Kundenstamm |   | –500 |
| – | Entwicklungskosten |   | –500 |
| + | Passive latente Steuer |   | +400 |
| = | *goodwill* zum Erwerbszeitpunkt 1.1.01 | 1.200 | 600 |
| – | Abschreibung 01 und 02 (2/10) | 240 | 0 |
| = | *goodwill* 31.12.02 | 960 | 600 |

Bei Inanspruchnahme der Erleichterungen ist wie folgt zu differenzieren:
- Der Kundenstamm wäre zwar beim Erwerber, aber nicht beim erworbenen Unternehmen nach IFRS bilanzwirksam gewesen. Eine Anpassung findet deshalb nicht statt.
- Die Entwicklungskosten wären beim erworbenen Unternehmen nach IFRS mit 200 TEUR anzusetzen.

Unter der Prämisse, dass die Entwicklungskosten über vier Jahre abzuschreiben sind (damit bis zum 31.12.02 zu 50 %), ergibt sich folgende Rechnung:

| *goodwill* nach HGB | | 960 |
|---|---|---|
| – | Entwicklungskosten (in der IFRS-Eröffnungsbilanz anzusetzen) | – 100 |
| + | Passive latente Steuer darauf | + 30 |
| = | *goodwill* IFRS vor *impairment* | = 890 |

Von wahlweise gewährten Ausnahmen zum Grundsatz der Retrospektion (*exemptions* gemäß IFRS 1.18) werden **Pflichtausnahmen** (*exceptions* gemäß IFRS 1.13 ff. i. V. m. IFRS 1.B) unterschieden. Die Regelungen zu den Pflichtausnahmen sind jedoch teilweise von geringer Relevanz. Z. T. ist der Begriff auch irreführend, weil die Vorschriften mit der retrospektiven oder nicht retrospektiven Anwendung von Regeln wenig zu tun haben.

Ein Beispiel für den letzten Punkt ist IFRS 1.14. Hiernach gilt: der **Werterhellungszeitraum** der ursprünglichen HGB-Bilanzierung bleibt für die spätere IFRS-Bilanzierung erhalten. Mit Nichtretrospektion hat dies wenig zu tun. Tatsächlich sorgt die Regel dafür, dass so bilanziert wird, als ob immer schon nach IFRS bilanziert worden wäre.

**!** **Beispiel**

Produktionsunternehmen U berichtet 03 erstmals nach IFRS. Grundlage der IFRS-Eröffnungsbilanz auf den 1.1.02 ist die HGB-Schlussbilanz 31.12.01. In dieser im März 02 aufgestellten Schlussbilanz war eine Rückstellung für einen Prozess angesetzt, weil eine Niederlage nach Erkenntnisstand März 02 überwiegend wahrscheinlich schien.
Im Sommer 03 wird die IFRS-Eröffnungsbilanz 1.1.02 aufgestellt. Der Prozess ist inzwischen beendet, und zwar mit einem überraschenden Erfolg. Der längere Wertaufhellungszeitraum der IFRS-Bilanz (bis Sommer 02) darf nicht berücksichtigt werden. Es ist am Erkenntnisstand März 02 festzuhalten, in der IFRS-Eröffnungsbilanz also eine Rückstellung anzusetzen. Diese sog. »Nichtretrospektion« entspricht tatsächlich genau der Bilanzierung, die vorgenommen worden wäre, wenn für 01 schon nach IFRS bilanziert worden wäre.

Im erstmaligen IFRS-Abschluss müssen nach IFRS 1.20 sämtliche Anhangangaben nach Maßgabe der Einzelstandards enthalten sein. Außerdem ist der übliche Vorjahresvergleich vorzunehmen (IFRS 1.21). Zusätzlich hat jeder Erstanwender eine **Erläuterung des Übergangs** zu geben. Dazu sind gemäß IFRS 1.24 folgende Angaben zu machen:
- Das Eigenkapital der »technischen« HGB-Schlussbilanz (im Beispiel der 31.12.01) ist auf den Ausweis in der IFRS-Eröffnungsbilanz (z. B. 1.1.02) überzuleiten.
- Entsprechend ist für den Folgestichtag (oben der 31.12.02) zu verfahren.

- In der ersten vollen IFRS-Periode sind die Vorjahres-HGB-Zahlen der GuV auf IFRS-Zahlen überzuleiten.

Nachfolgend ein verkürztes Beispiel:

**Beispiel** !

Die Auto-Konzern AG veröffentlicht erstmals zum 31.12.03 einen IFRS-Abschluss. Der Abschluss enthält zunächst folgende bilanzielle Überleitungsrechnung für den 1.1.03 und 1.1.02 (in Mio. EUR):

| Auto-Konzern AG | | |
|---|---|---|
| Eigenkapital nach HGB zum 31.12.02 (31.12.01) | 11.000 | 10.000 |
| Aktivierte Entwicklungskosten | 6.100 | 6.000 |
| Neubewertung Grund und Boden | 2.750 | 3.000 |
| Weniger Abschreibung Maschinen | 450 | 500 |
| Aktivierte Verwaltungsgemeinkosten in Vorräten | 500 | 500 |
| Abweichende Bewertung Wertpapiere | 900 | 900 |
| Latente Steuern auf temporäre Differenz | −4.520 | −5.000 |
| Latente Steuern auf Verlustvorträge | 3.000 | 3.000 |
| Geänderte Bewertung von Pensionsverpflichtungen | −500 | −400 |
| Bisher bilanzierte Instandhaltungsrückstellungen | 1.100 | 2.000 |
| | | |
| Eigenkapital gemäß IFRS zum 1.1.03 (1.1.02) | 20.780 | 20.500 |

Die Eigenkapitalüberleitung wird wie folgt erläutert:
Geänderte Bilanzierungs-, Bewertungs- und Konsolidierungsmethoden

- **Entwicklungskosten** sind als immaterielle Vermögenswerte aktiviert, sofern die Herstellung der entwickelten Produkte dem Konzern wahrscheinlich einen wirtschaftlichen Nutzen bringen wird.
- Der **Grund und Boden** in Auto-Stadt wurde neu bewertet.
- Die Sachanlagen wurden linear statt bisher degressiv abgeschrieben.
- **Vorräte** müssen nach IAS 2 zu Vollkosten und unter Einbeziehung der produktionsbezogenen Verwaltungskosten bewertet werden; bisher wurden Verwaltungskosten im Auto-Konzern nicht aktiviert.
- **Wertpapiere** sind erfolgswirksam mit ihrem Zeitwert bilanziert, auch wenn dieser die Anschaffungskosten übersteigt.
- **Pensionsrückstellungen** werden nach dem Anwartschaftsbarwertverfahren gemäß IAS 19 unter Berücksichtigung des Stichtagszinses ermittelt. Für HGB wurde ein höherer, geglätteter Zins verwendet.

- **Rückstellungen** sind nach IFRS nur dann zu bilden, wenn Verpflichtungen gegenüber Dritten bestehen. Weggefallen sind daher Instandhaltungsrückstellungen.
- Aktive latente Steuern werden berücksichtigt, sofern damit zu rechnen ist, dass sie genutzt werden können.

Außerdem sind die Ergebnisunterschiede 02 zu erläutern, z. B. in folgender Form:

|  | IFRS 02 | HGB 02 | Unterschied |
|---|---|---|---|
| Aktivierung Herstellungskosten für selbst geschaffene immaterielle Vermögenswerte | 500 | 0 | +500 |
| Planmäßige Abschreibungen auf Sachanlagen | –1.000 | –700 | –300 |
| Planmäßige Abschreibung selbst geschaffener immaterieller Vermögenswerte | 400 | 0 | –400 |
| Instandhaltungen | 1.000 | –100 | –900 |
| Zuführung Rückstellung für Altersversorgungsverpflichtungen | –200 | –100 | –100 |
| Ergebnis vor Steuern | –2.100 | –900 | –1.200 |
| Ertrag aus latenten Steuern | +480 | 0 | +480 |
| Ergebnis nach Steuern | –1.620 | –900 | –720 |

Die Rechenwerke lassen sich im Übrigen wie folgt abstimmen:

|  |  |  |  |
|---|---|---|---|
|  | Eigenkapital IFRS 1.1.02 | 20.500 |  |
| – | Eigenkapital HGB 31.12.01 | –10.000 |  |
| = | Mehr Eigenkapital IFRS-Eröffnungsbilanz 1.1.02 | 10.500 |  |
| +/– | GuV-Unterschied 02 | –720 |  |
| = | Mehr Eigenkapital IFRS-Eröffnungsbilanz 02 | 9.780 | 9.780 |
|  | Eigenkapital IFRS 1.1.03 | 20.780 |  |
| – | Eigenkapital HGB 31.12.02 | –11.000 |  |
| = | Mehr Eigenkapital IFRS-Eröffnungsbilanz 02 | 9.780 | –9.780 |
| **Abstimmungssaldo** |  |  | 0 |

## 13.4   Zusammenfassung

Der Übergang auf die IFRS-Rechnungslegung ist keine kleine Aufgabe. Das Ob, Wann und Wie wollen sorgfältig bedacht und geplant sein.

Im Rahmen einer freiwilligen Umstellung ist zunächst das Ob zu prüfen. In der Regel werden **Defizite der bestehenden handelsrechtlichen Rechnungslegung** das auslösende Motiv sein. Defizite in der **Außenkommunikation** können z. B. beim Hoch- oder Anlagenbau daraus resultieren, dass die Umsätze und Gewinne jeweils erst mit Fertigstellung realisiert werden und daher die Kreditgeber durch allzu starke Schwankungen irritiert werden. IFRS bietet hier die Lösung der Umsatz- und Gewinnrealisierung nach Fertigungsfortschritt. Defizite in der **Innenkommunikation** können sich ergeben, wenn im grenzüberschreitenden mittelständischen Konzern die einheitliche »Sprache« fehlt. IFRS kann diese Sprachverwirrung beenden.

Besondere Bedeutung bei der Planung der Umstellung kommt den Entscheidungen zur **Organisation der FiBu** zu. Solange ein einzelbilanzieller Abschluss nach HGB erforderlich ist, müssen zwei Rechnungslegungssysteme abgebildet werden. Eine hohe Automatisierung dieser Doppelabbildung ist wünschenswert und in gängigen EDV-Systemen möglich.

Eine frühzeitige Planung berücksichtigt z. B., dass eine IFRS-Einführung für das Jahr 02 wegen des Vorjahresvergleichs eine Eröffnungsbilanz auf den 1.1.01 bedingt. In der **IFRS-Eröffnungsbilanz** sind alle Vermögenswerte und Schulden so zu erfassen und zu bewerten, als ob immer schon nach (heutigen) IFRS-Regeln bilanziert worden wäre. Aus dieser **Retrospektion** resultierende Abweichungen gegenüber den bisherigen HGB-Buchwerten sind erfolgsneutral gegen Gewinnrücklagen zu buchen.

Bei lange zurückreichenden Sachverhalten kann die retrospektive Anwendung unpraktikabel bzw. aufwendig sein. IFRS 1 gewährt deshalb als Wahlrecht (*exemption*) **Ausnahmen vom Retrospektionsgrundsatz**. Betroffen sind vor allem
- das **Sachanlagevermögen**, bei dem eine Neubewertung anstelle nach IFRS berechneter Buchwerte treten kann, sowie
- *goodwills* aus Unternehmenszusammenschlüssen, die im Wesentlichen nach HGB fortgeführt werden können.

Die pflichtweise, z. B. im Bereich der Finanzinstrumente, vorgesehenen Ausnahmen (*exceptions*) sind von geringerer praktischer Relevanz.

## 13.5   Fragen und Antworten

**Fragen**

**A.1** Welche Vorteile kann eine freiwillige Anwendung der IFRS einem international tätigen Anlagenbauer u. U. bringen?

**A.2** Was besagt der nach IFRS 1 geltende Retrospektionsgrundsatz für die IFRS-Eröffnungsbilanz?

**B.1** Welche Entscheidungen muss ein Unternehmen, das neben dem IFRS-(Konzern-) Abschluss weiterhin einen HGB-Einzelabschluss erstellen muss, treffen, wenn die zweigleisige Führung der Buchhaltung so weit wie möglich automatisiert werden soll?

**B.2** Welche IFRS-Bilanzen und IFRS-GuVs werden benötigt, wenn für das Jahr 02 der Abschluss erstmals nach IFRS aufgestellt und veröffentlicht werden soll?

**C.1** Nach IFRS 1 können Sachanlagen im Rahmen der Umstellung auf IFRS in der Eröffnungsbilanz wahlweise mit ihrem Zeitwert (*fair value*) angesetzt werden. Welche Unterschiede bestehen zur nach IAS 16 wahlweise auch für den laufenden IFRS-Anwender zulässigen Neubewertung von Sachanlagen?

**C.2** Welche Ausnahmemöglichkeit vom Retrospektionsgrundsatz gewährt IFRS 1 für den *goodwill*?

**Antworten**

**A.1** Mögliche Vorteile einer freiwilligen Anwendung der IFRS sind:
- bessere Innenkommunikation: einheitliche »Sprache« im grenzüberschreitenden Konzern;
- bessere Außenkommunikation: z. B. dem betriebswirtschaftlichen Erfolg besser entsprechende Gewinnrealisierung nach Fertigungsfortschritt.

**A.2** Nach dem Retrospektionsgrundsatz ist die IFRS-Eröffnungsbilanz so (d. h. insbesondere mit den Ansätzen und Bewertungen) aufzustellen, als ob immer schon nach IFRS bilanziert worden wäre.

**B.1** Zwei Entscheidungen sind hinsichtlich der Buchhaltung zu treffen:
- **Stufe 1**: soll die führende Buchhaltung nach IFRS oder nach HGB erfolgen?
- **Stufe 2**: sollen für die nicht übereinstimmenden Konten zwei Buchungskreise (mit reinen IFRS-Konten und reinen HGB-Konten) geführt werden (Paral-

leltechnik) oder sollen für den zweiten Buchungskreis nur die Differenzen gebucht werden (Deltatechnik)?

**B.2** Benötigt werden bei Erstanwendung der IFRS im Jahr 02:
- naturgemäß IFRS-Bilanz 31.12.02 und IFRS-GuV 02,
- für Zwecke des Vorjahresvergleichs aber auch IFRS-Bilanz 31.12.01 und IFRS-GuV 01,
- außerdem zur Ermittlung der IFRS-Eröffnungsbilanzwerte des Jahres 01 eine IFRS-Eröffnungsbilanz auf den 1.1.01/31.12.00.

**C.1** Für den laufenden IFRS-Anwender gilt:
- Er darf eine Neubewertung nur für ganze Gruppen gleichartiger Sachanlagen einheitlich vornehmen.
- Er muss die Neubewertung regelmäßig (z. B. alle drei Jahre) wiederholen.
- Er hat den Neubewertungserfolg in einer besonderen Rücklage (Neubewertungsrücklage) zu erfassen.

Demgegenüber gilt nach IFRS 1 für den Erstanwender:
- Er kann die *fair-value*-Bewertung auf eine einzelne (oder ausgewählte) Sachanlage beschränken.
- Er muss die Zeitbewertung nicht wiederholen (der *fair value* zum IFRS-Eröffnungsbilanzzeitpunkt ist vielmehr als fiktive Anschaffungs-/Herstellungskosten planmäßig fortzuschreiben).
- Der Bewertungseffekt ist nicht in einer besonderen Rücklage zu erfassen, sondern wie alle Effekte aus dem Übergang auf die IFRS in den allgemeinen Gewinnrücklagen/Gewinnvorträgen.

**C.2** Der *goodwill* kann in Ausnahme vom Retrospektionsgrundsatz wahlweise aus der Bilanz nach bisherigem nationalem Recht (z. B. HGB) übernommen werden. Allerdings sind einige Anpassungen (etwa wegen Entwicklungskosten) notwendig. Außerdem ist der so ermittelte *goodwill* sofort auf Werthaltigkeit zu prüfen (*impairment*-Test).

# 14 IFRS für kleine und mittlere Unternehmen

## 14.1 SME-IFRS

Im Juli 2009 hat der IASB ein (weitgehend) eigenständiges Regelwerk für *Small and Medium-sized Entities* (SME) vorgelegt und dieses in 2015 aktualisiert. Es ist auf der Webseite des IASB kostenlos abrufbar.[17] Anlass für den SME-IFRS ist die Kritik an der Komplexität der »*full IFRS*«. Diese Kritik entzündet sich an drei Punkten:

- der **Unübersichtlichkeit** in der Darstellung der Regeln,
- der inhaltlichen **Kompliziertheit** von Ansatz- und Bewertungsregeln,
- dem stetig wachsenden **Volumen der Anhangangaben**.

Am Beispiel der Finanzinstrumente lässt sich diese Kritik wie folgt konkretisieren:

- IFRS 9 hat inkl. Anhängen inzwischen ein Volumen von etwa 500 Seiten. Der hohe Detaillierungsgrad der Regeln, die Vielzahl behandelter Fälle (Kasuistik) ist für eine Bank, die in eine Palette von Finanzinstrumenten engagiert ist, eine hilfreiche Sache. Der Mittelständler hat hingegen das Problem, im Wust der Vorschriften den für ihn relevanten Teil, etwa die Regeln zur Einzel- und Pauschalwertberichtigung auf Forderungen, nicht mehr zu finden. Hier sorgt der stärker auf mittelstandstypische Konstellationen reduzierte SME-IFRS für **mehr Transparenz** (SME Section 11).
- Gleichwohl würden bei einer mittelstandsrelevanten Auswahl der Vorschriften von IFRS 9 noch viele Kompliziertheiten übrig bleiben. Das Factoring von Forderungen folgt nach IFRS 9 etwa ganz unterschiedlichen Regelungen, je nachdem, ob das Risiko beim Unternehmen bleibt (keine Ausbuchung), auf den Factor übergeht (Ausbuchung) oder geteilt wird. Wie das Unternehmen im Fall der Risikoteilung zu verfahren hat, hängt davon ab, wer die Kontrolle über die Forderung hat. Geht sie auf den Factor über, kann das Unternehmen die Forderung ausbuchen; bleibt die Kontrolle beim Unternehmen, hat es nach dem *continuing-involvement*-Konzept die Forderung teilweise (im Maß des zurückbehaltenen Risikos) fortzuführen, zum anderen Teil (im Maß des übertragenen Risikos) auszubuchen. Hier besteht ein Bedarf für **weniger differenzierte Regeln**, die dem Anspruch auf »Einzelfallgerechtigkeit« weniger genügen, dafür aber einfacher sind. Der SME-IFRS entspricht dem zum Teil. Das *continuing-involvement*-Konzept wird gestrichen. Auch im Fall der Risikoteilung gibt es nur noch die Alternative zwischen vollständiger Ausbuchung (bei Verlust der Kontrolle) und vollständiger Fortführung (bei Rückbehalt der Kontrolle; SME 11.33 ff.).

---

17  https://www.ifrs.org/issued-standards/ifrs-for-smes/, abgerufen am 3.6.2019.

- IFRS 7 enthält eine Unzahl von **Anhangangaben** zu Finanzinstrumenten, u. a. werden in über 20 Paragraphen (diese z. T. mit bis zu 10 Unterabsätzen) Angaben zu den Kreditrisiken aus finanziellen Vermögenswerten verlangt (IFRS 7.36 ff.). Auch hier gilt: für Banken oder Großunternehmen können die Angabepflichten Sinn machen. Bei kleineren Unternehmen können sie reduziert werden. Der SME-IFRS verlangt folgerichtig keine derartigen Kreditrisikoangaben.

Ein erster Befund zum SME-Projekt könnte danach lauten: die Richtung stimmt. Die Frage aber, ob der SME-Entwurf in dieser Richtung weit genug vorankommt, wird von Schrifttum und Praxis überwiegend verneint. Die Gründe sind wie folgt:

1. **Zu geringe Reduktion der Anhangangaben.** Der IASB hatte dem *Exposure Draft* eine Checkliste der Anhangangaben für SME beigefügt. Diese umfasste beinahe 50 eng beschriebene Druckseiten.
2. **Zu wenige Erleichterungen bei den Ansatz- und Bewertungsregeln.** In einigen Fällen wird die Bilanzierung sogar komplexer, etwa bei *investment properties*, die zwingend zum *fair value* zu bewerten sind. Signifikant ist nur folgender Punkt: Verbot der Aktivierung von Entwicklungskosten.
3. **Keine Abkoppelung von den *full IFRS*:** Für eine erhebliche Steigerung der Transparenz spricht auf den ersten Blick der Umfang des SME-IFRS: etwa 300 Seiten im Vergleich zu den etwa 3.000 Seiten der *full IFRS*.

Bei genauerer Betrachtung besteht aber folgendes Problem: da der SME-IFRS weniger Regeln enthält, werden sich bei der Rechtsanwendung auch mehr **Regelungslücken** ergeben. Für den Umgang mit solchen Lücken sieht SME Section 10 Folgendes vor: enthält der SME-IFRS keine expliziten Regelungen für einen bilanziell abzubildenden Sachverhalt, soll gemäß SME 10.6 die Bilanzierungsmethode gewählt werden, die zu relevanten (entscheidungsnützlichen), verlässlichen (tatsachengetreuen, neutralen, vorsichtigen und vollständigen) Informationen führt. In der Beurteilung, ob dieser Fall vorliegt, ist in drei Hierarchiestufen

- zunächst auf Analogregeln im SME-IFRS zu **verwandten** Bilanzierungsproblemen abzustellen,
- sodann auf die **konzeptionellen** Grundlagen des SME-IFRS zurückzugreifen (SME 10.5).
- Selten werden diese abstrakten Vorgaben eine zwingende Lösung bringen, sehr häufig nicht einmal eine vertretbare. Ergänzend **darf** (*may*) dann nach SME 10.6 auf die *full IFRS* zurückgegriffen werden.

Die Frage ist, ob dieses »Darf« sich in der praktischen Anwendung regelmäßig in ein »Muss« verwandelt, also in den im Entstehungsstadium des Standards so heiß diskutierten und kritisierten *mandatory fallback*. Dies mag dann nicht der Fall sein, wenn tatsächlich Analogieschlüsse zulässig, wenn nicht sogar zwingend sind:

> **Beispiel** !
>
> Der SME-Standard definiert Anschaffungs- und Herstellungskosten nur für Vorräte. Die entsprechenden Begriffsmerkmale sind auch für Anlagegüter maßgeblich.

Anders als im Beispiel wird der Anwender allerdings mit Analogieschlüssen aus dem SME-Standard häufig selbst nicht weiterkommen. Die dann zur Problemlösung heranzuziehenden konzeptionellen Grundlagen des SME-IFRS können sich von denjenigen der *full IFRS* kaum oder gar nicht unterscheiden. Der hierzu einschlägige Abschnitt 2 des SME-Standards enthält die aus dem *Conceptual Framework* bekannten **Grundsätze** der Rechnungslegung wie Vollständigkeit, Verständlichkeit, Kosten-Nutzen-Verhältnis etc. Wenn sich deshalb der Anwender des SME-Standards zur Lückenfüllung in diese *concepts and pervasive principles* (SME 10.5) hineinbegibt, landet er zwingend ohne Ausweg in den *full IFRS*.

Es bedarf dann auch nicht mehr des Hinabsteigens in die dritte Hierarchieebene, nämlich der »Erlaubnis« (*may*), zusätzlich die *full IFRS* zurate zu ziehen. Ein und derselbe Sachverhalt kann unter Bezugnahme auf gehaltvolle Prinzipien der IFRS-Rechnungslegung nicht unterschiedliche Ergebnisse zeitigen. In logischen Kategorien formuliert bestehen somit drei Möglichkeiten:

- Die Prinzipien des SME-IFRS und der *full IFRS* sind gehaltlos: sie erlauben bei nicht im Zentrum eines Standards stehenden Fallkonstellationen (nur bei diesen tut sich das Problem der Regelungslücke auf) **konträre** Lösungen. Bei einem im SME-IFRS nicht geregelten Fall muss daher nicht auf die zufällig hierfür in den *full IFRS* abgeleitete »Lösung« zurückgegriffen werden, das SME kann vielmehr auch eine konträre »Lösung« finden.
- Die Prinzipien der *full IFRS* und des SME-IFRS sind gehaltvoll, unterscheiden sich aber voneinander. Die Prinzipien des SME-IFRS sind – pointiert gesprochen – nicht relevant, nicht verlässlich etc., dann erledigt sich das Problem des faktischen *fallback*.
- Der SME-IFRS und die *full IFRS* folgen gleichen und gehaltvollen Prinzipien: die im detaillierten Regelwerk der *full IFRS* gefundene beste bilanzielle Lösung für eine Sachverhaltskonstellation muss dann auch für den SME-IFRS als beste Lösung gelten. Es besteht ein faktischer *fallback* vom weniger detaillierten Regelungswerk auf das umfassendere.

Wenn man also nicht dem Absurden, also den beiden ersten Möglichkeiten, freien Lauf lassen will, bleibt nur eine Feststellung: der **Rückgriff auf die** *full IFRS* ist nach den Vorgaben des SME-IFRS **faktisch zwingend**.

> **!**  **Beispiel**
>
> Die SME GmbH bezieht Industriegase. Der Hersteller der Gase hat auf seine Kosten Speicher-
> und Verteilungsanlagen auf dem Betriebsgelände der SME errichtet. Zwischen der SME und
> dem Hersteller besteht als entgeltliches Austauschverhältnis nur ein Gasliefervertrag.
> Die Frage ist, ob und unter welchen Voraussetzungen in dem Gasliefervertrag ein Leasing-
> vertrag über die Anlagen enthalten ist (*embedded lease*).

Der SME-Standard erwähnt zwar diese Möglichkeit (SME 20.3), übernimmt den Inhalt der für die *full IFRS* einschlägigen IFRS 16.B9 bis B33 aber nicht. Die Frage, ob im konkreten Fall ein *embedded lease* vorliegt, bleibt also offen. Sie kann sinnvoll nur in Anwendung der Kriterien von IFRS 16 beantwortet werden, also unter Prüfung, ob die SME GmbH (allein) den physischen Zugang zu den Anlagen bzw. den Betrieb der Anlagen kontrolliert oder zur Mindestabnahme von Gas verpflichtet ist usw.

Die Antwort auf Regelungslücken kann also kaum lauten: »Schau in den *Chinese*-GAAP oder den *German*-GAAP nach, ob dort etwas zu diesem Sachverhalt zu finden ist.« Ebenso wenig bestünde die Lösung darin, dem Anwender freien Lauf in seinem Verständnis von *fair presentation*, Entscheidungsnützlichkeit etc. zu lassen. Vielmehr ist der Blick auf die Prinzipien der *full IFRS* und deren Konkretisierung in Einzelregeln geboten.

**Plakativ** gesprochen gilt danach Folgendes: Siemens kommt mit einem Regelwerk, den 3.000 Seiten *full IFRS*, aus, dem SME-Unternehmen Elektro Karl GmbH wird hingegen zugemutet, zwei Werke anzuschaffen, die 300 Seiten SME-IFRS und zusätzlich die 3.000 Seiten *full IFRS*. In dieser Zuspitzung zeigt sich der begrenzte Nutzen des SME-IFRS für den Anwender. Hinzu kommt möglicherweise die falsche Botschaft an Investoren und Fremdkapitalgeber. Wer nicht nach den *full IFRS*, sondern nach dem SME-IFRS bilanziert, kann leicht in den Verdacht geraten, keine ganze, sondern lediglich eine halbe oder zweitklassige Sache abzuliefern. Unter diesen Umständen mag sogar das Festhalten am HGB noch als günstigeres Signal angesehen werden.

Angesichts vorgenannter Probleme des SME-IFRS haben sich bisher nur wenige entwickelte Länder zu dessen Übernahme entschließen können.

Nach diesen »politischen« Bemerkungen nun zum konkreten Inhalt des SME-IFRS. Diese enthalten in 35, anders als die Full-IFRS, gegliederten Abschnitten (*sections*) die Bilanzierungsregeln für SME. Einige wesentliche, über die Reduktion von Anhangangaben hinausgehende, inhaltliche Abweichungen sind in der folgenden Tabelle dargestellt. Wie die Übersicht verdeutlicht, vereint der IFRS for SMEs inhaltlich fast alle Full-IFRS. Lediglich besondere Branchenvorschriften für öffentlich rechenschaftspflichtige Unternehmen wie IFRS 16 für Versicherungsunternehmen oder IFRS 8 für Segmentberichte fehlen.

| SME Section | Wesentliche Abweichungen von den *full IFRS* | korresp. *full IFRS* |
|---|---|---|
| 1 | **Anwendungsbereich** | |
| | Unternehmen ohne öffentliche Rechenschaftspflicht (*public accountability*; SME 1.2).<br>Negativ ausgedrückt (SME 1.3):<br>• Keine mit Eigenkapital- oder Fremdkapitalinstrumenten börsennotierten Unternehmen<br>• Keine Banken, Versicherungen, Broker, Fonds | *Conceptual Framework* |
| 2 | **Konzepte und grundlegende Prinzipien** | *Conceptual Framework* |
| 3 | **Darstellung des Abschlusses (Prinzipien, Abschlussbestandteile)** | IAS 1 |
| | Verzicht auf Eigenkapitaländerungsrechnung und Gesamtergebnisrechnung möglich, wenn Eigenkapital nur durch GuV-wirksamen Erfolg, Dividendenzahlungen, Fehlerberichtigungen und Methodenwechsel verändert; bei Verzicht stattdessen Darstellung des Erfolgs und der Rücklagenveränderungen in einem »*statement of income and retained earnings*« (SME 3.18) | |
| 4 | **Bilanz (Gliederung)** | IAS 1 |
| | Kein Sonderausweis zur Veräußerung bestimmter Anlagen (SME 4.14) | IFRS 5 |
| 5 | **Gesamtergebnisrechnung, GuV** | IAS 1 |
| 6 | **Eigenkapitalveränderungsrechnung** | IAS 1 |
| 7 | **Kapitalflussrechnung** | IAS 7 |
| 8 | **Anhang (Allgemeine Grundsätze/Angaben)** | IAS 1 |
| 9 | **Konzernabschluss** | IAS 27 |
| | Erfolgsneutrale Behandlung verbleibender Anteile bei Abwärtskonsolidierungen (SME 9.19) | |
| | Behandlung von Tochterunternehmen, Gemeinschaftsunternehmen und assoziierten Unternehmen im Einzelabschluss: wird nicht *at cost* und nicht *at equity*, sondern zum *fair value* bilanziert, sind die *fair-value*-Änderungen zwingend erfolgswirksam (SME 9.26) | |
| | Explizite Regelungen zu *combined statements* (Gleichordnungskonzern; SME 9.28) | |
| 10 | **Rechnungslegungsmethoden, Änderungen von Schätzungen und Fehler** | IAS 8 |

| SME Section | Wesentliche Abweichungen von den *full IFRS* | korresp. *full IFRS* |
|---|---|---|
| 11, 12 | **Bilanzierung finanzieller Vermögenswerte und Schulden** | IFRS 9 und IAS 32 |
| | Finanzinstrumente sind zu (fortgeführten) Anschaffungskosten oder aber erfolgswirksam zum beizulegenden Zeitwert zu bewerten | |
| | Vereinfachte Regelungen zur Ausbuchung finanzieller Vermögenswerte und Schulden, keine Würdigung von qualifizierenden Durchleitungsvereinbarungen und des Kriteriums des anhaltenden Engagements (SME 11.33 ff.) | |
| | Geringere Anforderungen und im Wesentlichen auf Zins- und Währungs- und Rohstoffpreissicherung eingeschränkter Anwendungsbereich bei Bilanzierung von Sicherungsbeziehungen (*hedge accounting*; SME 12.15 ff.) | |
| 13 | **Vorräte** | IAS 2 |
| | Keine Sonderregeln zum *impairment* von Vorräten, sondern Verweis auf die allgemeinen Regeln (SME 13.19 i. V. m. SME 27.2 ff.) | |
| 14 | **Anteile an assoziierten Unternehmen** | IAS 28 |
| | Kein Zwang zur *equity*-Konsolidierung im Konzern, wahlweise auch Bilanzierung zu Anschaffungskosten oder erfolgswirksam zum *fair value*; einheitliche Ausübung des Wahlrechts (SME 14.4); bei börsennotierten Anteilen zwingend *fair value* (SME 14.7) | |
| 15 | **Anteile an Joint Ventures** | IFRS 11 |
| | Wahlweise *equity*-Konsolidierung, Bilanzierung zu Anschaffungskosten oder erfolgswirksam zum *fair value*; einheitliche Ausübung des Wahlrechts (SME 15.9); bei börsennotierten Anteilen zwingend *fair value* (SME 15.12) | |
| 16 | **Als Finanzinvestition gehaltene Immobilien** | IAS 40 |
| | Zwingend erfolgswirksame *fair-value*-Bilanzierung, wenn *fair value* verlässlich und ohne größeren Aufwand feststellbar (SME 16.7) | |
| 17 | **Sachanlagen** | IAS 16 |
| 18 | **Immaterielle Vermögenswerte (mit Ausnahme des *goodwill*)** | IAS 38 |
| | Unzulässigkeit der Neubewertungsmethode (SME 18.18) | |
| | Aktivierungsverbot für selbst erstellte immaterielle Anlagen (SME 18.14) | |
| | Planmäßige Abschreibung aller immateriellen Anlagen, keine *indefinite life intangibles*; bei Unmöglichkeit einer verlässlichen Schätzung der Nutzungsdauer Abschreibung über maximal zehn Jahre (SME 18.20) | |

| SME Section | Wesentliche Abweichungen von den *full IFRS* | korresp. *full IFRS* |
|---|---|---|
| 19 | Bilanzierung von Unternehmenszusammenschlüssen und des *goodwill* | IFRS 3 |
| | Erfolgsneutrale Behandlung bedingter Anschaffungskosten (Anpassung des *goodwill*; SME 19.13) | |
| | Planmäßige Abschreibung des *goodwill*; bei Unmöglichkeit einer verlässlichen Schätzung der Nutzungsdauer Abschreibung über zehn Jahre (SME 19.23) | |
| | Verzicht auf Separierung immaterieller Vermögenswerte vom *goodwill*, wenn *undue costs and efforts* (SME 19.15) | |
| | Kein Wahlrecht zur *full-goodwill*-Methode (SME 19.22) | |
| 20 | Leasing | IFRS 16 |
| | Kein *right-of-use*-Ansatz i. S. v. IFRS 16 | |
| 21 | Rückstellungen und Eventualposten | IAS 37 |
| 22 | Schulden und Eigenkapital | IAS 1, IAS 32 |
| 23 | Ertragsrealisation | IFRS 15 |
| 24 | Zuwendungen der öffentlichen Hand | IAS 20 |
| | Allgemein Ertragsrealisierung, wenn *performance conditions* erfüllt sind; keine Differenzierung zwischen Investitions- und Aufwands-/Ertragszuwendungen (SME 24.4) | |
| 25 | Fremdkapitalkosten | IAS 23 |
| | Keine Aktivierung Fremdkapitalkosten (SME 25.2) | |
| 26 | Anteilsbasierte Vergütungen | IFRS 2 |
| 27 | Wertminderung nicht finanzieller Vermögenswerte | IAS 2, IAS 36 |
| | Integration der Wertminderung von Vorräten einerseits und Anlagevermögen (mit Ausnahme bestimmter finanzieller Vermögenswerte) andererseits in einen Standard bei Beibehaltung unterschiedlicher Methoden zur Bestimmung des niedrigeren Stichtagswertes | |
| 28 | Leistungen an Arbeitnehmer | IAS 19 |
| | Vereinfachte Bewertung unter Vernachlässigung von Gehaltssteigerungen, zukünftigen Dienstzeiten und Sterblichkeit vor Erreichung der Altersgrenze möglich (SME 28.19) | |
| | Erfassung versicherungsmathematischer Gewinne/Verluste wahlweise über GuV oder *other comprehensive income* (SME 28.24) | |
| 29 | Ertragsteuern | IAS 12 |

| SME Section | Wesentliche Abweichungen von den *full IFRS* | korresp. *full IFRS* |
|---|---|---|
| 30 | Währungsumrechnung | IAS 21 |
| 31 | Rechnungslegung in Hochinflationsländern | IAS 29 |
| 32 | Ereignisse nach dem Abschlussstichtag | IAS 10 |
| 33 | Angaben zu verbundenen Unternehmen und nahestehenden Personen | IAS 24 |
| 34 | Branchenspezifische Bilanzierungs- und Bewertungsmethoden | IAS 41, IFRS 6, IFRIC 12 |
|  | Biologische Vermögenswerte: Bewertung zu Anschaffungs-/Herstellungskosten, wenn *fair value* nicht leicht bestimmbar (SME 34.2) |  |
|  | Explorationskosten: Bilanzierung nach allgemeinen Regeln, kein Sonderrecht (SME 34.11) |  |
| 35 | Übergangsvorschriften für die erstmalige Anwendung des *IFRS for SMEs* | IFRS 1 |

## 14.2    Fragen und Antworten

**Fragen**

**A.1** Welchen Unternehmen ist die (auch freiwillige) Anwendung des SME-IFRS nicht erlaubt?

**A.2** Welcher Unterschied besteht in der Behandlung des *goodwill* zwischen den *full IFRS* und dem SME-IFRS?

**B.1** Welche Vorteile soll der SME-IFRS dem Anwender bieten?

**B.2** Welcher (formelle) Unterschied besteht bei den Regeln für die Wertberichtigung (*impairment*) von Vorräten zwischen *full IFRS* und SME-IFRS?

**C.1** Erlaubt der SME-IFRS auch ein *hedge accounting*?

**C.2** »Siemens braucht nur ein Regelwerk, Elektro Müller zwei.« Welches Problem kommt in dieser plakativen Aussage zum Ausdruck?

**Antworten**

**A.1** Unternehmen öffentlichen Interesses (z. B. Versicherungen und kapitalmarktorientierte Unternehmen) dürfen den SME-IFRS nicht anwenden.

**A.2** Nach den *full IFRS* hat der *goodwill* eine unbestimmte Nutzungsdauer und ist daher nur außerplanmäßig abschreibbar. Nach dem SME-IFRS ist er auch planmäßig abzuschreiben.

**B.1** (Propagierte) Vorteile des SME-IFRS sind
- einfachere Ansatz- und Bewertungsregeln und
- weniger Anhangangaben.

**B.2** Die *full IFRS* enthalten getrennte Regeln für außerplanmäßige Abschreibungen (*impairment*) einerseits in IAS 36 für Sachanlagen und immaterielle Anlagen, andererseits in IAS 2 für Vorräte. Der SME-IFRS behandelt die außerplanmäßige Abschreibung beider Fälle einheitlich (SME Section 27).

**C.1** Auch der SME-IFRS erlaubt ein *hedge accounting*, aber nur zur Zins- und Währungs- und Rohstoffpreissicherung. Dafür sind die Anwendungsvoraussetzungen einfacher als bei den *full IFRS*.

**C.2** Aufgrund ihres sehr viel kleineren Umfangs (etwa ein Zehntel) finden sich im SME-IFRS die in den *full IFRS* enthaltenen Lösungen für konkrete Bilanzierungsprobleme häufig nicht. Konzeptionell ist der Anwender dann zwar aufgerufen, eigene Lösungen zu finden, die allgemeinen Prinzipien wie Tatsachentreue, Relevanz usw. entsprechen. Faktisch kann er aber kaum behaupten, seine eigene Lösung sei genauso gut wie die in den *full IFRS* unter gleicher Prinzipienvorgabe schon ausgearbeitete Lösung. Der SME-Anwender wird also gezwungen, neben dem SME-IFRS auch die *full IFRS* zurate zu ziehen (faktischer *fallback*).

# 15 Checkliste wesentlicher Abweichungen der IFRS vom HGB

| | HGB | IFRS |
|---|---|---|
| **ALLGEMEINES** | | |
| Regelungssystem | Abstrakt, d. h. Einzelfallbezug nur über Rechtsprechung und Kommentare | Konkret, d. h. Behandlung relevanter Einzelfälle (Einzelregelungen gehen *Conceptual Framework* vor) |
| Vorrangige Zielsetzung der Rechnungslegung | Vorsichtige Ermittlung des ausschüttungsfähigen Gewinns | Vermittlung entscheidungsnützlicher Informationen (*Conceptual Framework*) |
| Dominierendes Prinzip | Vorsichtsprinzip | Relevante und tatsachengetreue Darstellung (*Conceptual Framework*) |
| Rechtsform und Größenklassen der Unternehmen | Rechnungslegung, Publizität und Prüfung sind rechtsform- und größenabhängig | Keine Differenzierung nach Rechtsform und Größenklasse; aber Publizität und Prüfung ohnehin national geregelt |
| Abschlussbestandteile | 1. Bilanz<br>2. GuV<br>3. Bei Kapitalgesellschaften auch Anhang und Lagebericht<br>4. Bei Konzernen auch Kapitalflussrechnung, Eigenkapitalspiegel | 1. Bilanz<br>2. Gesamtergebnisrechnung<br>3. GuV (wahlweise als unselbstständiger Teil der Gesamtergebnisrechnung)<br>4. Anhang (*notes*)<br>5. Eigenkapitalveränderungsrechnung<br>6. Kapitalflussrechnung<br>7. Bei börsennotierten Konzernen auch Segmentbericht und Ergebnis je Aktie |
| Gliederung Bilanz | Für Personenunternehmen keine, für Kapitalgesellschaften streng detaillierte Vorschriften, dabei Aktivseite nach Fristigkeit, Passivseite nach Art der Schuld | Bilanz kann mit wenigen Posten auskommen: Untergliederungen wahlweise in Bilanz oder *notes* Gliederung Aktiv- und Passivseite nach Fristigkeit (IAS 1) |

|  | HGB | IFRS |
|---|---|---|
| Gliederung GuV | Gesamtkostenverfahren (GKV) oder Umsatzkostenverfahren (UKV) | In GuV nur wenige Mindestangaben. Weitere Aufgliederung nach *nature of expense* (GKV) oder *cost of sales* (UKV) wahlweise in GuV selbst oder in den *notes* (IAS 1) |
| Ergebnis aus aufgegebenem Geschäftsbereich | Keine Sondervorschriften | Gesonderter Ausweis (*discontinued operations*; IFRS 5) |
| Vorjahresangaben | Bilanz und GuV | In allen Abschlussbestandteilen, einschließlich *notes* |

**BILANZ**

**Sonderaufwendungen**

|  | HGB | IFRS |
|---|---|---|
| Eigenkapitalbeschaffungskosten | Aktivierungsverbot, sofort aufwandswirksam | Aktivierungsverbot, aber nicht Aufwand, sondern Rücklagenverrechnung (IAS 32.35) |
| Ingangsetzungs- und Erweiterungsaufwand | Aktivierungsverbot seit Streichung § 269 HGB durch BilMoG | Aktivierungsverbot (IAS 38.69(a)) |

**Immaterielles Anlagevermögen**

|  | HGB | IFRS |
|---|---|---|
| Entwicklungskosten | Aktivierungswahlrecht | Aktivierungsgebot; aber faktisches Wahlrecht, da Forschungskosten nicht zu aktivieren und Abgrenzung Ermessensfrage (IAS 38.51 ff.) |
| Derivativer *goodwill* | Planmäßige und außerplanmäßige Abschreibung | Nur außerplanmäßige Abschreibung |
| Negativer Unterschiedsbetrag | Nur für Konzernbilanz geregelt – Passivierung | Für Konzern- und Einzelbilanz geregelt – sofortiger Ertrag (IFRS 3.36) |

**Sachanlagen**

|  | HGB | IFRS |
|---|---|---|
| Außerplanmäßige Abschreibung (Theorie) | Wiederbeschaffungswertorientiert | Ertragswertorientiert (insbesondere *value in use*; IAS 36) |
| Neubewertung (durch Gutachten usw.) | Verboten | Zulässig; Form: erfolgsneutral gegen Rücklagen (IAS 16) |
| Tausch | Wahlweise Gewinnrealisierung oder Buchwertfortführung | Gewinnrealisierung, es sei denn ohne wirtschaftlichen Gehalt (IAS 16) |

| | HGB | IFRS |
|---|---|---|
| Leasinggeber: Kriterien für *finance leasing*, d. h. Ausbuchung beim Leasinggeber | 1. Spezialleasing<br>2. Laufzeit über 90 % der Nutzungsdauer<br>3. Günstige Kaufoption<br>4. Günstige Mietverlängerungsoption<br>5. Sonderregeln Immobilien | 1. Spezialleasing<br>2. Laufzeit überwiegender Teil der Nutzungsdauer<br>3. Günstige Kaufoption<br>4. Barwert Mindestleasingzahlungen gleich oder größer Zeitwert Leasinggut<br>5. Sonderregeln Immobilien (IFRS 16) |
| Leasingnehmer | Spiegelbildlich zu Leasinggeber | *On-balance*-Darstellung: Ansatz eines Nutzungsrechts (auch ohne Erlangung wirtschaftlichen Eigentums) und Passivierung einer Leasingverbindlichkeit; Ausnahmen für kurzfristige Verträge und für geringwertige Leasingobjekte (IFRS 16) |
| Nicht eigenbetrieblich genutzte Grundstücke und Gebäude | Keine speziellen Regelungen | Als *investment properties* gesondert geregelt. Wahlweise nach Anschaffungskostenprinzip oder erfolgswirksam zum Stichtagszeitwert; im ersten Fall Anhangangabe zu Zeitwert (IAS 40) |
| **Vorräte/Auftragsfertigung** | | |
| Gewinnrealisierung bei Auftragsfertigung | Realisierung bei Fertigstellung des Auftrags bzw. Abnahme durch Kunden | In der Regel Realisierung nach Fertigstellungsgrad (*percentage-of-completion*); dabei Ermittlung Fertigstellungsgrad wahlweise nach Verhältnis Kosten/Gesamtkosten oder Leistung/Gesamtleistung (IFRS 15) |
| Niederstwertprinzip | Teils absatzmarktorientiert, teils beschaffungsmarktorientiert | Absatzmarktorientiert |
| Festwert | Zulässig | Ggf. zulässig (*materiality*) |
| Fifo, Lifo | Beide zulässig | Nur Fifo zulässig |
| **Finanzvermögen** | | |
| Bewertung Beteiligungen | Anschaffungskostenprinzip (unter Berücksichtigung des Niederstwerts) | Wahlweise *fair value,* Anschaffungskosten oder *at equity* |

| | HGB | IFRS |
|---|---|---|
| Einfache Anteile sowie Fremdkapitalinstrumente ohne feste Zins- und Tilgungszahlungen | Anschaffungskostenprinzip (unter Berücksichtigung des Niederstwerts) | Stichtagszeitwert, auch wenn über Anschaffungskosten Bewertungsergebnis z. T. erfolgsneutral gegen Eigenkapital zu buchen |
| Finanzderivate | Wertänderung nur bei Drohverlust zu berücksichtigen | Auch im Gewinnfall erfolgswirksam zu Stichtagszeitwert zu erfassen |
| *Hedge accounting* (Sicherungszusammenhänge) | Spezielle Regelungen in § 254 HGB mit rückstellungs- oder abschreibungsbegrenzender Wirkung | Spezielle Regelungen in IAS 39 und IFRS 9: 1. *Cash flow hedge* zukünftiger Zahlungsströme: Derivate erfolgsneutral gegen Eigenkapital 2. *Fair value hedge*: Marktwertänderungen Grundgeschäft und Sicherungsgeschäft sofort erfolgswirksam |
| Disagio aus Verbindlichkeiten | Getrennt von Verbindlichkeit zu erfassen, dabei Aktivierungswahlrecht | Im Rahmen des Anschaffungskostenprinzips mit Verbindlichkeit zu erfassen (Kürzung); Aufwand über Laufzeit durch Aufzinsung Verbindlichkeit nach Effektivzinsmethode |
| **Eigenkapital** | | |
| Abgrenzung von Fremdkapital | 1. Verlustteilhabe und 2. Nachrangigkeit in Insolvenz und 3. Langfristigkeit (z. B. häufig bei Genussrechten) | Nichtrückzahlbarkeit, deshalb z. B. auch nachrangige, langfristige Genussrechte mit Verlustteilnahme kein Eigenkapital (IAS 32) |
| Kosten Eigenkapitalbeschaffung | Aufwand | Kürzung Kapitalrücklage auf Nach-Steuer-Basis (IAS 32) |
| Geldwerte Vorteile aus realen *stock options* | Kein Personalaufwand bei Gesellschaft | Als Personalaufwand der Gesellschaft anzusetzen (IFRS 2) |
| Spezielle Bewertungsrücklagen | Mit Ausnahme Währungsumrechnung im Konzern nicht vorgesehen | U. a. für Neubewertung Sachanlagen, für Erfolg aus bestimmten Finanzinstrumenten, Währungsumrechnung Konzern |
| Eigenkapitalveränderungsrechnung | Zwingend für Konzern | Zwingender Abschlussbestandteil |

| | HGB | IFRS |
|---|---|---|
| **Rückstellungen** | | |
| Instandhaltungsrückstellungen | Passivierungsgebot | Passivierungsverbot (IAS 37) |
| Wahrscheinlichkeitsschwelle Verbindlichkeitsrückstellung | Unbestimmt (Steuerrecht laut BFH: »mehr Gründe für als gegen Inanspruchnahme«) | Es müssen mehr Gründe für als gegen Inanspruchnahme durch Dritte sprechen (IAS 37.16) |
| Bewertung Verbindlichkeitsrückstellung | Vernünftige kaufmännische Beurteilung | In der Regel auch dann wahrscheinlichster Wert, wenn andere Werte höher (IAS 37.40) |
| Quasi sichere Rückgriffsansprüche | Rückstellungskürzend zu berücksichtigen | Separat aktivisch zu erfassen (IAS 37.53) |
| Veränderung Rückstellung | Keine speziellen Vorschriften | Auflösung nicht benötigter Rückstellung und tatsächliche Inanspruchnahme separat in *notes* darzustellen (IAS 37.84) |
| Restrukturierungsrückstellung (Verkauf oder Aufgabe von Bereichen usw.) | Keine speziellen Vorschriften | Konkretisierung der allgemeinen Vorschriften durch IAS 37.72 Passivierungsvoraussetzung: 1. Verkauf: bindender Vertrag 2. Aufgabe: detaillierter und bekannt gegebener Plan |
| Rückstellung Rückbau, Entfernung usw. | Ratierliche Bildung | Volle Einbuchung gegen Erhöhung Anschaffungskosten des entsprechenden Anlagegegenstands (IAS 16.15(e)) |
| Pensionsrückstellungen Altzusagen (vor 1997) | Passivierungswahlrecht | Passivierungsgebot |
| Bewertung Pensionsrückstellungen | Auf Basis zukünftigen Gehalts (Karrieretrends); fristenadäquater geglätteter Zins | Auf Basis zukünftigen Gehalts (Karrieretrends); fristenadäquater Stichtagszins (IAS 19) |
| **Verbindlichkeiten** | | |
| Zugangswert langfristige Verbindlichkeiten | Rückzahlungsbetrag, z. B. keine Kürzung um Disagio | Vereinnahmter Betrag, d. h. z. B. Kürzung um Disagio |
| Folgebewertung langfristige Verbindlichkeiten | Anschaffungskostenprinzip (unter Berücksichtigung von Höchstwert) | Amortisierte Anschaffungskosten, d. h. bei Differenz von Einnahme und Rückzahlung Aufzinsung nach Effektivzinsmethode |

|  | HGB | IFRS |
|---|---|---|
| Fremdwährungsverbindlich- keiten | Höchstwertprinzip, d. h. Anschaffungskosten oder höherer Stichtagswert, nur bei Restlaufzeit von nicht mehr als einem Jahr immer Stichtagskurs | Stichtagskurs, d. h. Stichtagswert auch dann, wenn Kurs der Fremd- währung gesunken |
| **Latente Steuern** | | |
| Aktive latente Steuern im Einzelabschluss | Aktivierungswahlrecht | Aktivierungsgebot (IAS 12) |
| Aktive latente Steuern auf Konsolidierungsmaßnah- men | Aktivierungsgebot | Aktivierungsgebot (IAS 12) |
| Latente Steuern auf Verlust- vorträge | Aktivierungsfähig | Aktivierungspflichtig, soweit Verwertung durch zukünftiges positives Einkommen wahr- scheinlich (IAS 12.36) |
| Bildung latenter Steuern | Über GuV | Im Allgemeinen über GuV, jedoch unmittelbar gegen Eigenkapital, soweit auch zugrunde liegende Wertänderung gegen Eigenkapital (z. B. Neubewertung; IAS 12.61) |
| Saldierung aktive und pas- sive latente Steuern | Wahlrecht | Bei Aufrechnungslage ggf. zwin- gend (IAS 12.74) |
| **Konzernabschluss** | | |
| Aufstellungspflicht | Größen- und rechtsformab- hängig | Unabhängig von Größe und Rechtsform |
| Konsolidierungskreis | Einbeziehungswahlrechte | Keine speziellen Einbeziehungs- wahlrechte, aber *materiality* |
| Währungsumrechnung ausländischer Töchter | Erfolgsneutral nach modifi- zierter Stichtagsmethode | In Abhängigkeit von Selbststän- digkeit des Tochterunternehmens entweder erfolgsneutral nach modifizierter Stichtagsmethode oder erfolgswirksam wie Fremd- währungsgeschäfte (IAS 21) |
| Auf Minderheiten entfallende Anteile an *goodwill* | Nicht bilanzierungsfähig | Wahlweise zu bilanzieren |
| Vereinfachungen (Konsolidierungskreis, Zwi- schenergebniseliminierung usw.) | Eingeschränkt durch Einzel- vorschriften zugelassen | Nur unter Berufung auf Wesent- lichkeitsgrundsatz zulässig |

# Literaturempfehlungen

## Quellen

Deutsche Rechnungslegungs Standards (DRS), Deutsches Rechnungslegungs Standards Committee, Loseblattwerk mit Online-Version, Schäffer-Poeschel.

IDW Prüfungsstandards (IDW PS), IDW Stellungnahmen zur Rechnungslegung (IDW RS), IDW Standards (IDW S), Loseblattwerk, IDW-Verlag.

International Financial Reporting Standards (jährlich neu), IASB (www.ifrs.org).


## IFRS-Kommentare

Heuser/Theile (Hrsg.), IFRS-Handbuch, 6. Auflage 2019 (in Vorbereitung).

Lüdenbach/Hoffmann/Freiberg, Haufe IFRS-Kommentar, 17. Auflage 2019 (erscheint jährlich neu, inkl. regelmäßig aktualisierter Online-Version).

Thiele/von Keitz/Brücks (Hrsg.), Internationales Bilanzrecht (Loseblattwerk).


## Zeitschriften

Praxis der internationalen Rechnungslegung (PiR).

Zeitschrift für internationale Rechnungslegung (IRZ).

Zeitschrift für kapitalmarktorientierte Rechnungslegung (KoR).

# Stichwortverzeichnis

Stichwortverzeichnis

*house of IFRS  40*

# Exklusiv für Buchkäufer!

## Ihre Arbeitshilfen zum Download:

 ▶ http://mybook.haufe.de/

▶ Buchcode: NYY-6940